Michel Foucault
Segurança, Penalidade e Prisão

O GEN | Grupo Editorial Nacional – maior plataforma editorial brasileira no segmento científico, técnico e profissional – publica conteúdos nas áreas de ciências humanas, exatas, jurídicas, da saúde e sociais aplicadas, além de prover serviços direcionados à educação continuada e à preparação para concursos.

As editoras que integram o GEN, das mais respeitadas no mercado editorial, construíram catálogos inigualáveis, com obras decisivas para a formação acadêmica e o aperfeiçoamento de várias gerações de profissionais e estudantes, tendo se tornado sinônimo de qualidade e seriedade.

A missão do GEN e dos núcleos de conteúdo que o compõem é prover a melhor informação científica e distribuí-la de maneira flexível e conveniente, a preços justos, gerando benefícios e servindo a autores, docentes, livreiros, funcionários, colaboradores e acionistas.

Nosso comportamento ético incondicional e nossa responsabilidade social e ambiental são reforçados pela natureza educacional de nossa atividade e dão sustentabilidade ao crescimento contínuo e à rentabilidade do grupo.

coleção | Ditos & Escritos **VIII**

Michel Foucault
Segurança, Penalidade e Prisão

Organização, seleção de textos e revisão técnica:
Manoel Barros da Motta

Tradução:
Vera Lucia Avellar Ribeiro

Dits et écrits
Edição francesa preparada sob a direção de Daniel Defert e
François Ewald com a colaboração de Jacques Lagrange

- O autor e a editora se empenharam para citar adequadamente e dar o devido crédito a todos os detentores de direitos autorais de qualquer material utilizado neste livro, dispondo-se a editora a possíveis acertos posteriores caso, inadvertida e involuntariamente, a identificação de algum deles tenha sido omitida.
- **Atendimento ao cliente: (11) 5080-0751 | faleconosco@grupogen.com.br**
- Traduzido de:
  Dits et écrits
  Copyright © **Éditions Gallimard, 1994**
  All rights reserved.
  Sale is forbidden in Portugal.
- Direitos exclusivos para o Brasil para a língua portuguesa
  Copyright © 2012, 2025 (2ª impressão) by
  Forense Universitária, um selo da Editora Forense Ltda.
  Uma editora integrante do GEN | Grupo Editorial Nacional
  Travessa do Ouvidor, 11
  Rio de Janeiro – RJ – 20040-040
  www.grupogen.com.br
  Venda proibida em Portugal.
- Reservados todos os direitos. É proibida a duplicação ou reprodução deste volume, no todo ou em parte, em quaisquer formas ou por quaisquer meios (eletrônico, mecânico, gravação, fotocópia, distribuição pela Internet ou outros), sem permissão, por escrito, da Editora Forense Ltda.

  1ª edição brasileira – 2012
  1ª edição brasileira – 2ª tiragem – 2025

  Organização, seleção de textos e revisão técnica: Manoel Barros da Motta
  Tradução: Vera Lucia Avellar Ribeiro
  Foto da capa: Jacques Robert
- **CIP – Brasil. Catalogação-na-fonte.
  Sindicato Nacional dos Editores de Livros, RJ.**

F86s
v. 8

Foucault, Michel, 1926-1984
  Segurança, penalidade e prisão / Michel Foucault ; organização, seleção de textos e revisão técnica Manoel Barros da Motta ; tradução Vera Lúcia Avellar Ribeiro. - 1. ed., 2. reimpr. - Rio de Janeiro : Forense Universitária, 2025. (Ditos & escritos ; 8)

Tradução de: Dits et écrits
Inclui índice
ISBN 978-85-3093-599-3

1. Filosofia francesa. I. Motta, Manoel Barros da. II. Ribeiro, Vera Lucia Avellar. III. Título. IV. Série.

24-95475   CDD: 194
                                            CDU 1(44)

Meri Gleice Rodrigues de Souza - Bibliotecária - CRB-7/6439

Sumário

Apresentação à Edição Brasileira	VII
1972 – Armadilhar Sua Própria Cultura	1
1972 – Teorias e Instituições Penais	2
1973 – À Guisa de Conclusão	7
1973 – Um Novo Jornal?	10
1973 – Convocados à PJ	12
1973 – Primeiras Discussões, Primeiros Balbucios: a Cidade É uma Força Produtiva ou de Antiprodução?	15
1974 – Loucura, uma Questão de Poder	20
1975 – Um Bombeiro Abre o Jogo	24
1975 – A Política É a Continuação da Guerra por Outros Meios	29
1975 – Dos Suplícios às Celas	32
1975 – Na Berlinda	37
1975 – Ir a Madri	43
1976 – Uma Morte Inaceitável	46
1976 – As Cabeças da Política	49
1976 – Michel Foucault, o Ilegalismo e a Arte de Punir ..	53
1976 – Pontos de Vista	57
1977 – Prefácio	59
1977 – O Pôster do Inimigo Público n. 1	63
1977 – A Grande Cólera dos Fatos	67
1977 – A Angústia de Julgar	73
1977 – Uma Mobilização Cultural	91
1977 – O Suplício da Verdade	93
1977 – Vão Extraditar Klaus Croissant?	95
1977 – Michel Foucault: "Doravante a segurança está acima das leis"	101
1977 – A Tortura É a Razão	104
1978 – Atenção: Perigo	113
1978 – Do Bom Uso do Criminoso	115
1978 – Desafio à Oposição	121
1978 – As "Reportagens" de Ideias	124
1979 – Prefácio de Michel Foucault	126

VI Michel Foucault – Ditos e Escritos

1979 – Maneiras de Justiça	128
1979 – A Estratégia do Contorno	133
1979 – Lutas em Torno das Prisões	137
1980 – Prefácio	151
1980 – Sempre as Prisões	154
1980 – Le Nouvel Observateur e a União da Esquerda	159
1981 – Prefácio à Segunda Edição	162
1981 – O Dossiê "Pena de Morte". Eles Escreveram Contra	167
1981 – As Malhas do Poder	168
1981 – Michel Foucault: É Preciso Repensar Tudo, a Lei e a Prisão	189
1981 – As Respostas de PierreVidal-Naquet e de Michel Foucault	192
1981 – Notas sobre o que se Lê e se Ouve	193
1982 – O Primeiro Passo da Colonização do Ocidente	196
1982 – Espaço, Saber e Poder	206
1982 – O Terrorismo Aqui e Ali	223
1982 – Michel Foucault: "Não há neutralidade possível".	226
1982 – "Ao abandonar os poloneses, renunciamos a uma parte de nós mesmos"	229
1982 – Michel Foucault: "A experiência moral e social dos poloneses não pode mais ser apagada"	233
1982 – A Idade de Ouro da *Lettre de Cachet*	242
1983 – Isso Não me Interessa	245
1983 – A Polônia, e Depois?	246
1983 – "O senhor é perigoso"	276
1983 – ...eles declararam... sobre o pacifismo: sua natureza, seus perigos, suas ilusões	279
1984 – O que Chamamos Punir?	280
Índice de Obras	293
Índice Onomástico	294
Índice de Lugares	297
Índice de Períodos Históricos	298
Organização da Obra Ditos e Escritos	299

Apresentação à Edição Brasileira

Segurança, penalidade, prisão

A edição de *Segurança, penalidade, prisão*, oitavo volume da série dos *Ditos e escritos* de Michel Foucault, vai permitir aos leitores de língua portuguesa e aos pesquisadores que se orientam pelas pistas que ele abriu para o pensamento e a ação ter uma perspectiva nova do sentido e do alcance geral do conjunto de sua obra. Com esta nova série de quatro volumes que reúne ensaios, leituras, prefácios e resenhas – muitos virtualmente inacessíveis antes da edição francesa –, mais de 3 mil páginas do filósofo vão nos permitir situá-lo nas transformações e lutas que agitaram a vida intelectual, política, científica, literária, artística do século XX e que prosseguem no século XXI. Com muitos textos publicados originalmente em português, japonês, italiano, alemão, inglês e francês, permite-nos repensar seu papel e o alcance e o efeito de sua obra.

Os conceitos e as categorias da filosofia, da política, da história, quer em sua dimensão epistemológica ou ética, foram subvertidos, transformados, modificados pela intervenção teórico-prática de Michel Foucault. Saber, poder, verdade, razão, loucura, justiça têm para nós outros sentidos, despertam outros ecos, abrem novos registros que as tradições dominantes do saber ocidental muitas vezes esqueceram ou recusaram. Nossa relação com a racionalidade científica, ou com a razão humana, *tout court*, seja nas práticas da psiquiatria e da psicologia, seja nas práticas judiciárias, modificou-se com a reflexão de Foucault sobre a loucura em termos históricos e sobre o poder psiquiátrico. Com efeito, a medicina, a psiquiatria, o direito, no corpo mesmo de sua matriz teórica, foram alterados pelo efeito da obra de Foucault. Podemos dizer que alguns aspectos da hipermodernidade em que vivemos seriam incompreensíveis sem sua reflexão. A reflexão contemporânea, mas também nossas práticas, nosso modo de vida, foi tocada, transformada pelo efeito da obra de Michel Foucault.

O pensamento contemporâneo, quer filosófico, quer nas ciências sociais e humanas, cujos fundamentos epistemológico-

-políticos ele questionou e transformou, na Tunísia, no Japão, na América do Sul, no Brasil e na Europa, traz a marca de sua reflexão. E ela toca a antropologia, os saberes sobre a literatura, os estudos sobre a posição feminina, seus modos de prazer e de gozo, a posição masculina, os estudos pós-coloniais e, ainda, o pensamento econômico, a reflexão sobre a governabilidade e mesmo as modalidades da administração, sendo vasta e complexa a rede dos saberes que a obra de Foucault toca...

Uma sucessão inumerável de colóquios, livros, artigos de revistas perscruta e utiliza a obra de Foucault; teses lhe são consagradas; ele inspira produções teatrais, obras de arte, toca a literatura; políticos contemporâneos a ele se referem. Sua obra possui na Internet um número de referências que desafiam a imaginação e chegam mesmo a mais de um milhão de páginas. Da analítica do poder aos processos de subjetivação, sua obra atravessa e transforma as correntes da filosofia do século XX, seja a fenomenologia, seja o marxismo ou o estruturalismo. Como historiador das ciências, genealogista e arqueólogo de saberes e poderes, homem de esquerda, ligado ao pensamento de Nietzsche e de Heidegger, próximo de Lacan, Barthes, Lévi-Strauss, Althusser e Deleuze ou Canguilhem, as conexões da obra de Foucault, múltiplas, contraditórias, não cabem em uma rede classificatória simples. É impossível capturá-lo completamente. É o que ele mesmo reclama dos que desejavam enquadrá-lo, por exemplo, no estruturalismo. Sua caixa de instrumentos permanece aberta para muitos e novos usos.

As Edições Gallimard recolheram estes textos em uma primeira edição em quatro volumes, com exceção dos livros. A estes seguiu-se outra edição em dois volumes, que conserva a totalidade dos textos da primeira. A edição francesa pretendeu a exaustividade, organizando a totalidade dos textos publicados quando Michel Foucault vivia, embora seja provável que alguma pequena lacuna exista neste trabalho. O testamento de Foucault, por outro lado, excluía as publicações póstumas. Daniel Defert e François Ewald realizaram, assim, um monumental trabalho de edição e estabelecimento dos textos, situando de maneira nova as condições de sua publicação, controlaram as circunstâncias das traduções, verificaram as citações e os erros de tipografia. Jacques Lagrange ocupou-se da bibliografia. Defert elaborou uma cronologia, na verdade uma biografia de Foucault para o primeiro volume, que mantivemos na edição brasileira, em que muitos elementos novos sobre a obra e a ação de Michel Foucault aparecem. Este trabalho, eles o fizeram com uma visada ética que, de maneira muito justa, pareceu-me, chamaram de intervenção mínima. Para isto, a edição francesa de Defert e Ewald apresentou os textos segundo uma ordem puramente cronológica. Esse cuidado não impediu os autores de reconhecer que a reunião dos textos produziu algo inédito. A publicação do conjunto desses textos constitui um evento tão importante quanto o das obras já publicadas, pelo que complementa, retifica ou esclarece. As numerosas entrevistas – quase todas nunca publicadas em português – permitem atualizar os ditos de Foucault com relação a seus contemporâneos e medir o efeito das intervenções que permanecem atuais, no ponto vivo das questões da contemporaneidade, sejam elas filosóficas, literárias ou históricas. A omissão de textos produz, por outro lado, efeitos de interpretação, inevitáveis tratando-se de uma seleção.

Optamos na edição brasileira por uma distribuição temática em alguns campos que foram objeto de trabalho de Foucault.

Este oitavo volume dos *Ditos e escritos* tem, também, uma singularidade na série: ele amplia uma temática já tratada no volume IV, *Estratégia, poder-saber*. Ele trata, também, das questões da justiça e da segurança, mas principalmente da questão da prisão e da justiça. Entre outros textos, tratam desse tema: "Teorias e instituições penais", "Uma mobilização cultural", "A angústia de julgar", "Maneiras de justiça", "Sempre as prisões", "Lutas em torno das prisões", "As malhas do poder", "Michel Foucault: é preciso repensar tudo, a lei e a prisão", "Do bom uso do criminoso", "As respostas de Pierre Vidal-Naquet e de Michel Foucault", o "Prefácio" ao livro de Knobelspiess: *Q.H.S.: quartier de haute sécurité*, "A idade de ouro da *lettre de cachet*", "O que chamamos punir". Há também entrevistas e textos que articulam a questão da loucura e a do encarceramento, além de análises sobre o poder em sociedades totalitárias: formas alternativas de saída do socialismo real, na Polônia, levam Foucault a analisar a crise do poder soviético na Europa Oriental, lutas muito significativas, como o caso Mirval, ou ainda aspectos da luta e mobilização das mulheres francesas para terem direito ao uso de seu próprio corpo. Foucault tematizou de forma particular o conceito de medida de segurança, que o levou, no seu curso sobre segurança, território e população, a elaborar em seguida os conceitos de biopoder e de governamentalidade.

O contexto histórico da questão penal em Michel Foucault

Toda essa atividade em um momento significativo acompanha a criação do Grupo de Informação sobre as Prisões – GIP, seguindo-se a eleição de Foucault para o Collège de France, em abril de 1970, para a cadeira de "História dos sistemas de pensamento". Com efeito, paralelamente à criação do GIP, ele realiza vários cursos que tratam da questão penal: "Teorias e instituições penais" e "A sociedade punitiva", ambos até hoje inéditos, e "A vontade de saber", que recolhe a herança nietzschiana e trata da questão da prova na cultura grega. Em 1975, ele publica *Vigiar e punir*, que condensa e recolhe a experiência política das lutas e o trabalho de reflexão realizado nos cursos. Sua participação política, suas intervenções na sociedade vão além da França, seja por sua ida a Madri, com outros intelectuais, cientistas e artistas, para se contrapor às execuções da ditadura de Franco, seja pelo movimento de mobilização e crítica da prisão e pelo debate sobre o estatuto da justiça na sociedade moderna normalizadora em uma escala muito ampla.

Foucault reúne, de forma original, a atenção à atualidade, ao contemporâneo e à reflexão teórica. Ele articula, com efeito, teoria e história no sentido novo que ele dá à herança do Iluminismo: fazer a história do presente, problematizar o presente. Sua reflexão sobre a genealogia, combinada aos métodos originais que inventou para a leitura dos textos, permite-lhe abordar de forma constante os textos antigos sobre a prisão e os castigos do Antigo Regime. Sua posição filosófica, ao mesmo tempo epistemológica e política, o separa das ciências sociais e humanas que ele criticara em *As palavras e as coisas*, ao fazer sua arqueologia e depois a genealogia. Sua análise vai projetar uma luz nova, crítica ou renovadora sobre a sociologia, a psicologia, a psiquiatria, a pedagogia e a criminologia. Algumas disciplinas terão de se reinventar, e alguns de seus agentes vão reagir de forma extrema à obra de Foucault. A nova leitura dos poderes na sociedade moderna permitiu lançar, inclusive, luzes novas sobre a estratégia, o estatuto dos exércitos e a dimensão da guerra a partir do século XVIII, de Guibert a Clausewitz e Napoleão.

Análise inovadora, novíssima perspectiva, é a que Foucault vai fazer da prisão: ele traz elementos novos para a história da prisão, no quadro de uma história do corpo e da disciplina, quando ela surge ainda impensada como alternativa real ao sistema de castigos corporais, tortura e exílio das penas do Antigo Regime.

O grande impacto da obra de Michel Foucault são intervenções específicas, precisas, na estrutura social, em seus mecanismos institucionais, na prática, na atividade de todos os dias. Embora em numerosas de suas intervenções ele vise à revolução, seu combate visa, também, a lutas que giram em torno das prisões, da habitação popular, do movimento sindical, da situação dos hospitais, das internações psiquiátricas, da loucura. Nessas lutas, novos sujeitos políticos entram em ação: mulheres, imigrantes, jovens, operários do setor agrário, as novas regiões que aparecem na luta política e introduzem como problema a descentralização diante do centralismo parisiense. As lutas sindicais põem em questão o fordismo, o modo de organização do trabalho e da produtividade. Antes que os efeitos combinados da crise do petróleo e da concentração e da distribuição industrial resultantes da União Europeia adquirissem sua dimensão plena, o problema dos imigrantes virá a luz.

Novas formas de participação vão implicar, de maneira direta, artistas e intelectuais na organização e na participação nas lutas, seja na defesa da liberdade de expressão, seja na luta dos mineiros ou no GIP.

Presente nessas múltiplas fontes, Michel Foucault vai ocupar um importante papel, evitando o risco do terrorismo, os excessos esquerdistas ou a ação violenta da direita.

Eis como Foucault define a genealogia: "Chamamos, se quiserem, genealogia o acoplamento dos conhecimentos eruditos e das memórias locais, acoplamento que permite a constituição de um saber histórico das lutas e a utilização desse saber nas táticas atuais" (*Il faut défendre la société, 1975-1976*. Paris: Gallimard, 1997, p. 9-10).

Vão ser as lutas em torno dos presos políticos maoístas que trarão para a atualidade política a questão da prisão. Os detentos comuns eram excluídos das lutas. Jacques-Alain Miller, que, como Defert, estava ligado à esquerda proletária (GP), colocada na ilegalidade em maio de 1970, depois de conversar com Geismar, ex-dirigente preso da GP, convence Defert e Foucault a colocarem a questão penal no primeiro plano da atualidade política. Ele pensa que Foucault deve ocupar, na França, o mesmo papel que a Suprema Corte nos Estados Unidos. Nasce, então, o GIP, como condensador dessas lutas que vão devolver às massas sua própria reflexão trabalhada. É nesse momento que Foucault vai ocupar na cena francesa o papel que antes coubera a Jean-Paul Sartre no pós-guerra.

No curso sobre "A vontade de saber" e também em conferências feitas na PUC no Rio de Janeiro, ele explora exemplos das instituições gregas antigas, como o julgamento, a medida justa, os rituais de purificação para compreender mudanças e modalidades de aplicação da justiça diante do crime. Em seu curso de 1971-1972, "Teorias e instituições penais", Foucault vai estudar a elaboração do inquérito na formação do Estado medieval.

Nesse curso, desenha-se o que se pode chamar uma tese do "Foucault clássico" em face dos entrelaçamentos dos saberes e poderes atravessados por lutas. Os poderes não têm apenas o papel de facilitar ou de fazer obstáculo à produção de saber. Com efeito, a ligação do poder e do saber não se dá apenas "pelo jogo dos interesses e das ideologias" (ver p. 2 neste volume).

O verdadeiro problema não é o de mostrar como o poder subordina o saber, submetendo-o a suas finalidades. Foucault transforma em condições negativas o que constitui a positividade das teorias da ideologia. Não se trata de supressões impostas ao saber ou de limitações ideológicas que ele sofre; trata-se da positividade do poder. Para que ele se forme, são necessários sistemas de comunicação, de registro de acumulação e deslocamento. Eles são em si mesmos "uma forma de poder ligado, tanto em sua existência como em seu funcionamento, às outras formas de poder" (ver p. 2 neste volume). Por outro lado, nenhuma forma de poder pode ser exercida sem "a extração, a apropriação, a distribuição ou a retenção de um saber" (ver p. 2 neste volume). Para Michel Foucault, o que existe são as formas de poder-saber, e não, de um lado, o conhecimento e, do outro, a sociedade, ou ainda a ciência e o Estado. Foucault estudou a emergência da medida – ligada à cidade-estado grega – no curso sobre "A vontade de saber".

Nesse curso, ele se dedica a uma leitura original do Édipo. É na mesma época em que ele faz uma importante conferência sobre Nietzsche, publicada recentemente sob a direção de Daniel Defert.

Em "Teorias e instituições penais", ele estuda outro período histórico – a Idade Média e o inquérito –, ligado à formação do Estado medieval. Ele vai se dedicar, em seguida, ao estudo do exame que aparece de forma significativa ligado aos mecanismos da disciplina na sociedade moderna.

Que é o inquérito para Michel Foucault? Diz ele: "é o meio de constatar ou de restituir os fatos, os acontecimentos, os atos, as propriedades, os direitos". E Foucault acrescenta o elemento mais original de sua investigação: o que faz do inquérito a "matriz dos saberes empíricos e das ciências da natureza" (ver p. 3 neste volume).

Foucault contrapõe o inquérito ao exame. Este está voltado para o que seriam as ciências do homem. Serve para "fixar ou restaurar a norma, a regra, a partilha, a qualificação, a exclusão" (ver p. 3 neste volume). É a matriz de tudo o que é psicologia, psiquiatria, e, no nível clínico, na definição do tipo, da psicanálise.

Quer seja a medida, o inquérito ou o exame, esses diferentes tipos "estiveram ligados à instauração de um poder político" (ver p. 3 neste volume), sendo simultaneamente seu efeito e instrumento. Todos foram utilizados em muitas práticas científicas.

A que função respondem essas formas de poder-saber? A medida, a uma forma de ordem; o inquérito, a um papel de centralização, cabendo ao exame selecionar e excluir.

Estudando o inquérito e seus desdobramentos na Idade Média, Foucault consagra-se, sobretudo, a seu aparecimento no domínio da prática penal. É à figuração de uma passagem, de uma mudança, que Foucault se dedica; da vingança à punição, da "prática acusatória à prática inquisitória" e, ainda, "do prejuízo que provoca o litígio à infração que determina a perseguição" (ver p. 3 neste volume). E mais: do veredicto sobre testemunha ao julgamento sob prova, do combate que designa o vencedor e marca o justo direito à contestação que, apoiando-se nos testemunhos, estabelece o fato.

São acontecimentos que se articulam com uma matriz política de um Estado que, nascendo, "tende a confiscar, de um modo cada vez mais estrito, a administração da justiça penal" (ver p. 3 neste volume). No Estado, concentram-se as funções de manutenção da ordem. Ele fiscaliza a justiça no feudalismo e nele inscreve a "prática judiciária nos grandes circuitos da transferência de riquezas" (ver p. 3 neste volume).

Foucault vai dizer que essa forma judiciária, o inquérito, teria sido tomada como empréstimo do que subsistia das formas de administração carolíngia. Ele diz que com mais certeza teria vindo "dos modelos de gestão e controle eclesiásticos" (ver p. 4 neste volume). É dessas práticas que teriam vindo "as questões características do inquérito", e ele declina, então, essas questões, essas perguntas, que definem o procedimento: "Quem fez o quê? Quem viu o quê? O fato é de notoriedade pública? Quem o viu de modo a vir dar testemunho? Quais são os indícios, quais são as provas? Há confissão?" (ver p. 4 neste volume).

Há, em seguida, as fases características do inquérito. Em primeiro lugar, a que estabelece o fato; depois, a que determina o culpado; e, por fim, a que estabelece as circunstâncias do ato.

Quem são as personagens do inquérito é outra questão. Elas são múltiplas. Há o perseguidor, o que denuncia, o que viu, o que nega ou o que confessa, o que deve julgar o veredicto. E todo um sistema em que se inscreve e se assenta o inquérito. Ele vai definir o que vai se constituir como saber, de quem ele é extraído e também por quem.

Interroga-se, ainda, como ele se desloca e qual seu ponto de acumulação. Onde ele origina um julgamento ou dá lugar a uma decisão.

É um modelo que Foucault chama de inquisitorial. Seus deslocamentos vão produzir, graças a transformações sucessivas, as instâncias nas quais se formam as ciências empíricas.

Essa modalidade de saber, quer esteja ligada à experimentação, quer esteja ligada à viagem, opõe-se de maneira forte à tradição e à prova simbólica.

Ela vai ser usada em práticas científicas, diz Foucault, por exemplo, no magnetismo ou na história natural. Esta vai passar por uma mutação epistemológica, com o surgimento da classificação botânica. Mas quem refletiu metodologicamente sobre ela foi Francis Bacon, primeiro-ministro, administrador. O que em Koyré era um defeito, no famoso dito sobre seu estilo em filosofia e ciência: "*He writes like a Lord Chancellor*", torna-se, aqui, a marca de uma prática que está no fundamento de novos saberes.

O inquérito vai produzir novas formas discursivas, a investigação como forma de análise oposta seja ao ensaio, seja à meditação.

E Foucault generaliza o procedimento do inquérito, nomeando inquisitorial nossa civilização, ou melhor, dizendo que esta há séculos pratica "a extração, o deslocamento, a acumulação do saber" sob formas de crescente complexidade, cujo modelo é o mesmo, o da inquisição. Nossa sociedade tem como forma essencial de poder-saber a inquisição. A verdade nas ciências empíricas, na sua forma moderna, a "verdade de experiência é filha da inquisição" (ver p. 4 neste volume), sob a forma do poder político, administrativo ou judiciário. Verdade que resulta da formulação de questões, extorsão de respostas ou do ato de "colher testemunhos, controlar afirmações e estabelecer fatos" (ver p. 4 neste volume). Foucault dá conta de um esquecimento, vergonhoso esquecimento das origens. *Pudenda origo*.

Quando nascem a filosofia empirista e a prática moderna da ciência das classificações das plantas e dos animais, que se expande e transforma o saber da antiga história natural, dá-se, também, a formação da teoria liberal do moderno sujeito. Mas o inquérito vai ter sua serenidade oposta à tirania do poder inquisitorial. A verdade da experiência supostamente vai censurar a Inquisição. Esta teria engendrado monstros nos suplícios em que pretendia expulsá-los. Mas a Inquisição não se separa do inquérito. Ela foi, para Michel Foucault, apenas "uma das formas – e durante muito tempo a mais aperfeiçoada – do saber inquisitorial". Este, conclui Foucault, é uma das matrizes jurídico-políticas "mais importantes de nosso saber" (ver p. 5 neste volume).

Mas há, antes desse escrito, um pequeno texto que considero emblemático do procedimento do próprio Foucault, que ele vai extrair da postura de Gaston Bachelard e que ele chama de armadilhar sua própria cultura.

Se, na *Arqueologia do saber*, Foucault explica sua posição diante da descontinuidade histórica, diante das sucessivas revoluções científicas, filosóficas, culturais que marcaram o Ocidente, é uma ressonância bachelardiana do conceito de Bachelard de corte epistemológico que o leva a definir as diversas *epistemes* que ordenam nosso saber desde a Renascença. Mas, em Bachelard, é um traço singular que Foucault nota, que, como dissemos, ele chama de "armadilhar sua própria cultura". Jogar com sua própria cultura ou contra ela, essa atitude lúdica, alegre, ágil diante dos vários níveis da tradição. Desse modo, Foucault chega mesmo a se referir às ordens celestes, com "os Tronos, as Dominações, os Anjos e os Arcanjos" (ver p. 1 neste volume).

São os valores estabelecidos, o que deve ser dito ou não dito, as grandes e as pequenas referências, os grandes e pequenos autores – é tudo o que Bachelard subverte. Ele se desprende "de todo esse conjunto de valores" (ver p. 1 neste volume). Bachelard, leitor de erudição infinita, "joga tudo contra tudo". É a um jogo, a estratégia do xadrez, que Foucault recorre para definir a estratégia de Gaston Bachelard. Esse jogo se apodera das peças importantes jogando com os pequenos peões. Assim, a Descartes, figura emblemática da ciência e da filosofia do século XVII, ele opõe um filósofo menor e um erudito, diz Foucault, "um tanto imperfeito ou um fantasista do século XVIII" (ver p. 1 neste volume). O mesmo procedimento é utilizado para a literatura, em que grandes poetas se contrapõem a autores de valor secundário.

Não é um trabalho de construção da grande cultura, da totalidade da história do Ocidente, da França ou da Europa. Também não se trata das figuras do *zeitgeist* hegeliano, do espírito do tempo, que marcam os conjuntos históricos, figuras do mesmo.

É uma armadilha para sua própria cultura, diz Foucault, com que Bachelard trabalha, com o que está entre, com os interstícios, com os desvios, com o que é pequeno, com as dissonâncias e as menores. É, também, com as notas falsas que ele joga.

O dispositivo de segurança diante da lei e da disciplina: a dimensão do aleatório e da autorregulação

Foi efetivamente no curso de 1977-1978 que Foucault estudou o problema da segurança em sua relação com a disciplina, a punição e o biopoder.

Depois do 11 de Setembro, essa discussão vai ser retomada no quadro de medidas de hipervigilância, de que fala Lipovetsky.

No curso, Foucault pergunta que são as medidas de segurança. O tema do curso tratado é "Segurança, território e população". Ele pergunta, em primeiro lugar, que é a segurança. Ele vai desenvolver o tema primeiro com uma série de exemplos ou um exemplo modulado em três tempos. Por outro lado, Foucault vai tratar, também, dos problemas do espaço, com o exemplo das cidades no século XVII. Mas vai se tratar de uma prática como o encarceramento, agindo sobre o culpado com uma série inteira de exercícios, trabalhos, trabalho de transformação do que chamamos "técnicas penitenciárias, trabalho obrigatório, correção, moralização etc." (ver *Sécurité, territoire, population*. Gallimard, p. 6). A terceira modulação de que tratará Foucault é tomada a partir da mesma matriz. Com a mesma lei penal e igualmente os castigos, e com o mesmo tipo de enquadramento em forma de vigilância e de correção. Agora, no entanto, a aplicação da lei penal, a organização da prevenção e do castigo corretivo vão ser comandadas por questões do seguinte tipo: "qual é a taxa média da criminalidade desse gênero?" (ibid., p. 6), ou, ainda, "como estatisticamente podemos prever que haverá tal ou tal quantidade de roubos em um momento dado, em uma sociedade dada, em uma cidade dada, na cidade, no campo, em tal camada social etc.?" O que será paradigmático será o modelo das cidades. Em primeiro lugar, Foucault vai figurar o estatuto da cidade no século XVII e ainda no começo do século XVIII. Esta se caracterizava essencialmente por uma especificidade "jurídica e administrativa" que a isolava ou marcava de uma maneira muito singular com relação às outras extensões e espaços do território" (ibid., p. 14). O segundo aspecto que Foucault ressalta é que as cidades se caracterizavam por um fechamento no interior de um espaço murado e cerrado. Neste, várias funções operavam; portanto, a função militar não era a única e, ainda, diz Foucault, sua heterogeneidade no campo econômico-social era uma marca característica sua bem precisa em face do campo.

Vê-se assim, observa Foucault, surgir nos séculos XVII e XVIII todo um conjunto de problemas ligados ao desenvolvimento dos Estados administrativos, nos quais o caráter específico do ponto de vista jurídico criava um problema cuja solução era difícil de encontrar. Ademais, a expansão comercial primeiro e depois a expansão demográfica da cidade criavam o problema de seu fechamento e de sua concentração dentro dos muros. Enfim, esse problema surgia, também, por causa do desenvolvimento das técnicas militares. Finalmente, a necessidade das trocas econômicas de forma permanente entre a cidade e seu entorno imediato, para sua subsistência, e seu entorno longínquo, para suas relações comerciais, fazia com que, diz Foucault, o fechamento da cidade, seu enclave, fosse um problema. Qual era o problema? Tratava-se de desenclavar a cidade do ponto de vista "espacial, jurídico e administrativo" (ibid., p. 14). "É disso que se trata", diz ele, "no século XVIII" (ibid., p. 14).

"Resumindo a ideia central desta problemática: trata-se de recolocar a cidade nem espaço de circulação" (ibid., p. 14). Foucault cita, quanto a isso, um estudo de Jean-Claude Perrot, sua tese de doutorado, defendida na Universidade de Lille e publicada pela editora Mouton, sobre a cidade de Caen no século XVIII: *Genèse d'une ville moderne, Caen au XVIIIe siècle*. Para Perrot, o problema da cidade era basicamente um problema de circulação, porque nele "se vê uma definição da cidade, uma reflexão sobre a cidade essencialmente de soberania". Que quer dizer relação de soberania aí? Foucault explica que é a relação de poder do soberano sobre o território, cujo exemplo maior é a obra de Maquiavel. Assim, nessa questão da cidade, a relação de soberania com o território é essencialmente a primeira. É a relação de soberania que serve de esquema, de modelo interpretativo para compreender a função que deve ter "uma cidade capital e como ela pode e deve funcionar" (ibid., p. 16). Assim, por meio desse modelo interpretativo da soberania, tido como fundamental, surge certo número de funções urbanas, funções econômicas, administrativas, morais. A última função que ele considera um dos problemas importantes das cidades do século XVIII era a de permitir a vigilância. Diz Foucault que o desenvolvimento econômico tornara necessária a supressão das muralhas, de tal maneira que à noite não se podiam mais fechar as sociedades, ou ainda vigiar as idas e vindas durante o dia. Qual a consequência disso? Diz Foucault que a insegurança das cidades crescera "pelo afluxo de todas as populações flutuantes, mendigos, vagabundos, delinquentes, criminosos, ladrões, assassinos etc., que poderiam vir, como todo mundo sabe, do campo" (ibid., p. 20). Resumindo, Foucault diz que se tratava de organizar a circulação, eliminar o que nela poderia ser perigoso, ou seja, realizar a partilha "entre a boa e a má circulação, maximizar a boa circulação diminuindo a má" (ibid., p. 20). E Foucault conclui dizendo tratar-se igualmente de ordenar os acessos ao exterior, tanto no que se refere ao que ela consumia quanto no que comerciava com o exterior. Um eixo de circulação foi construído com Paris, e o Indre foi tratado no local por onde vinham as madeiras da Bretanha com as quais as pessoas se aqueciam.

O plano de remanejamento elaborado por Vigny, diz Foucault, apresentava ainda uma questão fundamental e que, de forma paradoxal, era novíssima: como integrar em um plano atual as possibilidades de desenvolvimento da cidade? É nes-

Apresentação à Edição Brasileira XIX

se ponto que se insere a questão ou o problema do comércio dos cais, que, diz Foucault, não se chamavam ainda docas. Este era um fenômeno novo: a cidade se percebia a si própria como estando em desenvolvimento; nela, acontecimentos, certo número de coisas, "elementos vão chegar, vão se produzir" (ibid., p. 20). Surge, então, a questão: "que fazer para fazer face previamente ao que exatamente não se conhece?". A ideia que surge é a de utilizar as bordas do rio Loire e construir cais, os maiores e os mais longos, à beira desse rio. Há, no entanto, uma perda com esse procedimento: quanto mais se alonga a cidade, mais se perde o benefício do que Foucault chama essa espécie "de esquadrinhamento claro, coerente etc." (ibid., p. 20). Surge a questão: será possível administrar uma cidade cuja construção é tão grande? Será que a circulação vai se fazer bem "quando se vai estender a cidade indefinidamente no sentido da lonjura?" Do que se tratava no projeto de Vigny? Ele previa a construção de cais ao longo das margens do rio Loire, permitindo que se desenvolvesse um quarteirão, depois construindo apoiando sobre as ilhas, pontes sobre o Loire. A partir dessas pontes se deixaria crescer um quarteirão que iria se desenvolver na frente do primeiro, produzindo-se, assim, um equilíbrio das duas margens do rio Loire e evitando-se "o alongamento indefinido de um dos lados do Loire" (ibid., p. 20).

É o próprio Michel Foucault quem diz que não importa muito o detalhe da ordenação prevista. Embora situando a disciplina, ele anteriormente a chamara quase de uma política do detalhe, e é assim que ele diz que essa ordenação é importante e significativa "por certo número de razões". O primeiro aspecto para o qual ele chama a atenção é que não se trata de construir no interior de um espaço "vazio ou esvaziado, como no caso dessas cidades" que ele diz disciplinares, que seriam Richelieu, Kristiania; nelas, trata-se do domínio da disciplina que "trabalha no espaço vazio, artificial, que se vai construir inteiramente" (ibid., p. 21). Não é o caso da segurança, que se apoia "em certo número de dados materiais". Com que trabalha a segurança? Diz Foucault que ela trabalha sobre um dado, "com a localização, com o escoamento das águas, com as ilhas, com o ar etc.".

O segundo ponto que ele ressalta é que a reconstrução não tinha como objetivo "que se atingisse um ponto de perfeição, como em uma cidade disciplinar" (ibid., p. 21). O que está em questão é maximizar os elementos positivos, que se circule o melhor possível, por um lado; por outro, trata-se de minimizar "o que é risco e inconveniente, como o roubo, as doenças, sabendo perfeitamente que jamais se vai suprimi-los" (ibid., p. 21). Trabalha-se, assim, não apenas sobre dados naturais, mas sobre quantidades que são "comprimidas". É algo que não se anula nunca. O trabalho se faz no campo das probabilidades. O terceiro ponto que ressalta Foucault nessa ordenação das cidades são os elementos justificados por sua "polifuncionalidade". Que é uma boa rua? A resposta é: é uma rua na qual haverá nela circulação do que se chamam miasmas, portanto, doenças; vai ser necessário gerir a rua em função desse papel necessário, ainda que pouco desejável, da rua. Na rua se transportam as mercadorias e também nela haverá lojas. Nessa multiplicidade de funções há ainda o fato que nela poderão passar os ladrões, e eventualmente os revoltados, os arruaceiros etc. São essas diferentes funções da cidade, algumas positivas, outras negativas, que a ordenação deverá pôr em operação.

O quarto ponto importante para Foucault é que a cidade vai trabalhar sobre o futuro. Não se trata de uma "percepção estática que asseguraria no instante a perfeição da função" (ibid., p. 21). Ela deverá abrir-se sobre um futuro cujo caráter não é nem controlado nem controlável. Essa abertura não diz respeito nem ao que é medido nem ao que é mensurável. O que vai ser, então, o bom ordenamento da cidade? Levar em conta o que pode se passar, diz Foucault. Assim, Foucault diz que se pode falar de uma técnica que ordena o problema da segurança ou, no fundo, o "problema da série". Várias modalidades de séries: série dos elementos que se deslocam, série dos acontecimentos que se produzem, séries indefinidas das unidades que se acumulam. Gestão, portanto, dessas séries abertas cujo controle só pode ser feito por uma estimativa de probabilidades. E é isso, diz Foucault, que caracteriza essencialmente o mecanismo de segurança. Na série indefinida dos elementos que se deslocam, há: a circulação, o número X de carroças, de passantes, o número X de miasmas; na dos acontecimentos, há: tantos barcos vão acostar, tantas carroças vão chegar; na série indefinida das unidades que se acumulam, há: quantos habitantes, quantas casas etc.

Foucault diz, dando uma forma resumida a tudo isso e recorrendo à soberania, que ela capitaliza um território, pondo como problema maior o da sede do governo, sendo o da disciplina cuja arquitetura constrói um espaço tendo problema essencial "uma distribuição hierárquica e funcional dos elementos" (ibid., p. 22). Aquilo de que se trata agora é a segurança, que vai tentar ordenar um meio em função de acontecimentos ou de "séries de acontecimentos ou de elementos possíveis, séries que vai ser necessário regularizar em um quadro multivalente e transformável" (ibid., p. 22). Há, assim, um espaço específico da segurança que remete, portanto, a acontecimentos possíveis em série. Trata-se de uma remissão ao temporal e ao aleatório. Temporal e aleatório que será necessário inscrever em um espaço dado. Foucault passa a tematizar e analisar o conceito de espaço no qual se desenrolam séries de elementos aleatórios. Diz que esse tipo de espaço é aquilo que mais ou menos se chama meio. Ele ressalta que o conceito de meio em biologia, sabe-se, remonta apenas a Lamarck. Esse termo aparece primeiro sob uma forma negativa, até tomar o caráter de uma noção positiva, primeiro explicando as variações e as doenças e depois as adaptações e as convergências. A noção de meio existira primeiro no campo da física, com Isaac Newton, e fora utilizada também pelos seus continuadores. Do que se trata, na física de Newton, a noção de meio? Que é um meio? Diz Foucault que é "o que é necessário para dar conta da ação a distância de um corpo sobre o outro. É de fato suporte e o elemento de circulação de uma ação" (ibid., p. 22). Há, portanto, o problema da circulação e da causalidade que está em questão nessa noção de meio. O uso formal explícito da noção de meio não foi feito pelos urbanistas do século XVIII para designar cidades nem espaços organizados. Por outro lado, ainda que a noção não existisse, Foucault tenta expressar como dizer isso. Formula que "o esquema técnico dessa noção de meio ou a espécie de estrutura pragmática que a desenha previamente" se presentifica na forma pela qual "os urbanistas tentam refletir e modificar o espaço urbano" (ibid., p. 22).

E Foucault define, então, o funcionamento dos dispositivos de segurança do ponto de vista de seu funcionamento: eles "trabalham, fabricam, organizam, ordenam um meio antes mesmo que a noção tenha sido formada e isolada" (ibid., p. 22). O meio é, assim, aquilo por intermédio do qual a circulação se realiza. E, diz Foucault, "é um conjunto de dados naturais". Que dados são esses? Ele enumera: "rios, pântanos, colinas" (ibid., p. 23). E mais um conjunto de dados artificiais: aglomeração de indivíduos, aglomeração de casas etc. Mais uma variação da definição de meio. Ele é certo número de efeitos que são efeitos de massa, que dizem respeito a todos os que aí residem. E mais uma extensão da definição: é um elemento no interior do qual se faz um "encadeamento circular dos efeitos e das causas", já que o que é efeito de um lado vai se tornar causa do outro. O exemplo, diz ele, é de que, quanto mais ajuntamento, mais miasmas, e, então, mais doentes. E, ainda, "quanto mais se adoece, mais se morre, mais vai haver cadáveres e, consequentemente, mais miasmas" (ibid., p. 23). Visa-se, assim, ao fenômeno de circulação das causas e dos efeitos através do meio. O meio surge como um campo de intervenção. Nele se visa, não como no caso da soberania, a atingir indivíduos como um conjunto de sujeitos de direito capazes de ações voluntárias. Aquilo que se vai tentar atingir é, diz Foucault, "precisamente uma população" (ibid., p. 23). O que a noção de população significa? "Uma multiplicidade de indivíduos que são e que só existem profundamente, essencialmente, biologicamente, ligados à materialidade no interior da qual existem" (ibid., p. 22). Aquilo que se vai tentar atingir, por esse meio, é ali onde precisamente "interfere uma série de acontecimentos que esses indivíduos, populações e grupos produzem, com acontecimentos de tipo quase natural que se produzem em torno deles" (ibid., p. 23).

Assim, com o problema técnico apresentado pela cidade – e o exemplo urbano é apenas um entre outros –, vê-se surgir o problema do que Foucault chama "a naturalidade da espécie humana no interior de um meio artificial" (ibid., p. 23). Ele dissera em um manuscrito que a "irrupção dessa naturalidade da espécie humana no campo das técnicas de poder seria dizer muito". Mas Foucault o diz, porque acrescenta, referindo-se à naturalidade: "ela até então aparecera, sobretudo, sob a forma da necessidade, da insuficiência, ou da fraqueza do mal". E agora ela surge "como a interseção entre uma multiplicidade de indivíduos vivendo, trabalhando e coexistindo uns com os outros em um conjunto de elementos materiais que agem sobre eles e sobre os quais eles reagem" (ibid., p. 23). Então, esse grande problema da naturalidade da espécie no interior da artificialidade política de uma relação de poder leva à questão fundamental do que Foucault chama de biopoder. E ele remete essa questão ao texto do primeiro grande teórico do biopoder, ou da biopolítica, Moheau. Ele fala nesse texto de algo diverso, isto é, da natalidade, objeto de grandes questões em jogo. Na questão da natalidade, diz Foucault, vê-se aparecer a noção de um meio histórico-natural como alvo de uma intervenção de poder cuja natureza é inteiramente diversa da noção jurídica da soberania e do território, e também diferente da concepção do espaço disciplinar. Assim, trata-se da ideia de meio artificial e natural, "onde o artifício entra em jogo como uma natureza com relação a uma população", que, sendo atravessada pela trama de relações sociais e políticas, funciona também como uma espécie. O texto de referência de Foucault para o nascimento do biopoder é o livro *Recherches sur la population*, de Moheau. Eis o texto citado por Foucault: "depende do governo mudar a temperatura do ar, melhorar o clima"; um curso dado às águas "malsãs", florestas plantadas ou queimadas, montanhas destruídas pelo tempo ou pela cultura contínua de sua superfície formam um solo e um clima novo. Tal é o efeito de tempo da habitação da terra e das vicissitudes na ordem física, que os cantões mais sadios tornaram-se morbíficos.

Foucault ressalta que aparece aí a figura do soberano, seu problema. No entanto, o soberano não é mais aquele que exerce seu poder sobre um território a partir de uma localização geográfica de sua soberania política. O soberano, agora, é alguma coisa com que se depara. No entanto, no que diz respeito ao projeto e à estruturação do espaço e do território, a questão que se deve saber é, para Foucault, "no interior de que economia geral do poder" eles se situam. Trata-se de marcar um território ou conquistá-lo. Trata-se de disciplinar os sujeitos e fazê-los produzir riqueza, ou, por outro lado, "constituir para uma população algo que seja como meio de vida, de existência, de trabalho" (ibid., p. 32).

Foucault vai, então, retomar essa mesma análise no dispositivo de segurança para delimitar outra coisa. Não se trata da relação com o meio e o espaço, mas da relação do governo com o acontecimento. Problema do acontecimento.

O exemplo que Foucault vai tomar é o da escassez.

Que é de fato a escassez? Ela não constitui a fome. Definida por um economista da segunda metade do século XVIII, "é a insuficiência atual da quantidade de grãos necessários para fazer subsistir uma nação" (ibid., p. 32). Foucault retoma essa definição de Louis-Paul Abeille de sua "Lettre d'un negociant sur la nature du commerce de grains", de 1763 (p. 4). Foucault diz que a escassez é um estado de carência que tem a propriedade de engendrar um processo que a faz retornar e mesmo prolongá-la e acentuá-la. Diz ele que "é um estado de carência com efeito que faz subir os preços" (ibid., p. 32). Assim, quanto mais os preços sobem, mais os que detêm os objetos raros os estocam para que subam ainda mais, até o momento em que as necessidades básicas da população deixam de ser satisfeitas. Assim, para os governos nos séculos XVII e XVIII, e principalmente para o governo francês, a escassez era um fenômeno que devia ser evitado por toda sorte de razões, que são bem claras. A mais séria, diz Foucault, é aquela que tem as consequências mais imediatas e sensíveis no meio urbano, sendo mais fácil de suportar no campo. Nas cidades, a escassez acarreta, de maneira direta e com muita probabilidade, a revolta, coisa que o governo deve evitar ao máximo. Do lado da população, ela constitui um flagelo; para os governos, crise e catástrofe.

Foucault retoma o horizonte filosófico-político no qual aparece a escassez. Ele diz que ela aparecia nas duas categorias com as quais o pensamento político tentava pensar o mal inevitável. A primeiro delas era uma conceito muito antigo, de fundo greco--latino, o da má fortuna. Assim, diz Foucault, a escassez era a má sorte no estado puro. Seus fatores mais imediatos eram "a intempérie, a seca, o gelo, o excesso de umidade, tudo aquilo que não se pode controlar" (ibid., p. 33). Não se trata, na definição da má sorte, de uma constatação de impotência. Há na má fortuna ou na má sorte, diz Foucault, todo um conceito com dimensões política, moral e cosmológica. Ele foi "desde a Antiguidade até Maquiavel e, finalmente, até Napoleão não apenas uma maneira de pensar filosoficamente a infelicidade política, mas mesmo um esquema de comportamento no campo político" (ibid., p. 33). Assim, aquele que é responsável, no plano da política, no mundo greco-romano antigo ou ainda na Idade Média até Napoleão, inclusive e mesmo além, tem de se haver com a má fortuna; e, lembra Foucault, Maquiavel mostrou isso: "há toda uma série de regras de jogo com relação à má fortuna" (ibid., p. 33). Maquiavel dedicou ao tema um capítulo do *Príncipe*, o livro XXV: "Quanto pode a fortuna nas coisas humanas e de que maneira podemos enfrentá-la, ou fazer-lhe frente". Assim, Foucault diz que a escassez é uma das formas fundamentais da má fortuna, seja para um povo, seja para um soberano.

A segunda matriz filosófica e moral cujo objetivo é pensar a escassez é a má natureza do homem. Em que medida a má natureza se liga à escassez? Ela se articula com a escassez na medida em que esta vai tomar a forma de um castigo. É o que dizia mesmo Delamare no seu *Traité de la police*, de 1722, afirmando ser a escassez um dos flagelos salutares de que se serve Deus para "nos fazer entrar no nosso dever" (Paris: M. Brunete, p. 294-295). Porém, diz Foucault, há uma maneira muito mais concreta pela qual a má natureza do homem vai influenciar a escassez e mesmo ser um de seus princípios. É que a avidez, a necessidade de ganhar, e ganhar sempre mais, ou ainda o egoísmo, "vai provocar todos esses fenômenos de estocagem, de apropriação, retenção da mercadoria que vão acentuar o fenômeno da escassez" (ibid., p. 33). Então, há o conceito jurídico-moral de má natureza humana e o conceito cosmológico-político de má fortuna no interior de cujos quadros gerais se pensa a escassez.

Foucault, no entanto, vai analisar o quadro mais preciso e institucional, isto é, nas técnicas de governo e gestão política e econômica na sociedade francesa: que se vai fazer, quais os atos que serão efetuados para ir contra a escassez? Foucault nos lembra que há muito tempo contra ela se estabelecera o que ele chama de um sistema jurídico e disciplinar, que compreende leis e regulamentos cujo objetivo é impedir a escassez. Trata-se de não apenas detê-la quando se produz, mas "literalmente preveni-la: que ela não possa ter lugar de forma alguma" (ibid., p. 33). Que forma toma esse sistema jurídico e disciplinar? Suas modalidades são conhecidas: limitação de preço, limitação do direito de estocar, interdição de estocar, necessidade de vender imediatamente, limitação da exportação. Limita-se, também, a extensão das culturas, na medida em que, se "as culturas de grãos são muito amplas, muito abundantes, o excesso da abundância fará com que os preços caiam tanto que os camponeses não mais vão se localizar aí". Foucault resume isso dizendo que "há toda uma série de limitação de preços, da estocagem, da exportação, limitação da cultura" (ibid., p. 34). Por outro lado, há coerções que obrigam as pessoas a semear uma quantidade mínima, e também se proíbe cultivar tal ou tal coisa em vez dos grãos; por exemplo, em certos casos proíbe-se a cultura da vinha ou da uva. Ainda, forçam-se os comerciantes antes da alta dos preços, e haverá todo um sistema de vigilância para controle dos estoques, para impedir a circulação de região em região, de província em província; e ainda também se vão impedir os transportes marítimos de grãos. Pergunta-se Foucault: qual é o objetivo de todo esse sistema jurídico e disciplinar de limitações, de coerções e vigilâncias? Sua pretensão é fazer com que os grãos sejam vendidos pelo preço mais baixo, que o lucro dos camponeses seja o menor possível e que nas cidades as pessoas possam se nutrir com o preço mais baixo, o que vai acarretar que seus salários também sejam os mais baixos possíveis. Foucault lembra que toda essa regulação por baixo, seja dos preços dos grãos, do lucro do camponês, do custo de venda e ainda do salário, tudo isso constitui "o grande princípio político que foi desenvolvido, organizado, sistematizado, durante todo o período que se pode chamar mercantilista" (ibid., p. 34). O mercantilismo constitui, assim, o conjunto dessas "técnicas de governo e de gestão da economia que dominaram a Europa desde o começo do século XVII até o começo do século XVIII" (ibid., p. 34). Trata-se de um sistema antiescassez. Que produz ele? Diz Foucault que os grãos são colocados no mercado da maneira mais rápida possível, e com isso limita-se o fenômeno da falta. Além disso, as limitações da exportação, as interdições de estocar e aumentar os preços, vão impedir aquilo que mais se teme: a explosão dos preços nas cidades e "que as pessoas se revoltem" (ibid., p. 34). Esse sistema antiescassez, centrado em um acontecimento eventual, visa a impedir algo que poderia se produzir. Trata-se de impedir sua existência antes mesmo que ele se inscreva na realidade.

Foucault lembra que é desnecessário insistir sobre os fracassos muito conhecidos mais de mil vezes constatados desse sistema. Quais são esses fracassos? Em primeiro lugar, quando o preço dos grãos é mantido no ponto mais baixo, produz-se o que ele chama o primeiro efeito, que é: quando há abundancia de grãos, "os camponeses vão se arruinar, já que quem diz abundância de grãos diz tendência dos preços para baixo" (ibid., p. 35). E, por fim, acrescenta ele, o preço do trigo para os camponeses vai ser inferior aos investimentos que eles realizaram para poder obtê-lo. Há, assim, uma tendência de o ganho tender para zero, podendo chegar mesmo a cair abaixo do custo de produção para os camponeses.

A segunda consequência é que, já que os camponeses não extraem um lucro mesmo nas épocas de abundância de suas colheitas, eles serão forçados a semear pouco. Há uma relação direta entre o baixo lucro e a limitação da semeadura. Disso decorre uma consequência que tem relação com o clima: o menor desequilíbrio ou oscilação climática, quer um pouco mais de umidade ou um pouco mais de seca, um pouco mais de frio, e a quantidade de trigo apenas suficiente para alimentar a população vai tender a cair. A consequência é a escassez, que retorna a partir do ano seguinte. O que se tratava de evitar ou de conjurar, a escassez, essa praga, vai se estar exposto a ela com essa política do menor preço possível.

Foucault vai se perguntar o que vai acontecer quando esse sistema, no século XVIII, for, como diz ele, "destrancado". Ele lembra que foi "talvez mesmo a partir do interior desse ato fundador do pensamento e da análise econômica, que é a doutrina fisiocrática", que se começou a colocar como princípio fundamental do governo econômico o da liberdade de comércio e o da circulação de grãos. Ele diz que se trata de uma consequência prática do que é um princípio teórico fundamental, o dos fisiocratas, isto é, que o único ou mais ou menos "o único produto bruto que podia ser produzido em uma nação era o produto camponês" (ibid., p. 35). Foucault diz ser inegável que a liberdade de circulação dos grãos é verdadeiramente uma das consequências teóricas que decorrem, logicamente, do sistema da fisiocracia. No entanto, quer seja o pensamento fisiocrático, quer sejam os fisiocratas com sua influência que o tenham imposto ao governo francês nos anos 1754-1774, isso não é suficiente. Para Foucault, o que é inexato é considerar que a forma de escolha política ou a programação da regulação econômica sejam apenas "a consequência prática de uma teoria econômica" (ibid., p. 36).

Para Michel Foucault, o que se passa nos anos 1754-1774 é, de fato, "toda uma mudança, ou melhor, uma fase de uma grande mudança nas técnicas de governo" (ibid., p. 36). Isso se dá graças ou por meio do relé ou apoio dos fisiocratas e de sua teoria. Essa grande mudança nas técnicas de governar é um dos elementos do que ele chama de instalação dos "dispositivos de segurança". Assim, há três leituras possíveis desse fenômeno, que é o princípio da livre circulação dos grãos. A primeira é concebê-lo como a consequência de um campo teórico; a segunda, entendê-lo como um episódio "na mutação das tecnologias de poder" (ibid., p. 36); e a terceira é a que concebe esse fenômeno como um episódio na instalação dessa técnica dos dispositivos de segurança que, para Michel Foucault, caracteriza as sociedades modernas.

Foucault ressalta que, antes dos fisiocratas, bem antes deles, certos governos já haviam pensado ser a livre circulação dos grãos não apenas uma fonte maior de lucro, mas também um mecanismo bem melhor de "segurança contra o flagelo da escassez". Era a ideia dos políticos ingleses, que desde 1689 por meio do Parlamento admitiam e impunham a liberdade de circulação e comércio dos grãos. Ela, no entanto, era objeto de apoio e de um corretivo. Permitia-se a liberdade de exportação nos períodos de abundância e boas colheitas, que poderiam ser devido a essa abundância mesmo. Esse sistema de sustentação dos preços era apoiado com o corretivo dos prêmios para exportação. Por outro lado, nos períodos favoráveis, estabeleciam-se taxas para importação, que impediram que o excesso "de abundância vindo dos produtos importados fizesse de novo baixar os preços" (ibid., p. 36).

Sabe-se que o modelo inglês vai ser o cavalo de batalha em torno do qual vão disputar não apenas os teóricos da economia, mas todos os que na França tinham responsabilidades políticas e econômicas no século XVIII. Há, assim, periodiza Foucault, três fases. A primeira, antes de 1754, em que funciona o velho sistema jurídico disciplinar, com suas consequências negativas. Ela é dominada pela polêmica. O segundo momento é aquele da adoção, em 1774, do regime cujo modelo é a Inglaterra, o de uma liberdade relativa. Por fim, de 1754 a 1764, com a chegada dos fisiocratas, e, diz Foucault, "neste momento apenas, sob a cena teórica e política, toda uma série de polêmicas a favor da liberdade dos grãos". Há os éditos de maio de 1773 e de agosto de 1764, que vão estabelecer a liberdade quase total para os grãos, com algumas pequenas restrições, diz Foucault. Ocorre aí, então, consequentemente, a vitória dos fisiocratas, mas não apenas deles, como, por exemplo, os que, sem ser diretamente fisiocratas, sustentaram essa posição: os discípulos de Vincent de Gournay, intendente do comércio de 1751 a 1758, divulgador da fórmula "*laissez faire, laissez passer*". Infelizmente, lembra Foucault, em 1774, um mês depois do édito de agosto, em setembro, más colheitas na Guyenne elevaram os preços em uma velocidade astronômica, e imediatamente recomeçou o debate sobre a liberdade dos grãos. Há, assim, uma terceira campanha de debates cujo caráter agora é defensivo, na qual os fisiocratas vão ser obrigados a defender a liberdade que haviam feito reconhecer em 1764.

Foucault, de todo um conjunto de textos, projetos, programas e explicações, vai extrair um que ele considera o mais claro e esquemático e cuja importância foi considerável. Trata-se de Louis-Paul Abeille, que se chama "Lettre d'un negociant sur la nature du commerce de grains" (ibid., p. 37), que já comentamos brevemente.

Foucault ressalta que Abeille era importante por ser ao mesmo tempo discípulo de Gournay e por ter aceitado a maior parte das posições dos fisiocratas. Sua posição era estratégica, ou, como diz Foucault, "*charnière*", no pensamento econômico da época. Foucault considera que um grande número de textos da época traria os mesmos princípios que esse.

Diz ele que se poderia retomar o texto de Abeille em uma análise "do campo teórico, tentando reencontrar quais são os princípios diretores, as regras de formação de conceitos, os elementos teóricos etc.". Mas a análise que Foucault vai empreender não vai ser feita nessa direção. Ele não pretende trabalhar no interior "de uma arqueologia do saber, mas na linha de uma genealogia das tecnologias de poder" (ibid., p. 38). Foucault pensa, então, que se pode "reconstituir o funcionamento do texto em função não das regras de formação destes conceitos, mas dos objetivos, das estratégias as quais ele obedece e das programações de ação política que ele sugere" (ibid., p. 38). Qual é a primeira coisa que aparece? A primeira coisa a evitar a todo preço, antes mesmo que se produza, diz Foucault, no sistema jurídico-disciplinar, isto é, "a escassez e a carestia", para Abeille e para os fisiocratas não é absolutamente um mal. Trata-se de um fenômeno natural, em primeiro lugar, e depois ele não está no campo nem do bem nem do mal. Diz Foucault: "Ele é o que ele é" (ibid., p. 38). Há, assim, uma desqualificação, quer seja em termos de moral ou de bem e de mal, do que deve ser evitado ou não. O efeito dessa desqualificação implica que o mercado não é mais o alvo principal da análise, isto é, o preço de venda em função dos mecanismos da oferta e da procura. Vai haver um recuo de um espaço ou de vários espaços que fará com que a análise tenha como objeto não o fenômeno escassez-carestia que surge no mercado, mas o que vai entrar em cena é o que Foucault chama de "a história do grão, desde o momento em que ele é semeado, com que isso implica de trabalho e tempo passados e de campos semeados – de custo, consequentemente" (ibid., p. 38). Foucault formula assim a questão dessa nova maneira de apresentar o problema: "O que ocorre com o grão desde esse momento até o momento em que ele terá produzido finalmente todos os lucros que ele pode produzir?" (ibid., p. 38). A unidade da análise não vai residir no mercado com seus efeitos de escassez-carestia, mas no "grão com tudo que pode acontecer a ele e que acontecerá de certa maneira" (ibid., p. 38). Tudo isso em função de um mecanismo e de leis nos quais interferem fatores múltiplos, quer seja a qualidade do terreno, ou o cuidado com o que é cultivado, as múltiplas condições climáticas, como o calor, a seca, a umidade, e mesmo a abundância, ou ainda a escassez. Trata-se então de levar em conta "a realidade do grão muito mais do que o temor da carestia" (ibid., p. 38). Assim, entra em cena essa realidade do grão, "com toda sua história e com todas as oscilações e acontecimentos que podem de certa forma fazer deslocar ou mexer, ou mover sua história com relação a uma linha ideal" (ibid., p. 38).

Foucault diz que é em cima dessa realidade que vai se tentar implantar um dispositivo tal que as oscilações da abundância e do bom mercado, da escassez e da carestia não vão ser previamente impedidas ou interditadas por um sistema jurídico e disciplinar. Foucault nota que o que Abeille, os fisiocratas e teóricos da economia no século XVIII vão tentar obter é um dispositivo que, articulando-se sobre a realidade das oscilações mesmas, vai fazer de tal maneira que, "por uma série de relacionamentos com outros elementos de realidade, (...) este fenômeno, sem nada perder de sua realidade, sem ser impedido, encontra-se pouco a pouco compensado, freado, finalmente limitado e em último grau anulado" (ibid., p. 39). Foucault nota que se trata de um trabalho no elemento mesmo da realidade dessas oscilações da abundância-escassez, carestia-bom preço. Toma-se pé nessa realidade com o objetivo não de impedi-la, mas de regulá-la por meio de um dispositivo que se instala e que Foucault chama de "um dispositivo de segurança, e não mais um dispositivo jurídico-disciplinar" (ibid., p. 39). Pergunta-se ele em que vai consistir esse dispositivo, que se encaixa na realidade, que é reconhecida, aceita, e que não vai ser objeto nem de um processo de valorização nem de desvalorização, sendo reconhecida simplesmente como natureza. Esse dispositivo, que é esse dispositivo que vai permitir regular essa realidade? Lembra Foucault que a coisa é conhecida e ele vai apenas resumi-la. Em primeiro lugar, não se trata de visar ao preço mais baixo. Pelo contrário, vai-se autorizar e mesmo favorecer o aumento do preço do grão. Esse aumento vai ser obtido por meios mais ou menos artificiais, cujo exemplo é o método inglês de prêmios para exportação, ou ainda pelas taxações das importações. Pode-se utilizar esse meio para fazer subir o preço, mas também existe a solução liberal – e Foucault vai retornar a esse conceito de liberal, que ele vai renovar – de suprimir todas as interdições de estocagem "de tal maneira que as pessoas vão poder, como quiserem, quando quiserem e na maior quantidade que quiserem, estocar o grão e retê-lo, aliviando, assim, o mercado desde que haja abundância" (ibid., p. 39). Vão ser suprimidas todas as interdições à exportação, de tal maneira que vai se poder exportar o grão para o estrangeiro. Isso vai produzir um alívio no mercado mais uma vez, e, quando houver abundância, a possibilidade de estoque e a permissão de exportação, vão ser mantidos os preços. Diz Foucault que em face do sistema anterior há um paradoxo, pois naquele sistema havia algo impossível e não desejado, isto é, que, quando havia abundância, havia preços relativamente altos. Isso ocorreu em um momento entre 1762 e 1764, quando as colheitas foram seguidamente boas, e foi o momento em que escreveram Abeille e uma série de outros autores. Conclusão de Foucault: "Os preços sobem mesmo no período da abundância" (ibid., p. 40). Foucault pergunta: que vai se passar, a partir desse aumento, com os preços?

Foucault vai enumerar as consequências. Em primeiro lugar, uma extensão da cultura. Com os camponeses bem-remunerados, eles vão ter muito grão para semear e fazer as despesas necessárias também para isso. Haverá a possibilidade, depois dessa primeira colheita bem paga, de que a segunda também seja boa. E um segundo fator vai operar também aí: mesmo que as condições climáticas não tenham sido boas, com a extensão da área plantada, "a melhor cultura vai compensar essas más condições, e assim a escassez vai ter mais chance de poder ser evitada". Quanto ao preço, no entanto, o que vai se passar com a extensão da cultura? Foucault observa que a primeira alta dos preços não vai ser seguida de uma alta semelhante e de igual proporção no ano seguinte, isso porque a abundância fará com que os preços tendam a baixar. Assim, o primeiro aumento do preço vai ter como efeito uma diminuição do risco da escassez e uma parada ou uma diminuição do ritmo e de seu aumento. Assim, limita-se ou diminui-se a possibilidade da escassez e da alta dos preços. Foucault propõe uma nova hipótese, que é a seguinte: depois do esquema de dois anos consecutivos favoráveis, sendo o primeiro muito favorável e o segundo suficientemente favorável, acarretando a baixa dos preços, ele supõe agora que o segundo ano seja, diferentemente do primeiro, um ano de pura e simples escassez, como vai pensar Abeille, cujo raciocínio Foucault segue. Abeille se pergunta que é uma escassez. Sua resposta é a seguinte: "Não é jamais a ausência total da subsistência para uma população" (ibid., p. 40). Sim, porque com isso ela simplesmente morreria, em alguns dias ou semanas. Abeille tem uma fórmula singular. Diz ele que nunca se viu uma população morrer por falta de alimentos, porque a escassez, diz ele, "é uma quimera". Ou, de forma mais completa, na sua "Lettre d'un negociant sur la nature du commerce de grains" (edição de 1763, p. 4; reedição de 1911, p. 91; nas notas do curso de Foucault, p. 54): "A escassez, isto é, a insuficiência atual da quantidade de grãos necessária para fazer subsistir uma nação é evidentemente uma quimera. Seria necessário que a colheita fosse nula tomando esse termo em todo rigor. Nunca vimos povo algum que a fome tenha feito desaparecer da face da terra, mesmo em 1709." Isso quer dizer que, seja lá qual for a pequena quantidade da colheita, sempre há com que nutrir a população durante 10 meses, oito meses, seis meses; assim, a população pode viver durante certo tempo. É certo que a escassez vai aparecer logo, seus fenômenos vão se manifestar não apenas no sexto mês, quando as pessoas não tiverem mais nada para comer. Foucault lembra que, desde o momento em que se percebe que a colheita vai ser má, vão se produzir fenômenos e oscilações; e logo a alta dos preços, que vai ser calculada pelos vendedores da seguinte forma: eles vão se dizer "no ano passado, com tal quantidade de trigo, obtive por cada saco de trigo tal soma; este ano, eu tenho duas vezes menos trigo, vou portanto vender cada saco de trigo duas vezes mais caro" (ibid., p. 41). Há, assim, um aumento dos preços no mercado. A posição de Abeille é dizer: "*Laissons faire* [deixemos fazer] esse aumento dos preços" (ibid., p. 41). Não é isso que interessa, não é isso que importa. Na medida em que as pessoas sabem que o comércio é livre, em seis meses as exportações vão fornecer o trigo que falta ao país. Ora, as pessoas que têm trigo e podem vendê-lo, mas queriam retê-lo até o sexto mês, quando os preços iriam disparar, não sabem quanto trigo virá dos países exportadores para o país. Não sabem se, com a quantidade de trigo que chegará via importação, os preços vão despencar. Assim, os que dispõem de trigo não vão retê-lo esperando um aumento no sexto mês para vendê-lo, quando se anunciava uma má colheita nas épocas de regulamentação. Vai haver, então, uma escalada dos preços, mas ela rapidamente vai parar ou chegar a um teto, na medida em que todos vão fornecer o trigo na expectativa das importações maciças que deverão ocorrer por volta do sexto mês. Com os exportadores que vêm dos países estrangeiros vai se passar o mesmo fenômeno. Se sabem que na França há uma escassez, sejam os exportadores ingleses ou alemães, vão querer aproveitar os aumentos de preços. Porém, eles não saberão qual a quantidade de trigo que vai chegar dessa maneira, qual quantidade de que dispõem seus concorrentes; assim, eles não saberão se, ao esperar demais, vão fazer um mau negócio. Sua atitude será, portanto, de aproveitar a alta imediata dos preços para lançar seu trigo nesse mercado. Assim, na medida em que ele é raro, o trigo vai começar a afluir. É o fenômeno da escassez-carestia induzida por uma má colheita que vai levar, diz Foucault, "por toda uma série de mecanismos que são ao mesmo tempo coletivos e individuais" (ibid., p. 41), àquilo que vai "ser pouco a pouco corrigido, compensado, freado e finalmente anulado" (ibid., p. 42). Assim, a alta vai produzir a baixa, a escassez vai ser anulada a partir da realidade do movimento, da coisa mesmo, isto é, do movimento que leva em direção a ela. Assim, por meio dessa técnica "de liberdade pura e simples de circulação dos grãos", a escassez não vai poder existir. Foucault repete Abeille, que diz: "A escassez é uma quimera" (ibid., p. 42).

A tese de Foucault é de que essa concepção dos mecanismos do mercado não é apenas uma análise daquilo que se passa. Além da análise do que ocorre, é "uma programação do que deve se passar" (ibid., p. 42). Deve haver, no entanto, para fazer essa "análise-programação", um conjunto determinado de condições. Foucault as enumera: em primeiro lugar, é necessário que a análise seja consideravelmente ampliada. Ampliada, primeiramente, do ponto de vista da produção. Não basta considerar o mercado, mas todo o ciclo, desde os atos de produção iniciais até o lucro, no ponto final. Assim, "o lucro do agricultor faz parte desse conjunto que é preciso levar em consideração, tratar ou deixar se desenvolver" (ibid., p. 42). Em segundo lugar, a ampliação do lado do mercado, porque não se trata apenas de considerar um mercado, por exemplo, o mercado interno francês. Há de se levar em conta o mercado mundial de grãos, que vai ser relacionado com cada mercado específico no qual o grão pode ser vendido. Não se trata, portanto, de pensar apenas nos que vendem e compram na França em um mercado determinado. A perspectiva tem de ser geral. É preciso pensar "em todas as quantidades de grão que podem ser postas à venda em todos os mercados e em todos os países do mundo" (ibid., p. 42). Ampliação dupla, diz Foucault, do lado da produção e do lado do mercado.

Há de se ampliar, também, do lado dos protagonistas, já que, em vez de lhes impor regras cujo caráter seria imperativo, o que se vai procurar fazer é tentar "balizar, compreender, conhecer como e por que eles agem, qual é o cálculo que fazem quando, diante de uma alta dos preços, retêm o grão" (ibid., p. 42). Ou, ainda, qual a natureza do cálculo, pelo contrário, que eles farão, quando sabem que há liberdade e não sabem qual a quantidade de grãos que poderá chegar; e também quando hesitam para saber se haverá alta ou baixa do grão. Há, assim, o que Foucault chama de comportamento inteiramente concreto do *Homo oeconomicus*, que deve ser considerado. Há, assim, para Foucault, tudo isso, isto é, levam-se em conta uma economia, uma análise econômico-política, que integra o momento da produção, o mercado mundial e mesmo os comportamentos econômicos da população, produtores e consumidores.

No entanto, todos esses elementos não esgotam a nova perspectiva que é desenhada no trabalho de Abeille. A nova maneira de conceber as coisas e simultaneamente de programá-las implica algo muito importante em face desse acontecimento que é a carestia, ou esse acontecimento-flagelo que é a escassez-carestia; com a consequência que a acompanhava de forma habitual, isto é, a revolta popular. Finalmente, o flagelo ou a escassez, na maneira com que eram concebidos até essa época, constituíam um fenômeno cuja dimensão era ao mesmo tempo individual e coletiva. Assim, "da mesma forma que as pessoas tinham fome, as populações inteiras tinham fome, a nação inteira tinha fome" (ibid., p. 43). Era essa espécie de solidariedade imediata, com caráter maciço desse acontecimento, que dava a esse fenômeno seu aspecto de flagelo. Com a análise proposta, por exemplo, por Abeille e com o programa, diz Foucault, econômico-político que é seu resultado direto, que vai acontecer? Dissocia-se o acontecimento em dois níveis. Graças às medidas ou à supressão do esqueleto "jurídico e disciplinar" que enquadrava o comércio dos grãos, a escassez, na forma de Abeille, torna-se uma "quimera". O que vai aparecer é que "ela não pode existir"; e, caso existisse, "longe de ser uma realidade, uma realidade de certa maneira natural, ela nada mais era do que o resultado aberrante de certo número de medidas artificiais elas próprias aberrantes" (ibid., p. 43). Assim, de agora em diante, não há mais escassez; não há mais escassez com flagelo, não vai mais haver a escassez, a fome maciça "individual e coletiva que marcha absolutamente no mesmo passo e sem descontinuidade de certa forma nos indivíduos e na população em geral. Ali, agora, não há mais escassez no nível da população" (ibid., p. 43). Foucault pergunta: que quer dizer isso? Freia-se, a resposta é freia-se a escassez por certo "*laissez-faire*", certo "*laissez-passer*". Há, assim, certo "ir" no sentido de "deixar as coisas irem" (*laisser les choses aller*). Vai se deixar que os preços subam até onde têm tendência a subir; deixa-se, também, que se desenvolva o fenômeno da carestia-escassez em tal ou tal mercado e mesmo até em toda uma série de mercados. Resumindo: "É essa realidade mesma a que se deu a liberdade de se desenvolver, é esse fenômeno que vai acarretar justamente sua autofreagem e sua autor-regulação" (ibid., p. 43). Não há, assim, mais escassez em geral, e a condição para isso é que, para certo número de pessoas em uma série de mercados, diz Foucault, certa escassez em certa carestia; e, ainda, certa dificuldade em comprar trigo, e mesmo, consequentemente, certa fome, e pode ser mesmo que pessoas morram de fome. Nessa análise e nesse programa, é "deixando essas pessoas aí morrerem de fome que se poderá fazer da carestia uma quimera, e impedir que ela se manifeste ou que ela se produza nessa forma maciça de flagelo que a caracterizava nos sistemas precedentes" (ibid., p. 43). Há, assim, uma dissociação no acontecimento da escassez: por um lado, a escassez-flagelo desaparece, mas a escassez que faz morrer os indivíduos não apenas não desaparece, como não deve desaparecer.

Há dois níveis de fenômenos, então. Não um nível coletivo e um novel individual, porque não se trata de apenas um indivíduo que vai morrer ou sofrer devido à escassez, é toda uma série. Vai-se, então, ter uma cesura, um corte, uma ruptura, que Foucault considera absolutamente fundamental, entre o nível pertinente para análise econômico-política do governo. De que nível se trata? É aquele da população em primeiro lugar. E o outro nível vai ser o da série, o da multiplicidade dos indivíduos, que não vai mais ser pertinente, ou, diz ele, não será pertinente senão na medida em que, "gerido como é necessário, mantido como é necessário, encorajado como é necessário, vai permitir o que se quer obter no nível que ele é pertinente" (ibid., p. 44). Em outros termos, a multiplicidade dos indivíduos não é mais pertinente. A população, sim, é pertinente. Há, assim, um corte naquilo que antes era totalidade do sujeito ou dos habitantes de um reino. Esse corte não é um corte real, diz Foucault; é, diz ele, "no interior mesmo do poder-saber, no interior mesmo da tecnologia e da gestão econômica que se vai ter esse corte entre o nível pertinente da população e o nível não pertinente, ou ainda um nível simplesmente instrumental" (ibid., p. 44). Há, assim, um objetivo final, que é a "população". Portanto, insiste Foucault, a população é pertinente como objetivo, e os indivíduos, suas séries, seus grupos, sua multiplicidade não vão ser pertinentes. As séries individuais, multiplicidades etc. têm sua pertinência apenas no nível instrumental, isto é, como relé ou como condição para obter algo ao nível da população.

Foucault nota, então, que a população, "como sujeito político, como novo sujeito coletivo, absolutamente estranho ao pensamento jurídico e político dos séculos precedentes, está em vias de aparecer aí em sua complexidade, em suas cesuras" (ibid., p. 44).

Foucault nota e lembra que a população aparece, também, como objeto para o qual certos mecanismos são orientados a fim de obter certo efeito. Ela surge, também, como "sujeito porque é a ela que se pede que se conduza de tal ou tal maneira" (ibid., p. 44). Esse conceito de população recobre a antiga noção de povo. Isso é feito de forma tal que os fenômenos se organizam com relação a ela. Haverá, assim, quanto à população certos níveis que serão retidos e outros que não o serão, ou, ainda, diz Foucault, vão sê-lo de outra forma. Para apontar a coisa à qual ele vai retornar, Foucault cita o texto de Abeille,

Apresentação à Edição Brasileira XXXVII

no qual, diz ele, há "uma curiosíssima distinção" (ibid., p. 44). Assim, nota Foucault, quando Abeille acaba sua análise, ele tem um escrúpulo. Ele diz: "A escassez-flagelo é uma quimera, de acordo" (ibid., p. 45). Quimera desde que, com efeito, as pessoas "se conduzam como é necessário", isto é, que uns aceitem aguentar a escassez-carestia, que outros vendam o trigo no momento apropriado, isto é, bem cedo, e também que os portadores remetam seus produtos logo que o preço comece a subir. Tudo isso está certo, e têm-se aí, diz Foucault, não os bons elementos da população, mas "comportamentos que fazem com que cada indivíduo funcione como membro, como elemento desta coisa que se quer gerir da melhor maneira possível, a saber, a população" (ibid., p. 45). Há, então, a suposição de Abeille. Em um mercado ou cidade, as pessoas, em vez de esperarem ou suportarem a escassez, ou ainda aceitarem que o grão seja caro e, portanto, que devem comprar pouco, em lugar de aceitarem a fome, ou de esperarem que o grão chegue em quantidade necessária para que os preços possam cair, ou que ainda se limite um pouco a sua alta, pois bem, a suposição que pode ser feita é de que em vez disso as pessoas "se lancem sobre as provisões, que as tomem mesmo sem pagar" (ibid., p. 45), e ainda, por outro lado, que haja pessoas que retenham os grãos de forma irracional e malcalculada. Vai-se, assim, ter revolta e apropriação. Isso prova, diz Abeille, citado por Foucault, que essas pessoas não pertencem à população. Que elas são? A resposta de Abeille é que é o povo.

Então, o povo é o que se comporta, com relação à gestão da população, "como se não fizesse parte desse sujeito-objeto coletivo que é a população" (ibid., p. 45). Assim, essa posição de se colocar fora da população é que faz com que eles, como povo recusando a ser população, desregulem o sistema.

Foucault correlaciona esse esboço de análise de Abeille, que ele considera importante, com o pensamento jurídico, com o qual vê certa simetria. Assim, qualquer indivíduo que aceite as leis de seu país subscreve o contrato social e o reconduz permanentemente em seu próprio comportamento. E aquele que viola as leis rompe o contrato, tornando-se um estrangeiro no seu próprio país e estando sujeito, assim, às leis penais, que vão puni-lo, exilá-lo e de certa forma matá-lo. Assim, o delinquente rompe o contrato social e fica fora desse sujeito coletivo. Quando se desenha a noção de população, o povo vai se dar uma partilha na qual "aparece como sendo, de maneira geral, o que resiste à regulação da população, que tenta se subtrair a esse dispositivo pelo qual a população existe, se mantém, subsiste e subsiste a um nível ótimo" (ibid., p. 46). Assim, Foucault ressalta a importância da oposição povo-população, mas, para ele, quanto à simetria do sujeito coletivo do contrato e da população, o que se trata é que a relação população-povo não é semelhante à oposição sujeito obediente-delinquente. Foucault considera, então, que, caso se deseje apreender de perto no que consiste o dispositivo de segurança que os fisiocratas e os economistas pensaram para a escassez, é preciso compará-los com os mecanismos disciplinares não das épocas precedentes, mas da própria época em que se instalaram esses dispositivos de segurança.

Então, basicamente, Foucault diz o seguinte: "A disciplina é essencialmente centrípeta" e funciona na medida em que "ela isola um espaço, determina um segmento". A disciplina concentra, centra, encerra. Qual é o primeiro gesto da disciplina? É o de circunscrever um espaço no qual seu poder e seus mecanismos vão funcionar permanentemente e sem limites. Foucault cita a forma como funcionava "a polícia disciplinar dos grãos", tal como existia no *Traité de la police*, de Nicolas Delamare (*Traité de la police, où l'on trouvera l'histoire de son établissement, la fonction e la prérogative de ses magistrats, tous les lois et tous le règlements qui la cernent*. Paris, 1705-1709, t. I-III; Sur la policie des grains, o tomo II, livro V: "Des vivres", título 5: "De la police de France touchant le commerce de grains", e título 14: "De la police de grains & de celles du pain dans les temps de dizette ou de famine"), que é a mais importante no século XVIII. A polícia disciplinar, insiste Foucault, é efetivamente centrípeta; ela isola, concentra, interna, encerra, é protecionista. Ela centra sua ação no mercado, ou no espaço do mercado e no que o cerca. Por outro lado, os dispositivos de segurança são centrífugos e têm uma tendência permanente a se ampliar, integrando novos elementos, a produção, "a psicologia, os comportamentos, as maneiras de fazer dos produtores, dos compradores, dos consumidores, dos importadores, dos exportadores, e se integram ao mercado mundial" (ibid., p. 46). Assim, aquilo do que se trata é fazer com que se desenvolvam circuitos cada vez mais amplos.

A segunda grande diferença que ressalta Foucault é o caráter regulador da disciplina, que por definição regulamenta tudo e nada deixa escapar. A disciplina, por definição, "*ne les pas faire*", mas seu princípio é que mesmo as menores coisas não devem ser deixadas a si próprias. A menor infração à disciplina deve ser ressaltada, e tanto mais na medida em que é pequena. O dispositivo de segurança, diz Foucault, *laisse faire*, "no sentido positivo da expressão" (ibid., p. 47). Não se trata de deixar fazer tudo, mas em um nível em que o "*laissez-faire*" seja indispensável. Resume Foucault, repetindo: "deixar subir os preços, deixar a escassez se estabelecer, deixar as pessoas ter fome, para não deixar fazer alguma coisa, a saber, instalar-se o flagelo geral da escassez" (ibid., p. 47). Assim, a maneira pela qual a disciplina trata o detalhe difere daquela com que este é tratado pelos dispositivos de segurança. A disciplina tem como função essencial impedir tudo, mesmo e sobretudo o detalhe. A segurança, por outro lado, vai apoiar-se no detalhe, que não será valorizado em si, seja com o bem ou mal. O detalhe "vai se tomar como processos necessários, inevitáveis, como processos da natureza em sentido amplo, e se vai apoiar sobre esses detalhes que são o que são, mas que não serão considerados pertinentes, para obter algo que, em si mesmo, será considerado como pertinente porque se situando no nível da população" (ibid., p. 47).

Há, ainda, uma terceira diferença. Como operam as disciplinas segundo o parâmetro de todos os sistemas de legalidade? Diz Foucault que elas repartem todas as coisas existentes segundo um código do que é permitido e do que é proibido. Assim, as disciplinas, no interior desse duplo campo do permitido e do proibido, vão determinar de forma exata o que é proibido e o que é permitido; e, ainda melhor, o que é obrigatório. Nesse quadro geral, o sistema legal, o sistema da lei, tem como função determinar as coisas tanto mais na medida em que elas são interditadas. O que diz a lei então basicamente é: não fazer isso, não fazer aquilo, também não fazer aquilo lá. Assim, a legalidade toca com cada vez mais precisão aquilo que deve ser impedido e interditado. Ou, em outras palavras, diz Foucault, "é tomando o ponto de vista da desordem que se analisa cada vez de maneira mais fina o que vai estabelecer a ordem – quer dizer: é o que resta" (ibid., p. 47). A ordem é, então, tudo aquilo que resta quando se estiver impedido tudo que é proibido. É um pensamento negativo que é característica de um código legal, é um "pensamento e técnica negativas" (ibid., p. 47).

O mecanismo da disciplina, lembra Foucault, codifica perpetuamente o permitido e o proibido, ou melhor, diz ele, codifica o obrigatório e o proibido. Assim, o mecanismo disciplinar diz respeito mais às coisas que devem ser feitas do que às que não devem ser feitas. A boa disciplina é, lembra ele, a que "lhes diz a cada instante o que vocês devem fazer". Ele propõe que se tome como modelo de saturação disciplinar a vida monástica, na medida em que esta foi seu ponto de partida e sua matriz. Na vida monástica perfeita, diz Foucault, "o que faz o monge é regulado inteiramente de manhã à noite e da noite à manhã, e a única coisa que fica indeterminada é o que não se diz, e que é proibido". Por outro lado, no sistema da lei, o que é indeterminado é o que é permitido. Na regulamentação disciplinar, o que é determinado é o que se deve fazer, e tudo o que é indeterminado, isto é, todo o resto "se encontra interditado".

Em que vai distinguir o dispositivo de segurança tanto da disciplina quanto da legalidade? Para Foucault, no dispositivo de segurança toma-se um ponto de vista que não é nem o do que é proibido nem o do que é obrigatório. A metáfora que ele usa é a de certa altura ou de certo recuo. Toma-se suficiente recuo para "apreender o ponto em que as coisas vão se produzir, quer sejam desejáveis ou quer não sejam" (ibid., p. 48). Vai se tentar apreendê-las no nível de sua natureza, que no século XVIII não tem mais o sentido atual, ou, ainda, como diz Foucault, tomar o nível das coisas "no nível de sua *realidade efetiva*" (ibid., p. 48). É a partir dessa realidade, nela se apoiando e fazendo-a funcionar, pondo em jogo seus elementos uns com relação aos outros, que os mecanismos de segurança vão pôr-se em funcionamento. Referindo-se aos três mecanismos, vê-se que a lei interdita, e a disciplina prescreve. A segurança, por sua vez, sem deixar de utilizar elementos da interdição e da prescrição, tem como função "responder a uma realidade de maneira a que essa resposta anule essa realidade à qual ela responde", ou, ainda, como diz Foucault, anule, limite, freie ou regule. Assim, a regulação é, para ele, o elemento da realidade que é fundamental nos dispositivos de segurança.

Elaborando ainda essas distinções, para Foucault a lei trabalha no imaginário, na medida em que só pode formular imaginando tudo que não poderia ser feito e não deve ser feito. Ela imagina o negativo, diz Foucault. A disciplina, por sua vez, vai trabalhar no complementar da realidade: "O homem é mau, o homem é maldoso, ele tem maus pensamentos, más tendências etc.". Vai-se, então, no interior do espaço disciplinar, constituir o complemento da realidade, que são prescrições, obrigações, "tanto mais artificiais e tanto mais coercitivas que a realidade é o que é", insistente e difícil de vencer.

A segurança, por sua vez, diferentemente da lei, que trabalha no imaginário, e da disciplina, que trabalha no complemento da realidade, vai tentar trabalhar na dimensão da realidade. O dispositivo de segurança vai fazer atuar por meio de "toda uma série de análises e de dispositivos específicos que são na verdade os elementos da realidade uns com relação aos outros" (ibid., p. 49). Chega-se assim, diz Foucault, a um ponto que é essencial e no qual "ao mesmo tempo todo pensamento e toda organização das sociedades políticas modernas se encontram engajados" (ibid., p. 49). Trata-se da ideia de que a política não deve reconduzir no comportamento dos homens esse "conjunto de regras que são aquelas que foram impostas por Deus ao homem, ou tornadas necessárias simplesmente por sua má natureza" (ibid., p. 49). Então, qual é o campo de ação da política? É o elemento de uma realidade que é chamada pelos fisiocratas de "a física". Assim os fisiocratas vão dizer, lembra Foucault, que a política é uma física e que a economia é uma física. É o caso, por exemplo, na economia, de Dupont de Nemours ou ainda de Le Trosne. Lembra Foucault que os fisiocratas utilizam essa palavra não visando à materialidade no sentido pós-hegeliano da palavra matéria, mas que se trata da realidade, de agir sobre o único dado sobre o qual a política deve agir e com o qual ela deve agir. Situa-se, assim, unicamente nesse jogo da realidade com ela própria, e é isso, diz Foucault, que fisiocratas e economistas e o pensamento político do século XVIII entendiam ao dizer que se permanece na ordem da física, e que agir na ordem da política é ainda "agir na ordem da natureza".

Há, assim, um princípio, fundamental, diz Foucault, de que a técnica política "jamais deve separar-se do jogo da realidade com ela mesma". Essa tese, diz ele, "está profundamente ligada ao princípio geral do que se chama liberalismo". E, ainda: "O liberalismo, o jogo: deixar as pessoas fazer as coisas passarem, as coisas irem, deixar fazer, passar e ir." Que quer dizer isso? Diz Foucault: "essencialmente e fundamentalmente fazer de certa forma que a realidade se desenvolva e vá, siga seu curso segundo suas próprias leis, os princípios e os mecanismos que são os da realidade" (ibid., p. 49). Pode-se dizer que isso não é falso e não pode ser falso, isto é, o problema da liberdade ou essa ideologia da liberdade; a reivindicação da liberdade foi "uma das condições de desenvolvimento de formas modernas ou, se vocês quiserem, capitalistas da economia". Isso, diz Foucault, é inegável. A questão que Foucault levanta, no entanto, é a de saber se, quando se instalaram essas medidas liberais tal como se viu no comércio dos grãos, era isso que se procurava em primeira instância. É esse o problema que se apresenta.

O segundo aspecto que levanta Foucault é quanto à instalação das ideologias e políticas liberais do século XVIII. Não se deve esquecer de que esse mesmo século, que reivindicara as liberdades, ligara-as a uma técnica disciplinar que, "tomando as crianças, os soldados, os operários, onde eles estavam, limitava consideravelmente a liberdade e dava de certa maneira garantias para o exercício mesmo dessa liberdade". No entanto, o que está efetivamente em jogo é outra coisa. Do que se trata, de fato? É que "essa liberdade, ao mesmo tempo ideologia e técnica de governo, essa liberdade deve ser compreendida no interior das mutações e transformações das tecnologias de poder" (ibid., p. 50). Foucault diz que, de uma maneira mais precisa e particular, essa liberdade nada mais é do que o correlativo da instalação dos dispositivos de segurança. Assim, o dispositivo de segurança só pode funcionar se dermos a liberdade, o sentido que essa palavra tem no século XVIII. Não se trata mais de franquias ou privilégios ligados a uma pessoa, "mas da possibilidade de movimento, deslocamento, processo de circulação, de pessoas e coisas" (ibid., p. 50). Assim, é essa liberdade de circulação nesse sentido muito amplo que dá o sentido à palavra liberdade. Para Foucault, ela deve ser compreendida como uma das faces, um dos aspectos, uma das dimensões da instalação dos dispositivos de segurança.

Assim, há uma ideia de governo dos homens que pensa primeiro e fundamentalmente na natureza das coisas, e não na má natureza dos homens. Há a ideia de uma "administração das coisas que pensaria antes de tudo na liberdade dos homens, no que eles querem fazer, no que eles têm interesse em fazer, no que eles pensam em fazer". Foucault diz que todos esses são elementos correlativos. Assim, uma física do poder, ou, ainda, um poder que se pensa como ação física no elemento da natureza, um poder que se pensa como regulação, como ele pode operar? Ele só pode operar apoiando-se "na liberdade de cada um". Foucault vê aí algo que é absolutamente fundamental; não se trata de uma ideologia, não é primeiramente uma ideologia. Para ele, trata-se "antes de tudo de uma tecnologia de poder, e é assim que podemos lê-la" (ibid., p. 50).

Da pena de morte e dos flagrantes delitos à angústia de julgar

A medida inicial, primeira do governo Mitterrand, foi a abolição da pena de morte. Estava à frente do ministério da Justiça Robert Badinter, que fora advogado de defesa de P. Henry, que, depois de raptar um menino, o enforcara em Troyers. Esse episódio agitou enormemente o conjunto da opinião pública francesa, mobilizando inumeráveis defensores da pena capital, do uso da guilhotina, herdeira da revolução de 1789. Participaram, assim, de um debate sobre o ato de julgar e a punição em que a questão da pena capital era bem grande Jean Laplanche, psicanalista que fora discípulo de Lacan, Robert Badinter e Michel Foucault.

Laplanche começa por declinar os motivos que o levaram a defender a abolição da pena capital. Como pena absoluta, ela abole o criminoso e o crime, isso em uma época em que as certezas da teologia, isto é, o absoluto, não têm mais lugar. Dizia ele: "Bastar-me-ia saber que, entre mil condenados, havia um único inocente, para que a abolição da pena de morte fosse indispensável" (ver p. 73 deste volume). Devido a um erro judiciário, "o condenado não estaria mais lá".

Laplanche se opõe ao utilitarismo em matéria penal. Ele foi tomado por uma surpresa inquieta diante dos que se reconhecem de direita e de esquerda e aprovaram a abolição da pena de morte porque esta não teria impacto dissuasivo, como mostravam inúmeras estatísticas. Ele se mostrava espantado com o fato de a pena de morte ser encarada apenas pelo seu efeito de temor ou de terror sobre os indivíduos.

Robert Badinter vai lembrar que Laplanche o criticara porque, na defesa, recorrera a argumentos utilitaristas no processo de Patrick Henry. Na defesa seu arrazoado tinha mais o caráter de uma "ação, não reflexão." (ver p. 74 neste volume) Ele acreditava que o processo acabaria em uma condenação a morte.

Foucault lembra a pouca visibilidade da justiça ainda hoje, mesmo que um "processo, a princípio, [seja] público" (ver p. 74 neste volume).

Na monarquia absoluta, a justiça era um direito exclusivo do soberano. Segredo do processo e mesmo do delito para o acusado, de um lado; publicidade e caráter público do castigo, que se desenrolava em um grande teatro, queimando, cortando, torturando, por outro.

É a desconfiança dos segredos na monarquia que levou a valorizar o caráter público da justiça, que desde 1794 passou para outro estilo de "teatro no qual a consciência pública deve estar presente". Foucault ressalta que apenas umas 50 pessoas, entre "alguns jornalistas, um juiz apressado e jurados sobrecarregados assistem a ele". Foucault termina concluindo que: "Não há dúvidas, na França, a justiça é secreta" (ver p. 74 neste volume).

E há por dia dezenas de requisitórios feitos em nome do povo, que os ignora.

Por isso, a intensa dramatização do caso Patrick Henry foi "terrivelmente importante" (ver p. 74 neste volume). Nele, esteve em jogo a história da pena capital. Por isso Foucault reclama a publicação integral dos debates que Badinter recolheu integralmente.

Nem Laplanche nem Foucault jamais assistiram a um processo judicial, diferentemente de Gide, que se tornou durante certo tempo jurado.

Para Badinter, onde Laplanche via o artifício dos debates havia outra coisa: o desejo de "levar os jurados à lucidez sobre o que representava, para eles, como homens, a pena de morte". Fora o que Badinter dissera para si em um monólogo interior: "o verdadeiro problema para o jurado é sua relação pessoal, secreta, com a morte" (ver p. 75 neste volume).

Trata-se de fazer os jurados sentirem que, "afinal, só representavam a si mesmos", dispondo do "poder aberrante, exorbitante, de proibir esse homem de continuar a viver" (ver p. 75 neste volume).

Ao referir-se ao sujeito submetido à guilhotina como a "um homem cortado em dois", nessa imagem evoca-se uma noção fundamental da psicanálise, a da castração.

Laplanche chega a dizer que não teve importância (!) ter ou não assistido ao grande processo de Troyers, porque os grandes processos "são processos-testemunhas", em que "são todos os cidadãos que ali são interpelados, para além da assistência" (ver p. 75 neste volume).

Laplanche pretende que, quando Badinter engajou uma ação contra a pena de morte, pôs em questão a própria questão da pena. Ao ressaltar na crítica da pena de morte a sua "'inutilidade', pressupõe que a justiça não tenha por objeto senão a administração, a melhor possível, das relações entre os homens" (ver p. 76 neste volume). Badinter considera essa argumentação abstrata. Para ele, tem um caráter concreto quando um homem que está perto de nós "corre o risco de ser condenado à morte" (ver p. 76 neste volume). Laplanche considera o argumento de Badinter como uma autorrepresentação. Ele valeria para qualquer julgamento, independente da pena de morte, caso esta fosse abolida. Ele considera a relação proposta por Badinter de homem a homem como um retorno à vingança. Para Laplanche, "a justiça só é possível se for feita 'em nome de...'" (ver p. 76 neste volume). Ao se suprimir essa referência, suprime-se a justiça. E o que se substitui não é a liberdade, mas a burocracia, "a administração constrangedora dos homens, com seus múltiplos rostos: técnico, policial, psiquiátrico" (ver p. 76 neste volume). Badinter comenta a dimensão enorme de poder que possui um homem quando decide o que fazer no nível penal. Mandar para a central? Quantos anos? Dez, cinco?

No que diz respeito à pena de prisão, ela pode ser modulada, mas, no caso da pena de morte, a decisão é radical, absoluta: sua natureza é outra. Badinter insiste no fato de que a morte que olha de frente os jurados "é escamoteada, apagada, mascarada por todo o cerimonial judiciário" (ver p. 77 neste volume).

Laplanche recorre, então, a outro tipo de exemplaridade, que chama de simbólica. Ele recorre ao conceito lacaniano de simbólico, de lei simbólica, que articula a relação do sujeito com o Outro. O Outro da sociedade. É uma concepção um pouco simplificada do que seria a concepção de Lacan. Nesse sentido, a dissuasão interessa de forma limitada às pessoas que protestam.

Que desejam as pessoas que protestam contra o "pouco de castigo"? Diz Laplanche que elas querem apenas que o crime seja punido. "O exemplo da pena ali está apenas para atestar a perenidade de algumas interdições, e até mesmo alguns tabus" (ver p. 78 neste volume) Para Laplanche, Badinter não responde a essas questões. A resposta será de perguntar se os jurados sabem o que é a punição e por que tanto a desejam. Foucault afirma que Badinter apresentou, no processo de Troyers, argumentos fortes, principalmente nos pontos contestados por Laplanche. No entanto, ele apresentou uma interpretação mínima do que fez. Foucault formula, então, a interpelação dos jurados: "Mas, afinal, sua consciência não pode autorizá-los a condenar alguém à morte!" (ver p. 79 neste volume). E lembra que Badinter disse também: "Vocês não conhecem este indivíduo, os psiquiatras nada puderam lhes dizer sobre ele e vocês irão condená-lo à morte!" (ver p. 79 neste volume).

Laplanche, referindo-se à ação de Badinter no pretório, que ele conhece bem, teria reduzido a necessidade de justiça do corpo social. Ele a teria limitado à necessidade de vingança. Para Laplanche, há duas exemplaridades do ato penal, uma sendo utilitarista. Ele a compara a um dispositivo experimental, em que "o homem é comparado a um rato que se adestra em um labirinto" (ver p. 78 neste volume). Nesse dispositivo, sua resposta é mecânica: como um rato, o homem "não seguirá uma direção se, nela, receber uma descarga" (ver p. 78 neste volume). Laplanche afirma que esse condicionamento é totalmente ineficaz no homem.

Foucault ressalta que Badinter criticou o caráter exemplar da pena. O que torna possível esses argumentos é o modo de funcionamento da justiça penal. Ela não funciona pela "aplicação de uma lei ou de um código" (ver p. 79 neste volume), mas como um mecanismo corretivo no qual interfere a consciência dos jurados.

A estratégia de Badinter, segundo Foucault, põe em questão a justiça penal no seu funcionamento desde o século XIX. Badinter tomou ao pé da letra seu discurso oficial, que supõe serem os jurados a consciência universal, a consciência do povo. Mas não haveria nenhuma razão para que os jurados agissem assim. Badinter os interpelou a partir do caráter contingente, cotidiano, de cada um, com sua vidinha, sogra e caprichos. Ele os interrogou perguntando se eles aceitariam matar alguém. O funcionamento da justiça se ordena em um equívoco: entre "o jurado-consciência universal, cidadão abstrato, e o jurado-indivíduo, cuidadosamente escolhido com base em certo número de critérios" (ver p. 79 neste volume).

Foucault recorda, ainda, outro argumento de Badinter: o fato de que se julgam as pessoas não por seus atos, mas por sua personalidade. É o que leva a apelar para um psiquiatra, julgando mais a personalidade do criminoso do que o crime. Badinter usou a lógica do sistema penal contra ela mesma. Em tal sistema, a pena de morte não pode funcionar.

Laplanche, nesse ponto, diz que o sistema funciona segundo um conformismo pior do que o da lei – o que leva a conformar--se a uma norma pretensamente racional.

Foucault considera que se vive entre dois sistemas superpostos: "punimos de acordo com a lei, mas a fim de corrigir, modificar, levar ao bom caminho, pois temos de nos haver com desviantes, anormais" (ver p. 80 neste volume).

Laplanche acha rígida a tese de que se entrou no regime da norma e se deixou o império da lei. Para ele, o povo deseja que o mal seja punido e se choca com a atitude desdenhosa diante do caráter "redistributivo" da justiça.

Foucault exemplifica que quer dizer o funcionamento da justiça de forma exclusiva a partir da lei. O exemplo que ele toma pode ser entendido como o regime dos castigos corporais característicos dos códigos da monarquia absoluta, ou ainda da lei islâmica: "se roubares, tua mão te será amputada; se fores adúltero, terás teu sexo cortado; se assassinares, serás decapitado" (ver p. 80 deste volume). Foucault define esse sistema pelo caráter arbitrário da relação entre o ato e a punição. Ele sanciona "o crime na pessoa do criminoso" (ver p. 80 neste volume). Nesses termos, a condenação à morte é possível.

Mas, quando se pretende corrigir, emendar, educar, curar o criminoso, "apreendê-lo no fundo de sua alma", Foucault argumenta que se muda de regime, tudo é diverso. Nesse sistema em que se tem "um homem julgando outro homem, a pena de morte é absurda" (ver p. 80 neste volume).

Laplanche, no entanto, vai dizer que considera "um tanto rígido" que o reino universal da norma aboliria toda pena, ainda que para contestá-la. Para Foucault, funcionamos em dois registros, um que pune de acordo com a lei e no qual penetrou outro sistema: "punimos de acordo com a lei, mas a fim de corrigir, modificar, levar ao bom caminho, pois temos de nos haver com desviantes, anormais" (ver p. 80 neste volume). O juiz vai funcionar, nesse modelo, como "terapeuta do corpo social, trabalhador da saúde pública em sentido lato" (ver p. 80 neste volume).

Voltando a Laplanche, ele pensa ser rígida a análise que afirma que "acabamos com a lei para entrar no universo da norma". Ele considera que a noção de justiça permanece para a população: "'Isto é justo, isto não é justo. (...)' Ouvimos isso por toda parte à nossa volta. É a necessidade de uma lei que se manifesta nesse murmúrio coletivo" (ver p. 80 neste volume). Para Laplanche, no nível da materialidade do sofrimento, "nada justifica que se acrescente ao crime outro mal, outro sofrimento" (ver p. 81 neste volume), pois o morto não é ressuscitado. A essa poderosa objeção só outro nível da lei a ultrapassa.

Laplanche cita Hegel: "A pena (...) só tem sentido se abolir simbolicamente o crime." Assim, é no nível simbólico que se situa o sujeito criminoso, porque "somos animais votados aos símbolos, e o crime é aderente à nossa pele, assim como a lei..." (ver p. 81 neste volume).

Porém, Badinter diz que, no que respeita à lei, "não devemos esquecer o jogo das circunstâncias atenuantes" (ver p. 81 neste volume).

O mesmo crime pode levar alguém à pena de morte ou a três meses de reclusão. Há, assim, graças ao leque das escolhas, múltiplas possibilidades que conferem "ao juiz um grande poder" (ver p. 81 neste volume).

Se, para Montesquieu, o juiz era "a boca da lei", a decisão judicial era simples. Cabia ao juiz pronunciar "a pena prevista pelos textos" (ver p. 81 neste volume).

A ampliação das possibilidades de modular a pena foi o resultado de uma reivindicação das instituições judiciárias. Para Badinter, a posição de Montesquieu era reconfortante e cômoda. No sistema atual, "é o juiz quem assume a responsabilidade da decisão" (ver p. 81 neste volume). Cria-se, assim, um espaço de incerteza em que se tateia.

A crítica de Badinter é de que a justiça não leva até o seu limite o processo de personalização, de atenção ao detento: "fala-se de tratar, reeducar, curar. Mas dão-nos uma caricatura de tratamento. Fala-se de readaptação, de reinserção social dos condenados" (ver p. 81 neste volume).

O plano geral da questão da pena é tomado, segundo Badinter, pela exploração política da batalha contra a criminalidade. Sua conclusão resume boa parte da história da penalidade, que, podemos dizer, toca também a experiência brasileira, como pude estudar na minha *Crítica da razão punitiva: nas-*

cimento da prisão no Brasil.[1] O próprio Badinter, mais tarde, em sua obra *La prison republicaine* (Paris, Fayard, 1992), pretendia que, do nascimento da República de 1871 até o início da Primeira Guerra Mundial, a prisão devia ser o lugar da pena, assim como lugar de correção, de emenda. Mas ela não o faz por falta de meios, mais do que de boas intenções. Badinter mostrou o caráter sempre secundário atribuído à justiça criminal nos debates parlamentares e nas dotações orçamentárias. A prisão, a vida carcerária vai permanecer marcada pela miséria, pela corrupção e pela promiscuidade. Ele conclui: "Nunca nenhum governo quis se prover dos recursos de todos esses belos discursos" (ver p. 81 neste volume).

Laplanche se espanta diante da urgência geral de tratar, concluindo que se caminha para "uma psiquiatrização total da justiça" (ver p. 81 neste volume). Diz que se poderia falar, também, de psicanalização, que parece a ele tão grave quanto. Para ele, a "psicanálise não está ali para vir, de encomenda, curar a delinquência" (ver p. 82 neste volume).

Para Michel Foucault, a sintomatização do crime é problemática. É uma questão complexa. Jacques Lacan, na década de 1950, tratara dela em seu artigo "Função da psicanálise em criminologia". A orientação do pensamento de Lacan antes do discurso de Roma, em 1950, é determinada por teses sociológicas. O título mesmo de uma parte de seu artigo o diz: "Da realidade sociológica, do crime e da lei. Das relações da psicanálise com seu fundamento dialético". A dialética, aqui, se deve ao impacto do pensamento de Kojève nessa etapa do ensino de Lacan. A conexão do crime e da sociedade é explícita: "Nem o crime nem o criminoso são objetos que se possam conhecer fora de sua referência sociológica" (Introdução teórica às funções da psicanálise em criminologia. In: *Escritos*. Rio de Janeiro: Jorge Zahar, 1998, p. 127).

Esse texto é um dos trabalhos de Lacan que mais se aproximam do *Mal-estar na cultura*, de Freud. A tese central nele formulada é de que o grupo faz a lei, isto é, o grupo social, a sociedade. Para Lacan, é Jacques-Alain Miller quem diz que essa elaboração da lei não se faz apenas no parlamento, mas também entre os juízes e nos meios de comunicação de massa (Rien n'est plus humain que le crime. *Mental*, n. 21, p. 14).

---

1 Motta, Manoel Barros da. *Crítica da razão punitiva*: nascimento da prisão no Brasil. Rio de Janeiro: Forense Universitária, 2011.

A discussão sobre a posição de Lacan quanto ao humanitarismo, à penologia e à criminologia tem como pano de fundo as teses de Alexandre Kojève, uma espécie de neomarxismo. Referindo-se ao humanitarismo da década de 1950, Lacan diz que a sociedade "se volta para um humanitarismo em que se expressam igualmente tanto a rebelião dos explorados quanto a má consciência dos exploradores" (Da psicanálise em criminologia. In: *Funções*, p. 139). Esses dois elementos convergem para o humanitarismo. Na perspectiva de Lacan, então, a psicanálise não desumaniza o criminoso. Há na posição humanitária uma reação à prática do castigo. Mas, quanto a isso, em seu texto Lacan ressalta que o criminoso pode desejar o castigo. Retirar-lhe o castigo é como retirar-lhe a humanidade, considerando-o irresponsável.

Há uma diferença entre a posição de Lacan diante dos direitos humanos e a que vai predominar de forma maciça desde que o Estado americano e a comunidade internacional transformaram os direitos humanos em um elemento da política entre os Estados, mas também da ação das organizações não governamentais. Para Lacan, desde o *Seminário da ética da psicanálise*, a posição de respeito ou amor ao Outro, ao próximo, deve levar em conta, também, a posição do Outro diante do mal.

Lacan estabelece a determinação social do crime a partir de São Paulo: "é a lei que faz o pecado" (Lacan. *Escritos*, p. 128). Ele pretende situá-la do ponto de vista científico, diz, "fora da perspectiva escatológica da graça em que São Paulo a formula" (Lacan, ibid.). A confirmação dessa tese de Lacan está no fato de que "não há sociedade que não comporte uma lei positiva, seja ela tradicional ou escrita, de costume ou de direito" (Lacan, ibid.). E, quanto ao grupo social, não existe, também, sociedade em que não apareçam leis.

Lacan rejeita a tese de que o "primitivo", com sua mentalidade inconsciente, ou, como chamou Lévi-Bruhl, pré-lógica, obedeça de maneira "forçada ou intuitiva às regras do grupo". Isso constitui, ainda segundo ele, "uma concepção etnológica forçada, fruto de uma insistência imaginária" (*Funções*, p. 126). Para Lacan, os reflexos que essa concepção lançou sobre outras concepções da origem são tão míticos quanto elas. Ele ressalta que toda sociedade manifesta a relação do crime com a lei por meio do castigo, cuja realização, sejam quais forem suas modalidades, exige um assentimento subjetivo.

Lacan refere-se a duas possibilidades: na primeira, o próprio criminoso se constitui no executor da punição, a partir de um exemplo de incesto nas ilhas Trobiand narrado por Malinowiski em seu livro *Crime e os costumes nas sociedades selvagens*. A segunda via é aquela em que "a sanção prevista pelo Código Penal comporta um processo que exige aparelhos sociais diferenciados" (*Escritos*, p. 128). Em ambos os casos, lembra Lacan que o assentimento subjetivo é essencial para a realização da punição.

Tratar da questão do crime do ponto de vista da psicanálise requer, também, a referência à obra de Freud. Jacques-Alain Miller, em sua conferência feita em Buenos Aires (Rien de plus humain que le crime. *Mental*, n. 21), refere-se a um texto de Freud de 1925, "Alguns aditamentos ao conjunto da interpretação dos sonhos" (Freud. Quelques additifs à l'ensemble de l'interpretation des rêves. In: *Resultats, idées, problèmes*. Paris: PUF, 1985, v. II, p. 144-148). Miller se atém ao segundo parágrafo, que trata da responsabilidade moral do conteúdo dos sonhos. Freud escreveu esse trabalho depois de elaborar a *Traumdeutung*. Trata-se de uma reflexão sua sobre os sonhos de natureza imoral. Freud não julga que esses sonhos sejam criminosos. Ele chega mesmo a dizer que a "a qualificação do crime não é do domínio da psicanálise" (Miller. Rien de plus humain que le crime. *Mental*, n. 21, p. 8).

Mesmo um juiz não deveria ser punido se tivesse sonhos imorais, mesmo se ele pudesse se questionar e criticar-se a si mesmo.

A questão de Freud é a da implicação do sujeito no que tange ao conteúdo dos sonhos. Cabe ao sujeito sentir-se responsável por ele. É possível que no sonho o sonhador seja um assassino, que ele mate, o que no mundo concreto real implicaria, para o sujeito, castigos duros estabelecidos pela lei.

Freud considera que, a partir de sua descoberta, a questão do crime como aparece nos sonhos se apresenta em novas bases. Se há um conteúdo supostamente oculto nos sonhos, a *Traumdeutung* freudiana nos mostra como interpretá-los. O que o sonho manifesta e parece moral, mesmo inocente, pode "dissimular um conteúdo mais ou menos imoral" (ibid., p. 9).

A tese que Miller isola e que estende aos analistas contemporâneos é de que "o conteúdo latente da maioria dos sonhos é feito da realização de desejos imorais". Ele generaliza: "Todos os sonhos são sonhos de transgressão."

A questão pode, então, ser assim formulada: contra que se sonha para Freud? Sonha-se contra o direito e contra a lei. O núcleo do sonho é "uma transgressão da lei" (ibid.). No conteúdo do sonho, trata-se de "sadismo, crueldade, perversão, incesto" (ibid.). Miller não considera exagerar ao formular assim o ponto de vista freudiano. Os sonhadores, como o formula Freud, são "criminosos mascarados" (ibid., p. 9). Assim, nos sonhos, do ponto de vista analítico, quando se fala de crime, "nesta história trata-se de si e não do outro", diz Miller.

Qual é, finalmente, a posição de Freud em face da responsabilidade dos sonhos imorais? Devemos assumi-la. Do ponto de vista analítico, "o imoral é uma parte de nosso ser" (ibid.), e não apenas a parte de que nos orgulhamos, a parte nobre, mas também nos pertence a porte horrível. Não apenas a "honra, mas também o horror" (ibid.).

Dessa forma, a psicanálise modifica o ponto de vista sobre nosso ser. Na parte que se agita para além de nossa figura social bem-educada, há outra parte desconhecida, o inconsciente recalcado, o Isso freudiano, que está no meu interior e que está em continuidade com o Ego.

Na obsessão, isso vai aparecer como sentimento de culpabilidade. Assim, a consciência moral e o direito vão ser reações ao mal presente no Isso. O direito é, assim, uma formação reativa.

Tirando uma consequência extrema diante disso, o criminoso é, diz Miller (ibid., p. 10), alguém que não recua diante de seu desejo. O que explicaria a fascinação pelos grandes criminosos, os monstros. Para Miller, somos "pequenos monstros, monstros tímidos".

Assim, no ser humano existem simpatia, compaixão ou piedade, e há também esse lado inumano introduzido por Freud, que desmascara esse lado da natureza humana.

Há, no entanto, os que não fazem parte do lote comum da humanidade, porque não têm conflito, como os *serial killer*, e, nesse caso, se trata de crimes do gozo, sem utilidade ou interesse algum.

Tratando-se da questão do castigo, há o aspecto muito particular quando se executa a pena de morte. Matar pode ser um crime, mas, observa Miller, "matar legalmente supõe acrescentar algumas palavras ao matar selvagem, um enquadramento institucional, uma rede significante, que transforma o matar, a significação mesma do ato mortífero" (ibid., p. 11).

Apresentação à Edição Brasileira LIII

Retomando a argumentação de Badinter, o tratamento do criminoso é apenas um meio à disposição dos juízes. Para ele, o crime "é uma doença social" (ver p. 82 neste volume). Mas não será pela morte ou confinamento do doente ou dos não conformes que se chegará a uma solução. Ele protesta contra o que seria uma caricatura de seu pensamento. Mas Foucault responde que essa proposta é a caricatura do que foi dito por toda a criminologia desde 1880. Foucault descreve, então, o que considera ser o funcionamento atual da justiça na sociedade, agora regulada pela norma: "Aparentemente, ainda temos um sistema de lei que pune o crime" (ver p. 82 neste volume). No entanto, no seu funcionamento atual. "temos uma justiça que se inocenta de punir pretendendo tratar o criminoso" (ver p. 82 neste volume). Ocorre uma substituição do crime pelo criminoso, obtida quando se começou a pensar: "Se tivermos de lidar com um criminoso, não tem muito sentido punir, a não ser que a punição se inscreva em uma tecnologia do comportamento humano" (ver p. 82 neste volume). Foucault formula o que seria a proposta da criminologia dos anos 1890-1900, que seria, para ele, estranhamente moderna: "Para o criminoso, o crime só pode ser uma conduta anormal, perturbada. Portanto, é preciso tratá-lo" (ver p. 82 neste volume). E Foucault extrai as consequências lógicas extremas dessa postura na criminologia. Em primeiro lugar, que "o aparelho judiciário não serve mais para nada" (ver p. 82 neste volume). O juiz, homem de direito, não tem, assim, competência diante do que se apresenta como "matéria tão difícil, tão pouco jurídica, tão propriamente psicológica: o criminoso" (ver p. 82 neste volume). Porém, há mais: não apenas é preciso tratar esse indivíduo, que por sua doença é perigoso, mas também "é preciso proteger a sociedade contra ele" (ver p. 82 neste volume).

Disso decorre que o encarceramento tem uma dupla função, ao mesmo tempo "terapêutica e [de] preservação social" (ver p. 82 neste volume).

Essas teses produziram múltiplas reações na Europa nas instâncias políticas e judiciárias. Mas o seu campo de aplicação, que se estende até os anos 1980, será na URSS – "exemplar", diz Foucault, mas cuja situação não é excepcional. Aliás, o uso político dos prisioneiros, sua psiquiatrização, será objeto de crítica internacional e um dos fatores da crise que levaram à desmontagem e ao fim do "socialismo real" na Europa

Oriental. As intervenções e a obra de Michel Foucault foram, sem dúvida, importantes nesse processo (ver, neste volume, *O Primeiro Passo da Colonização do Ocidente*, "Ao abandonar os poloneses, renunciamos a uma parte de nós mesmos", *Michel Foucault: "A experiência moral e social dos poloneses não pode mais ser apagada"*, *A Polônia, e Depois?*. Badinter insiste na tese de que é o criminoso, e não o crime, que se julga. Diz ele: "Podemos tentar reparar as consequências de um crime, mas é o criminoso que punimos" (ver p. 83 neste volume). Pergunta se é recusável a "ideia de que se mudaria o criminoso para trazê-lo à norma". Apresenta a questão: "O que fazer com ele? Jogá-lo em um buraco durante 20 anos?, a que responde enfaticamente não, não. A única resposta é "reinseri-lo normalizando-o" (ver p. 83 neste volume). Chega a dizer que !não há outra abordagem possível", e que essa forma de intervir da tecnocracia judiciária "não é forçosamente praticada segundo o modelo soviético" (ver p. 83 neste volume). Mais tarde, como dissemos, Badinter vai estudar o caráter secundário atribuído à questão penal na III República francesa. Ele irá organizar, inspirado em parte na obra de Michel Foucault na École des Hautes Études en Sciences Sociales, um seminário sobre a prisão republicana, em que um amplo leque de comunicações cobriu questões importantes da história e da política penal na França moderna.

Badinter levanta no debate a outra questão que o apaixona, o problema da pena de morte e "esse clamor que sobe aos céus: 'À morte! À morte! Que eles sejam enforcados! Que sejam torturados! Que sejam castrados!" (ver p. 83 neste volume). Ele se pergunta por que esse clamor pela vingança, pela tortura, pela morte, e diz que sua grande decepção com o artigo de Laplanche sobre a condenação à morte de Patrick Henry foi por ele não responder a essa questão crucial. Badinter diz só existir uma abordagem interessante do problema da pena de morte. Ela não é da filosofia, dos moralistas ou dos técnicos da justiça. "É outra", diz ele, afirmando haver uma "função secreta da pena de morte" (ver p. 83 neste volume).

Ele desdobra, então, os arcanos desse segredo. A pena de morte, na França, concerne a uma realidade política bem conhecida; ela diz respeito a "um número muito pequeno de criminosos" (ver p. 83 neste volume). Referindo-se à última década, Badinter observa que houve cinco execuções. Ele ressalta a amplitude das paixões mobilizadas, desencadeadas, diante desses números. Pergunta-se por que recebeu "200 cartas de insultos ou de delírios" por escrever um artigo contra a pena de morte. Sobre o caso de Patrick Henry, diz ser incrível a correspondência. Os insultos vão de "calhorda" a ameaças de que ele não vai escapar por "ter levado esse monstro à absolvição", a que seguiram ameaças à sua mulher, Elisabeth, a historiadora, e seus filhos.

Para Badinter, esta é a questão: a da angústia de julgar; por que os não criminosos têm tal necessidade de sacrifício expiatório? Podemos lembrar aqui a posição de De Maistre. Tratando-se da questão do castigo, há o aspecto muito particular quando ele executa a pena de morte. Matar pode ser um crime, mas, observa Miller no artigo a que já nos referimos, "matar legalmente supõe acrescentar algumas palavras ao matar selvagem, um enquadramento institucional, uma rede significante, que transforma o matar, a significação mesma do ato mortífero" (*Mental*, p. 11).

Miller recorre, então, a Joseph de Maistre, escritor e ideólogo político francês que se opôs à Revolução Francesa. De Maistre escreveu em seu exílio russo "Les soirées de Saint-Petersbourg" (*Oeuvres de De Maistre*. Éd. Bouquins). Miller isola duas ou três páginas "incandescentes" (Miller, ibid., p. 11) de De Maistre, para quem a figura máxima da civilização é o carrasco, o homem que mata em nome da lei e da humanidade (Miller, ibid.). O texto fundamental de De Maistre é "Éclaircissement sur les sacrifices" (*Oeuvres de De Maistre*. Éd. Bouquins), que foi composto na mesma época que "Les soirées de Saint-Petersbourg", em 1810, na Rússia. De Maistre pretende responder às políticas de reforma que, sob o impacto do Iluminismo, desejam conciliar o humanismo e o progresso social com a lei. Ele vai afirmar que a base fundamental da autoridade encontra-se nos ritos de sacrifício. De Maistre presenciara guerras na Saboia, tomara conhecimento das execuções no período do terror na França, do uso intenso da guilhotina na Revolução Francesa e, ainda, do grande número de mortos das guerras do período napoleônico.

Para ele, o sangue humano possui um valor social. E se a religião diz que não se deve matar, De Maistre pensa que o sangue humano é necessário para pacificar os deuses em cólera. Mesmo o Deus cristão tem necessidade de sangue, que vai até o sangue de Cristo. O desejo de Deus precisa dele. Nessa perspectiva extrema, o desejo de Deus é desejo de sangue humano. Do ponto de vista de De Maistre, Miller observa que há um "a mais" (*en trop*) da humanidade que a sociedade requer que seja eliminado. As guerras ou exigências da ordem, como o fascismo, respondem a isso.

Dessa maneira, quando um ato criminoso produz um grande número de mortos, ele se situa fora e para além do domínio do direito e alcança a esfera política.

O exemplo a que alude Miller é a decisão de Harry Truman de lançar a bomba atômica sobre o Japão, em Hiroshima e Nagasaki. O cálculo de Truman supunha que fosse preferível que morressem milhares de japoneses à morte de milhares de americanos. Trata-se, nessa decisão, de um ato utilitário. A utilidade foi o significante introduzido por Bentham para definir o útil para o maior número.

Antes do cálculo do castigo realizado pelo tempo, pago em dias de prisão, a execução dos criminosos era uma festa popular, como descreve o próprio Michel Foucault em *Vigiar e punir*. Com a abolição da pena de morte, o delinquente se torna um resto, perde seu caráter agalmático.[2]

O outro da lei, definida abstratamente a partir de Beccaria, trata-se de um Outro da lei que não goza mais (Miller, ibid.). O criminoso é destituído de sua subjetividade e mesmo de sua humanidade.

Mas, em face da questão dos crimes que provocam a reação popular, a vontade de expiação, Foucault diz que, na argumentação de Badinter, ele integra "duas coisas em uma mesma questão" (ver p. 83 neste volume).

Em primeiro lugar, é verdade que "os crimes espetaculares desencadeiam um pânico geral" (ver p. 83 neste volume). É o perigo que irrompe no cotidiano e que a imprensa sem pudor explora. Ele introduz o que considera "o verdadeiro problema da penalidade, isto é, os flagrantes delitos" (ver p. 84 neste volume). Diz ser difícil imaginar o esforço que foi necessário realizar para interessar um pouco as pessoas pela "correcional mínima, os procedimentos sumários" (ver p. 84 neste volume).

---

2 Conceito de Lacan. Do grego *agalma*: coisa, objeto precioso, objeto de desejo.

Michel Foucault descreve, então, um pequeno delito: do sujeito que, "por ter roubado um pedaço de sucata em um terreno baldio, tem de cumprir 18 meses de prisão, o que o leva forçosamente a recomeçar". Para ele, existe um uso político pelo sistema da intensidade com que são mantidos os sentimentos que envolvem a pena de morte. Para Foucault, isso mascara os "verdadeiros escândalos" (ver p. 84 neste volume).

Haveria, então, três fenômenos superpostos, dissonantes, discordantes, que não combinam: de um lado, o nível do discurso da penalidade, que "pretende tratar, mais do que punir" (ver p. 84 neste volume). Mas há o aparelho penal, que não cessa de punir. Por fim, há o nível da "consciência coletiva". Esta ignora, não tem acesso, não é informada sobre o "cotidiano do castigo silenciosamente exercido em seu nome", reivindicando algumas punições singulares (ver p. 84 neste volume).

Laplanche não aceita a argumentação de Michel Foucault que ele desenvolverá amplamente no capítulo "Ilegalismos e delinquência", de *Vigiar e punir*; na entrevista *Na Berlinda*, editada neste volume; no artigo sobre Attica; e, ainda, no prefácio que escreveu para o livro de Bruce Jackson, em que este entrevistou presos norte-americanos, editado no quarto volume dos *Ditos e escritos: estratégia, poder-saber*.

Mas a argumentação de Laplanche tem uma lógica própria e se refere ao plano em que, no discurso do mestre, os sujeitos se relacionam com o fenômeno do crime e da lei.

Referindo-se aos delinquentes e não delinquentes, diz ele haver, "dos dois lados, um fundo de angústia e culpa comum". Trata-se de algo mais profundo e bem mais difícil de cingir, de circunscrever. É a própria agressividade que fascina as pessoas, tomadas também pelo que Freud chama de pulsão de morte. Sabem "de modo confuso que trazem o crime dentro de si e que o monstro que lhes é apresentado assemelha-se a elas" (ver p. 84 neste volume). O comentário de Miller que citamos antes sobre o que diz Freud sobre os sonhos como lugar da transgressão vai no mesmo sentido que a reflexão de Laplanche.

Quanto aos criminosos, estes também possuem uma relação com a lei, diz ele, referindo-se ao comentário feito de uma cela para outra: "Não é justo, a pena foi dura demais", ou, ainda, "Bem que ele procurou isso". Laplanche diz não haver, de um lado, uma população "branca como um ganso apavorada com a transgressão, (...) e, do outro, uma população de criminosos que só vive por meio da transgressão". Existe uma defasagem entre a angústia, cujo caráter é inominável, que surge de nossa "pulsão de morte e um sistema que introduz a lei" (ver p. 84 neste volume). O equilíbrio psíquico adviria dessa decalagem. Para Laplanche, a lei não é um tratamento do criminoso de maneira alguma, pois "existe implicitamente, mesmo junto àquele que a viola" (ver p. 84 neste volume). Por outro lado, "o crime existe em cada um de nós" (ver p. 85 neste volume). O que é psiquicamente devastador, diz ele, é "quando alguém tornou ato esse crime implícito e é tratado como uma criança irresponsável" (ver p. 85 neste volume). Laplanche atribui à lei uma função subjetiva, no sentido freudiano. Em cada um de nós ela tem o papel "das interdições que respeitamos – em nosso inconsciente –, do parricídio ou do incesto". Laplanche insiste na abordagem freudiana, para quem, resumindo, haveria dois níveis da culpa: de um lado, ela coexiste com a própria autoagressão; de outro, "vem simbolizar-se nos sistemas constitutivos de nosso ser social: linguísticos, jurídicos, religiosos" (ver p. 85 neste volume). A necessidade da punição é uma maneira de fazer passar a angústia, que Laplanche chama de "primordial", para algo expressável e, consequentemente, diz ele, "negociável". Há, assim, a expiação, que permite abolir o ato criminoso, compensá-lo simbolicamente.

Para Badinter, uma vez que o "público foi informado sobre a punição, começa o segundo aspecto da coisa: o tratamento, a abordagem personalizada do criminoso" (ver p. 85-86 neste volume). Caberia à justiça "satisfazer a necessidade coletiva de punição, sem esquecer a readaptação" (ver p. 86 neste volume). Mas essas coisas não funcionam exatamente assim, e, diz Badinter, por vezes "a coisa range!" Há a indignação popular, que diz: foi condenado a 20 e tantos anos e liberado sete anos depois; ou ainda quanto aos que supostamente se emendam e ficam muito mais tempo presos.

Foucault ressalta, em contraposição, como a máquina judiciária está bem lubrificada. Ele figura, então, o teatro da punição, em que "o presidente, com seu arminho e sua toga, o que diz? Ele se volta para o delinquente e pergunta: 'Como foi sua infância? E suas relações com sua mamãe, com suas irmãzinhas? Como foi sua primeira experiência sexual?'" (ver p. 86 neste volume). Ele se pergunta o que teriam a ver essas questões com o crime cometido pelo sujeito. Para ele, são discursos extenuantes, e, ao cabo da grande liturgia jurídico-psicológica, os jurados que pensam terem realizado um ato de "seguridade e salubridade social" enviam o tipo para a prisão por 20 anos. Nas enquetes sobre as *expertises* psiquiátricas que Foucault realizou para seu curso "Os anormais", ele encontrou várias formas desse tipo de intervenção, que surge como uma caricatura da psicanálise. Foucault lembra uma circular do pós-guerra na França, em que se perguntava basicamente ao psiquiatra, "além da tradicional: 'Ele estava em estado de demência?' (...): '1. O indivíduo é perigoso? 2. É acessível à sanção penal.? 3. É curável ou readaptável?'". São questões que não dizem respeito ao direito, ao ato que foi cometido: "A lei nunca pretendeu punir alguém por ser 'perigoso', mas, sim, por ser criminoso" (ver p. 87 neste volume).

Laplanche observa que, se o psiquiatra se "curva a esse jogo, ele assume um duplo papel: de repressão e de adaptação à psicanálise". Para ele, "a psicanálise não tem vocação nem para a *expertise* nem para a readaptação". Mas, diz ele, "poderíamos muito bem imaginar um delinquente fazendo tratamento analítico na prisão" (ver p. 87 neste volume), desde que haja, naturalmente, demanda.[3] Mas o tratamento não pode representar uma alternativa para a sanção. Laplanche considera aberrante, também, a obrigatoriedade do tratamento de drogados ou ainda tribunais para crianças. Com o que não concorda Badinter, para quem tratar pode ser melhor do que "fechar o drogado em uma casa de detenção por muitos meses". Para ele, "nossa justiça nunca quis, de fato, jogar o jogo do tratamento até o fim" (ver p. 88 neste volume). A psiquiatria, para ele, foi sempre usada como álibi, "jamais com fins curativos". Foucault, por sua vez, contesta a competência da psiquiatria. O psiquiatra, em face da demanda judicial, é "incapaz tanto de saber se um crime é uma doença quanto de transformar um delinquente em não delinquente" (ver p. 88 neste volume).

Ele conclui sua intervenção dizendo: "Seria grave se a justiça lavasse as mãos no que concerne ao que ela tem de fazer, livrando-se de suas responsabilidades sobre os psiquiatras". Isso faria da sanção judicial uma transação "entre um código arcaico e um saber injustificado" (ver p. 88 neste volume).

---

[3] Muitos psicanalistas franceses analisam detentos na prisão. Veja-se número de *L'Âne, le Magazin Freudien*, n. 8, dirigido por Judith Miller e consagrado ao problema. Há, nele, o dossiê *Le criminel et son crime*, com artigos de Judith Miller, Serge Cottet, Gérard Miller e José Rambeau.

Badinter diz ser uma regressão excluir a psiquiatria da justiça. Seria retornar aos começos do século XIX. E ele chega a evocar a relegação penal, mandar os condenados o mais longe possível para ali deixá-los perecer na indiferença. Como os franceses em Caiena, os ingleses na Austrália e os brasileiros em Fernando de Noronha.[4] Para Laplanche, a psicanálise não pode pronunciar-se sobre a irresponsabilidade de um delinquente. Pelo contrário, um dos postulados da psicanálise "é que os analisandos devem ser responsáveis, sujeitos de seus atos". Não é outra coisa que diz Lacan: "Por nossa posição de sujeito, sempre somos responsáveis" (Jacques Lacan, *Escritos*, Rio de Janeiro, Jorge Zahar, 1998, p. 873).

Foucault afirma que o juiz precisa da psiquiatria para se garantir, e cita que viu *expertises* sobre homossexuais: "'São indivíduos abjetos.' 'Abjeto', convenhamos, não é um termo técnico consagrado!" (ver p. 89 neste volume), Mas, conclui, "foi a maneira de reintroduzir, sob a capa honorável da psiquiatria, as conotações da homossexualidade em um processo em que ela não tinha de figurar" (ver p. 89 neste volume). Para Foucault, não se trata de liberar o juiz de sua angústia, porque ele se encontra, como observa Badinter, diante de uma sociedade incerta em que não apenas os regimes políticos mudam, mas os valores, o modo de vida, os modos de gozo. Todos e cada um devem se interrogar em nome de que se julga, de que direito, de que atos, e quem são os que julgam.

Do discurso incluído nas lutas ao debate sobre o uso dos ilegalismos e da criminalidade

O problema dos controles sociais a que se ligam as questões da loucura, da medicina e da psiquiatria despertava pouco ou

---

4 Ver Motta, Manoel Barros da. *Crítica da razão punitiva*: nascimento da prisão no Brasil. Rio de Janeiro: Forense Universitária, 2011. O exemplo inglês foi muito discutido no Brasil. Quanto a Caiena, há um volume da coleção Découvertes, da Gallimard, ricamente ilustrado, escrito por Michel Pierre, *Le dernier exil*, p. 192. A colônia penitenciária de Caiena teve seu apogeu entre 1852 e 1867, no império sob Luís Napoleão. Em seguida, será a Nova Caledônia, de 1887 a 1896. Depois, será de novo a Guiana, de 1897 a 1938. Mais de 100 mil presos foram levados a deixar a metrópole.

nenhum interesse antes de Maio de 1968. Foucault, respondendo a J. L. Enzine para as *Nouvelles Littéraires*, lembra que seu livro *História da loucura* não produziu o menor eco nas revistas de filosofia na época de sua publicação. Foram Roland Barthes, que Michel Foucault considera "historiador", e Maurice Blanchot, além de Laing e da antipsiquiatria, que por ele se interessaram. Essas questões pertenciam ao *bas-fond* da realidade social e não possuíam dignidade para a filosofia. Colocar em questão a ordem imposta historicamente pela razão à loucura não parecia dizer respeito à filosofia.

Ainda que seja uma questão filosófica tratada em termos históricos, Foucault diz não ser como filósofo que ele fala do problema. Diante do "postulado" de Enzine, que supõe que, ao "desmembrar o discurso social" ou fazer a desmontagem dos poderes, a filosofia não faria outra coisa senão reforçá-los ou levá-los a afinar sua estratégia, desmascará-los, Foucault concorda em parte com ele. Se é verdade que os poderes podem afinar sua estratégia, não se deve ter medo desse efeito. Há na esquerda um grande medo, o das políticas de recuperação. Trata-se mesmo, segundo Foucault, de uma "obsessão" (ver p. 37 neste volume). Para ele, esse efeito é absolutamente necessário, porque o discurso está inscrito no processo das lutas. Como no judô, em que o adversário pode se apoiar em alguma espécie de dominação de você sobre ele.

Foucault cita como exemplo as lutas que se realizaram contra o sistema penitenciário no governo Giscard d'Estaing, depois da criação do GIP. Giscard criou, então, uma secretaria para a questão penitenciária. Foucault considera que "seria tolo de nossa parte ver nisso uma vitória desse movimento" (ver p. 38 neste volume), mas seria tolo também ver nisso a prova da recuperação desse movimento. Há uma contramanobra do poder, que "permite apenas medir a importância do combate provocado por ele" (ver p. 38 neste volume). Diante disso, o movimento deve buscar outra resposta.

Em face do paradoxo que vê Enzine entre o aperfeiçoamento do poder no sentido da opressão social e os avanços da democracia, Foucault considera que, no momento em que a pesada máquina administrativa da monarquia absoluta cedeu lugar a um poder infinitamente menos brutal e menos dispendioso, menos visível, concedeu-se "a certa classe social, pelo menos a seus a seus representantes, latitudes maiores na participação do poder e na elaboração das decisões" (ver p. 38 neste volume). Para Foucault, esse é o poder de que a burguesia precisa. Mas, diante dessa nova política, tratou-se de formar um novo sistema educacional, "voltado para as classes populares" e direcionado, também, para a classe dominante, a burguesia, que "trabalhou sobre si mesma, elaborou seu próprio tipo de indivíduos" (ver p. 38 neste volume).

Assim, para que determinada modalidade de liberalismo burguês se forjasse, sem contradição com ele, no nível institucional, Foucault considera ter sido necessário, no nível dos "micropoderes, um investimento muito mais denso dos indivíduos". Isto é, organizar a grade, ao mesmo tempo, "dos corpos e dos comportamentos". Nesse sentido, diz Foucault, "a disciplina é o avesso da democracia" (ver p. 39 neste volume).

Seríamos, então, mais vigiados na medida em que haveria mais democracia? A essa questão Foucault responde que essa grade pode tomar múltiplas formas, desde a caricatura, que aparece nas casernas e nos colégios religiosos antigos, a formas modernas, "sem que as pessoas se apercebam disso", como a "pressão do consumo" (ver p. 39 neste volume).

Introduzir a ordem e a ponderação no comportamento operário era a que se visou no século XIX quando se começou a incentivar os operários a poupar, mesmo que com baixos salários. Era uma operação mais de ordem política do que econômica, que visava pelas instituições a formar, impor certo tipo de ordem disciplinar.

Esse matraquear moralista não é mais necessário, diz Foucault: "o prestígio do carro, a política dos equipamentos ou a incitação ao consumo permitem obter normalizações de comportamento igualmente eficazes" (ver p. 39 neste volume).

Referindo-se ao estruturalismo, Foucault lembra o exemplo *princeps* do método estrutural, isto é, as regras da proibição do incesto; e também as regras do casamento nas sociedades ditas primitivas, às quais se aplicaram, no campo das ciências sociais, graças a Claude Lévi-Strauss, alguns modelos formais importados da linguística ou que foram elaborados na matemática e na teoria dos jogos, com a obra de Newman e Morgestern, com a sua *Theory of games and economic behavior*. No entanto, o que de fato interessa a Michel Foucault, o que ele deseja conhecer de fato é o funcionamento real. É o que gostaria de perguntar aos antropólogos: "qual é o funcionamento real da regra do incesto?" (ver p. 39 neste volume). Ele entende a regra não como "sistema formal", resultado estatístico, produto de variáveis, mas como "um instrumento preciso, real, cotidiano, individualizado, consequentemente de coerção" (ver p. 39 neste volume). Diz Foucault ser a coação que lhe interessa: seu peso sobre as consciências. E sua inscrição no corpo, "como ela revolta as pessoas e como elas a ludibriam" (ver p. 40 neste volume). A interrogação de Foucault toca exatamente esse "ponto de contato, de fricção" ou, ainda, de conflito entre o que ele chama o "sistema das regras" e o jogo das irregularidades.

Há, de um lado, o estabelecimento de um vocabulário geral, a partir do século XVII, pelo grande sistema de racionalidade científica e filosófica que tem, como ponto inicial de eclosão, as obras de Galileu e Descartes. Foucault interroga intrigado o que pode ocorrer com aqueles "cujo comportamento exclui dessa linguagem" (ver p. 40 neste volume).

Fundamental é, no entanto, a análise do funcionamento real da prisão a partir do uso que foi feito de seu fracasso, sem falar de sua leitura do funcionamento das leis penais. Ele não se aplica ao "plano da razão". A partir de seu estudo, o que lhe pareceu foi que, ao invés de estarem "destinadas a impedir a desordem, as condutas irregulares, (...) sua finalidade era mais complexa" (ver p. 40 neste volume). Se, por um lado, uma lei proíbe, interdita, condena certo número de comportamentos, por outro, surge certo número de ilegalismos. Estes vão ser geridos de maneira diferenciada, reprimidos ou tratados pelo sistema penal de forma diversa. Foucault cita as leis que tratam da natureza da propriedade. Sua maneira de atuar segue diferentes modos. Foucault se permite, então, perguntar se "a lei, sob sua aparência de regra geral, não é uma maneira de fazer aparecer alguns ilegalismos diferenciados uns dos outros" (ver p. 40 neste volume). Eles vão permitir, assim, "o enriquecimento de uns e o empobrecimento de outros", ou, ainda, garantir seja a tolerância, seja a intolerância. Para Foucault, o sistema penal seria, então, uma maneira de gerir os ilegalismos, isto é, "mantê-los e, por fim, fazê-los funcionar" (ver p. 40 neste volume). É nesse ponto que se localiza o caráter curioso da prisão. Foucault, ironicamente, diz que ela é "um sistema, bastante bruxo, de reforma dos indivíduos" (ver p. 40 neste volume). Isso porque, bem "longe de reformá-los, a prisão apenas os constituía em um meio: aquele em que a delinquência é o único modo de existência" (ver p. 40 neste volume). Que se percebe da delinquência? Foucault diz que, "fechada sobre si mesma, controlada, infiltrada, poderia se tornar um instrumento econômico e político precioso na sociedade" (ver p. 41 neste volume). O agente dessa modalidade particular de uso é o sistema penal e a prisão. Ela se torna como que um "corpo social estrangeiro ao corpo social", constituindo outro corpo, específico, particularíssimo. "Homogênea, vigiada, fichada pela polícia, penetrada de delatores e de 'dedos-duros', utilizaram-na imediatamente para dois fins" (ver p. 41 neste volume). Em primeiro lugar, um uso econômico: extração de lucro do prazer sexual, com a organização, no século XIX, de uma rede de prostituição, que tinha também caráter internacional. A delinquência torna-se "agente fiscal da sexualidade". Mas, talvez, o uso mais espetacular tenha sido o político, "com tropas de choque recrutadas entre os malfeitores que Napoleão III organizou", como descreveu e analisou Marx no seu *Dezoito brumário*. Ademais, as infiltrações no movimento operário, seja na luta sindical, com os fura-greves, seja na organização política. Foucault situa seu livro articulando as lutas sociais, dizendo ser "necessário que a análise histórica faça realmente parte da luta política" (ver p. 41 neste volume). Seu objetivo não é fornecer às lutas "um aparelho teórico" ou um "fio condutor", mas constituir suas "estratégias possíveis". Foucault chega a dizer que "o marxismo (...) não nos dá nenhum instrumento para isso" (ver p. 41 neste volume). Ele refere-se, aqui, de forma crítica, ao que chama a "escolástica", corpo tradicional de saber e de textos marxistas centrado na citação da autoridade textual. Cabem nessa classificação as versões soviética e francesa oficiais do marxismo, em que a referência possível à atualidade é nula. Assim, quando as fontes da batalha social se multiplicam em toda parte, "sexualidade, psiquiatria, medicina, sistema penal", Foucault lembra o que faziam os psiquiatras que reclamavam do marxismo nos anos 1960, pretendendo aplicar o pavlovismo na psiquiatria: "eles não perceberam nem por um instante a questão do poder psiquiátrico, nem que ele corria o risco de reconduzir os papéis sexuais e o funcionamento da família" (ver p. 41 neste volume). Ele avança mesmo na ideia de que os psicanalistas e seus clientes "se puseram a funcionar como agentes de normalização e de recondução dos poderes da família, do macho e da heterossexualidade" (ver p. 41 neste volume). Para Foucault, marxismo e psicanálise tinham interesse não com as classes no poder, "mas com os mecanismos do poder" (ver p. 41 neste volume). É contra esses mecanismos que se dão as comoções sociais.

Assim, para Foucault, quanto à elaboração de mecanismos ou dispositivos de poder, a burguesia, diferentemente do que pensava Charles Baudelaire, não é composta por um monte de "palermas". Pelo contrário: "é inteligente, lúcida, calculadora". Sua dominação foi a mais fecunda na elaboração de dispositivos de poder e, por isso, foi a mais perigosa e a que de forma mais profunda se enraizou. Não basta denunciar sua vilania, o que acarreta, diz Foucault, certa tristeza. Para se contrapor a isso, é preciso "trazer para o combate tanta alegria, tanta lucidez, tanto encarniçamento quanto possível" (ver p. 42 neste volume). Diante da dimensão essencial das lutas, Foucault afirma que, no fundo, não gosta de escrever, e que a escrita só lhe interessa quando se insere, toma corpo na "realidade de um combate", seja como instrumento, tática ou esclarecimento. Recorre a uma metáfora cirúrgica: seus livros devem ser como espécies de bisturis, de coquetéis molotov, ou de galerias de mina. Assim, depois de usados, devem se carbonizar, mas de uma forma poética: fogos de artifício.

Foucault insiste em dizer que seu livro está ligado ao prazer que um livro pode dar. Ele recusa o título de escritor, afirmando-se "comerciante de instrumentos, um fabricante de receitas, um indicador de objetivos, um cartógrafo, um levantador de planos, um armeiro" (ver p. 42 neste volume). São todas funções que, de uma forma ou de outra, definem os campos em que o levantamento do plano e do espaço da batalha está implicado.

Na justiça, as duas figuras do processo: a conveniência e a ruptura

Michel Foucault escreveu um importante texto sobre a estratégia judiciária como prefácio ao livro de Jacques Vergès, advogado dos nacionalistas argelinos presos. Vergès estabelecera uma tipologia dos processos penais. Para ele, existem duas figuras do processo: uma que ele chama de figura da conveniência e a outra, da ruptura. Na primeira, o acusado e sua defesa aceitam o enquadramento legal que o acusa. Na segunda, eles desqualificam a legitimidade da lei. Essa contestação é feita em nome de outra legitimidade.

Vergès construíra a teoria para seus clientes presos na era gaullista, por sua vontade política de serem tratados como em estado de guerra, como beligerantes. Ele concebe a justiça, lembra Foucault, nem mais nem menos cruel do que a guerra ou o comércio. Ele a situa como "um campo de batalha" (ver p. 162 neste volume). Foucault considera essa posição de grande utilidade, no momento em que há um "rearmamento da ação penal". Alain Peyrefitte, ministro da Justiça, fizera votar a Lei Segurança e Liberdade, que reformara o Código Penal e o Código de Processo Penal. A oposição de esquerda, que ascendera ao poder em 1981, considerava que esta consagrava uma transferência de poder da justiça penal para a polícia. Sob Badinter ela vai ser revogada.

Vergès fundara sua posição no "rearmamento da defesa", e não na queixa. A tese de Vergès é de que "a lei nunca é boa", ou, como na fórmula brasileira do poema de Carlos Drummond de Andrade, "os lírios não nascem da lei". Sem idealizar o passado e o futuro, nem diabolizando-o ou vendo-o em uma perspectiva de angústia ou inquietação. Para Vergès, lembra Foucault, a defesa é morta ou viva.

Qual foi a estratégia judiciária que sucedeu a Maio de 1968? Ela desaguou em uma "onda de repressão" aos militantes esquerdistas.

Diante da tese de Vergès, que opunha conivência e ruptura, "seu passado e seu prestígio", diz Foucault, alternavam o que "ele dizia verdadeiramente". Esse par de significantes não vai passar de um *slogan* referido ao comportamento na audiência. Têm-se, assim, agressividade, tônus, que vão representar a "ruptura" como um substituto, um *ersatz* da defesa coletiva dos advogados que se reuniam em torno da causa comum. Esta reunia os advogados da defesa que defendiam os militantes esquerdistas de Maio de 1968.

O livro de Vergès vai perder sua influência mais forte, sua venda vai declinar. Ele fora o produto de uma experiência por demais excepcional, radical ou excessiva, que fora a da Guerra da Argélia. Ele retorna à circulação já na segunda metade da década de 1970, nos anos 1976-1977, graças à ação dos "militantes do Comitê de Ação dos Prisioneiros". Saindo do sistema penal, da prisão, eles "defrontavam-se com os processos, com as condenações, com as penas" (ver p. 163 neste volume). Surgiram, nessa época, as Butiques de direito, muitas vezes situadas no fundo das livrarias, funcionando gratuitamente ou a preço módico.

Eles sabiam, como no caso dos pobres que saíam dos muros da prisão, que estariam perdidos jogando o jogo da conivência.

Na nova conjuntura do pós-esquerdismo, uma frente na justiça tomava corpo, e ele ia se opor à acusação todos os dias centrada nos "direitos comuns". Foucault considera ter havido um balanço positivo nessa luta com certo número de processos importantes resolvidos no movimento dessa luta, ora contra uma expulsão, uma acusação de roubo em um grande magazine, ora, ainda, quanto a internos nos Setores de Segurança Máxima. Foucault vai enumerar os aspectos fundamentais dessa defesa. O primeiro aspecto é que ela parte da "atitude do acusado". A defesa de ruptura não pertence nem ao advogado nem aos magistrados, ainda que sejam de esquerda.

Segundo ponto ou tese: "todo processo encobre um afrontamento político" (ver p. 163 neste volume), e a função da justiça repousa no sistema ou ordem dominante e até mesmo está armada a fim de defendê-lo.

Assim, "a moral individual, a virtude de justiça, a inocência ou a culpa de um homem, seu justo direito têm apenas um afrontamento longínquo com um Judiciário" (ver p. 163 neste volume). Para Vergès, no Judiciário, trata-se apenas de sociedade. Foucault refere-se a alguns princípios de Vergès: "defender-se em um terreno minado, referir-se a outra moral, a outra lei, não se reportar a esta". Foucault enumera as organizações que vão conduzir essa luta, na qual ele, com Jean Lapeyrie, se inscreve como responsável pelo comitê de ação "Prisão-Justiça". Dominique de Nocaudie se ocupa do jornal *Le Cap*. Do comitê de ação dos prisioneiros, movimento que sucedeu ao GIP, ocupa-se Christian Revon, que criara, antes, o comitê de Defesa Livre. Este teve sua preparação em múltiplas reuniões na casa de Michel Foucault. Foi ele quem redigiu a plataforma do movimento que gerou o GIP em Sainte-Baume, de 23 a 26 de maio de 1980.

O debate em torno de Jacques Vergès se centra em torno das estratégias que ele propusera. É uma reavaliação, uma retificação, de suas propostas que se apresenta a ele. A questão de Nocaudie é: por que os advogados e juristas, na sua maioria, repudiavam a estratégia jurídica da defesa de ruptura? Para Vergès, a função e a atividade desses agentes são a solução dos conflitos na sociedade, não sua exacerbação. Esse *automaton* só é interrompido "quando a máquina rateia". Então, diz ele, "por um instante" eles se interrogam sobre "o sentido e a finalidade da lei" (ver p. 164 neste volume). Vergès os considera idólatras, pois acreditam ou fingem acreditar no caráter sagrado da justiça. Por isso, essa interrogação dura pouco, é uma fulguração "bruscamente interrompida".

Vergès detesta o lugar-comum, "as imagens prontas". Para conhecer o funcionamento real da justiça, ele se refere a um momento que considera decisivo: quando o juiz, no fim de uma instrução, põe ordem no seu quebra-cabeça, em um interrogatório de recapitulação. Vergès aproxima esse ato daquele de um montador de cinema, "diante de seus *rushes*"; quando ele vai construir sua acusação para o tribunal, para a suposta maioria silenciosa, quando constrói a acusação sobre clichês.

Lapeyrie pergunta a Vergès se ele acredita existirem juízes justos. Vergès vai até afirmar que, "como os heróis de folhetim, não existem". O critério da justiça ou da excelência pode ser a comparação com Bonaparte. Se considerarmos que Napoleão foi um bom general, há juízes justos, ou melhor, diz Vergès, eficazes. E tão mais eficazes que esquecem "sua qualidade (...) de guardiães da paz" (ver p. 164 neste volume).

Foucault intervém no debate, perguntando o que fazer diante da Lei Segurança e Liberdade de Peyrefitte, como adaptar as estratégias de ruptura que ele elaborou em seu livro.

Vergès situa o novo contexto dizendo que, na época da Guerra da Argélia, havia bom número de magistrados que "abafavam a tortura" (ver p. 165 neste volume). Hoje, protestam contra a nova lei proposta pelo ministro da Justiça. Ele pergunta a Foucault se este conhece algum processo de tortura que tenha sido concluído. Muitos juízes, na época, foram ao ministro da Justiça, diz ele, em cortejo para pedir "sanção contra os advogados do FLN" (Front de Libération Nationale). A situação brasileira, na época da ditadura militar, guardava muita semelhança com o período da Guerra da Argélia. Guerra suja, tortura contra os oponentes políticos e pior censura à imprensa e lei de segurança nacional. Vergès compara sua atitude com a de Isorni, que fora o advogado de defesa de Petain e, depois, dos militantes de extrema direita que defendiam a Argélia francesa, os terroristas da OAS (Organização do Exército Secreto), braço armado da direita. Se Isorni se escandalizou mais do que

Vergès, este defendeu os que conquistaram a independência da Argélia, os vencedores, e Isorni, a direita que perdera. Ele defendia os vencedores, e Isorni, os vencidos. Vergès foi quem rejeitou a diferença entre os presos políticos e os presos de direito comum, recusando a diferença entre esses processos. Interessou-se pelos presos comuns, como J. Lapeyrie, que questiona Vergès se ele mantinha ainda, na época, a mesma posição.

Vergès diz ter desconfiado sempre dessa distinção, mesmo quando as circunstâncias faziam um advogado dedicar-se "quase que exclusivamente aos *affaires* políticos" (ver p. 165 neste volume).

Vergès diz que essa distinção não traz qualquer esclarecimento no que tange ao desenvolvimento do processo. Essa diferença tem um efeito: "minora a importância política, social, moral, que pode ter um crime de direito comum" (ver p. 165 neste volume). Ela atinge, também, os crimes políticos: "oculta o lado sacrilégio do crime político de alguma importância" (ver p. 165 neste volume). Assim, quando há derramamento de sangue, o crime político "perde seu caráter político", passando, então, a ser referido à repressão que cobre os crimes de direito comum.

Foucault ressalta a inserção do livro de Vergès no contexto da Guerra da Argélia e afirma que esse quadro geral comanda, sem dúvida, muitas de suas análises. Por isso, Foucault pensa que, para formular uma nova estratégia judiciária, é preciso um trabalho de estudo e "crítica globais do funcionamento jurídico atual" (ver p. 165 neste volume). Ele interroga Vergès para saber como ele pensa que se pode fazer esse trabalho de inserção na atualidade do que fazer, isto é, como "se poderia conduzir esse trabalho coletivamente" (ver p. 165 neste volume).Para Vergès, a ruptura não se deve a um número limitado de circunstâncias excepcionais, mas a um grande número, por meio da miríade, dos milhares, dos mil e um problemas da vida cotidiana. Essa multiplicidade implica "uma crítica global do funcionamento da justiça" (ver p. 166 neste volume). Não se trata, agora, apenas do aspecto penal, como no início da década de 1960. Vergès critica, também, as práticas que eram geridas pelo modelo do centralismo democrático do PC. Contra ele, propõe uma organização em rede. Esta garantiria a "circulação das experiências e o encontro dos grupos existentes" com autonomia e iniciativa próprias. Essa é a função que ele atribui à rede "Defesa Livre". Vergès não pensava que a técnica de ruptura se aplicasse à vida cotidiana e fica satisfeito com a nova figura, a mudança a que ela se submeteu. Nesse sentido, constata que a estratégia judiciária não pertence a ele nem à "turma de toga", mas, como diz, à "turma de *jeans*" (ver p. 166 neste volume). Vergès conclui respondendo à questão "qual é a sua lei?". É, diz ele, "ser contra as leis, porque elas pretendem parar a história". E sua moral é ser "contra as morais, porque elas pretendem congelar a vida" (ver p. 166 neste volume).

O combate contra o poder fascista e a divisão da Europa pelo poder stalinista

Em setembro de 1975, um conjunto de intelectuais franceses, escritores, como Régis Debray e Jean Lacouture, artistas de cinema, como Yves Montand, cineastas, como Costa-Gravas, religiosos, como Ladouze, e Michel Foucault dirigiram-se de avião à Espanha. Foram expulsos de Madri depois de uma conferência de imprensa na qual condenaram os tribunais de exceção do regime de Franco por terem condenado ao garrote vil 11 militantes políticos, inclusive uma grávida. O texto de Foucault é como que a figuração de uma pequena vinheta, uma imagem concentrada de ato de contestação e combate do fascismo na atualidade.

Aragon, Sartre, François Jacob, prêmio Nobel de Medicina, Malraux e Mendès France haviam redigido um texto que Yves Montand leu. Foucault, no aeroporto de Roissy, fez uma série de considerações em outra conferência de imprensa, ao retornar.

O poder do franquismo ultrapassa, nas suas práticas, o que demandava protestos apenas. A decisão de ir ao coração de Madri visava a atingi-lo fisicamente com essa declaração condenatória. Não se tratava mais de fazer petições, mas de "se fazer ouvir pelo povo espanhol", malgrado a censura.

A delegação francesa encaminhou-se para o Hotel Torre na praça de Espanha a fim de convocar a imprensa. Havia 25 jornalistas, em grande parte correspondentes estrangeiros, ao começar a entrevista. Foucault sabia que em terras onde domina o fascismo o que se diz e informa boca a boca circula com "extraordinária rapidez". Yves Montand leu o texto escrito por Malraux, Jacob, Sartre e Mendès France. Ao fim da leitura, os inspetores fascistas agiram, mas em um impressionante silêncio. Foucault diz que as cabeças dos policiais fascistas possuíam algo de fantástico: por outro lado, a imagem de Montand, o que encarna a figura do resistente no cinema, os incomodava muitíssimo. Essa imagem surgia diante da polícia fascista, que a reconhecia. A cena possuía, assim, uma fortíssima intensidade política. Vem, então, uma massa enorme, cerca de 150, para isolar, prender e expulsar os franceses. Eles isolam e algemam os membros da delegação, separam os jornalistas e os embarcam "sob a pressão das metralhadoras" (ver p. 44 neste volume).

Foucault se levantou tendo em vista o fato de considerar que a polícia fascista encarnava "a força física", e ele considerava necessário fazer com que encarnassem o que representavam. Tratava-se de desmascarar a hipocrisia, que os via como obedecendo meramente a ordens superiores.

A delegação francesa saiu do hotel, cercada pelos guardas armados, e foi conduzida em um carro da polícia. Quando estavam no topo da escadaria do hotel, havia polícia armada dos dois lados da escada. Foucault viu, então, embaixo, um vazio feito pela polícia com o carro bem mais longe. Era atrás do carro que centenas de pessoas viam a cena.

Foucault diz que era "um pouco a repetição de uma cena de Z" (o filme de Costa-Gravas, na qual o deputado de esquerda Lambrakis é atacado a golpes de matracas) (ver p. 44 neste volume). Montand, diz Foucault, desceu com "grande dignidade". Foi nesse momento que "sentimos a presença do fascismo: uma maneira de olhar sem ver, como se tivessem visto essa cena centenas de vezes" (ver p. 44 neste volume). Foucault ressalta a perplexidade e a tristeza ao verem uma cena real, que haviam visto centenas de vezes, cujo ator real era o "herói imaginário visto por todos na tela". Era um símbolo ativo: "viam em filme sua própria realidade política" (ver p. 44 neste volume).Para Foucault, não devia ser vista nem como exemplo nem como modelo. Era uma entre múltiplas possibilidades de ação. O desejo desse grupo era que cada um tratasse de "imaginar o que poderia fazer para salvar os 11 militantes da morte" (ver p. 44 neste volume). Yves Montand propôs que os que estavam na Espanha ou lá tivessem amigos remetessem o documento que fora lido em Madri. Mas, para Foucault, essa era uma possibilidade entre centenas de outras. Foucault chama o que viu de uma "forma superior de fascismo", simultaneamente "fino e brutal".

Composto, por um lado, de uma pirâmide de ordens e contra-ordens e, por outro, de "medo para entreter o medo" (ver p. 45 neste volume). Ele conclui lembrando a simpatia muda dos que viram a cena – estigma, diz ele, do "fascismo superior".

Se Foucault se interessava pelo que se passava na Espanha, sua intervenção no caso polonês foi ainda mais forte, pois ele conhecia o país desde o momento em que fora encarregado de reabrir em Varsóvia, em 1958, como narra Daniel Defert, o Centro de Civilização Francesa no seio da Universidade.

O golpe de Estado perpetrado pelo general Jaruzelski, em 1982, atingiu a consciência dos europeus e, particularmente, dos franceses de maneira inédita. É o que observa Foucault ao compará-lo com o impacto da questão húngara em 1956 e da Tchecoslováquia em 1968.

O *affaire* polonês torna-se "imediatamente uma questão europeia, ao passo que o tcheco foi sentido como uma questão interior ao campo soviético" (ver p. 196 neste volume). Trata-se de uma percepção que não é comandada pela geografia. Há uma relação de tipo especial mantida com a Polônia e que apresenta, também, outro tipo de problema. No caso tcheco, nos idos de 1968, tratava-se de um conflito interno ao Partido Comunista tcheco. Desencadeara-se um expurgo, porque "certa escolha feita por alguns dirigentes havia sido autoritariamente condenada por Moscou" (ver p. 196 neste volume). No caso polonês, era algo "exterior ao partido que atingiu o conjunto da população" (ver p. 196 neste volume). Etienne Balibar chegou a considerar que a intervenção militar punha em xeque a hegemonia do Partido Comunista, marcando o fim dos efeitos históricos da Revolução Soviética. Foucault vê, no quadro da crise polonesa, "a dissidência da grande maioria dessa população no que concerne ao sistema comunista" (ver p. 196 neste volume). Ele diz haver naquele momento um "amadurecimento muito maior por parte do movimento do Solidariedade e, por conseguinte, punha-se novamente em questão, de modo muito mais nítido, o que poderia ser a ocupação, a dominação soviética na Europa do Leste" (ver p. 196 neste volume). A tese de Foucault é de que o império soviético foi "posto novamente em questão" (ver p. 197 neste volume). Mas, um aspecto fundamental marca a conjuntura polonesa: o movimento da população, que põe a dominação imperial em questão mais do que a dissidência do partido. Trata-se de algo novo, que surge como alternativa "ao socialismo burocrático" e constitui uma dissidência diante do imperialismo soviético. A combinação de um movimento político com setores da Igreja que acontece no interior do movimento operário como alternativa à orientação política do Partido Comunista é algo também que vai surgir na América Latina, e mais precisamente no Brasil. O Partido dos Trabalhadores, como no caso polonês, conta com o apoio da Igreja Católica, com as comunidades eclesiais de base. Como na Polônia, sua base urbana e industrial são os sindicatos da grande indústria, além de suportes importantes na Universidade.

Mas a ditadura de Jaruzelski foi sentida na Europa como uma ameaça muito mais viva por causa do que se passou entre a União Soviética e a Alemanha Ocidental. "O consentimento alemão", diz Foucault, "desempenhou um grande papel no *affaire* polonês" (ver p. 197 neste volume). Os alemães souberam antecipadamente o que se passava. Foucault considera provável que "tenham dado seu acordo a uma espécie de retomada militar a curto termo", que não parecia nem golpe de Estado, nem repressão violenta com derramamento de sangue. Os alemães tinham interesse total nesse processo por dois motivos: seus interesses econômicos seriam salvaguardados e, por outro lado, se a reunificação não era o objetivo imediato, Kohl pretendia se aproximar da Alemanha Oriental, o que "permitia modificar um pouco a divisão" (ver p. 197 neste volume). Assim, a Alemanha podia fechar os olhos. No entanto, o golpe de Estado não obteve o sucesso que esperavam. O bloqueio da Polônia é tão forte que isso produz desconforto na Alemanha Ocidental, com suas declarações ultracuidadosas e tímidas. Os alemães do Ocidente alteiam o tom, são mais firmes e mostram certa agressividade, mas suas posições continuam "ainda muito moderadas" (ver p. 197 neste volume). Trata-se, para Foucault, de um "novo Rapallo", isto é, "uma *entente* germano--soviética para remodelar a Europa", para controlar a Europa. Para Foucault, esse golpe não foi suficientemente analisado, mas foi sentido. É uma constante, ou uma repetição histórica a "aliança temível entre Europa Central e Europa do Leste, da qual a Polônia é sempre a vítima" (ver p. 197 neste volume), sofrendo as consequências. Trata-se do destino histórico da Polônia, a que os franceses foram sensíveis.

A intervenção militar parecia o signo da presença de forças de natureza nacional que representavam "a garantia de certa independência externa" (ver p. 198 neste volume). Ora, a ordem interna não se restabelecera totalmente, e nem as independências externa e interna. Por outro lado, os alemães desejavam saber se receberiam os créditos e empréstimos que haviam feito, assim como os franceses. Porém, a agitação política na Polônia podia se tornar, em determinado ponto, perigosa para a Rússia. Foucault pensava que esta não iria aceitar concessões das Alemanhas Oriental e Ocidental. A Alemanha Oriental aparece, então, como o centro do problema, que irá dizer: você bem vê que suas vias de comunicação estão ameaçadas pela agitação na Polônia.

A emergência do Solidariedade vai tornar-se um ponto de não retorno na Europa Oriental. Em seguida, viriam as mudanças a serem introduzidas por Gorbatchov, a que Foucault não assistiu.

Diante da *détente*, a posição de Foucault é extremamente crítica. Ele considera que seu efeito é a consolidação de Yalta e que é preciso reagir a isso. Fala, em seguida, do curioso emaranhamento político produzido pela *détente*. A perversidade é o traço principal desse emaranhamento; ele "levou a um endividamento cada vez maior dos países do Leste" (ver p. 199 neste volume). Foram principalmente os países satélites da União Soviética que se endividaram com o Ocidente. A situação não deixa de ter paralelo com o que ocorre atualmente, isto é, em 2011, com Grécia, Itália, Portugal e Espanha. Foucault lembra que a primeira consequência do endividamento é "colocar os devedores na dependência dos credores". Mas, em seguida, "são os credores que ficam na dependência do devedor, ou seja, o devedor está tão endividado que não pode mais pagar" (ver p. 199 neste volume). Foucault lembra, ainda, outro resultado da *détente*: o fato de que "a economia soviética não se desenvolveu", pelo menos, diz ele, "não nas mesmas proporções que as economias ocidentais há uns 20 anos" (ver p. 199 neste volume). Comparada às economias ocidentais, trata-se de uma economia subdesenvolvida. Por outro lado, como não se desenvolveu, a economia pode pagar um arsenal militar, forças armadas de proporções extraordinárias. Foucault caracteriza a posição da União Soviética diante da Europa como "inteiramente dominante". De um lado, a Europa é credora, e Moscou, a URSS, não pode pagar, e por isso a Europa depende de seu devedor. Surge, então, uma situação paradoxal: "um país economicamente em posição inferior encontra-se em situação de dominação política mais ou menos absoluta" (ver p. 199 neste volume). É o que não ocorria faz muito tempo. Há, assim, uma economia subdesenvolvida que domina uma economia desenvolvida "graças a um duplo sistema de superioridade militar e endividamento financeiro" (ver p. 199 neste volume). Imbricação perversa e perigosa. A União Soviética exportava matérias-primas – traço que caracteriza o subdesenvolvimento –, importando tecnologia. Foucault lembra a dependência francesa do gás: 30% vinham da União Soviética. Mesmo depois do fim da URSS, a dependência europeia do gás russo não diminuiu.

Foucault ressalta o sentimento de angústia e nervosismo da opinião pública europeia provocado pelo "sentimento de dependência e de ameaça ao mesmo tempo, dependência de uma economia não desenvolvida e ameaça por um exército infinitamente mais desenvolvido do que os outros" (ver p. 199 neste volume). A crise polonesa revela, então, a imbricação perversa e perigosa dos sistemas econômicos do Leste-Oeste com os efeitos de dominação da União Soviética.

Foucault compara as relações da Europa no século XX com o Império Romano e os países colonizados. Roma estava em situação de inferioridade cultural, situação semelhante à da Turquia, que dominou países mais desenvolvidos do que ela. Mas esse fenômeno havia desaparecido por completo da história. Trata-se de uma forma muito arcaica: "uma dominação militar com uma economia rudimentar" (ver p. 200 neste volume).

Foucault extrai as consequências do que de inédito contém a situação polonesa. Lembra que o movimento do Solidariedade crescia muito no ano e meio que antecedeu o golpe militar. O sindicato encontrara enorme eco em toda a população. Além disso, ele não buscava o confronto direto; portanto, não iria desaparecer de imediato nem confrontar-se com uma potência militar e policial "que não hesitaria em escolher como solução o massacre" (ver p. 200 neste volume). Há, então, um processo lento cujo futuro parece incerto. O que se viu, no entanto, foi a ascensão do Solidariedade ao poder e, em um espaço de tempo relativamente curto – menos de uma década –, o fim da dominação soviética sobre a Europa Oriental; por fim, em 1991, a explosão da própria União Soviética.

Interessante é, no entanto, ressaltar como foi pensada a rede de apoio à resistência polonesa, de que Foucault vai ser um importante ator. Ele distingue o que chama o trabalho aparente a ser exercido pelo Solidariedade dos resistentes clandestinos na Europa "como as pessoas da Ação Direta ou das Brigadas Vermelhas" (ver p. 201 neste volume), ou, ainda, da resistência na Europa durante a guerra. Não se trata de nada disso. Diz Foucault: "Será uma certa forma de oposição que aparecerá nas usinas, nos escritórios, nas universidades, por toda parte" (ver p. 201 neste volume). Foucault torna-se o tesoureiro do movimento internacional de suporte ao Solidariedade. Diz ser necessário dar ajuda externa ao Solidariedade, e que "grande parte dessa ajuda passou por organismos privados" (ver p. 201 neste volume). Ele acha que a confiança excessiva na ação dos organismos públicos "pode diminuir os nossos esforços". Da ajuda, diz que se concentra "em ajuda alimentar, material, uma cooperação cultural e científica que, na medida do possível, tenta ter contatos diretos, dirigir-se diretamente às pessoas" (ver p. 201 neste volume). O contato com hospitais poloneses se faz dessa forma, sem passar por organismos públicos.

Foucault ressalta que o governo militar polonês impôs o silêncio: esta foi uma de suas principais ferramentas. A limitação das notícias da Polônia significa que o governo militar polonês conseguiu grande sucesso nesse ponto.

Ele considera que a publicidade e a "informação", de "existência pela voz", foram de grande importância e seriam também de importância não menor no futuro. Essas atividades são uma condição de existência do movimento Solidariedade.

A novidade e o peso desse modo de ação são que "o governo francês e os outros governos ocidentais têm meios de pressionar a União Soviética e o campo do Leste por meio da voz dos Estados Unidos", com negociações políticas e econômicas (ver p. 202 neste volume). Na França, havia meios de pesar sobre o governo e, dessa maneira, sobre a URSS. Foucault condena a campanha feita, com a anuência do Partido Comunista, que dizia: "Apoiar a Polônia é querer ir para a guerra". Foucault insiste em dizer que muito se pode fazer pela Polônia sem passar por essas instituições que pretendem desmobilizar a opinião pública. Para isso, é necessária uma instituição privada, independente, de enorme importância para a Polônia, e, também, para que haja a constituição, "na França, de uma nova forma de ação política" (ver p. 202 neste volume). Sob o governo Mitterrand, diz ele, a antiga oposição ao governo feita pelos intelectuais, obstinada, renitente, frontal, silenciosa, deixou de ser um modo de agir necessário. O novo governo tenta manter, com a população, relações de novo tipo, diferentes. A oposição a ele deve manter um diálogo, sem seguir os seus conselhos, e fazer pressão para que faça certas coisas. Pela primeira vez em muito tempo, há um debate público sobre a situação polonesa, Yalta, a situação na Europa. Para Foucault, desde a década de 1950, nos "últimos 35 anos", nunca uma questão como a polonesa fora objeto de um debate tão intenso. A questão colonial, Indochina e Argélia estavam no primeiro plano, absorviam os debates. Depois De Gaulle vai ocupar-se ele próprio da política externa. "Não eram os franceses que queriam fazer sua política exterior" (ver p. 203 neste volume), mas se contentavam com a ação de De Gaulle. Há um deslocamento. Antes, a política estrangeira não estava presente na opinião pública. Agora, "todo mundo se envolve".

Foucault cita, na França, o sindicato CFDT, dirigido por Edmond Maire, com um comitê de apoio fora dos partidos políticos. Do Japão há um sindicato, o Sohyo, muito ativo e a favor do Solidariedade, e que propôs aos franceses ações comuns. Mas há, também, a ação de intelectuais, com uma forma de trabalho mista que até hoje não se fez muito.

Foucault ressalta que o papel da Igreja foi fundamental, e lembra que, quando estivera na Polônia, os únicos focos de atividade cultural livre estavam ligados à Igreja. Não se lembra de algo a se delinear do lado dos sindicatos, mas não tinha contato com eles. A Igreja, por outro lado, historicamente se posicionara sempre do lado da causa nacionalista, sem se curvar diante dos "alemães durante a guerra nem diante dos soviéticos e do Partido Comunista" (ver p. 204 neste volume). Era um interlocutor duro e válido para o Partido Comunista. A Igreja, para Foucault, sustentou o Solidariedade e não foi ultrapassada por ele. Para ele, o que impressiona no papel da Igreja é o seguinte: "quando se pensa que 60 anos de socialismo na União Soviética, 35 na Polônia levam a essa situação paradoxal de haver uma revolta operária para obter e manter os direitos de um sindicato, que essa revolta desemboca, de um lado, na constituição de um governo militar e, de outro, na aparição da Igreja como sendo o único mediador possível entre um poder comunista e sua classe operária" (ver p. 204-205 neste volume). Trata-se de um incrível retorno da história. É "uma derrisão trágica do socialismo em uma altura nunca antes alcançada" (ver p. 205 neste volume).

O balanço de uma época: a era das rupturas de Jean Daniel

Foi em uma entrevista editada em 1980 que Michel Foucault analisou, com Jean Daniel, um período fasto em mudanças de que este dera conta no seu livro *L'ère des ruptures*, editado por Grasset. France-Culture transmitira pelo rádio essa entrevista em 1979. Foucault descreve um quadro que parece figurar a imobilidade da vida política francesa no fim dos anos 1970, quando Mitterrand continua sempre presente, e o PC, com 20% dos sufrágios, com o gaullismo um pouco diminuído e ecos de um retorno do liberalismo.

Foucault se apresenta pluralista. Não há de se falar de ruptura no singular, mas de pluralidade. As rupturas situam-se em planos geológicos, com dimensões mais ou menos invisíveis. É o Foucault arqueólogo quem fala, fazendo uma arqueologia da atualidade política.

Se, por um lado, aparece uma continuidade marmórea na vida política francesa, por outro, há "mudanças consideráveis" (ver p. 159 neste volume). Trata-se de uma mutação que diz respeito à nossa consciência do tempo e à "relação com a história".

Tomando a perspectiva de duas décadas atrás até o fim dos anos 1950, a consciência europeia diante da geografia da Europa mudou radicalmente, e a obra de Daniel é o que vai permitir acompanhar como, "pedaço por pedaço, película por película, fragmento de mosaico por fragmento de mosaico, se operou essa renovação da paisagem histórico-geográfica, em cujo interior se inscreve o Ocidente" (ver p. 159 neste volume). O interesse da obra de Daniel encontra-se nesse aspecto. Universais históricos e geográficos comandariam a relação dos ocidentais com a política, que traduziam os direitos da história e da geografia. Foi o despedaçamento desses universais a que se assistiu. Nesse ponto, Foucault reavalia a atitude diante de Maio de 1968, que considera por demais severa. O movimento foi reduzido a duas alternativas: "uma ideologia um pouco arcaica, já manifestada na supervalorização do vocabulário marxista, e uma espécie de dimensão festiva" (ver p. 160 neste volume).

Algo diverso foi importante para Foucault: "a descoberta ou a emergência de novos objetos políticos, de toda uma série de domínios da existência, de cantos da sociedade, de recantos do vivido" (ver p. 160 neste volume) que haviam sido, até essa época, ou totalmente esquecidos ou totalmente desqualificados pelo pensamento político. Eram questões que concerniam à vida cotidiana que estavam em jogo, mas que foram recobertas "por um vocabulário um tanto marxista demais e um pouco politizado demais" (ver p. 160 neste volume). Mas foram esses debates que tornaram possível inventar "outra perspectiva e a possibilidade de afirmar alguns direitos da subjetividade". Foi algo mais importante do que a dimensão da festa e do que de semblante tinha o discurso. Objetos novos foram forjados por meio da política, ainda que ela não os tenha seguido de imediato. O *Nouvel Observateur*, jornal dirigido por Jean Daniel, teve importante papel nesse ponto.

De Gaulle e Mitterrand eram as grandes admirações de Daniel. Mendès France, de forma explícita, e De Gaulle, diz Foucault, "de modo mais secreto". O problema em face de De Gaulle era, para um jornal de esquerda, reconhecer nele e em seus atos "alguma coisa que se articulava sob uma perspectiva histórica" (ver p. 160 neste volume), e isso em uma perspectiva diversa da que apresentava Mitterrand. Este chegara a escrever contra De Gaulle, que sua política era a "do golpe de Estado permanente"! Foucault diz haver no jornal de Jean Daniel um problema "de identificação com a esquerda e pela esquerda" (ver p. 160 neste volume). Foucault, no entanto, faz uma crítica mais dura ao *Nouvel Observateur* diante de sua posição quanto à União da esquerda. Para Foucault, o importante, na posição dos jornalistas, "não é desempenhar um papel político na política" (ver p. 161 neste volume), mas algo diverso: "decodificar a política com o filtro de outra coisa: da história, da moral, da sociologia, da economia". Foucault inclui mesmo a estética nessa rede de leitura.

Para Foucault, a função de um jornal é aplicar os "filtros não políticos no domínio da política". Em face da União da esquerda, o *Nouvel Observateur* de Daniel abandonou seu papel e entrou na função de imprensa partidária.

Sobre a edição brasileira

A edição brasileira, com esta nova série, terá nove volumes e é bem mais ampla do que a americana, publicada em três volumes, e também do que a italiana. Sua diagramação segue praticamente o modelo francês. A única diferença significativa é que na edição francesa a cada ano abre-se uma página e os textos entram em sequência numerada (sem abrir página). Na edição brasileira, todos os textos abrem página e o ano se repete. Abaixo do título há uma indicação de sua natureza: artigo, apresentação, prefácio, conferência, entrevista, discussão, intervenção, resumo de curso. Essa indicação, organizada pelos editores, foi mantida na edição brasileira, assim como a referência bibliográfica de cada texto, que figura sob seu título.

A edição francesa possui um duplo sistema de notas: as notas numeradas foram redigidas pelo autor e aquelas com asterisco foram feitas pelos editores franceses. Na edição brasileira, há também dois sistemas, com a diferença de que as notas numeradas compreendem tanto as originais de Michel Foucault quanto as dos editores franceses. Para diferenciá-las, as notas do autor possuem um (N.A.) antes de iniciar-se o texto. Por sua vez, as notas com asterisco, na edição brasileira, se referem àquelas feitas pelo tradutor, e vêm com um (N.T.) antes de iniciar-se o texto.

Esta edição permite o acesso a um conjunto de textos antes inacessíveis, fundamentais para pensar questões cruciais da cultura contemporânea, e, ao mesmo tempo, medir a extensão e o alcance de um trabalho, de um *work in progress* dos mais importantes na história do pensamento em todas as suas dimensões, éticas, estéticas, literárias, políticas, históricas e filosóficas.

Manoel Barros da Motta

1972

Armadilhar Sua Própria Cultura

"Piéger sa propre culture", in "Gaston Bachelard, le philosophe et son ombre", *Le Figaro Littéraire*, n. 1.376, 30 de setembro de 1972, p. 16.

Muito me impressiona, em Bachelard, o fato de ele, de algum modo, jogar contra sua própria cultura, com sua própria cultura. No ensino tradicional – não apenas no ensino tradicional, mas na cultura que recebemos –, há certo número de valores estabelecidos, coisas que se devem dizer e outras que não devem ser ditas, obras estimáveis e outras insignificantes, há os grandes e os pequenos, a hierarquia, enfim, todo um mundo celeste com os Tronos, as Dominações, os Anjos e os Arcanjos!... Tudo isso é muito hierarquizado. Pois bem, Bachelard se faz desprender de todo esse conjunto de valores e o faz lendo tudo e fazendo tudo jogar contra tudo.

Ele faz pensar, se quiserem, nos hábeis jogadores de xadrez que conseguem apoderar-se das peças importantes valendo-se de pequenos peões. Bachelard não hesita em opor a Descartes um filósofo menor ou um erudito..., um erudito, diria eu, um tanto imperfeito ou fantasista do século XVIII. Ele não hesita em inserir na mesma análise os maiores poetas e outro de valor secundário que ele terá descoberto, assim, por acaso, em um sebo... E, para ele, ao fazê-lo, não se trata de modo algum de reconstituir a grande cultura global do Ocidente, ou da Europa, ou da França. Não se trata de mostrar ser sempre o mesmo grande espírito que vive, fervilha por toda parte e que vem a ser o mesmo. Pelo contrário, tenho a impressão de que ele tenta armadilhar sua própria cultura com seus interstícios, seus desvios, seus fenômenos menores, suas pequenas dissonâncias, suas notas falsas.

1972

Teorias e Instituições Penais

"Théories et institutions pénales", *Annuaire du Collège de France, 72ᵉ année, Histoire des systèmes de pensée, année 1971-1972*, 1972, p. 283-286.

O curso deste ano deveria servir de preliminar histórico ao estudo das instituições penais (de um modo mais geral, dos controles sociais e dos sistemas punitivos) na sociedade francesa do século XIX. Esse estudo, por sua vez, inscreve-se no interior de um projeto mais amplo, esboçado no ano precedente: acompanhar a formação de alguns tipos de saber a partir das matrizes jurídico-políticas que os originaram e que lhes servem de suporte. A hipótese de trabalho é a seguinte: no que concerne ao saber, as relações de poder (com as lutas que as atravessam) não desempenham apenas um papel de facilitação ou obstáculo; elas não se contentam em favorecê-lo ou estimulá-lo, alterá-lo ou limitá-lo. Poder e saber não estão ligados um ao outro apenas pelo jogo dos interesses e das ideologias. Portanto, o problema não é somente determinar como o poder subordina o saber e o faz servir aos seus fins, ou como se suprime dele impondo-lhe conteúdos e limitações ideológicas. Nenhum saber se forma sem um sistema de comunicação, de registro, de acumulação, de deslocamento que, em si mesmo, é uma forma de poder ligado, tanto em sua existência como em seu funcionamento, às outras formas de poder. Em compensação, nenhum poder se exerce sem a extração, a apropriação, a distribuição ou a retenção de um saber. Nesse nível, não existe o conhecimento de um lado e a sociedade do outro, ou a ciência e o Estado, mas as formas fundamentais do "poder-saber".

No ano precedente, a *medida* havia sido analisada como forma de "poder-saber" ligada à constituição da cidade grega. Neste ano, o *inquérito* foi estudado da mesma forma, em sua relação com a formação do Estado medieval. No próximo ano, consideraremos o *exame* como forma de poder-saber ligado aos sistemas de controle, de exclusão e de punição próprios às sociedades industriais. A *medida*, o *inquérito* e o *exame* foram, em sua formação histórica, a um só tempo, meios de exercer o poder e regras de estabelecimento do saber. A *medida*: é o meio para estabelecer ou restabelecer a ordem, a ordem justa, no combate dos homens ou dos elementos, e também matriz do saber matemático e físico. O *inquérito*: é o meio de constatar ou de restituir os fatos, os acontecimentos, os atos, as propriedades, os direitos, mas também matriz dos saberes empíricos e das ciências da natureza. O *exame*: é o meio para fixar ou restaurar a norma, a regra, a partilha, a qualificação, a exclusão, mas também matriz de todas as psicologias, sociologias, psiquiatrias, psicanálises, em suma, do que chamamos as ciências do homem. Na verdade, *medida*, *inquérito* e *exame* foram empregados simultaneamente em muitas práticas científicas como outros tantos métodos puros e simples, ou ainda como instrumentos estritamente controlados. Também é verdade que, nesse nível e nesse papel, eles se separaram de sua relação com as formas de poder. Mas, antes de figurarem juntos e assim decantados no interior de domínios epistemológicos definidos, eles estiveram ligados à instauração de um poder político, sendo, ao mesmo tempo, seu efeito e instrumento: a *medida* respondia a uma função de ordem, a *investigação* respondia a uma função de centralização e o *exame*, a uma função de seleção e de exclusão.

O curso do ano 1971-1972 foi, então, dividido em duas partes. Uma dedicada ao estudo do *inquérito* e de seu desenvolvimento ao longo da Idade Média. Detivemo-nos, sobretudo, nas condições de seu aparecimento no domínio da prática penal. Passagem do sistema de vingança para o de punição, da prática acusatória à prática inquisitória, do prejuízo que provoca o litígio à infração que determina a perseguição, do veredito sob testemunho ao julgamento sob prova, do combate que designa o vencedor e marca o justo direito à contestação que, apoiando-se nos testemunhos, estabelece o fato. Todo esse conjunto de informações está ligado ao nascimento de um Estado que tende a confiscar, de um modo cada vez mais estrito, a administração da justiça penal, uma vez que as funções de manutenção da ordem se concentram em suas mãos, e no qual a fiscalização da justiça pela feudalidade inscreveu a prática judiciária nos grandes circuitos de transferência de riquezas.

Pode ser que a forma judiciária do *inquérito* tenha sido tomada emprestada do que poderia subsistir das formas da administração carolíngia, porém mais certamente dos modelos de gestão e controle eclesiásticos. Desse conjunto de práticas decorrem: as questões características do *inquérito* (Quem fez o quê? O fato é de notoriedade pública? Quem o viu de modo a vir dar testemunho? Quais são os indícios, quais são as provas? Há confissão?); as fases do *inquérito* (a que estabelece o fato, a que determina o culpado, a que estabelece as circunstâncias do ato); os personagens do *inquérito* (o perseguidor, o que denuncia, o que viu, o que nega ou o que confessa, o que deve julgar e dar o veredito). Esse modelo judiciário do *inquérito* assenta-se sobre todo um sistema de poder. Esse sistema define o que deve ser constituído como saber, como de quem e por quem ele é extraído, de que maneira ele se desloca e se transmite, em qual ponto ele se acumula e origina um julgamento ou uma decisão.

Esse modelo "inquisitorial", deslocado e pouco a pouco transformado, constituirá, a partir do século XIV uma das instâncias de formação das ciências empíricas. O *inquérito*, ligada ou não à experimentação ou à viagem, mas fortemente oposta à autoridade da tradição e à prova simbólica, será utilizada nas práticas científicas (magnetismo, por exemplo, ou história natural), teorizada na reflexão metodológica (Bacon, esse administrador), transposta nos tipos discursivos (a Investigação, como forma de análise, por oposição ao Ensaio, à Meditação, ao Tratado). Pertencemos a uma civilização inquisitorial que, há séculos, pratica, segundo formas cada vez mais complexas, a extração, o deslocamento, a acumulação do saber, todas derivadas do mesmo modelo. A inquisição: forma de poder-saber essencial à nossa sociedade. A verdade de experiência é filha da inquisição – do poder político, administrativo, judiciário, de formular questões e extorquir respostas, colher testemunhos, controlar afirmações, estabelecer fatos –, tal como a verdade das medidas e das proporções era filha de Dikê.

Logo, logo chegou o dia em que o empirismo esqueceu e recobriu seu começo. *Pudenda origo.* Ele opôs a serenidade do inquérito à tirania da Inquisição, o conhecimento desinteressado à paixão do sistema inquisitorial, e, em nome das verdades de experiência, censuraram-na por haver concebido em seus suplícios os demônios que ela pretendia expulsar. Mas a Inquisição não foi senão uma das formas – e durante muito tempo a mais aperfeiçoada – do sistema inquisitorial, que é uma das matrizes jurídico-políticas mais importantes de nosso saber. A outra parte do curso foi dedicada à aparição, na França do século XVI, das novas formas de controles sociais. A prática maciça do encarceramento, o desenvolvimento do aparelho policial, a vigilância das populações prepararam a constituição de um novo tipo de poder-saber que tomaria a forma do exame. É o estudo desse novo tipo, das funções e das formas tomadas por ele no século XIX que será realizado ao longo do ano 1972-1973.

*

No seminário da segunda-feira, prosseguimos com o estudo das práticas e dos conceitos médico-legais no século XIX. Detivemo-nos em um caso para uma análise detalhada e uma publicação ulterior.

Pierre Rivière: assassino pouco conhecido do século XIX. Aos 20 anos, ele degolara sua mãe, seu irmão e irmã. Depois de sua detenção, redigiu um memorial explicativo que foi entregue aos seus juízes e aos médicos encarregados de fazer uma expertise psiquiátrica. Esse memorial, publicado parcialmente em 1836 em uma revista médica, foi reencontrado em sua integralidade por J.-P. Peter, com a maioria das peças do dossiê. A publicação desse conjunto foi preparada com a participação de R. Castel, G. Deleuze, A. Fontana, J.-P. Peter, P. Riot, Srta. Saison.

Entre todos os dossiês de psiquiatria penal dos quais se pode dispor, esse chamou a atenção por diferentes razões: a existência, é claro, do memorial redigido pelo assassino, jovem camponês normando, considerado por aqueles à sua volta como estando no limite da imbecilidade; o conteúdo desse memorial (a primeira parte é dedicada ao relato extremamente meticuloso de todos os contratos, conflitos, arranjos, promessas, rupturas que puderam unir ou opor, desde seu projeto de casamento, as famílias de seu pai e de sua mãe, notável documento de etnologia campesina. Na segunda parte de seu texto, Pierre Rivière explica as "razões" de seu gesto). O depoimento mais ou menos detalhado das testemunhas, todas habitantes do lugarejo, dando suas impressões sobre as "bizarrices" de

Pierre Rivière; uma série de *expertises* psiquiátricas representando cada uma delas estratos bem-definidos do saber médico: uma foi redigida por um médico rural; outra, por um médico de Caen; outras, enfim, pelos grandes psiquiatras parisienses da época (Esquirol, Orfila etc.); a data do acontecimento (começo da psiquiatria criminológica, grandes debates públicos entre psiquiatras e juristas a respeito do conceito de monomania, extensão das circunstâncias atenuantes na prática judiciária, publicação das Memórias de Lacenaire e aparecimento do grande criminoso na literatura).

1973

À Guisa de Conclusão

"En guise de conclusion", *Le Nouvel Observateur*, n. 435, 13-19 de março de 1973, p. 92. (*In* Dr. D. J. Rosenhan, "Je me suis fait passer pour fou", *ibid.*, p. 71-92.)

Em nossa sociedade, existem máquinas temíveis. Elas filtram os homens, triam os doentes mentais, os recolhem e os internam: a elas se atribui restituí-los normais. Questão: fazem elas seu trabalho? Sabemos muito bem que não, desde o tempo em que se grita: "Todo mundo é louco. Os loucos são tão sensatos quanto você e eu. E, aliás, a psiquiatria nunca curou ninguém." Mas esses gritos são sem efeito. Vindos de alhures e de longe, não são suscetíveis de avariar a máquina.

De preferência, ponham ali um grão de areia. Façam a seguinte experiência: coloquem dentro da máquina indivíduos "normais". Nada de fingimento, nada de disfarce, nada de simulação. Que eles se conduzam como todos os dias e como quando estão fora dela. O que a máquina fará? Inteligentemente, detectá-los e rejeitá-los? Não. Presunçosamente, pretenderá ela havê-los curado e ser graças a ela que eles agora estão normais? Tampouco. A única coisa que ela poderá dizer, depois de semanas de reflexão, é: "Eles devem estar em fase de remissão."

A máquina de triar é cega para o que ela tria: a máquina de transformar ignora o termo da transformação. Em suma, a máquina psiquiátrica, que é bipolar (normal-anormal), não faz diferença entre os dois polos.

A experiência é simples, mas se deveria tentá-la. É o que se faz nos Estados Unidos. Isso vale para um pequeno prêmio Nobel do humor científico.

Há duas maneiras de se praticar o humor científico. Ir procurar em um cantinho do saber uma pequena bizarrice, uma zona de sombra tênue que não incomodava muita gente, e formular obstinadamente para todos a questão: "Vocês poderiam me explicar?" Isso, até o momento em que se tenha o direito de dizer: eles recusam vê-lo porque deveriam retomar tudo a partir do zero. Assim partiu Freud em busca do sonho... Humor de ingenuidade. Ou então relatar algo enorme, algo de fazer rebentar a boca do balão, mas sem assaltar de modo violento, dando-se, ao contrário, ares familiares, parecendo habitar sem inquietudes a casa que se está minando e empregar a linguagem que ali se fala no cotidiano. Humor de traição.

Na experiência relatada, os únicos que não foram tolos, os únicos que souberam reconhecer entre os doentes os infiltrados de razão foram os próprios doentes. Prova de que o "erro" da equipe de atendimento não se devia apenas aos efeitos de uma percepção induzida. Talvez seja preciso revirar nossas crenças mais antigas admitindo que os loucos (só eles) têm consciência de sua diferença para conosco. Só eles seriam senhores disso. Decorre daí nossa pressa em controlá-los e impor-lhes nosso poder.

Outro exemplo. Um dos pseudodoentes conta sua vida. Inicialmente, ele preferiu sua mãe, depois seu pai. Ocorre-lhe às vezes brigar com sua mulher e dar um par de bofetadas em seus filhos. O psiquiatra transcreve: "Ambivalência afetiva". Ora, esse não é apenas um erro de escala, um ridículo aumento perceptivo. Fazer de um sentimento que muda ou de um movimento de raiva um sintoma de esquizofrenia é, a um só tempo, fazer disso uma marca de loucura. É estabelecer uma relação de poder que permite isolar, internar, suspender os direitos e interromper a vida. É também impor um estigma que não se apagará: "Você foi um louco, portanto, até o final de sua vida você será aquele que foi louco." Na ordem da doença mental, não se verifica o sintoma, ele *marca*. Aliás, os próprios médicos da experiência relatada, aqui, o dizem. Quando remeteram os agentes secretos da normalidade à sua alocação original, eles precisaram: "esquizofrênicos em remissão".

Nós o vemos: não são erros de percepção, trata-se de relações de poder que se denunciam ao longo da experiência. Relação de poder, o fato de não se olhar os doentes; relação de poder, o fato de que o médico "escreve", ao passo que o doente, quando pega sua caneta, pode ter apenas um "comportamento de escrita".

Aliás, basta imaginar o que teria acontecido se os pseudopacientes não estivessem informados sobre a experiência. Se tivessem sido postos no hospital contra sua vontade. E se, em vez de se conduzirem "normalmente" – em suma, simularem a normalidade ou a aceitação, a brandura, a cooperação –, eles tivessem se conduzido como vocês e eu, no dia em que fôssemos internados contra nossa vontade. Vocês acham que eles de lá sairiam ao cabo de um mês? Se, por aquelas bandas, escrever se torna um "comportamento de escrita", o que seria ficar enraivecido ou dar um berro? Não sei qual seria a aventura científica dessa experiência. Penso tão somente que é preciso encorajar a generalizá-la e a retomá-la por todo lado onde for possível.

Por toda parte onde um poder se esconda sob as espécies do saber, da justiça, da estética, da objetividade, do interesse coletivo, é preciso inserir uma caixa-preta, a um só tempo armadilha e objeto revelador, onde o poder se inscreva a nu e se encontre preso a seu próprio jogo.

Estou pensando em uma variante da experiência americana: introduzir secretamente em uma equipe de médicos psiquiatras pessoas de um grupo social análogo – economistas, advogados, engenheiros – que durante três semanas teriam sido iniciadas no vocabulário e nas técnicas de base da psiquiatria hospitalar. Quem as reconheceria? Podemos conceber armadilhas que mordem e fazem gritar: é a história do paciente que, um belo dia, chegou ao consultório de seu analista trazendo um gravador, fechou cuidadosamente a porta e disse: "Agora, é sua vez de falar, de responder, eu gravo", a tal ponto que o psicanalista foi até a janela para chamar a polícia. Poderíamos imaginar mil armadilhas possíveis.

Penso em um grupo de advogados decididos enganando-se sistematicamente quanto aos clientes: eles defendem o procurador de quem narram atentamente as complacências, as injustiças, os servilismos políticos, as faltas profissionais, e pedem ao tribunal lhe conceder as circunstâncias atenuantes devido à sua infância infeliz, aos desentendimentos entre seus pais e ao acentuado retardo de seu desenvolvimento mental.

Todos os projetos dessa ordem deverão, é claro, manter-se secretos e ser organizados – pois exigem muitos cuidados e muitos recursos – por um escritório central dos desafios institucionais. Sua tarefa: esclarecer as armadilhas que servem para acossar, de mil formas, o intolerável poder que nos vigia e controla.

1973

Um Novo Jornal?

"Un nouveau journal?", *Zone de Tempêtes*, n. 2, maio-junho de 1973, p. 3.

Redigido ou simplesmente aceito por M. Foucault, este editorial marca sua posse, apenas nominal, da direção do jornal terceiro-mundista *Zone de Tempêtes*. Com efeito, na época, quase todos os jornais de extrema esquerda têm à sua frente Sartre, ou Beauvoir ou Foucault, a fim de protegê-los da repressão política. Foi Ahmed Baba Miské, professor no Centro Universitário de Vincennes, futuro porta-voz do *Front* Polisario e diretor real do jornal, quem pediu a M. Foucault para garantir essa função.

Não, apenas um novo título. Uma equipe que se tenta amordaçar, mas que recusa calar--se. Depois de haver estrangulado o antigo *Africasia*, a "justiça" serviu, uma vez mais, de instrumento político de repressão ao Poder Executivo, proibindo o título *Nouvel Africasia*, sob um pretexto jurídico aberrante.

Sobre os móbeis políticos do arresto e argúcias jurídicas que pretendiam mascará-lo, nós nos explicamos com detalhes no número especial de *Zone de Tempêtes*.

Lembremos simplesmente que esse novo e grave ataque à liberdade de expressão visava a impedir a difusão de um jornal que ousava chamar o imperialismo francês por seu nome... E continua. Está decidido a continuar a luta com base nos objetivos políticos definidos no manifesto do *Nouvel Africasia*, número 1, e na convocatória do Comitê de Defesa Francês, no qual se lê notadamente o seguinte:

"...ajudar na constituição de uma frente de batalha reunindo franceses decididos a não mais deixar que se cometam crimes em seu nome, e africanos, árabes etc. decididos a lutar para libertar-se do novo colonialismo...".

"...Temos o direito de saber. E pensamos que nossa luta contra o imperialismo em geral, contra a exploração e a miséria só tem sentido se, em primeiro lugar, varrermos a soleira de nossa porta, se lutarmos para fazer cessar a exploração, seja dos povos africanos, seja de outros, por nosso próprio governo, em nosso nome.

"Temos o dever de *lutar* para deter essa exploração, trazendo, assim, um suporte, cruelmente insuficiente até aqui – o que é uma lástima! –, à luta dos povos das neocolônias, àquela dos trabalhadores imigrados, esses novos escravos escandalosamente explorados por nós."

A fim de alcançar esses objetivos, para resistir vitoriosamente às pressões, no intuito de fazer de *Zone des Tempêtes* a expressão autêntica e eficaz de uma corrente anti-imperialista consequente, contamos, antes de tudo, com o suporte ativo dos leitores militantes de todos os continentes.

1973

Convocados à PJ

"Convoqués à la P.J." (texto assinado por M. Foucault, A. Landau e J.-Y. Petit), *Le Nouvel Observateur*, n. 468, 29 de outubro-4 de novembro de 1973, p. 53.

M. Foucault participou de muitos trabalhos do Grupo de Informação sobre a Saúde, criado por médicos, pautado no modelo do GIP. A luta a favor da despenalização do aborto, iniciada pelo Movimento de Liberação das Mulheres, dividia profundamente o mundo médico. Em 11 de outubro de 1972, Marie--Claire, 17 anos, comparecia diante do tribunal para crianças, de Bobigny, por ter abortado, delito punido pelo artigo 317 do Código Penal. Sendo a acusada menor de idade, o procedimento impunha o anonimato e a portas fechadas. De fato, o debate tornou-se público e o processo foi o da lei punindo o aborto. Quatrocentas mulheres, encabeçadas pela comediante Delphine Seyrig, afirmaram em um manifesto, especificando seus nomes, terem abortado. Os médicos as imitaram afirmando praticarem abortos. O GIS publicou um manual prático da desmedicalização do aborto por meio do método de aspiração, conhecido como "Método Karman". O governo preparou um projeto de ampliação das indicações de aborto terapêutico, ao passo que a associação Choisir, animada pela advogada de defesa do processo Bobigny, Gisèle Halimi, e por Simone de Beauvoir, redigia outro projeto de lei legalizando o aborto, sua gratuidade, reconhecendo o direito de escolha à mulher concernida. O aborto foi legalizado em 1975, sob controle médico, com uma cláusula de consciência para os médicos.

Regularmente, o Grupo de Informação sobre a Saúde promove suas reuniões: medicina do trabalho, saúde dos imigrantes, aborto, poder medico. Também com regularidade, um delator fica vagueando do lado da entrada, vendo quem chega. No começo deste ano, pelo fato de o GIS haver publicado uma brochura coletiva, *Oui, nous avortons*, o juiz Roussel acabava de convocar à PJ três "autores presumidos". "Indício grave" contra eles, disse o policial: "foram vistos" nas reuniões do GIS.

Deixemos o indício, odioso e derrisório. E, para que o juiz Roussel não tenha mais de recorrer a tão baixos ofícios, nós três, Alain Landau, Jean-Yves Petit e Michel Foucault, "autores presumidos" porque "vistos", afirmamos: "fazemos parte do GIS, escrevemos e difundimos essa brochura, participamos e

demos nosso apoio ao Movimento pela Liberdade do Aborto. Acusem-nos".
Mas há questões a formular. Depois do processo de Marie--Claire em Bobigny, depois do manifesto dos médicos publicado em 1973, depois do movimento de Grenoble a favor da Dra. Annie Ferray-Martin, depois dos sete médicos de Saint-Étienne e seus 400 abortos, por que essa ameaça contra os autores de uma brochura? *Por que*, e *por que hoje*? Todos os anos, centenas de milhares de mulheres poderiam tomar para si a afirmação: "Sim, nós abortamos". Até o momento, porém, isso se faz – e com frequência nas piores condições –, mas isso não se diz. A brochura visa a que isso possa ser dito e que, saídas de uma clandestinidade vergonhosa na qual se buscava mantê-las, as mulheres pudessem, enfim, dispor de uma informação liberada sobre o aborto e a contracepção. Que elas não estejam mais à mercê de médicos interessados e hipócritas, nem entregues a si mesmas, obrigadas a recorrer a manobras perigosas para sua vida. Ora, é dessa informação que o governo pretende privar as mulheres e é esse o sentido da instrução em curso. Pois, se as mulheres aprendem que é possível abortar de modo simples e sem risco (pelo método de aspiração, praticado nas melhores condições de assepsia) e gratuitamente, se elas aprendem que não há necessidade de fazer sete anos de estudo para praticar esse método, elas correm o risco de desertar os circuitos comerciais do aborto e denunciar o conluio dos médicos, da polícia e da justiça, que lhes faz pagar caro, em todos os sentidos do termo, a liberdade que elas tomam ao recusar uma gravidez.

Não devemos esquecer de que a Lei Neuwirth autorizava, em 1967, os métodos contraceptivos eficazes. Mas foi preciso esperar 1972 para que um ensino nessa área surgisse na faculdade de medicina. Esse ensino é limitado aos ginecologistas. Um clínico geral não ouve falar da pílula na faculdade. Trata--se, portanto, de uma ignorância dos médicos que se tornam facilmente vítimas e agentes de uma propaganda mentirosa. Quantas mulheres desejam abortar porque um médico as proibiu de usar a pílula devido a razões pseudocientíficas? São eles, esses propagandistas desonestos, esses médicos imbuídos de seu "saber", que incitam ao aborto.

Está sendo preparada uma lei com a proposta de liberalizar o aborto. Ora, basta examiná-la.

Quando se poderá abortar? Em caso de estupro, de incesto, de anomalia evidente no embrião e quando o nascimento correria o risco de provocar "distúrbios psíquicos" na mãe. Portanto, em certo número de casos estritamente limitados.

Quem tomará a decisão do aborto? Dois médicos. Desse modo, reforça-se um poder médico, já grande, demasiado grande, que se torna intolerável quando duplicado de um poder "psicológico", cujas incompetências e abusos já conhecemos, quando ele se aplica às internações, às *expertises* médico-legais, à "criança em perigo", aos jovens "pré-delinquentes".

Onde se poderá abortar? Em um meio hospitalar, ou seja, nos hospitais e, sem dúvida, nas clínicas privadas. Haverá, então, dois circuitos de aborto: um, hospitalar e restrito aos pobres; outro, privado, liberal e oneroso. Assim, os ganhos seculares do velho aborto não serão perdidos.

Ora, o GIS não concorda com esses três pontos. Ele sustenta o direito ao aborto; ele não quer que os médicos sejam os únicos a reter a decisão; ele não aceita um aborto com o duplo benefício daqueles que têm o poder de extrair um ganho disso.

Por que se busca acusar muitos membros do GIS e, de modo bastante significativo, um não médico entre eles? É que se pretende opor, sem dúvida antes de a lei ser votada e para conciliar os bem-pensantes, de um lado, os "bons médicos", aos quais se dará todo o poder e todo o benefício; do outro, os que querem que o aborto, a contracepção, o uso do corpo se tornem direitos.

1973

Primeiras Discussões, Primeiros Balbucios: a Cidade É uma Força Produtiva ou de Antiprodução?

"Premières discussions, premiers balbutiements: la ville est-elle une force productive ou d'antiproduction?" (entrevista com F. Fourquet e F. Guattari, realizada em maio de 1972), *Recherches*, n. 13: *Généalogie du capital*, t. 1: *Les Équipements du pouvoir*, dezembro de 1973, p. 27-31.

F. Guattari: Se a cidade é um momento de densidade dos equipamentos, pode-se dizer que ela é o corpo sem órgãos dos equipamentos. Os equipamentos se engancham na pseudototalização, inatingível, desse corpo sem órgãos, que só é o corpo do desejo nos sonhos, sonhos de cidades do cinema expressionista alemão ou da Jerusalém celeste. O corpo sem órgãos-cidade é mais geralmente como o capital, vila-cidade militar, cidade do capital comercial etc. Mas, por ser, no limite, corpo sem órgãos do desejo, é fato que todas as reterritorializações do poder se fazem sobre a cidade.

A cidade é a estrutura totalizando os equipamentos, eles próprios máquinas do *socius*. A cidade é o limiar de densidade das máquinas do *socius*. Pouco importa, então, que as definições do equipamento coletivo o liguem à cidade ou ao Estado, pouco importa inclusive que o equipamento pareça exterior à cidade (a frota de Atenas, por exemplo). Podemos imaginar cidades nômades, como as dos tuaregues. Eles levam uma cidade em potencial por portarem um poder político que pode recentrar as máquinas do *socius*.

A cidade estaria em toda parte, caso não fosse definido o limiar de seu surgimento: a *Urstaat* e a máquina de escrita demarcam esse limiar, limiar da cidade e da totalização dos equipamentos coletivos. É o significante despótico. Aquém disso, há as estruturas de poder político, das territorialidades aldeãs, mas nada de equipamentos coletivos. A partir do momento em que se opera a decolagem de um significante, a territorialidade da cidade se torna desterritorialização de fluxo. A cidade é o lugar onde são desterritorializadas as comunidades primitivas, ela é o objeto destacado das comunidades primitivas e o fluxo permitindo a passagem, a sobrecodificação, por meio dos impostos, dos homens..., é um fluxo de escrita despótica. Portanto, há diferentes definições possíveis da cidade, segundo a conjunção dos fluxos desterritorializados, sejam eles de escrita, de moeda, de capital ou outros. Cada vez mais se identificam a cidade e o corpo sem órgãos do capital: da capital ao capital. Nesse mesmo movimento, os equipamentos como máquinas são reterritorializados. Fluxos desterritorializados constituem a cidade, fluxo de materiais suportes de fluxo desterritorializados, e a cidade reterritorializa os fluxos mais desterritorializados em uma época dada: a legislação de Veneza na Idade Média impediu o capital de nascer.

O inconsciente social são os equipamentos coletivos. Não há outros. Eles trabalham todas as estruturas da representação. O equipamento coletivo só é apreendido no universo da representação. O conceito de equipamento coletivo remete precisamente à representação por ser totalizante. Mas o primeiro equipamento coletivo é, de fato, a linguagem, que permite uma codificação dos elementos disjuntos. Será que existe uma cidade sem escrita? O fluxo de escrita permite a liberação de uma superfície de inscrição, de um corpo sem órgãos, de um objeto separado de um fluxo mais desterritorializado do que os outros, que possa a todos conectar, fluxos de pedras, de corveias etc., um redistribuidor que só funcionará como máquina autonomizada do senhor ao garantir a codificação dos fluxos desterritorializados. A cidade é o corpo sem órgãos da máquina de escrita.

F. Fourquet: A primeira forma de escrita é a compatibilidade, a quantificação de alguma coisa que não tem nenhuma razão de o ser: os fluxos. Mas não todos os fluxos: apenas aqueles que o déspota retira e separa a fim de estocá-los. Do mesmo modo, o capital não é senão o sobreproduto cristalizado. A cidade reúne todos esses fluxos, os agrupa, os corta e recorta em todos os sentidos, seja qual for sua natureza: fluxo de objetos materiais, fluxos informativos etc. É a função dos equipamentos coletivos: gravar, congelar, estocar os fluxos. Não há outra máquina social, diferentemente do uso atual do termo "equipamento coletivo", que, no discurso dos especialistas de planificação territorial, opõe-se a "atividades" (usinas, escritórios, comércios etc.) e que, no entanto, são equipamentos coletivos reais, por excelência!

F. Guattari: Equipamentos de produção e equipamentos coletivos só se opõem no âmbito de um conjunto que os englobe. Em seguida, podemos relativamente fazer uma avaliação entre equipamentos de antiprodução e equipamentos de produção. Mas, no capitalismo, a diferença é quase impossível de ser feita. Ao contrário, no despotismo oriental, todos os equipamentos são de antiprodução, estando esta essencialmente nas territorialidades primitivas. Eles só se tornam equipamentos coletivos à medida que funcionam para o déspota. A essência da cidade despótica é sua atividade de antiprodução, de codificação, de sobrecodificação despótica que regula os fluxos produtivos. Ela está na superfície de inscrição de todos os sistemas de codificação dos fluxos desterritorializados, em relação aos sistemas produtivos territorializados anteriores. Portanto, não há um trabalho específico de produção da cidade, mas uma especificação política da cidade que logo explode em segmentos produtivos que são os equipamentos coletivos. Ela funciona como um corpo sem órgãos. Estase não engendrada de totalização de todos os fluxos decodificados, ela logo explode em mil pedaços, que são entidades produtivas, equipamentos coletivos, que se distinguem dos outros modos de produção, uma vez que dependem da codificação despótica.

F. Fourquet: Desmedida do déspota que mensura os fluxos... Depois da emergência da cidade, não vemos senão o corpo monstruoso do Estado (Egito, Suméria) e sua bulimia militar. Extensão desmedida do Estado como tal, nascido da cidade para logo em seguida destruí-la.

F. Guattari: O corpo sem órgãos é feito para achatar, apreender, reter, mas isso é impossível: foge por todos os lados. Como todos os sistemas maquinizados, isso se avaria. O escriba, por exemplo, que ali está para contar, tal como um perverso, um patife, põe-se a jogar com os signos, a fazer poemas. Aquilo de que nos servimos para conter é ainda mais perigoso do que a situação anterior: servimo-nos da escrita para colmatar uma segmentaridade, o que se torna equipamentos científicos, matemáticos... A cidade é o corpo sem órgãos da escrita, mas não de qualquer uma. Desde que se meteu isso no sistema, nunca mais se conseguiu acabar com a escrita. A cidade não deveria existir: basta o déspota. O ideal do despotismo é Gengis Khan: destruir tudo (exceto os artesãos). Mas, sem cidade, ele não consegue sobrecodificar as territorialidades primitivas. O capital é também da antiprodução. Ele também se faria pirâmides, se pudesse: mas a pirâmide do capital corre diante dele. Os signos germinam e caem fora de todos os lados. O corpo sem órgãos do capital é o ideal de mestria dos fluxos descodificados: ele está sempre atrasado quanto ao maquinismo, à inovação. Para utilizar a distinção de Hjelmslev, todas as formas de expressão do capital ali estão para conter seu ideal de conteúdo: os capitalistas ali estão para impedir o capital de se expandir, mas eles não podem fazê-lo. O capitalista expropria a si mesmo no próprio movimento do capital: a classe capitalista tem o mesma função que o *Urstaat*.

A cidade é uma projeção espacial, uma forma de reterritorialização, de bloqueio. A cidade despótica originária é um campo militar onde eram trancafiados os soldados para impedir seus fluxos de expandir-se..., fechamento da cidade. O ideal de reterritorialização dos fluxos descodificados se encarna no ideal do *Urstaat*. Mas isso não é possível: os fluxos empregados põem-se a funcionar, a girar. São os equipamentos coletivos. Eles se põem a trabalhar sozinhos. Isso se dispersa, fervilha. O equipamento coletivo é para fazer resistir alguma coisa que, por essência, não pode resistir.

F. Fourquet: A cidade não é a simples projeção no espaço inerte de fluxos que têm sua lógica alhures. A cidade é uma força produtiva. Em si mesma, em sua espacialidade, ela tem uma função produtiva, ela é outra coisa do que a soma dos equipamentos coletivos justapostos. Para defini-la, não podemos nos limitar a alguns critérios de dispersão, de proximidade e de afastamento, de densidade e de concentração... Ela é um meio de produção, um valor de uso para a produção.

F. Guattari: A função do equipamento coletivo é produzir o *socius* da cidade. O campo militar romano produz cidades sobre o *limes*. A cidade é composta pela conexão de sistemas maquinários confluentes. Ela define uma lógica material, uma ordenação interna. Na cidade da Idade Média, o pontapé inicial podia ser religioso, real ou ducal, militar, comercial etc. Pode-se pensar na acumulação primitiva de *socius* da cidade, em uma "mais-valia de código" prévia à constituição de uma "mais-valia de fluxo" decodificada. Tendencialmente, as cidades novas de hoje não passam de capital acumulado.

M. Foucault: Gostaria de indicar algumas questões que se devem formular a respeito de todo equipamento coletivo.

1. Por meio de que tipo de propriedade se define o equipamento coletivo? O moinho senhorial na Idade Média é privado, mas apenas em um sentido. É preciso distinguir a apropriação coletiva do uso coletivo. O estatuto de propriedade desses equipamentos deve ser estudado. Dever-se-iam compreender, nos equipamentos coletivos da Idade Média, o moinho, a estrada, mas também a biblioteca monástica, o *corpus* de saber agronômico nas mãos de um mosteiro, por exemplo. O modo de apropriação dos equipamentos coletivos é muito variável.

2. A função do equipamento coletivo é ser um serviço, mas como funciona esse serviço? Para quem ele é aberto ou reservado? Quais são os critérios de delimitação? Ou ainda: qual o benefício que dele obtém aquele que o utiliza? E também, que benefício (e não forçosamente econômico) dele obtém aquele que garantiu a instauração do equipamento coletivo? Em suma, a direção dupla, ou melhor, múltipla, do equipamento coletivo.

3. O equipamento coletivo tem um efeito produtivo: o charco, a estrada, a ponte permitem um crescimento de riquezas. Mas que tipo de produção? Ou que lugar no sistema de produção?

4. Uma relação de poder subtende a existência do equipamento coletivo e seu funcionamento (por exemplo, a estrada com pedágio o moinho banal atualizam certa relação de poder; a escola, outra).

5. A implicação genealógica: como, a partir disso, diversifica-se certo número de efeitos. Tratar-se-á de mostrar, por exemplo, como a urbanização se faz a partir do equipamento coletivo. Cidade e equipamento coletivo não são equivalentes: a floresta dominial, a pradaria comunal, lugares de produção como uma usina de cimento dão origem a quais induções e cristalizações? Como o processo de urbanização se engancha no equipamento coletivo? Quer ele preexista (ponte, moinho), quer ele se constitua como equipamento coletivo urbano.

1974

Loucura, uma Questão de Poder

"Loucura, uma questão de poder" ("Folie, une question de pouvoir"; compilação de S. H. V. Rodrigues; trad. P. W. Prado), *Jornal do Brasil*, 12 de novembro de 1974, p. 8.

O que me interessa é a maneira como o conhecimento é ligado às formas institucionais, às formas sociais e políticas, em suma: a análise das relações entre o saber e o poder.
– *Por que o senhor trabalha nesse campo?*
– Vou lhe dar uma razão que eu próprio não aceitaria e não daria, caso se tratasse de outra pessoa. Mas, como sempre falamos mal de nós mesmos, invocarei razões biográficas. Terminei meus estudos. Depois, vivi na Suécia, na Polônia e na Alemanha onde, por uma série de razões, sempre fui estrangeiro. Além disso, não sou nem médico nem profano, não sou propriamente um historiador, mas interesso-me pela história. Não sou de fato um professor, pois, no Collège de France, temos a obrigação de fazer apenas certo número de conferências por ano. Portanto, é possível que o fato de haver sempre vivido, digamos, no limite exterior das relações entre saber e poder levou-me a tais preocupações.

O aspecto mais contraditório do sistema penal é a coexistência das prisões – cuja ineficácia está mais do que provada, pois, pelo menos na França, sabe-se que há mais de 150 anos que todos os que saem da prisão recomeçam fatalmente a cometer delitos – com a psicopatologia criminal, que, por exemplo, deveria fornecer instrumentos científicos para a reinserção do prisioneiro, já que ela analisa o fenômeno da delinquência.

Procurei mostrar, em meu último trabalho,[1] que, na verdade, não há contradição entre o sistema aparentemente arcaico das prisões e a criminologia moderna: ao contrário, há, en-

---

1 Trata-se de *Vigiar e punir*, que deveria ser publicado em fevereiro de 1975.

tre as duas coisas, um ajustamento, uma espécie de unidade funcional. É verdade que a administração penitenciária em nada facilitou nosso trabalho.[2] Há 150 anos que a administração penitenciária fornece as mesmas informações oficiais e é proibido aos detentos falarem sobre a prisão. De modo que fomos obrigados a nos servir, digamos, de canais de informação não ortodoxos, por cumplicidade com algumas pessoas que nos diziam o que se passava nas prisões, fatos que comunicávamos imediatamente aos jornais. A opinião pública era muito desinformada sobre o assunto, quando, na realidade, havia uma tensão tão grande nas prisões que começou a haver nelas revoltas dos detentos, a ponto de, pela primeira vez na história da República francesa, um presidente, Valéry Giscard d'Estaing, sentir-se obrigado a entrar em uma prisão e apertar a mão de um detento, tal como aconteceu em julho.

É certo que a psicanálise permitiu fazer uma série de críticas à prática psiquiátrica. Ela permitiu ver que o encarceramento não era a melhor forma terapêutica. Como historiador, e tomando certa distância, parece-me que a psicanálise não é um corte total e radical em relação à psiquiatria, e, como tentei mostrar em uma das conferências,[3] a psiquiatria do século XIX alcançou uma técnica terapêutica que já contém, ou prepara, muitos elementos da psicanálise. De sorte que eu gostaria de estudar, no futuro, em que medida a psicanálise prolonga – ou rompe com – o poder psiquiátrico, tal como estabelecido no século passado.

Não podemos esquecer de que a psiquiatria é, ainda hoje, a principal forma de intervenção nos doentes mentais. Milhões de pessoas são ainda submetidas à internação, ao tratamento com neurolépticos, ao passo que os psicanalisados encontram-se em uma esfera bastante restrita de pessoas cultas ou intelectualizadas. Assim, a psicanálise não chegou a tomar o espaço da psiquiatria, mas ambas coexistem na sociedade de hoje

---

2 Trata-se, aqui, do trabalho do GIP.
3 Uma das seis conferências de M. Foucault proferidas, então, na Universidade do Estado da Guanabara tratava da realidade no tratamento psiquiátrico no século XIX, em que ele via se constituir o que Freud chamou de inconsciente e princípio de realidade.

e, entre elas, há todo um sistema de divisão de atribuições, de consultas e de apoio mútuo. Que eu saiba, essa coexistência ainda não foi analisada como deve. O evidente é que as posições tomadas pelos psiquiatras que desdenham a psicanálise, ou por psicanalistas que consideram a psicanálise uma prática científica, não dão lugar a uma análise histórica: são posições completamente anti-históricas. Ademais, há entre a psiquiatria e a psicanálise puras uma série de formas terapêuticas, como a psicoterapia, a psiquiatria comunitária. Penso que seria importante fazer um estudo detalhado de todas essas instituições de controle, de ortopedia mental.

A psicanálise vulgarizou a ideia de que interiorizamos a repressão, mas acho que somos muito mais investidos pelo controle social. E o estudo dos mecanismos de poder que estão sendo utilizados nas sociedades é uma lacuna das análises históricas. Já se fez uma análise dos processos econômicos, uma história das instituições, das legislações e dos regimes políticos, mas a história do conjunto dos pequenos poderes que se impõem a nós, que domesticam nosso corpo, nossa linguagem e nossos hábitos, de todos os mecanismos de controle que se exercem sobre os indivíduos, essa resta a ser feita.

O que me parece característico da forma de controle atual é o fato de ele se exercer sobre cada indivíduo: um controle que nos fabrica impondo-nos uma individualidade, uma identidade. Cada um de nós tem uma biografia, um passado sempre documentado em um lugar qualquer, de um dossiê escolar até uma carteira de identidade, um passaporte. Há sempre um organismo administrativo capaz de dizer a qualquer momento quem é cada um de nós, e o Estado pode, quando quiser, percorrer todo o nosso passado.

Acredito que, hoje, a individualidade seja completamente controlada pelo poder e que, no fundo, sejamos individualizados pelo próprio poder. Em outras palavras: não penso de modo algum que a individualização se oponha ao poder, mas, ao contrário, diria que nossa individualidade, a identidade obrigatória de cada um é o efeito e um instrumento do poder, o que este último mais teme, ou seja, a força e a violência dos grupos. Ele tenta neutralizá-las por meio das técnicas de individualização, que começaram a ser empregadas desde o século XVII pela hierarquização nas escolas e, no século XVIII, por meio do registro das descrições físicas e das mudanças de endereço. Também nesse século surge o temível personagem do contramestre visando a controlar o desenrolar das operações de trabalho. Ele diz a cada um como e quando fazer o quê. Esse controle individual do trabalho faz parte de uma técnica ligada ao nascimento da divisão de trabalho e da hierarquização, que é também um instrumento de controle individual dos que estão no nível mais alto da escala sobre os que estão no nível mais baixo.

No século XIX, a disciplina do poder funcionava por meio de um jogo de restrições, uma moral de poupança cuja razão era a crença de que os menores salários propiciavam lucros. O efeito foi uma normalização dos hábitos das classes mais baixas, da maior parte da população. Hoje, ocorre o contrário, ou seja, uma exaltação ao consumo que começou a ser utilizada como tática no momento em que os economistas descobriram o potencial do mercado interno: maior consumo, maiores lucros. Disso decorre a importância da recusa ao consumo por algumas camadas sociais, por pessoas que tentam escapar ao controle da disciplina e que são, de certo modo, marginais. A modificação ocorrida na moral da vida cotidiana ao longo dos 10 últimos anos deveu-se a movimentos iniciados por esse tipo de gente e que tiveram eco em toda a população. O mesmo ocorreu com os movimentos contra a poluição, a favor do aborto...

É claro que tudo, inclusive essas modificações de que falei, é destinado a ser recuperado pelo sistema, pelo poder. Mas, ao mesmo tempo, não há nada que não circule, que não esteja constantemente passando de um lado para o outro. O importante é aprender a resposta própria do sistema e recuperá-la do outro lado. Para retomar o exemplo da moral da sobriedade imposta aos trabalhadores do século XIX: do momento em que eles tiveram uma família organizada rigidamente, eles se puseram a reivindicar habitação e direito à educação para seus filhos. Em outras palavras: a moralidade imposta de cima se torna uma arma no sentido inverso.

1975

Um Bombeiro Abre o Jogo

"Un pompier vend la mèche", *Le Nouvel Observateur*, n. 531, 13-19 de janeiro de 1975, p. 56-57. (*In* J.-J. Lubrina, *L'Enfer des pompiers*, Paris, Syros, 1974.)

"Algumas pessoas preferem se enforcar. Em geral, não as reencontramos facilmente. Dias e noites se passam. Depois, uma noite, um insonioso, um agitado de repente se dá conta de que o rádio do vizinho de cima não parou de funcionar por três, quatro ou cinco dias. Isso o irrita, ele se inquieta, ele avisa e, ao chegarmos, encontramos um corpo em plena decomposição, pendurado na ponta de uma corda. Só nos resta, então, desenganchar o enforcado. E pronto. Reza a tradição que a equipe de intervenção conserve a corda. E essa corda é cortada em tantos pedaços quantos forem os bombeiros presentes. E cada um se vai com esse *souvenir* no bolso.

Souvenirs... Uma mulher que vi certa noite, muito pálida, sentada, espojada no sofá, morta, ela também, de tanto Gardenal... Ela vomitara. O vômito se transformara em um longo bolor que partia da boca e descia até chegar entre seus joelhos, sobre um vestido grená. Ela ficara muitos dias assim. Estava coberta de *champignons*."

Jean-Jacques Lubrina era um aprendiz de confeiteiro, muito dotado. Foi o primeiro em seu CAP, 14 horas de trabalho por dia, 350 francos no fim do mês. Aos 19 anos, do forno ao fogo, entrou para os Bombeiros de Paris. Depois, seria vendedor ambulante de jornais, cozinheiro, guarda noturno. A rua, a ruína, a chama quente e a noite, isso deveria assombrá-lo: hoje, à beira do grande buraco dos Halles, ele escavou, em um hotel de alta rotatividade abandonado, um nicho observatório de onde, para viver, vigia toda uma rua de casas adormecidas e condenadas.

Ele narra o mais célebre de seus ofícios. Sem dúvida ele acreditava, tal como vocês e eu, que o bombeiro era o samaritano das ruas e da noite, o anjo vermelho que luta corpo a corpo com as chamas: entre o fogo ou a água que sobe e nós, ele distende sua indestrutível escada. O aprendiz de confeiteiro talvez tenha sonhado como os monges e as prostitutas da Idade Média, que, depois de haverem rezado pelas almas ou satisfeito os corpos, deviam, nos dias de fogo, fazer uma corrente desde a beira d'água até o teto em chamas. De fato, ele, tal como seus colegas, se tornou uma das "empregadas para todo serviço" de Paris.

Ele pensava em entrar para a confraria milenar dos que apagam o fogo do céu e da terra. Mas aprendeu bem depressa que o bombeiro é mais um expedicionário da ordem e, em primeiro lugar, da morte. A que ele encontra, porém, não é a morte coletiva dos grandes flagelos, mas o pequeno óbito individual que os particulares se propiciam. E, além do mais, ele chega só depois, ele sempre tem de se haver somente com a outra vertente. Ele vê um rosto da morte bem pouco olhado, varre os escombros de uma batalha.

Cabe a ele cuidar de todos esses corpos em sofrimento que vagueiam nos apartamentos, oscilam no galho das árvores, mancham os lugares públicos. "Penso naqueles que se jogam nos trilhos do metrô, ou no que resta deles quando levantamos o vagão, nos pedaços de braço ou de pernas retalhados que juntamos dentro da lona, pedaço por pedaço. Às vezes é preciso raspar com faca o aro das rodas para poder limpar a mecânica, ou então puxar os cabelos para agarrar a cabeça, rastejando. Nesse momento, você tem a impressão de ser você que cometeu o crime." Todo um trabalho doméstico social. O lixeiro retira os restos do consumo. O bombeiro espana os detritos da existência. É mais nobre, ele é muito amado. Ele ajuda, médico quase mudo, *voyeur* inocente e *blasé*.

Não lhe "pedem" nada, chamam-no. Ele intervém sem discurso, apreende os mortos "ao vivo", pega as coisas, se ousamos dizer, no calor da crise. A profissão de bombeiro é um notável observatório da cidade, dos bairros, dos habitantes, dos hábitos, da regra e da desordem; ele acumula um prodigioso saber: o conhecimento das pessoas valendo-se da mínima disposição das coisas em torno delas. É a medida dos grandes constrangimentos mediante a percepção dos costumes ínfimos. Desse saber-imagem, Jean-Jacques Lubrina nos dá apenas a esteira imóvel e incisiva em sua memória: "Forçamos a porta. No canto da cozinha, uma pequena cozinha, bem limpa e bem triste, com potinhos por todo lado, para o sal, a pimenta, a farinha, um monte de potinhos, havia uma mulher, de mais ou menos 50 anos, no chão, ainda quente." O relato se tornou visão.

Homem ligado à ordem, o bombeiro não se lança aos trambolhões no combate ao fogo. Ele organiza o duelo cuidadosamente. Um bombeiro, é claro, ama o fogo. E depois, uma vez que o grande incêndio noturno sacraliza suas tarefas cotidianas como domésticas (o bombeiro no fogo é a mãe de família que se fez bruxa para ir ao *sabat*), não se trata de queimar os ritos, a peleja deve ser leal. Há apenas um jovem escudeiro desajeitado ao abrir a torneira de repente, revirar a pia de água benta sobre o grande diabo vermelho e não deixar senão uma nuvem de vapor bem redondo diante dos bombeiros "tristes e decepcionados pelo prazer não ter durado".

É que o próprio fogo é um problema de ordem, de limpeza. Economia do prazer, mas economia dos restos também. Os bombeiros não dizem: "Apaguei um fogo", mas, sim, "Fiz um fogo". Havia "um rabugento do fogo que remexia os escombros com amor, concupiscência e tato. Foi assim que, dia após dia, ano após ano, ao cabo desse longo caminho, ele acabou por montar seu asilo, seu oásis, seu pavilhão, no fundo dos subúrbios. Muito seguro de si, pegava as poltronas do Grande Século, ou pelo menos o que delas restava. Ele escolhia, se tornava um *expert*. Temos a desconfiança de ele estar à espera, de esperar sempre na esperança de um desastre magnífico, o incêndio de um palácio".

Certa noite, um alarme de fogo: "Uma tenda, um pavilhão, se quisermos; 40 ciganos viviam lá dentro, no subúrbio de Montreuil. Tudo ardeu, não restou nada. O homem do fogo estava lá. Ele me arrancou a mangueira das mãos: 'Me dá isso, não há tempo a perder com esse merdeiro.' E, num piscar d'olhos, o fogo foi desbaratado. Ele sabia que não havia nada a recuperar."

A disciplina talvez seja a força dos exércitos. De todo modo, ela é a fraqueza dos bombeiros. Parece ter sido a Convenção que militarizou os usos do fogo. O soldado definitivamente expulsou o monge. Desde esse dia, o bombeiro tornou-se o homem não mais das grandes catástrofes, mas das minúcias, das disciplinas "bestiais chegando à bestialidade", dos exercícios que "encurvam". "Os 3.750 kg do fusil. Mas 36 ritmam a marcha e a congelam. O 'Apresentar armas!' é à moda do rio Kwai. Horas e tardes sob o sol, o tempo de alcançar a perfeição nos movimentos (...). Vergasta de ferro nos dedos que não estão na horizontal e pontapé nas tíbias mal alinhadas." Em suma, a diferença entre um reco e um bombeiro de Paris é que, "para a faxina da latrina, o sapador utiliza a mangueira".

Então, ao bombeiro assim adestrado podemos pedir (e talvez fosse este o objetivo obscuramente buscado) para ser um complemento da polícia. O conjurador do fogo tornou-se uma força da ordem. "Tiras, bombeiros, bombeiros-tiras, todos colegas, todos defensores da ordem, todos homens-porretes." Não se surpreendam com o fato de que, durante a Guerra da Argélia, o posto de socorro Parmentier tenha prestado tantos "serviços" ao posto de polícia seu vizinho. Não se espantem com o fato de que em Grasse se tenha querido utilizar os bombeiros contra os imigrados. Não se surpreendam com o fato de que no CES Pailleron[1] os oficiais e o próprio general não tenham tido o mapa do locais.

"Vocês sabem ou vocês não querem saber que não é mais possível, graças ao seu desleixo, apagar um incêndio? O empuxo dos turnos dos CES os levará à sua perda antes da hora, caso vocês se recusem a redefinir seu ofício. Não mais se combate um incêndio em sua origem. Ele se combate com a prevenção. Ele se combate sabendo recusar e bloquear a licença de obra. O que vocês são bem incapazes de fazer. Vocês não podem ser militares e homens do fogo. Vocês não podem, Senhor General, fazer salamaleques para seus superiores, esperar deles estrelas e vigiar as faíscas."

Há também as páginas sobre os grandes incêndios, o da Rua d'Aboukir, principalmente o do Publicis[2] e o papel desempenhado pelo lápis e pelas canetas esferográficas no caso. Com efeito, no registro de controle anotam-se os acontecimentos, *a lápis*, à medida que vão se sucedendo. Porém, uma vez terminada a questão, depois de algumas passadas de borracha, modifica-se, *à tinta*, os horários de partida e de chegada do so-

---

[1] Colégio de Ensino Secundário destruído instantaneamente por um incêndio, ocasionando vítimas entre os alunos e revelando a insegurança das construções escolares recentes.
[2] Um incêndio de origem suspeita, segundo alguns, devastou a sede da agência de publicidade, um imóvel de classe da Avenida Champs-Élysées.

corro, e "arranjam-se" inverossimilhanças para salvar a honra da instituição. É preciso ler também as páginas sobre os oficiais OAS[3] transferidos para os Bombeiros de Paris. E ainda outras sobre o bombeiro no teatro. Aprendemos como o antigo aprendiz de confeiteiro, mecanizado e revoltado, tornado, graças à besteira militar, "encurvado" – mas encurvado tal como uma granada pronta a explodir –, reaprendeu a ternura das palavras e o peso da realidade ao escutar Marivaux do alto dos arcos da abóbada onde ele estava de serviço e de onde espreitava os galãs saindo rápido do teatro para a noite tépida e sem chamas de Paris. Talvez eu esteja enganado. Como é que esse livro poderia ser tão belo, tão pleno de saber e de talento, tão maravilhoso e "educativo" tal como o afirmo, quando tantos editores, e durante tanto tempo, o recusaram? Eu cismo em amar esse livro que tem inteligência, raiva, ternura e diversão.

---

3 Organisation Armée Sevit – Organização do Exército que se opôs com atentados a Independência da Argélia. Nota da revisão.

1975

A Política É a Continuação da Guerra por Outros Meios

"La politique est la continuation de la guerre par d'autres moyens" (entrevista com B.-H. Lévy). *L'Imprévu*, n. 1, 27 de janeiro de 1975, p. 16.

– *A crise[1] é uma palavra que lhe faz sonhar?*
– Não passa de uma palavra que marca a incapacidade dos intelectuais de captar seu presente ou de escalá-lo! É isso!
– *Não é uma palavra que lhe inquiete?*
– De modo algum! O fato de haver ainda pessoas que a empregam me faz rir. Penso ser preciso ter consciência de que, uma vez mais, a crise é uma espécie de acompanhamento teórico que os políticos, os economistas, os filósofos e alguns outros se propiciam, a fim de dar um *status* a um presente para o qual eles não têm um instrumento de análise. Se quiserem: a crise é o perpétuo presente. Nunca houve um momento da história ocidental moderna que não tenha tido a consciência bastante grave de uma crise vivamente experimentada, até mesmo no corpo das pessoas.
– *Parece que queremos conjurar essa crise ao lhe darmos um qualificativo: crise de energia.*

---

1 A situação internacional criada pelos choques petroleiros (quintuplicação do preço bruto da Opep a partir de outubro de 1973) foi descrita pelos marxistas como crise estrutural do capitalismo e pelos liberais como crise da democracia (cf. Huntington, S. *The crisis of democracy*, Nova Iorque, New York University Press, 1975). M. Foucault recusa o alcance epistemológico da noção de crise tomada emprestado do campo médico grego, tanto quanto da noção de contradição, uma e outra remetendo à ideia de totalidade. Ele, então, trabalhava em uma "analítica positiva" em termos de tecnologia. Para ressituar o debate na França sobre a crise entre 1974 e 1979, pode-se ler *Le Nouvel ordre intérieur* (Paris, Alain Moreaus, 1980), atas de um colóquio ocorrido em março de 1979 na Universidade de Vincennes.

– Com efeito, assistimos a uma transformação das relações de força. Mas, por meio dessa noção de crise, fala-se de outra coisa que não simplesmente dessa transformação. Visa-se à ponta de intensidade na história, visa-se ao corte entre dois períodos radicalmente diferentes nessa história, nomeia-se o vencimento do prazo de um longo processo que acaba de explodir. A partir do momento em que se utiliza a palavra crise, fala-se, é evidente, de uma ruptura. Tomamos consciência de que tudo começa. Mas há também alguma coisa muito enraizada no velho milenarismo ocidental: é a segunda manhã. Houve uma primeira manhã da religião, do pensamento. Mas essa não era a boa manhã, a aurora foi cinza, o dia foi difícil e a noite, fria. Mas, eis a segunda aurora, a manhã recomeça.

– *Como você explica o fato de não se poder trazer nenhum diagnóstico, fazer alguma previsão, em suma, que a inteligência quebre a cara?*

– De todo modo, isso está ligado ao *status* do intelectual no funcionamento do poder de nossas sociedades. Ele é sempre marginal, está ao lado. Está sempre a certa distância, por vezes ínfima, por outras imensa, fazendo com que aquilo que ele escreva não seja senão descritivo. Afinal, apenas uma linguagem está no presente, é a da ordem, da palavra de ordem.

– *A ordem nunca se engana, nunca pode se enganar.*

– Não, é claro. Ela pode cometer erros estratégicos, mas não se engana. A única forma verdadeiramente atual dos discursos é a do imperativo, ou seja, a linguagem do poder. E, a partir do momento em que o intelectual funciona à margem, ele só pode pensar o presente como crise.

– *Mas essa crise é também um conjunto de fatos concretos: os exercícios de desembarque das marinhas nas costas do Mediterrâneo, por exemplo.*

– Penso que o problema não é exatamente esse. Eu estaria errado ao dizer que isso sempre existiu, mas, para mim, o que relançou o debate na noção de crise foi a contradição: o fato de um determinado processo, ao se desenvolver, ter chegado a um ponto de contradição tal que ele não pode mais continuar. O próprio avanço de um dos adversários o põe em perigo. E, quanto mais ele avança, mais dá chances ao adversário, no exato momento em que o pressiona. Se tivermos bem em mente que a guerra não é a continuação da política, mas que a política é a continuação da guerra por outros meios, a ideia de que a contradição chega a tal ponto que não se pode mais continuar deve ser, então, abandonada. Em termos concretos, a crise da energia é um excelente exemplo: a partir do momento em que o avanço estratégico do Ocidente se assentava tão somente na pilhagem do Terceiro Mundo, ficou claro que esse Ocidente aumentava sua dependência. Nesse sentido, a crise está presente o tempo todo.

– *Mas como o senhor reage quando ouve falar dessa crise?*

– Quando ouço falar de um modo jornalístico, eu não rio. Mas quando ouço falar de modo sério, filosófico, aí começo a rir. Porque é o jornalista que tem o papel sério, é ele que a faz funcionar dia a dia, de hora em hora.

1975

Dos Suplícios às Celas

"Des supplices aux cellules" (entrevista com R.-P. Droit), *Le Monde*, n. 9.363, 21 de fevereiro de 1975, p. 16. (Na época da publicação de *Vigiar e punir*.)

– *A prisão, em sua função e forma contemporâneas, pode passar por uma invenção repentina e isolada, sobrevinda no final do século XVIII. O senhor mostra que, pelo contrário, seu nascimento deve ser ressituado em uma mudança mais profunda. Qual?*

– Lendo os grandes historiadores da época clássica, podemos ver o quanto a monarquia administrativa, tão centralizada, tão burocratizada quanto se imagine, era, apesar de tudo, um poder irregular e descontínuo, deixando aos indivíduos e aos grupos certa latitude para girar a lei, acomodar-se aos costumes, deslizar entre as obrigações etc. O Antigo Regime arrastava com ele centenas e milhares de regulamentos nunca aplicados, direitos não exercidos pelas pessoas, regras às quais as massas escapavam. Por exemplo, a fraude fiscal mais tradicional e também o contrabando mais manifesto faziam parte da vida econômica do reino. Em suma, havia entre a legalidade e a ilegalidade uma perpétua transação que era uma das condições de funcionamento do poder naquela época.

Na segunda metade do século XVIII, esse sistema de tolerância mudou. As novas exigências econômicas, o medo político dos movimentos populares, que se tornara lancinante na França depois da Revolução, tornaram necessário outra delimitação da sociedade. Foi preciso que o exercício do poder se tornasse mais fino, mais ajustado e que se formasse, a partir da decisão tomada centralmente até o indivíduo, uma rede tão contínua quanto possível. Foi o surgimento da polícia, da hierarquia administrativa, a pirâmide burocrática do Estado napoleônico.

Muito antes de 1789, os juristas e os "reformadores" haviam sonhado com uma sociedade uniformemente punitiva, na qual os castigos seriam inevitáveis, necessários, iguais, sem exceção nem escapatória possíveis. Por isso, esses grandes rituais de castigo, que foram os suplícios, destinados a provocar efeitos de terror e de exemplo – dos quais muitos culpados escapavam –, desaparecem diante da exigência de uma universalidade punitiva que se concretiza no sistema penitenciário.

– Mas por que a prisão e não outro sistema? Qual é o papel social do encarceramento, da reclusão dos "culpados"?

– De onde vem a prisão? Eu responderia: "Um pouco de todas as partes." Houve "invenção", sem dúvida, mas invenção de toda uma técnica de vigilância, de controle, de identificação dos indivíduos, enquadramento de seus gestos, de sua atividade, de sua eficácia. E isso, a partir dos séculos XVI e XVII, no exército, nos colégios, escolas, hospitais, ateliês. Uma tecnologia do poder apurado e cotidiano, do poder sobre os corpos. A prisão é a figura última dessa era das disciplinas.

Quanto ao papel social do encarceramento, é preciso buscá-lo do lado deste personagem que começa a se definir no século XIX: o delinquente. A constituição do meio delinquente é absolutamente correlativa da existência da prisão. Procurou-se constituir no próprio interior das massas um pequeno núcleo de pessoas que seriam, se assim podemos dizer, os titulares privilegiados e exclusivos dos comportamentos ilegais. Pessoas rejeitadas, desprezadas e temidas por todo mundo.

Na Idade Clássica, pelo contrário, a violência, o pequeno roubo, a pequena patifaria eram extremamente comuns e, por fim, tolerados por todos. Parece que o malfeitor conseguia fundir-se muito bem na sociedade. E se lhe ocorria deixar-se pegar, os procedimentos penais eram expeditivos: a morte, as galeras pelo resto da vida, o desterro. Portanto, o meio delinquente não tinha esse fechamento sobre si próprio, organizado essencialmente pela prisão, por essa espécie de "marinada" no interior do sistema carcerário, no qual se forma uma micros-sociedade em que as pessoas enlaçam uma solidariedade real que lhes permitirá, uma vez do lado de fora, encontrar apoio umas nas outras.

Assim, a prisão é um instrumento de recrutamento dos delinquentes para o exército. É para isso que ela serve. Há dois séculos se diz: "A prisão fracassa, já que ela fabrica delinquentes." Eu diria, de preferência: "Ela é bem-sucedida, pois é isso que lhe pedem."

– *No entanto, repete-se de bom grado que a prisão, pelo menos idealmente, "trata" ou "readapta" os delinquentes. Ela é, ou deveria ser, dizem, mais "terapêutica" do que punitiva...*
– A psicologia e a psiquiatria criminais correm o risco de ser o grande álibi atrás do qual, no fundo, se manterá o mesmo sistema. Elas não poderiam constituir uma alternativa séria ao regime da prisão, pela boa razão de que nasceram com ele. A prisão que vemos instalar-se logo depois do Código Penal é dada, desde o começo, como um empreendimento de correção psicológica. O que já é um lugar médico-judiciário. Podemos, assim, colocar todos os encarcerados nas mãos de psicoterapeutas, mas isso não mudaria nada o sistema de poder e de vigilância generalizada instaurado no começo do século XIX.
– *Resta saber qual é o "benefício" que a classe no poder extrai da constituição desse exército de delinquentes do qual o senhor fala...*
– Pois bem, isso lhe permite quebrar a continuidade dos ilegalismos populares. Com efeito, ela isola um pequeno grupo de pessoas que podem ser controladas, vigiadas, conhecidas de ponta a ponta e que são alvo de hostilidade e de desconfiança dos meios populares dos quais saíram, pois as vítimas da insignificante delinquência cotidiana ainda são as pessoas mais pobres.
No fim das contas, o resultado dessa operação é um gigantesco lucro econômico e político. Um lucro econômico: as somas fabulosas trazidas pela prostituição, pelo tráfico de drogas etc. Um lucro político: quanto mais houver delinquentes, mais a população aceitará os controles policiais, sem contar o benefício de uma mão de obra garantida para as baixas tarefas políticas: colar cartazes, agentes eleitorais, furadores de greve... Desde o Segundo Império, os operários sabiam muito bem que os "fura-greves" que lhes impunham, assim como os homens dos batalhões antimotim de Luís Napoleão III, vinham das prisões...
– *Tudo o que se trama e se agita em torno das "reformas", do "humanismo" das prisões, seria, então, um logro?*
– Parece-me que o verdadeiro móbil político não é o fato de os detentos receberem uma barra de chocolate no dia de Natal, ou que possam sair para a Páscoa. O que é preciso denunciar é menos o caráter "humano" da prisão do que seu funcionamen-

to social real, como elemento de constituição de um meio delinquente que as classes do poder esforçam-se para controlar.

O verdadeiro problema é saber se o fechamento desse meio sobre si mesmo poderá ter fim, se permanecerá ou não cortado das massas populares. Em outros termos, o que deve ser o objeto da luta é o funcionamento do sistema penal e do aparelho judiciário na sociedade. Pois são eles que geram os ilegalismos que os fazem jogar uns contra os outros.

– *Como definir essa "gestão dos ilegalismos"? A fórmula supõe uma concepção insólita da lei, da sociedade, de seus relacionamentos?*

– Só uma ficção pode fazer crer que as leis são feitas para ser respeitadas, a polícia e os tribunais destinados a fazê-las respeitar. Só uma ficção teórica pode fazer crer que subscrevemos de uma vez por todas às leis da sociedade à qual pertencemos. Todos sabem, também, que as leis são feitas por uns e impostas aos outros.

Mas penso ser possível darmos um passo a mais. O ilegalismo não é um acidente, uma imperfeição mais ou menos inevitável. É um elemento absolutamente positivo do funcionamento social, cujo papel está previsto na estratégia geral da sociedade. Todo dispositivo legislativo providenciou espaços protegidos e aproveitáveis nos quais a lei pode ser violada, outros em que ela pode ser ignorada, outros, por fim, em que as infrações são sancionadas.

No limite, diria de bom grado que a lei não foi feita para impedir tal ou tal tipo de comportamento, mas para diferenciar as maneiras de dobrar a própria lei.

– *Por exemplo?*

– As leis sobre a droga. Desde os acordos Estados Unidos--Turquia sobre as bases militares (que, por um lado, estão ligados à autorização de cultivar o ópio) até a grade policial da Rua Saint-André-des Arts, o tráfico de droga se estende sobre uma espécie de tabuleiro de xadrez, com casas controladas e casas livres, casas proibidas e casas toleradas, permitidas a alguns, proibidas a outros. Apenas os pequenos peões são colocados e mantidos nas casas perigosas. Para os grandes lucros, a via está livre.

– *Vigiar e punir, tal como suas obras anteriores, está fundamentada em uma verificação minuciosa de uma quanti-*

dade considerável de arquivos. Haveria um "método" de Michel Foucault?

– Acredito haver hoje tal prestígio das abordagens de tipo freudiano que, com muita frequência, as análises de textos históricos se dão como objetivo buscar o "não dito" do discurso, o "recalcado", o "inconsciente" do sistema. É bom abandonar essa atitude e ser a um só tempo mais modesto e mais bisbilhoteiro. Pois quando olhamos os documentos, ficamos surpresos de ver com que cinismo a burguesia do século XIX dizia exatamente o que fazia, o que iria fazer e por quê. Para ela, detentora do poder, o cinismo era uma forma de orgulho. E a burguesia, exceto aos olhos dos ingênuos, não é boba nem indolente. Ela é inteligente, ousada. Ela disse exatamente o que queria.

Reencontrar esse discurso explícito implica, é evidente, sair do material universitário e escolar dos "grandes textos". Não é nem em Hegel nem em Auguste Comte que a burguesia fala de maneira direta. Ao lado desses testos sacralizados, uma estratégia em tudo consciente, organizada, refletida pode ser lida, às claras, em uma massa de documentos desconhecidos que constituem o discurso efetivo de uma ação política. A lógica do inconsciente deve, assim, ser substituída por uma lógica da estratégia. O privilégio concedido atualmente ao significante com suas cadeias deve ser substituído pelas táticas com seus dispositivos.

– *Para quais lutas suas obras podem servir?*

– Meu discurso é evidentemente um discurso de intelectual e, como tal, ele funciona nas redes de poder estabelecido. Um livro, porém, é feito para servir a usos não definidos por aquele que o escreveu. Quanto mais houver usos novos, possíveis, imprevistos, mais eu ficarei contente.

Todos os meus livros, seja *História da loucura* ou este, são, se quiserem, pequenas caixas de ferramentas. Se as pessoas quiserem abri-los, servir-se de tal frase, tal ideia, tal análise, como se servem de uma chave de fenda ou de um alicate para curto-circuitar, desqualificar, quebrar os sistemas de poder, inclusive eventualmente os mesmos dos quais meus livros surgiram... pois bem, melhor ainda!

1975

Na Berlinda

"Sur la sellette" (entrevista com J.-L. Ezine), *Les Nouvelles Littéraires*, n. 2.477, 17-23 de março de 1975, p. 3.

– *Ontem, a loucura, a doença. Hoje, as prisões: por esse paciente trabalho de arquivista das alcovas sociais, o senhor espera manter a filosofia acima de sua impotência?*
– Você já sabe: não é como filósofo que falo. Quando comecei a me ocupar desses assuntos, que eram um pouco os *bas-fonds* da realidade social, certo número de pesquisadores, como Barthes, Blanchot e os antipsiquiatras britânicos, se interessou. Mas vale dizer que nem a comunidade filosófica nem mesmo a comunidade política tiveram um mínimo interesse. Nenhuma das revistas institucionalmente referidas registrou os menores sobressaltos do universo filosófico nem prestou atenção nele. O problema dos controles sociais – ao qual estão ligadas todas as questões relativas à loucura, à medicina, à psiquiatria – só apareceu no grande fórum depois de Maio de 1968. Ele se viu catapultado de um só golpe no centro das preocupações comuns.

– *Apesar, ou em razão, de sua atitude de desmembrar o discurso social, de desmontar o mecanismo dos poderes, o que a filosofia contemporânea pode esperar de outra coisa que não seja tornar mais caros esse discurso, esses poderes, ajudando- -os a afinar sua estratégia, à medida que a desmascara?*
– Sua pergunta introduz um postulado: eu seria o autor de um discurso filosófico que, no fim das contas, funcionaria como todo discurso filosófico, ou seja, no sentido mesmo dos mecanismos do poder que o sustenta. Poderíamos discutir isso... Seja qual for o tipo da *démarche*, é absolutamente verdade que ela permite ao poder afinar sua estratégia, mas não creio que devamos temer esse fenômeno. É certo que os grupos políticos experimentaram, de longa data, essa obsessão

da recuperação. Tudo o que é dito não irá se inscrever nos mecanismos mesmos que tentamos denunciar? Pois bem, penso ser absolutamente necessário que isso aconteça assim: se o discurso é recuperável, não é que ele seja viciado por natureza, mas por inscrever-se em um processo de lutas. Que o adversário se apoie em alguma espécie de dominação que você tem sobre ele para tentar derrubá-la e transformá-la em uma dominação que ele teria sobre você constitui, inclusive, a melhor valorização do que está em jogo e resume toda a estratégia das lutas: à maneira do judô, a melhor réplica a uma manobra adversária é nunca recuar, mas retomá-la por sua conta, reutilizá-la para sua própria vantagem como ponto de apoio da fase seguinte.

Por exemplo, em resposta ao movimento que se organizou nesses últimos anos contra o sistema penitenciário, o Sr Giscard d'Estaing criou um secretariado para a Condição Penitenciária. Seria tolo de nossa parte ver nisso uma vitória desse movimento, mas seria igualmente tolo ver nisso uma prova de que esse movimento era recuperável. A contramanobra do poder permite apenas medir a importância do combate provocado por ele. Cabe a nós, agora, encontrar uma nova réplica.

– *O senhor viu um postulado em minha questão, mas eu pensava ter posto ali um sofisma: com efeito, seria preciso considerar que o poder, exclusivamente definido como o princípio da opressão social, vem inevitavelmente se aperfeiçoando, há dois séculos, apesar do advento e dos desenvolvimentos da democracia: não estou longe de ver nisso certo gosto do paradoxo, senão o bafio do ceticismo filosófico.*

– A partir do momento em que se precisou de um poder infinitamente menos brutal e menos dispendioso, menos visível e menos pesado do que essa grande administração monárquica, concederam-se a certa classe social, pelo menos a seus representantes, latitudes maiores na participação do poder e na elaboração das decisões. Mas, ao mesmo tempo, e para compensá-lo, ajustou-se todo um sistema de educação direcionado essencialmente a outras classes sociais, direcionado também à nova classe dominante, pois a burguesia, de algum modo, trabalhou sobre si mesma, elaborou seu próprio tipo de indivíduos. Não creio que os dois fenômenos sejam contraditórios: um foi o preço do outro, um só foi possível por meio do outro. Para que certo liberalismo burguês tenha sido possível no nível das instituições, foi preciso, no nível do que chamo os micropoderes, um investimento muito mais denso dos indivíduos, foi preciso organizar a grade dos corpos e dos comportamentos. A disciplina é o avesso da democracia.

– *Quanto mais estamos na democracia, mais somos vigiados?*

– De um modo ou de outro, sim: essa grade pode adotar diferentes formas, desde a forma caricatural – as casernas ou os antigos colégios religiosos – até às formas modernas: atualmente, vemos aparecer vigilâncias de outro tipo, obtidas quase sem que as pessoas se apercebam disso, pela pressão do consumo. No início do século XIX, quis-se obrigar os operários a poupar, apesar de seus salários muito baixos. O que estava em jogo na operação era mais certamente a manutenção da ordem política do que a da economia: tratava-se de inculcar na população, à força de instruções formais, certo tipo de comportamento, feito de ordem e de ponderação. Esse matraquear de preceitos morais não é mais necessário hoje em dia: o prestígio do carro, a política dos equipamentos ou a incitação ao consumo permitem obter normalizações de comportamento igualmente eficazes.

– *Se as relações entre a regra e a exceção definissem esses dois termos, isso seria o bê-á-bá do estruturalismo. Outra coisa é fundar, como o senhor o faz, a regra sobre a exceção, a ponto de não mais definir, não mais justificar a existência e o exercício da regra senão por aquilo que precisamente lhe escapa. A lei foi feita para produzir a infração; a prisão, para produzir a delinquência etc.*

– O senhor tem razão de citar o estruturalismo. Poderíamos retomar o exemplo maior, *princeps*, do método estrutural, que consiste nas regras de proibição do incesto e naquelas do casamento nas sociedades primitivas, já que foi nesse sentido, e graças ao gênio de Lévi-Strauss, que se pôde aplicar, no domínio das ciências sociais, certo número de modelos formais, tomados emprestado da linguística, ou, eventualmente, das matemáticas. No entanto, não é isso o que me interessa, sempre tive vontade de perguntar aos antropólogos: qual é o funcionamento real da regra do incesto? Entendo a regra não como sistema formal, mas como instrumento preciso, real, cotidiano, individualizado, consequentemente de coerção. É a coação que me interessa: como ela pesa sobre as consciências e se inscreve no corpo; como ela revolta as pessoas e como elas a ludibriam. É precisamente nesse ponto de contato, de fricção, eventualmente de conflito entre o sistema das regras e o jogo das irregularidades que situo sempre minha interrogação. No momento em que o grande sistema da racionalidade científica e filosófica produz o vocabulário geral no qual, a partir do século XVII, se irá comunicar, o que poderá ocorrer àqueles cujo comportamento exclui dessa linguagem? Isso é o que me intriga.

– *O senhor vai mais longe na análise do funcionamento das regras sociais. Por exemplo, o senhor não diz que as prisões são imperfeitas porque impotentes em reduzir a delinquência. O senhor diz que elas são perfeitas, pois fabricam a delinquência e são feitas para isso.*

– Ia chegar aí. É perfeitamente o que eu quis dizer, mas não faço essa análise, pelo menos por ora, senão no que diz respeito às leis civis e penais. Não a aplico no plano da razão. Pareceu-me, ao examiná-las, que as leis não estavam destinadas a impedir a desordem, as condutas irregulares, mas que sua finalidade era mais complexa: desde que uma lei é instaurada, ela interdita ou condena, de um mesmo golpe, certo número de comportamentos. Assim, imediatamente aparece em torno dela uma aura de ilegalismos. Ora, estes não são tratados nem reprimidos da mesma maneira pelo sistema penal ou pela própria lei. Veja, por exemplo, a categoria das leis concernentes ao respeito da propriedade: elas não atuam do mesmo modo segundo a própria natureza da propriedade. De sorte que podemos perguntar se a lei, sob sua aparência de regra geral, não é uma maneira de fazer aparecer alguns ilegalismos diferenciados uns dos outros, que permitirão, por exemplo, o enriquecimento de uns e o empobrecimento de outros, que ora garantirão a tolerância, ora autorizarão a intolerância. O sistema penal seria, nessa medida, um modo de gerir esses ilegalismos, gerir suas diferenças, mantê-los e, por fim, fazê-los funcionar.

– *Se eu bem compreendi, para o poder, o crime paga.*

– É claro. Alguns crimes pagam. A prisão é um curioso sistema, bastante bruxo, de reforma dos indivíduos. De fato, rapidamente percebemos que, longe de reformá-los, a prisão apenas os constituía em um meio: aquele em que a delinquência é o único modo de existência. Percebemos que essa delinquência, fechada sobre si mesma, controlada, infiltrada, poderia se tornar um instrumento econômico e político precioso na sociedade: é uma das grandes características da organização da delinquência em nossa sociedade, por intermédio do sistema penal e da prisão. A delinquência se tornou um corpo social estrangeiro ao corpo social; perfeitamente homogênea, vigiada, fichada pela polícia, penetrada de delatores e de "dedos-duros", utilizaram-na imediatamente para dois fins. Econômico: retirada do lucro do prazer sexual, organização da prostituição no século XIX e, por fim, transformação da delinquência em agente fiscal da sexualidade. Político: foi com tropas de choque recrutadas entre os malfeitores que Napoleão III organizou, e foi o primeiro, as infiltrações nos movimentos operários.

– *O fato penitenciário está na ordem do dia. Na massa editorial que lhe é dedicada, onde o senhor situa o seu livro?*

– Não passa de uma pequena história, à margem, ao lado das lutas atuais... Aliás, é necessário que a análise histórica faça realmente parte da luta política. Não se trata de dar às lutas um fio condutor ou um aparelho teórico, mas de constituir suas estratégias possíveis. É certo que o marxismo – entendo, aqui, a escolástica, esse corpo tradicional de saber e de textos – não nos dá nenhum instrumento para isso, quando as lutas se multiplicaram em todos os *fronts*: sexualidade, psiquiatria, medicina, sistema penal... O senhor sabe o que faziam os psiquiatras marxistas nos anos 1960? O problema deles era saber como se poderia aplicar o pavlovismo na psiquiatria: eles não perceberam nem por um instante a questão do poder psiquiátrico, nem que ele corria o risco de reconduzir os papéis sexuais e o funcionamento da família. Chegou um momento em que qualquer psicanalista psicanalisante, qualquer de seus clientes se puseram a funcionar como agentes de normalização e de recondução dos poderes da família, do macho e da heterossexualidade. Se os dois grandes vencidos desses 15 últimos anos são o marxismo e a psicanálise, é por eles terem tido demasiados interesses comuns, não com a classe no poder, mas com os mecanismos do poder. Foi precisamente contra esses mecanismos que as comoções populares se voltaram: por não terem renunciado àqueles, não tiveram nenhuma participação nestas.

– *Você não se compraz com um certo negativismo?*

– Sim, no sentido forte me agrada, a burguesia não é o que absolutamente pensava Baudelaire, um montão de palermas.

A burguesia é inteligente, lúcida, calculadora. Nenhuma forma de dominação foi tão fecunda e consequentemente tão perigosa, tão profundamente enraizada quanto a sua. Não bastava gritar pela vilania, ela não desaparece como a vela que sopra: isso justifica certa tristeza; por isso, é preciso trazer para o combate tanta alegria, tanta lucidez, tanto encarniçamento quanto possível. A única coisa verdadeiramente triste é não se bater... No fundo, não gosto de escrever; é uma atividade muito difícil de superar. Escrever só me interessa na medida em que isso se incorpora à realidade de um combate, a título de instrumento, de tática, de esclarecimento. Quero que meus livros sejam espécies de bisturis, de coquetéis Molotov, ou de galerias de mina, e que eles se carbonizem depois do uso, à moda dos fogos de artifício.

– *Essa escrita sombria e barroca não toma, no entanto, a aparência do efêmero ou do serviço rápido...*

– A utilização de um livro está intimamente ligada ao prazer que ele pode dar, mas eu não concebo absolutamente o que faço como uma obra, e me choca que possamos nos chamar de escritores. Sou um comerciante de instrumentos, um fabricante de receitas, um indicador de objetivos, um cartógrafo, um levantador de planos, um armeiro...

1975

Ir a Madri

"Aller à Madrid" (compilação por B. Benoît), *Libération*, n. 358, 24 de setembro de 1975, p. 7.

Em 22 de setembro, Costa-Gravas, Régis Debray, Michel Foucault, Jean Lacouture, o reverendo padre Ladouze, Claude Mauriac e Yves Montand foram expulsos de Madri, ao término de uma conferência de imprensa na qual denunciavam os tribunais de exceção franquistas que acabavam de condenar ao garrote 11 militantes políticos, dentre os quais duas mulheres grávidas. Yves Montand lera um texto assinado por Aragon, François Jacob, André Malraux, Pierre Mendes France e Jean-Paul Sartre. Essas considerações foram feitas no retorno da delegação, por ocasião de uma conferência de imprensa no aeroporto de Roissy.

O poder franquista, em seus modos de ação, ultrapassou o estágio que apelava ao simples protesto. As petições não têm hoje mais nenhum sentido, por isso pensamos em atingi-lo fisicamente indo ao coração de Madri para ler esta declaração. Queríamos nos fazer ouvir pelo povo espanhol, apesar da censura. As informações transmitidas boca a boca circulam com extraordinária rapidez em um país fascista.

[Tendo chegado segunda-feira, ao final da manhã, a delegação dirigiu-se ao hotel Torre, na Praça d'Espanha, para ali convocar a imprensa. Por volta das 17 horas, quando a conferência começou, em uma sala do hotel, havia 25 jornalistas cuja grande maioria era de correspondentes estrangeiros com posto em Madri.]

Primeiro, Yves Montand leu o texto assinado por André Malraux e mais quatro personalidades francesas. Os inspetores, em traje civil, intervieram ao final da leitura, em um silêncio impressionante. As cabeças desses policiais tinham alguma coisa de fantástico, e a presença de Montand os incomodava por demais: aquele que em muitos filmes encarna a imagem do "resistente" achava-se bruscamente diante de policiais que a reconheciam. Isso dava a essa cena uma intensidade política extraordinária. Seguiu-se uma armada policial incrível. Chegou-se a contar até 150. Depois de reagruparem à parte os membros da delegação, os jornalistas presentes, algemas nos pulsos, foram embarcados sob a pressão das metralhadoras.

Eu me levantei, me dirigi para a saída, pois considero que o ofício de tira é exercer uma força física. Quem se opõe aos tiras não deve permitir-lhes a hipocrisia de mascará-la sob ordens às quais se deveria obedecer de imediato. É preciso deixá-los ir até o fim daquilo que representam.

[*Fortemente enquadrados pela polícia armada, os sete membros da delegação saíram do hotel, um a um, para serem conduzidos a um carro de polícia. Yves Montand foi o último a sair.*]

Ele chegou ao topo das escadarias do hotel, policiais armados estavam dispostos dos dois lados destas. Embaixo, a polícia havia feito um vazio, seu carro estava situado muito mais longe. Atrás do carro, muitas centenas de pessoas olhavam a cena. Era um pouco a repetição da cena de Z, na qual o deputado de esquerda Lambrakis é atacado a golpes de matraca. Montand, muito digno, a cabeça um tanto para trás, desceu muito lentamente. Foi ali que sentimos a presença do fascismo: uma maneira de olhar sem ver, como se tivessem visto essa cena centenas de vezes. Ao mesmo tempo, a tristeza e a perplexidade, sem dúvida, de ver uma cena bem real, vivida por eles centenas de vezes, tendo como ator o herói imaginário visto por todos na tela. Eles viam em filme sua própria realidade política. E esse silêncio...

[*Quanto ao sentido dado a essa ação, Michel Foucault insiste muito no fato de não se tratar nem de um "exemplo", nem de um "modelo".*]

Queríamos, sobretudo, que, a partir dali, cada um tentasse imaginar o que poderia fazer para salvar os 11 militantes da morte. Montand, por exemplo, sugeriu a todos os que estavam na Espanha ou que ali têm amigos que enviassem o documento que lêramos em Madri. Mas poderia haver centenas de outras formas. A iniciativa dos estivadores[1] sem dúvida teria muita repercussão. O que lá vimos vai bem mais longe do que com frequência se diz, por abuso de linguagem: "isso é fascismo". O

---

1 Os estivadores da Itália e da França recusaram-se a descarregar os navios espanhóis.

que vimos atuando era uma forma superior de fascismo, a um só tempo muito fino e brutal. Um fascismo com sua pirâmide de ordem e de contraordem, com essa mecânica... e esse medo para entreter o medo. Depois, o olhar da população com uma simpatia muda das pessoas que viram a cena. Tudo isso são estigmas evidentes do fascismo superior.

1976

Uma Morte Inaceitável

"Une mort inacceptable", prefácio a Cuau (B.), *L'affaire Mirval ou Comment le récit abolit le crime*, Paris, Les Presses d'Aujourd'hui, 1976, p. VII-XI.

Em 22 de fevereiro de 1974, Patrick Mirval, atleta antilhano de 20 anos, morreu na prisão de Fleury-Mérogis. Suicídio, declara a administração. O juiz Michau abre uma instrução na qual serão consultados 10 médicos legistas. Dois anos mais tarde, o Ministério da Justiça ainda hesita entre improcedência judicial e acusação dos vigilantes por espancamento. Os expertos concluíram que "o estado de agitação de Mirval desempenhou um papel determinante nessa morte por edema asfíxico". Outro prefaciador de *L'affaire Mirval*, Pierre Vidal-Naquet, antigo animador do Comitê Audin, constata ironicamente, ao termo da *expertise* médico-legal: "Só resta um louco."

Entre todas as razões para apreciar seu texto, primeiro esta. É a desmontagem de uma das proezas mais familiares da justiça, porém as mais mal conhecidas. Com frequência, denunciou-se o aparelho judiciário quando ele validava erros, quando fabricava falsificações ou mentiras, quando se calava sob ordens ou por cumplicidade espontânea. Conhecemos não tão bem a maneira como, pouco a pouco, ao longo dos dias e dos documentos, mediante os relatos, as testemunhas, os indícios, ele fabrica o "não conhecível": alguns fatos simples, evidentes, aparentemente impossíveis de apagar, e, em seguida, por recobrimentos imperceptíveis, pequenos deslocamentos, deformações sub-reptícias, o mistério se espessa. Nos romances policiais, os enigmas são feitos para, no fim, serem resolvidos. Há toda uma "literatura" judiciária – e com certeza cotidiana no gabinete de alguns juízes de instrução – que termina por edificar um enigma insolúvel. Por vezes, o segredo é fabricado por uma decisão que vem de cima; porém, com muita frequência, trata-se de uma sutil interferência de base, particularmente eficaz quando o culpado, a polícia, o magistrado de instrução e a magistratura são cúmplices. A instrução, nesse caso, tem por função tudo recobrir por meio do que os profissionais de informática chamam de "ruído". E quando chegar o momento da decisão final, ao ouvido do juiz habilmente distraído só chegarão "ruídos", ruídos vergonhosos e sem provas, imprudentemente propagados por uma parte civil que se dirá impertinente, e, por fim, será o tempo de varrer por uma improcedência judicial ou uma libertação bem-vindas. O Estado, a justiça, a administração nem sempre fabricam o segredo confiscando a verdade. Eles sabem dissolver o real no documentário. Um belo exemplo entre todas as técnicas do poder.

De todo modo, parece-me que seu livro pode nos servir de modelo. Ele mantém na mesma mão os dois objetivos indispensáveis às intervenções desse gênero: demonstrar e denunciar, analisar e nomear. Tendemos muito a escolher uma das duas vias: ou bem o desmascaramos, nos engalfinhamos com o adversário, damos ao inimigo um rosto e um nome, solução de violência e de coragem, por vezes precipitada e mais simbólica do que exata; ou então mostramos que ninguém é responsável, exceto a grande mecânica do Estado ou o apodrecimento geral da sociedade. Estas são as vias sempre certas, e com frequência inúteis, da crítica abstrata. Ora, o senhor mostra em detalhes como a maquinaria funciona com indivíduos que têm um nome, com as pequenas covardias que têm data e autores, com os desejos de avanço, as complacências, os medos. A justiça, não se deve esquecer, caminha com os juízes, e estes, por intermédio da justiça, inscrevem sua pequena mediocridade bem pessoal no corpo, no tempo, na liberdade, na vida e na morte dos outros. É o avesso do que chamamos os riscos do ofício. Essa é, por virtude do aparelho, a grandeza desses homens como todos nós: eles chegam a fazer grandes injustiças anônimas com minúsculas indolências individualizadas. É preciso desmontar racionalmente os primeiros, mas apontando com cuidado os segundos: os juízes Michau devem ser chamados por seu nome.

Sua análise mostra concretamente o que pode ser, hoje, a tarefa de um intelectual: simplesmente, o trabalho da verdade. Há anos que muitos se perguntam antes de falar, ou melhor, buscam demonstrar, enquanto falam, que possuem a ideologia "justa". Mas ela, a verdade, existe, com poder e efeitos, com perigos também. E, melhor do que se deixar levar, uma vez mais, aos debates sobre a ideologia, sobre a teoria e a prática, se a tarefa política atual não fosse a de produzir a verdade, objetá-la por toda parte, onde seria possível fazer disso um ponto de resistência irredutível? A verdade não é politicamente indiferente ou inútil. Mas não diria o mesmo da teoria. Fará 20 anos, em breve, que Vidal-Naquet nos mostrou o que a verdade "podia" no *affaire* Audin,[1] no qual ele próprio arriscou sua vida. E o peso político dessa verdade foi sem dúvida mais pesado nas lutas da época do que as pesadas teorias. Pensemos também no que foi o trabalho da verdade feito recentemente por Pierre Goldman[2] e seu advogado Georges Kiejman, em um *affaire* também "político".

Por fim, perdoem-me por esta última reflexão. Ela por certo os chocará, pois se trata da morte de um homem. Na demonstração de vocês, sem lirismo, na atenção quase muda que faz remontar, ao longo dos documentos, às citações, às datas, às idas e vindas seguidas no rastro, às coisas insuportáveis e ao estrangulamento discreto de um homem ao pé de um elevador, há nisso alguma coisa de silencioso e belo: essa morte de uma manhã, que esteve prestes a ficar anônima, permanecerá, para vocês, por muito tempo, inaceitável. Seja qual for a decisão daqueles que nos julgam.

---

1 Maurice Audin, matemático na faculdade de Argel, estrangulado em 21 de junho de 1957, em El-Biar, por um oficial do censo francês, por ter ajudado na independência algeriana.
2 Goldman (P.), *Souvenirs obscurs d'un juif polonais né en France*, Paris, Éd. du Seuil, 1975.

1976

As Cabeças da Política

"Les têtes de la politique", in Wiaz, *En attendant le grand soir*, Paris, Denoël, 1976, p. 7-12.

Os soberanos não tinham rosto. Um rei podia percorrer as estradas, disfarçar-se de cocheiro e cear no albergue. Ninguém o reconhecia, a não ser por obra do acaso de uma moeda na palma da mão. Não restava senão colocar o fujão em sua berlinda para reconduzi-lo até seu trono. Os reis só existiam em bustos, velha forma da divinização. Ou de perfil, marca registrada sobre as moedas e peças. Ou de frente, tronando em plena majestade, nos selos e medalhas. Se tinham um nariz, olhos e a mão fechada sobre o cetro, era como se tivessem uma coroa: marcas e formas visíveis de seu poder. Sua aparição só podia ser da ordem da cerimônia. Seu corpo era suporte de um ritual: ele tinha lugar e produzia efeito em uma magia política. É possível que todos os monarcas do mundo – e com eles, sem dúvida, todos os pais de família – tenham perdido a cabeça durante a Revolução. Mas parece também que eles ali perderam seu corpo. Nesse momento, desaparece o milagre da teologia e da política, o reino encarnado, o templo material da soberania, o sangue precioso, o lar de onde se irradiam todos os signos do poder: o corpo do rei. Nasce a multidão das figuras políticas.

A diferença não é apenas o fato de elas serem numerosas, fugazes e pouco poderosas. Pois há dinastias inteiras que passaram mais rapidamente e foram mais frágeis do que chefes de partido. A diferença é que os homens políticos não são feitos da mesma matéria que os reis. Seu sangue não tem a mesma cor nem o mesmo poder, sua carne não tem a mesma densidade e não emite as mesmas ondas nem os mesmos efeitos. Eles têm outro corpo. E, se eles também têm perfil e face, isso não lhes é senão duas maneiras de mostrar seu rosto.

A soberania funcionava no signo, na marca escavada no metal, na pedra ou na cera: gravava-se o corpo do rei. A política funciona na expressão: boca mole ou dura, nariz arrogante, vulgar, obsceno, fronte calva e voluntariosa, os rostos que emite revelam, traem ou escondem. Ela caminha para a fealdade e para o desnudamento. A partir da monarquia de julho, os homens políticos alçaram voo. Danton, Daumier, depois Léandre fizeram voar o grande bando de corvos.

Um século depois, os primeiros jornais ilustrados, o rádio e a televisão desdobraram novamente a presença física do homem político: razão pela qual, sem dúvida, a charge voltou a se tornar necessária. Levine, em 1960; Wiaz, em 1970.

Eu hesito em situar a charge nas vizinhanças da caricatura. Não por razões de dignidade ou de hierarquia estética, mas porque tomam, penso eu, duas direções diferentes. Do rosto que ela esvazia, abrevia, anula em parte, remete a algumas propriedades formais e torna reconhecível por meio de um pequeno número de sinais simples, a caricatura direciona-se para o gesto, a atitude, o discurso, o acontecimento, a situação. Ela pega o tipo para lançá-lo fora dele mesmo e fazer dele um fantoche. Ela o armadilha pelo exterior, o coloca nos cavaletes. Ela se aparenta ao teatro.

A charge esconde todo o exterior, apaga as situações, esquiva os parceiros. Em torno do rosto, ela faz o vazio. E, sobre o fundo desse nada, ela intensifica, dilata a cabeça até o ponto extremo em que a fará explodir. Ela faz passar para dentro todas as convulsões de fora. Ela a enche até a borda com tudo o que preenche o mundo. Charge, em suma, tal como se diz "carga de explosivo"* ou ainda "carregar um canhão". Retrato-mundo e mapa-múnndi, figura-história, cabeça-povo, ou cabeça-classe, ou cabeça-batalha.

Mas o grande retrato-charge, de Granville ou Daumier até os dias de hoje, não transformou uma figura em símbolo, não tentou resumir toda uma história no prestígio de uma só cabeça. À força de marcá-la, escavá-la, trabalhá-la do interior, à força de insistir em seus relevos, aprofundar seus furos e suas sombras, o retrato-charge chegou a descobrir que ela não

---

* (N.T.) No original, "charge d'explosif". Em francês, "charge" possui as acepções de carga/carregamento e desenho caricatural, o que possibilita o jogo de palavras proposto por Foucault.

é nada, nada além do que se passa sobre ela e através dela, nada mais do que acontecimentos que transitam, atrocidades que estagnam, assassinatos que se multiplicam, ódios que se encarniçam, opressões. O desenho-charge finge imitar o grande retrato de história: eis aqui, em todo seu esplendor, o homem que os governa, eis aqui essa grande figura. Ele faz como se levasse a sério o homem político, como se fosse buscar nosso destino no fundo desse rosto. Mas não se deve esquecer que ele nasceu na época de Lavater, de Gall e da craniologia, na época em que a alma se fizera osso e corcova: olhem bem esses ângulos e suas asperezas, apalpem esses relevos. Não é apenas um simples envelope, é a própria verdade, segredo tornado sensível ao dedo e ao olho.

Talvez o retrato-charge tenha herdado também procedimentos familiares aos medos legendários: tipos imensos, gordos como o mundo, prontos a tudo devorar, monstros pânicos. Os retratos-charges apresentam sempre ogros. Grandes figuras, volumosas cabeças, goelas enormes; brilho do poder, segredo dos poderosos, apetite para devorar um povo.

A charge rebusca, bisbilhota, cresce e entra nesse rosto como em um palácio de sombra onde se esconde a potência. E, no momento em que acreditamos que ela, por fim, apreenderá o enigma – Quem é ele? Como esse Minotauro vai nos comer? –, ela explode de rir e de pavor. Ele olhou no fundo dos olhos esses broncos que pretendem olhar no fundo dos nossos: não há ninguém, mas um desassossego de miséria e de morte. As órbitas são fissuras de bomba; as rugas são estrias de arame farpado; as sombras, poças de sangue; a boca, o grito dos supliciados. O retrato-charge é como a morte. Ele faz as figuras entrarem em decomposição para nelas encontrar não a vanidade da vida, mas o pleno, o demasiado pleno da história.

A caricatura joga com a grandeza para reduzi-la do exterior e fazer aparecer a dura e minúscula verdade. O retrato-charge joga com a espessura, a fim de fazê-la explodir do interior e reduzir o indivíduo a não ser mais do que a aparência de um mundo. O homem político seria o contrário do grande homem? Não o herói hegeliano em quem culmina a alma do tempo, mas aquele em quem se depositam os dejetos inconfessáveis do universo?

Folheiem o álbum de Wiaz. Encontramos ali esta coisa rara: a caricatura e a charge não se excluem. Elas convivem e se alternam. Jogos da caricatura com a grandeza: Kissinger, estrela empenachada se exibe, não desceu muito bem de sua escada. Jogos de retrato-charge com a enormidade: Nixon sorri, seus dentes são bombas, o xá cintila, suas medalhas são os enforcados. Todavia, há mais. Wiaz combina a caricatura e a charge de acordo com um equilíbrio excepcional: o enorme com o minúsculo, o medonho com o derrisório, Gargântua com Lilliput, a figura de pavor com a marionete. Um velho cacoquímico, em sua cadeira de rodas, estende uma última vez sua mão, derradeiro gesto de vida, avidez última, em direção ao garrote de um condenado: é Franco, o moribundo estrangulador. Dois vagabundos jogam queda de braço, são os dois homens mais potentes do mundo: Nixon e Brejnev medem suas forças. De suas mãos fechadas, uma contra a outra, jorram cadáveres esmagados. Juan Carlos toma assento com enfatuação, coroa na cabeça. Seu trono projeta na parede a sombra de um cadafalso. Mecânica da caricatura e explosão pânica da charge: tem-se ali a extrema tensão do desenho político.

Wiaz substitui o traço tradicional pelo ponto, uma nuvem de pontos. É como se o traço tendesse demasiado, seja ao esquematismo da caricatura, seja à gravidade imóvel do retrato. A nuvem de pontos é o nevoeiro, a forma, mas sem eternidade, é o relevo com as sombras e os côncavos, mas sem consistência: homens de bruma tal como há homens de neve. O mundo adormecido juntou suas brumas para formar essas figuras de pesadelo: não têm profundidade nem segredo, não passam do encontro provisório das desgraças do mundo. O tempo as dissipará, caso o calor chegue com a luz.

E é como se fosse para marcar esse futuro que Wiaz introduz, entre Nixon e Brejnev, entre Pompidou e Giscard, outros rostos desenhados da mesma forma, prontos como aqueles a se dissiparem na história do mundo, estes sendo feitos com a bruma dos charcos e as poeiras do sol. Rostos de Lowry, de Zapata ou de Buster Keaton.

Nas se deve rir de Lamartine, que recusava a não sei mais qual desenhista fazer seu retrato-charge: "Meu rosto pertence a todo mundo, ao sol tanto quanto ao riacho, mas do jeito que ele é. Não quero profaná-lo espontaneamente." Ele compreendera que a armadilha não era a feiura que se poderia tirar de qualquer rosto, tal como um tanto de beleza pode surgir do mais feio. A armadilha, ele o sentia, é que de seu rosto de homem político nunca se poderia extrair o sol nem o riacho.

1976

Michel Foucault, o Ilegalismo e a Arte de Punir

"Michel Foucault, l'illégalisme et l'art de punir" (entrevista com G. Tarrab, *La Presse*, n. 80, 3 de abril de 1976, p. 2 e 23).

– *É possível fazer a economia da dimensão psicológica quando se analisa o meio penitenciário, tal como o senhor faz? O senhor não corre o risco de se colocar em um nível demasiado ideal? Suas conclusões não seriam demasiado "ideal-típicas" para aquele que trabalha no cotidiano do que se vive nos cárceres? Parece-me não haver apenas uma economia política dos ilegalismos, há também uma economia propriamente energética do corpo do detento e do que se faz disso na prisão, a maneira como se dispõe disso. O senhor mesmo fala de "mandato de prisão".** ª *Ora, o corpo é subtendido por uma psique. O que o senhor faz com isso?*

– Não digo que se deve fazer a economia disso. Na verdade, não me interesso pelo detento como pessoa. Interesso-me pelas táticas e estratégias do poder que subtendem essa instituição paradoxal, a prisão, a um só tempo sempre criticada e sempre renascente. Nessa medida, não creio que a dimensão psicológica deva ser posta imediatamente a serviço da análise. Tome o problema do corpo: com efeito, ele é muito importante na mecânica da prisão. Ora, não é, como diz o direito, uma simples privação da liberdade, é mais: há uma tática do poder político que se interessa pelo corpo das pessoas: corpo dos soldados, das crianças, dos operários, que se deve manter em boas condições. A psicologia, é claro, está implicada nisso, mas, de algum modo, ela está relegada ao último escalão de uma análise

---

* (N.T.) No original, "*prise de corps*", cuja tradução literal seria "tomada de corpo", o que possibilita o argumento de G. Tarrab em seguida.

que começa pelo poder. O problema não é pôr a psicologia diante da sociologia. O problema é a problemática do poder. Penso que a questão não é se o poder pode ou não ser analisado com os conceitos da psicologia ou da sociologia. O poder é, em essência, uma relação de força, portanto, até certo ponto, uma relação de guerra. Consequentemente, os esquemas a utilizar não devem ser tomados emprestado da psicologia ou da sociologia, mas da estratégia. E da arte da guerra.

– *Mas essas relações de guerra, em geral, deixam uma marca profunda na carne e no corpo dos detentos, tanto quanto em sua psique...*

– Mas o problema não é esse. Meu problema é saber se, pelo fato de o poder deixar marcas no corpo e no psiquismo, estes devem servir de fio condutor e de modelo para a análise. Para mim, o que deve servir de fio condutor para a análise são as relações de estratégia, ficando bem entendido que esta ou a tática do poder deixará marcas no corpo dos indivíduos, assim como uma guerra deixa cicatrizes no corpo dos combatentes. Mas não será a cicatriz que lhe permitirá remontar o fio da estratégia.

– *Em sua conferência,[1] o senhor atacou muito os criminologistas, os trabalhadores sociais e os aparentados...*

– O desmantelamento atual da prisão produz certo número de efeitos, como o prolongamento das mesmas velhas funções de culpabilização, de fixação do trabalho, que se havia pedido à prisão para garantir. Todavia, não se deve cantar vitória depressa demais, tal como o fazem alguns criminologistas, dizendo: "Temos uma alternativa para a prisão." Diria, antes, que temos uma iteração, não uma alternativa, uma iteração da prisão sob formas ligeiramente diferentes. Portanto, não é preciso que o trabalho pare ali. Cabe ver o que está no fundo da mecânica penal. E o que está no fundo não é alguma coisa como a repressão de uma bioenergética ou de um potencial instintivo do indivíduo (nesse sentido, não sou nem reichiano, nem marcusiano). De fato, a sociedade busca, mediante o sistema penal, organizar, acomodar, tornar política e economicamente vantajoso todo um jogo de legalidades e de ilegalismos. E a sociedade toca muito bem nesse duplo teclado. Ali deve

---

[1] Conferência na Universidade de Montreal, no âmbito da semana do prisioneiro, sobre o tema das alternativas à prisão, em 29 de março de 1976.

ser situado, penso eu, o alvo da ação política. Não é pelo fato de tentarmos generalizar que nos afastamos do vivido ou do concreto. Uma ação, uma vez que ela é local, pontual, precisa, ligada a uma conjuntura determinada, se quisermos que tal ação não seja cega, ela deverá estar ligada a uma teoria. Não há antinomia entre o local e o teórico.

Ademais, há uma clivagem entre duas categorias de pessoas que se interessam pela prisão: por um lado, as que querem reparar, compensar os efeitos nocivos da prisão, e, por outro, as que a consideram como devendo ser posta em questão, não apenas por ser um meio não eficaz de punir, mas por fazer parte de um sistema geral de punição que não pode ser aceito. O essencial do problema é o que provocará o envio de um indivíduo à prisão.

– *Como o senhor explica o encaminhamento de seu modo de pensar? O senhor começou com* História da loucura, *em 1960-1961; depois veio* O nascimento da clínica, *em 1962-1963; em seguida,* As palavras e as coisas, *em 1965-1966, que rompe com os dois primeiros volumes, assim como* Arqueologia do saber, *em 1968-1969. Aí, o senhor retorna aos seus primeiros amores, em 1972-1973, com* Pierre-Riviere, *e com* Vigiar e punir, Nascimento da prisão, *em 1975...*

– O senhor tem razão: os dois primeiros e os dois últimos formam uma continuidade. Por fim, o que faz exceção é As palavras e as coisas, uma espécie de digressão. No começo, ninguém se interessou por meu primeiro livro, a não ser literatos como Barthes e Blanchot. Mas nenhum psiquiatra, nenhum sociólogo, nenhum homem de esquerda. Com O nascimento da clínica foi ainda pior: silêncio total. Naquela época, a loucura, a saúde ainda não constituíam um problema teórico e político nobre. Nobre era a releitura de Marx, a psicanálise, a semiologia. De sorte que fiquei muito decepcionado com tal desinteresse, não o escondo. Deixei, então, tudo isso em pousio e me pus à redação de As palavras e as coisas, uma obra sobre as ciências empíricas e sua transformação puramente teórica nos séculos XVIII e XIX. Todavia, era uma espécie de apêndice aos dois livros precedentes. Depois, em 1968, bruscamente, esses problemas de saúde, loucura, sexualidade, corpo entraram diretamente no campo das preocupações políticas. O *status* dos loucos passou a interessar, de repente, a toda uma população. Aqueles livros foram, então, superconsumidos, ao passo que no período precedente eram subconsumidos. Depois dessa data, retomei minha esteira com mais serenidade de espírito e mais certeza sobre o fato de não ter me enganado. Aliás, meu próximo livro tratará das instituições militares.

– *Como é que senhor se sente quando dizem (ainda hoje!) que o senhor é um dos pioneiros do estruturalismo formalista?*

– Eu fulmino! Alguma vez o senhor encontrou a palavra "estruturalista" em algum de meus livros? Mesmo em *As palavras e as coisas* não há um só termo referido a isso. Acuso explicitamente de mentira descarada gente como Piaget que diz que sou um estruturalista. Piaget só pode dizê-lo por mentira ou idiotice: eu lhe deixo a escolha.

1976

Pontos de Vista

"Points de vue", *Photo*, n. 24-25, verão-outono de 1976, p. 94. (Trecho da conferência proferida em 29 de março de 1976, na Universidade de Montreal, no âmbito da Semana do Prisioneiro, sobre o tema das alternativas para a prisão.)

Relançado sem cessar pela literatura policial, pelos jornais, pelos filmes, atualmente, o apelo ao medo do delinquente, toda a formidável mitologia aparentemente glorificante, mas, de fato, atemorizante, essa enorme mitologia construída em torno do personagem do delinquente, em torno do grande criminoso tornou natural, naturalizou, de algum modo, a presença da polícia no meio da população. A polícia, da qual não se deve esquecer tratar-se de uma invenção igualmente recente, do final do século XVIII e começo do século XIX. Esse grupo de delinquentes assim constituído e profissionalizado é utilizável pelo poder, para muitos fins, utilizável para tarefas de vigilância. É entre esses delinquentes que se recrutarão os delatores, espiões etc. É utilizável também para uma quantidade de ilegalismos vantajosos para a classe no poder. Os tráficos ilegais que a própria burguesia não quer fazer por si, pois bem, ela os fará muito naturalmente por meio de seus delinquentes. Portanto, vocês veem, com efeito, muitos lucros econômicos, políticos, e, sobretudo, a canalização e a codificação estreita da delinquência encontraram seu instrumento na constituição de uma delinquência profissional. Tratava-se, então, de recrutar delinquentes, tratava-se de fixar pessoas à profissão e ao *status* de delinquente. E qual era o meio para recrutar os delinquentes, mantê-los na delinquência e continuar a vigiá-los indefinidamente em sua atividade de delinquente? Pois bem, esse instrumento era, bem entendido, a prisão.

A prisão foi uma fábrica de delinquentes. A fabricação da delinquência pela prisão não é um fracasso desta, é seu sucesso, já que ela foi feita para isso. A prisão permite a recidiva, garante a constituição de um grupo de delinquentes bem profissionalizado e fechado sobre si mesmo, por intermédio do jogo do registro judiciário, medidas de vigilância, pela presença dos delatores no meio dos delinquentes, pelo conhecimento detalhado desse meio permitido pela prisão. Vocês observam que a instituição da prisão permite manter o controle sobre os ilegalismos. Ao excluir valendo-se desses efeitos toda reinserção social, ela garante que os delinquentes permaneçam delinquentes e que, por outro lado, o permanecerão, já que são delinquentes sob o controle da polícia e, se quisermos, à sua disposição.

Assim, a prisão não é o instrumento que o direito penal se deu para lutar contra os ilegalismos. Ela foi um instrumento para rearranjar o campo dos ilegalismos, para redistribuir a economia dos ilegalismos, produzir certa forma de ilegalismo profissional, a delinquência, que, por um lado, pesaria sobre os ilegalismos populares e os reduziria, e, por outro, serviria de instrumento para o ilegalismo da classe no poder em face do operário, cuja "moralidade" era absolutamente indispensável, desde que se passou a ter uma economia de tipo industrial.

1977

Prefácio

Préface, in Debard (M.) e Henning (J.-L.), *Les juges kaki*, Paris, A. Moreau, 1977, p. 7-10.

Les juges kaki é a crônica das audiências dos oito tribunais permanentes das forças armadas (TPFA) entre 1975 e 1977. O desaparecimento dos tribunais militares funcionando em tempos de paz, desde 1972, foi uma jogada política. Madéleine Debard fundou, em 1967, o Grupo Ação e Resistência à Militarização (GRAM), que se fez conhecer por uma ação contra a força de ataque nuclear e uma campanha a favor da objeção de consciência. Jean-Luc Henning, jornalista no *Libération*, foi excluído do ensino a partir de 1968.

Quando os soldados prestam homenagens, quando o presidente está de toga e os juízes, uniformizados, quando um público raro os espera, de pé, em uma sala não encontrável no fundo de uma caserna, isso vale a pena: a majestade da justiça faz sua entrada no pequeno mundo da disciplina indefinida. Lei mais regulamento: é a própria ordem em sua perfeição.

A justiça militar arrastou por muito tempo a infâmia do *affaire* Dreyfus. Talvez ela tenha se beneficiado disso: espreitavam-na, sobretudo, em seus grandes escândalos e seus crimes seculares. Mas, e sua rotina cotidiana, quando ela tem de julgar o pequeno desertor, aquele que rapina, injuria seu sargento, ou esquece de retornar da permissão? Detalhes sobre os quais, quem sabe, se precisaria passar, se não se quer perder o fio da verdadeira questão.

Justamente, não: encontramos ali esse fio, vermelho e bem visível. Leiam todas essas ínfimas histórias. Não há uma, sejam quais forem seu protagonista ou as peripécias, que não gire, de perto ou de longe, em torno "da" questão: aceitar ou recusar a ordem militar, rejeitar em bloco ou em parte os princípios que ela faz atuar. Nenhum acusado que não estaria pronto para dizer, afinal, esta simples frase por meio da qual um deles, certo dia, fez os juízes caírem do cavalo, deixando-os grunhindo de raiva: "Não gosto do exército." Há bem poucas dessas indisciplinas que não sejam referidas à rebelião, por um gesto frequentemente distraído, como se, por acaso ou ingenuidade, elas a aflorassem. Tampouco são anedóticos esses traços que marcam, quase sem exceção, os relatos de audiências do TPFA: o mau humor e a vulgaridade dos procuradores, a parvoíce dos juízes, sua cachorrice com todos. É que eles têm uma função precisa. Eles não estragam a cerimônia. No momento em que a rigidez dos ritos serve para erguer o poder que condena, eles formam outros tantos contrarritos que "reduzem" a questão formulada por aquele que se vai condenar. Há lugares e momentos em que o grotesco é indispensável ao poder: ele precisa se humilhar para ofender. Por essa razão, só devemos dar um meio riso ao ouvirmos a simplicidade estúpida do presidente: "Você é um bom rapaz, não muito inteligente, em suma, você não é exatamente como todo mundo." Ou então: "Seus irmãos e irmãs são normais, você herdou os cromossomas ruins. Você fez pipi na cama até uma idade avançada. Portanto, você não é normal, você se aproxima do francês mediano." Em suma é o mesmo que dizer: "Entre você que não passa disso e eu que não digo outra coisa, você não vai nos fazer crer ser possível formularmos a importante questão do direito do exército de julgar aqueles que o recusam." Ao ridicularizar os que julgam, a grosseria dos magistrados diminui, chegando ao derrisório o problema da justiça que produzem.

*

Sabemos que a força calma do Estado envelopa sua violência; sua leis, o ilegalismo; suas regras, o arbitrário. Todo um pulular de abusos, excessos, irregularidades forma não o inevitável desvio, mas a vida essencial e permanente do "Estado de direito". O mau caráter do procurador ou a indigestão do juiz, a sonolência dos jurados não são contratempos à universalidade da lei, eles garantem o exercício da regra. E esses jogos, com tudo o que comportam de incertezas, riscos, ameaças e armadilhas, organizam não um terror, por certo, mas um nível médio e comum de receios, o que se poderia chamar um

"Estado do medo", o que é o avesso vivido pelos indivíduos do Estado de direito.

Este é, então, o problema a ser formulado em toda sociedade que funciona sob esse modelo: como extrair esse ilegalismo da legalidade que o abriga? Como arrancar essa violência da penumbra e da familiaridade que as tornam quase invisível? Como fazê-la sair da monotonia dos mecanismos gerais que lhe dão ares de ser inevitável e, no fim das contas, tolerável?

Podemos desafiar a violência escondida para fazê-la sair das formas regradas às quais ela se encontra totalmente aderida. Podemos provocá-la, evocar, de sua parte, uma reação tão forte que escapará de qualquer medida e se tornará inaceitável a ponte de, com efeito, não podermos mais aceitá-la. Podemos exasperar o estado de medo médio e levá-lo ao vermelho. Estratégia de guerra pela "ascensão aos extremos". Podemos também proceder ao inverso: em vez de tornar mais ameaçadores os mecanismos do poder, baixar o limiar a partir do qual se suporte os que já existem, trabalhar para tornar mais irritáveis as epidermes e mais renitentes as sensibilidades, aguçar a intolerância aos fatos do poder e aos hábitos que os ensurdecem, fazê-los aparecer naquilo que têm de pequeno, de frágil e, consequentemente, de acessível, modificar o equilíbrio dos medos, não por uma intensificação que aterroriza, mas por uma medida da realidade que, no sentido estrito do termo, "encoraje".

*

O livro de Mirreille Debard e Jean-Luc Henning segue, penso eu, esse caminho. Nele encontramos toda uma tática da impaciência e da verdade, uma arte de fazer surgir do ordinário o exorbitante, e daquilo que usualmente toleramos a brutalidade que revolta. Nele encontramos, também, certa economia de relato sem nenhuma das ênfases que desconsideram o leitor. Em suma, todo um estilo de intervenção política que foi muito importante ao longo desses últimos anos e que por certo não esgotou suas possibilidades. Recentemente, Christian Hennion deu um exemplo disso com seu livro sobre os flagrantes delitos.[1] Trata-se de multiplicar, no tecido político, os "pontos de repulsa" e de ampliar a superfície das dissidências possíveis. Na batalha contra as instituições de poder, trata-se de utilizar o que os táticos chamavam de "ordem fina". É sabido que ele colheu vitórias.

---

1 (N.A.) Cabe ler igualmente o livro notável de Bernard Rémy, *Journal de prison* (Paris, 1977), uma das obras mais fortes sobre o aprisionamento militar e, através dele, sobre a instituição militar em seu conjunto.

1977

O Pôster do Inimigo Público n. 1

"Le poster de l'ennemi public nº 1", *Le Matin*, n. 6, 7 de março de 1977, p. 11. (In J. Mesrine, *L'instinct de mort*, Paris, Jean-Claude Lattès, 1979.)

Em 2 de março de 1977, ocorreu uma busca na sede das edições Jean-Claude Lattès visando a pesquisar em que condições o manuscrito de *L'instinct de mort*, atribuído a Jacques Mesrine, pôde sair da prisão da Santé.

Parece que Mesrine existe. Não é *L'instict de mort* que me convencerá disso. Esse texto corre o risco de lhe custar a cabeça? É o que dizem, eu não o desejo. De todo modo, ele já apagou seu rosto. Banalidades, frases feitas, a lâmina da faca na noite, as mandíbulas comprimidas do assassino, o olhar revirado da vítima, a noite caindo sobre os telhados da prisão: não fosse a confiança que se deve ter no editor e no autor, se poderia crer tratar-se de um *rewriting* para supermercado. Mas talvez esse seja um efeito desejado.

Assim como é desejada a sensaboria do personagem representado: tem-se uma infância feliz, rosa, adora sua mãe, sufoca-se uma mejendra (único remorso valendo por toda vida), salva-se a honra de uma filha e desdenha-se as mulheres, a sociedade podre ensina a maneira de matar sem dar os meios para viver, torna-se duro como uma lâmina, rápido como um fogo, justo como um canhão serrado. E quando se faz prender, traga champanhe com o inspetor, pois se está entre homens, entre os "verdadeiros". Quanto a vocês, gente que não vale nada, que ficam sentados – e ainda por cima trabalhando –, essas grandezas os ultrapassam, vocês nunca as compreenderão.

Façamos-lhe justiça, antes do outro: o autor se vestiu corretamente, fez de tudo para se tornar parecido, familiar, comum, conforme ao que se espera. Acreditar-se-ia que ele foi fabricado por um aderecista escrupuloso. Um pôster para quarto de costureirinha. Mas não zombemos dele, ele nada inventou. Tudo isso lhe veio de romances, jornais, revistas ilustradas e filmes que, há 150 anos, nos contam, dia a dia, a saga monótona dos grandes criminosos.

Caberia bem nos perguntarmos um dia como pode ainda e sempre funcionar essa ficção mais usada do que *Un bon petit diable*. E como é que ela pode deslocar tanto dinheiro e mobilizar tantos corações.

Hoje, o problema não é esse. O problema é que essa banalidade se torne escândalo. Afinal, temos diante de nós o bandido mais modesto, mais apreensivo de ser pego por qualquer outro: Guillery ou Jack, o Estripador, Arsène Lupin ou Lacenaire. E eis que se grita: a televisão interroga advogados e criminologistas, a justiça se dá ao ridículo, ao odiento de ir revistar o editor. E, no entanto, se há um dia em que esse vigarista jogou o jogo e obedeceu ao Código, foi justamente quando escreveu o texto.

Por que então dizem as autoridades: "Não é esse o jogo?" Porque gostamos muito de nos dar medo nos contando histórias de bandido, mas não gostamos tanto quando são os próprios assaltantes que as contam? Talvez. Mas essa não é a única razão. Pois as memórias de criminosos são um gênero bastante antigo e de muito boa companhia. A prova disso está no fato de que os policiais gostam muito de lhes responder com um piscar de olhos cúmplice: Canler ecoa em Lacenaire, e o inevitável comissário, cujo nome esqueci, é, para Mesrine, o vaso simétrico do outro lado da chaminé.

Ora, o que dizem as autoridades? "Não podemos admitir que Mesrine fale assim *antes* de seu processo." Escândalo não do conteúdo (pré-fabricado e vendido antecipadamente), mas do momento. E, no entanto, o que há de mais desejável para a justiça penal do que um criminoso que confessa?

Quantas penas ele poupa! Mas é preciso ainda que a confissão aconteça na devida forma, no interior do procedimento. Produzido por ele, utilizado por ele, publicado no momento certo, ele é, de algum modo, a assinatura do acusado nas peças que permitirão condená-lo. É uma rendição. ("Bravo, senhor inspetor! O senhor ganhou!"), é um quase contrato ("Aceito antecipadamente minha punição, senhor juiz"); mas, de todo modo, ele deve desenrolar-se no colóquio singular, entre a justiça e aquele que está sujeito à jurisdição.

Tolerar-se-á facilmente que essa confissão seja endereçada à opinião pública depois da condenação, pois é uma maneira de dizer ao bom público: "Os seus juízes que me sancionaram tinham razão." Mas lançar sua confissão aos bastidores, por cima do juiz, quando se é um simples acusado é acabar com o jogo. Esse é o inadmissível.

Não se deve esquecer que esse apelo em forma de confissão pública vai na direção da penalidade moderna (a que data da Revolução Francesa). Julga-se em nome do povo, que tem o direito de saber. O júri não deve ser tão somente a expressão da consciência coletiva. É preciso que o público esteja em condições de conhecer o que está em debate. O que há de intolerável no crime e de necessário na sanção deve ser reconhecido por todo o corpo social. É possível que o manuscrito de Mesrine tenha saído apesar dos regulamentos da prisão. Mas, em espírito e em equidade, sua publicação não é condenável.

Diria até que ela é útil. Ela abala esses jogos sutis da publicidade e do secreto, dos quais o aparelho judicial faz uso para garantir seu funcionamento. É outra maneira de formular essa questão, tão frequentemente encontrada nestes últimos tempos: em uma justiça democrática, qual é a parte legítima do segredo? Os juízes que têm o direito de punir e, por vezes, de matar, que direito têm eles de silenciar sobre o que acontece junto a eles e de impor o mutismo aos que eles julgam? Discute-se com frequência sobre a obrigação de reserva dos magistrados. Mas é preciso fazer um giro no problema e formulá-lo em termos gerais: temos, hoje, de reexaminar o direito ao segredo que o aparelho judiciário se arrogou.

E, a partir disso, retornando a banalidade do livro de Mesrine que há pouco me fazia rir, eu me pergunto, por fim, se ela não é um direito que ele próprio exerce, espécie de defesa legítima. Pois, enquanto ele foi perseguido ou logo que foi preso, quais imagens as mídias deram dele para a opinião pública, portanto, aos jurados eventuais, a não ser esses clichês e essas banalidades? Mesrine apenas os reenvia ali de onde eles vêm. Em suma, diz ele: "Para fins que me ultrapassam, fizeram a bricolagem de uma imagem minha com peças e pedaços usados. Desenharam o fantoche do 'inimigo público número um'. Pois bem, eu o sou. Não apenas ratifico meus crimes, mas a caricatura de criminoso com a qual vocês quiseram cobri-los. Não chorarei, nem me debaterei, nem farei valer contra essa fábula alguma deplorável realidade. Eu me conformo exatamente a essa representação da qual, por meio de livros e de filmes, vocês obtêm dinheiro, terror e gozo. Acabou-se esse jogo duplo, viva o teatro da verdade! Condenem, se quiserem, mas em um verdadeiro tribunal e a uma verdadeira pena, esse ídolo cintilante, irreal e negro, do qual alguns tiram proveito, outros, prazer, e todos, uma boa razão de não ver como funciona a justiça."

Admiremos a partida de xadrez que joga Mesrine e a "bela jogada" que ele acaba de fazer. Mas que esse livro hábil não nos empeça de ouvir, do outro lado dos muros, palavras mais graves.

Não nos esqueçamos de uma coisa: no dia em que as pessoas estão saturadas daquilo que se passa do lado crime, elas aceitam não saber o que acontece do lado de uma justiça que se apresenta em nome delas.

1977

A Grande Cólera dos Fatos

"La grande colère des faits", *Le Nouvel Observateur*, n. 652, 9-15 de maio de 1977, p. 84-86. (*In* A. Glucksmann, *Les Maîtres penseurs*, Paris, Grasser, 1977.)

O que aconteceu de menos insignificante em nossas cabeças a uma quinzena de anos? Direi em um primeiro movimento: certa raiva, uma sensibilidade impaciente, irritada com o que se passa, uma intolerância com a justificação teórica e com todo esse lento trabalho de apaziguamento garantido dia a dia pelo discurso "verdadeiro". Sobre o fundo de um cenário franzino plantado pela filosofia, pela economia política e por tantas outras belas ciências, eis que loucos, doentes, mulheres, crianças, prisioneiros, supliciados e mortos se levantaram, aos milhões. No entanto, só Deus sabe o quanto estávamos armados de teoremas, princípios e palavras para triturar tudo isso. Que apetite repentino é esse de ver e de ouvir esses estranhos tão próximos? Que preocupação é essa por essas coisas toscas? Fomos pegos pela cólera dos fatos. Cessamos de suportar aqueles que nos diziam, ou melhor, o sussurro que, em nós, dizia: "Pouco importa, um fato nunca será nada por ele mesmo. Escuta, lê, espera. Isso se explicará, mais adiante, mais tarde, mais alto."

Voltou a era de Cândido, em que não podemos mais escutar a pequena canção universal que dá razão a tudo. Os Cândidos do século XX, que percorreram o velho e o novo mundos através dos massacres, das batalhas, das fossas de cadáveres e das pessoas aterrorizadas, existem: nós os reencontramos, ucranianos ou chilenos, tchecos ou gregos. Hoje, a moral do saber é, talvez, tornar o real agudo, áspero, anguloso, inaceitável. Então, irracional? Claro, se torná-lo racional é apaziguá-lo, povoá-lo com uma tranquila certeza, fazê-lo passar por uma grande máquina teórica a produzir racionalidades dominantes. Claro, ainda, se torná-lo irracional é fazer com que ele cesse de ser necessário e se torne acessível às disputas, às lutas, às altercações. Inteligível e atacável na exata medida em que o "desracionalizamos".

Recentemente, ouvi Glucksmann dizer que era preciso abandonar a velha questão de Kant: "O que me é permitido esperar?" Ele queira que nos perguntássemos, de preferência: "Com que devemos nos desesperar?" Com efeito, do que precisamos nos desprender? Pelo que não devemos mais nos deixar levar ou adormecer? O que é que não podemos deixar correr solto, isto é, em nosso lugar ou por nós? Contra os discursos que nos mantêm tranquilos sob o peso de suas promessas, Glucksmann acaba de escrever, alegremente, rindo e gritando, um "tratado do desespero". Referência um tanto pedante, peço desculpas, e inoportuna: nos dias de hoje, a profissão de Kierkegaard do marxismo é muito cobiçada e Glucksmann não a busca.

No entanto, sua questão permanece, tal como para todo filósofo, há mais de 150 anos: como não ser mais hegeliano? Só que Glucksmann não se pergunta como revirar Hegel, pô-lo sob seus pés, ou sobre sua cabeça, aliviá-lo de seu idealismo, lastrá-lo com economia, fragmentá-lo, humanizá-lo. Ou seja, como não ser *de modo algum* hegeliano?

A prova decisiva para os filósofos da Antiguidade era sua capacidade de produzir sábios que, na Idade Média, racionalizassem o dogma; na Idade Clássica, fundassem a ciência. Na época moderna, é sua aptidão a justificar os massacres. Os primeiros ajudam o homem a suportar sua própria morte; os últimos, a aceitar a dos outros.

Os massacres napoleônicos têm, há um século e meio, uma pesada descendência. Mas apareceu outro tipo de holocausto: Hitler, Stalin (o intermediário entre uns e outros e o modelo dos segundos encontrando-se, sem dúvida, nos genocídios coloniais). Ora, toda uma esquerda quis explicar o *goulag*, senão como as guerras, pela teoria da história, ao menos pela história da teoria. Massacres, sim, sim, mas "foi um erro terrível. Releiam então Marx ou Lenin, comparem com Stalin e vocês verão com clareza onde foi que este se enganou. Tantos mortos, é evidente, só poderiam vir de um erro de leitura. Poder-se-ia prevê-lo: o stalinismo-erro foi um dos principais agentes desse retorno ao marxismo-verdade, ao marxismo-texto ao qual assistimos durante os anos 1960. Contra Stalin, não escutem as vítimas, pois estas só teriam seus suplícios para contar. Releiam os teóricos. Eles lhes dirão a verdade do verdadeiro. Os eruditos, temerosos de Stalin, remontavam a Marx como à sua árvore. Glucksmann teve a audácia de descer até Soljenitsyne. Escândalo de *La Cuisinière*.[1] Mas o escândalo que não foi nunca perdoado não foi o de levar a Lenin ou a tal outro santo personagem o peso das faltas futuras, foi mostrar que não havia "erro" que se permaneceu no rumo certo, que o stalinismo era a verdade, "um tanto" despojada, é verdade, de todo um discurso político, fosse o de Marx ou de outros talvez anteriores a ele. Com o *goulag*, viam-se não as consequências de um erro infeliz, mas os efeitos das teorias as mais "verdadeiras" na ordem da política. Os que buscavam salvar-se opondo a verdadeira barba de Marx ao falso nariz de Stalin não gostaram nada disso.

O brilho dos *Maîtres penseurs*, sua beleza, suas exaltações, suas nuvens e seus risos nãos são efeitos de humor, mas de necessidade. Glucksmann quer lutar com as mãos nuas: não refutar um pensamento com o outro, não colocá-lo em contradição consigo próprio, nem mesmo objetar-lhe fatos, mas situá-lo face a face com o real que faz sua mímica, colocar-lhe o nariz nesse sangue que ele reprova, absolve e justifica. Para ele, trata-se de chapar, sobre as ideias, as cabeças dos mortos que se lhes parecem. Há muito tempo que tudo é feito para que a filosofia possa dizer, como Guilherme II espreitando de longe os matadouros de Verdun: "Eu não queria isso." Mas Glucksmann chama sua atenção, a faz descer de seu tablado, põe-lhe o dedo na ferida. E diz, quase sem brutalidade, admito: "Pretenda, então, que você não se reconhece nisso."

Reconhecer-se em quê? Nos jogos do Estado e da revolução. A Revolução Inglesa no século XVII fora prestigiosa: ela servira de exemplo, difundira seus princípios, teve seus historiadores e seus juristas, em suma, valera essencialmente por seus resultados. A Revolução Francesa trouxera um tipo de problema totalmente diferente. Menos por seus resultados do que pelo

---

[1] Glucksmann (A.), *La Cuisinière et le mangeur d'hommes. Essai sur les rapports entre l'État, le marxisme e les camps de concentration*, Paris, Éd. du Seuil, 1975, col. "Combats". [(N.R.T.) Foi traduzido em português pela Paz e Terra.

próprio acontecimento. O que acabara de acontecer? Em que consistiu essa revolução? Foi a revolução? Será que ela pode, ela deve recomeçar? Caso esteja incompleta, devemos concluí--la? Se está concluída, que outra história inaugurar, agora? Doravante, como fazer para haver revolução, ou para evitá-la? Logo que arranhamos um pouco os discursos dos filósofos, mas também a economia política, a história, as ciências humanas do século XIX, o que encontramos debaixo deles é sempre: constituir um saber a respeito da revolução, a favor dela ou contra ela. O século XIX "teve de pensar", como diriam os filósofos, nessa grande ameaça-promessa, nessa possibilidade já terminada, nesse retorno incerto.

Na França, foram os historiadores que pensaram a revolução. Talvez, justamente porque ela pertencia à nossa memória. Para nós, a história faz às vezes de filosofia (os "filósofos" franceses pensaram, por certo, na revolução, como todo mundo: eles nunca a pensaram, exceto dois que, no extremo oposto um do outro, tiveram uma importância secular: Comte e Sartre). Disso decorre, sem dúvida, a primeira preocupação dos historiadores, à exceção notável de François Furet e Denis Richet:[2] mostrar, em primeiríssimo lugar, que a revolução de fato aconteceu, que foi um acontecimento único, localizável, concluído. Resulta daí seu zelo de recolocar tudo em ordem, sob o signo único de uma revolução que, por sua força de atração, "comanda" todos os confrontos, rebeliões, resistências que atravessam interminavelmente nossa sociedade.

Na Alemanha, a revolução foi pensada pela filosofia. Não, segundo Glucksmann, pelo fato de não restar aos alemães senão ideias para sonhar, uma vez que estavam atrasados em relação à economia inglesa e à política francesa, mas por estarem, ao contrário, em uma situação exemplar e profética. Esmagado sucessivamente pela guerra dos camponeses, sangrado pela Guerra dos Trinta Anos e pelas invasões napoleônicas, o estado da Alemanha era apocalíptico.

Início do mundo. O Estado deve nascer e a lei, começar. A Alemanha submeteu a um mesmo desejo o Estado e a revolução (Bismarck, a social-democracia, Hitler e Ulbricht perfilam--se facilmente uns atrás dos outros). O depauperamento do Es-

---

2 Furet (F.) e Richet (D.), La Révolution française, Paris, Fayard, 1965.

tado e a remissão *sine die* da revolução nunca foram para ela senão sonhos passageiros.

Ali, parece-me, está o centro do livro de Glucksmann, a questão fundamental formulada por ele, sem dúvida o primeiro: por meio de que truque a filosofia alemã pôde fazer da revolução a promessa de um verdadeiro, de um bom Estado e, do Estado, a forma serena e realizada da revolução? Todas as nossas submissões encontram seus princípios nesta dupla incitação: façam rápido a revolução, ela lhes dará o Estado de que necessitam; apressem-se em fazer um Estado, ele lhes prodigalizará generosamente os efeitos razoáveis da revolução. Tendo de pensar a revolução, começo e fim, os pensadores alemães a cavilharam ao Estado e desenharam o Estado-revolução com todas as soluções finais. Assim, os mestres pensadores agenciaram todo um aparelho mental, aquele que subtende os sistemas de dominação e as condutas de obediência nas sociedades modernas. Eles deveriam, ainda, conjurar quatro inimigos, quatro vagabundos, questionadores e indiferentes, que se recusavam, diante da iminência do Estado-revolução, a bancar os cavaleiros do Apocalipse:

– o *Judeu*, porque ele representa a ausência de terra, o dinheiro que circula, a vagabundagem, o interesse privado, o laço imediato com Deus, ou seja, maneiras de escapar ao Estado. O antissemitismo, fundamental no pensamento alemão do século XIX, funcionou como uma longa apologia do Estado. Foi também a matriz de todos os racismos que marcaram os loucos, os anormais, os metecos. Não sejam judeus, sejam gregos, diziam os mestres pensadores. Saibam dizer "nós" quando pensarem "eu";

– Panurge, o indeciso, porque interroga sempre e nunca se decide: queria se casar, mas não quer ser corno, porque fazia o elogio da dívida infinita. De preferência, entrem na abadia de Telema: ali, vocês serão livres, mas porque lhes terão dado a ordem, ali vocês farão o que quiserem, mas outros o farão ao mesmo tempo que vocês e vocês com os outros. Sejam obedientes à ordem de ser livres. Revoltem-se: ao fazê-lo, vocês estarão dentro da lei; não o fazendo, vocês desobedecerão. Isso é exatamente o que eu lhes digo para fazer;

– Sócrates, que não sabia nada, mas disso tirava bobamente a conclusão de que a única coisa que sabia é que não sabia nada, quando, com prudência, deveria ter reconhecido: já que não sei, outros sabem. A consciência de ignorar deve ser uma consciência hierárquica: saibam vocês, ignorantes, dizem os mestres do pensamento, que o erudito, o universitário, o diplomado, o técnico, o homem de Estado, o burocrata, o partido, o dirigente, o responsável, a elite sabem no lugar de vocês; – Bardamu, por fim Bardamu, o desertor, que dizia, no dia em que todo mundo se trespassava com a baioneta, que só lhe restava "cair fora".

Assim, os mestres pensadores ensinam, para o maior bem do Estado-revolução, o amor à cidade, a obrigação das liberdades respeitosas, as hierarquias do saber, a aceitação dos massacres sem fim. Glucksmann desmonta o cenário solene que enquadra essa grande cena na qual, desde 1789, com suas entradas de direita e de esquerda, se joga a política; e, no meio desses fragmentos espalhados, ele lança o desertor, o ignorante, o indiferente, o vagabundo. *Les Maîtres penseurs* é, como alguns dos grandes livros de filosofia (Wagner, Nietzsche), uma história do teatro no qual, sobre o mesmo palco, duas peças misturaram-se, estranhamente: *A morte de Danton* e *Woyzeck*. Glucksmann não invoca uma vez mais Dionísio sob Apolo. Ele faz surgir, no coração do mais alto discurso filosófico, fugitivos, vítimas, os irredutíveis, os dissidentes, sempre reerguidos, em suma, esses "cabeças ensanguentadas" e outras formas brancas que Hegel queria apagar da noite do mundo.

1977

A Angústia de Julgar

"L'angoisse de juger" (entrevista com R. Badinter e J. Laplanche), *Le Nouvel Observateur*, n. 655, 30 de maio-6 de junho de 1977, p. 92-96, 101, 104, 112, 120, 125-126.

P. Henry, depois de haver raptado um menino para obter um resgate, entrou em pânico e o enforcou. A banalidade do criminoso, sua confissão, seu protesto pela pena mais severa desconcertaram a opinião pública. Seu processo, em Troyes, tornou-se um *affaire* nacional, opondo partidários e adversários da pena de morte. O arrazoado do Sr. Badinter, advogado de P. Henry, contribuiu grandemente para arrancá-lo da guilhotina. A pena capital foi abolida na França em 1981, quando R. Badinter era ministro da Justiça.

J. Laplanche: A pena de morte é uma pena absoluta, quer dizer, uma pena que abole o criminoso ao mesmo tempo que o crime. Ora, não temos mais as certezas teológicas, a fé cega que nos autorizavam a pronunciar tal pena. Bastar-me-ia saber que, entre mil condenados, havia um único inocente, para que a abolição da pena de morte fosse indispensável: erro judiciário, quando se quiser repará-lo, seu "objeto", o condenado, não estará mais lá. Portanto, sou, pessoalmente e sem nenhuma ambiguidade, favorável à supressão da pena capital.

Dito isso, meu artigo[1] nasceu de uma surpresa inquieta: dei-me conta de que, nesse grande debate, existia um acordo tácito para que se referisse apenas a argumentos utilitaristas. Isso me pareceu particularmente chocante por parte das pessoas cuja maioria se reconhece de esquerda, dizem-se partidárias da abolição da pena de morte. Diante do dilúvio de estatísticas "mostrando" que a pena de morte não desencoraja o crime e que, em suma, não é dissuasiva, eu me pergunto: como se pode falar de uma coisa tão séria aceitando que a morte seja

---

1 Após o processo de P. Henry, J. Laplanche publicara no *Nouvel Observateur* um artigo que suscitou inúmeras reações ("Les voies de la déshumanité", n. 642, 28 de fevereiro-6 de março de 1977, p. 40-42).

considerada apenas do ponto de vista de sua função de espantalho, ainda que para tentar mostrar que este é ineficaz? E se outras estatísticas "mostrassem" que a pena é dissuasiva? Sua convicção não mudaria um tantinho?

R. Badinter: Em seu artigo, o senhor aludiu ao papel da defesa nos processos de inquérito judicial e me censura por haver me servido de argumentos "utilitaristas"... Há muito a dizer sobre isso! Mas, primeiramente, devo precisar que, para mim, um arrazoado morre no exato momento em que é pronunciado. O arrazoado é ação, não reflexão. É indissociável do processo em que se insere. Mandei fazer uma estenografia completa de todos os debates do processo de Patrick Henry. Pensava, como todo mundo, que ele terminaria por uma condenação à morte. Almejava – e isso não surpreenderá Michel Foucault – que os debates subsistissem como um documento histórico. Se Patrick Henry tivesse sido condenado à morte, eu teria imediatamente publicado esse texto.

M. Foucault: O senhor acaba de dizer uma coisa muito importante: ninguém sabe o que se passa, realmente, ao longo de um processo. O que é, no mínimo, surpreendente, uma vez que é um processo, a princípio, público. Por desconfiança do escrito e do segredo – que eram dois princípios da justiça penal durante a monarquia –, nossa justiça, desde 1794, é tida como devendo ser oral e pública. As peças da instrução são apenas documentos preparatórios. Tudo deve se desenrolar em um teatro no qual a consciência pública deve estar presente. Ora, em termos concretos, apenas 50 pessoas, alguns jornalistas, um juiz apressado e jurados sobrecarregados assistem a ele. Não há dúvidas: na França, a justiça é secreta. E assim permanece depois do veredicto. De todo modo, é extraordinário que, todos os dias, dezenas de requisitórios sejam pronunciados em nome de um "povo francês" que, no essencial, os ignora.

Um debate como esse de Troyers foi terrivelmente importante. Durante meses, o crime de Patrick Henry foi objeto de uma dramatização sem precedentes, por toda a imprensa. Ademais, não devemos nos felicitar por isso, mas, nesse processo, a história da pena de morte estava engajada. Ora, apesar de tudo isso, ninguém sabe realmente o que ali se disse, qual argumento acertou no alvo. Em minha opinião, a publicação integral dos debates é indispensável, sejam quais forem suas reservas.

R. Badinter: O que o senhor acaba de dizer me encoraja a formular para Jean Laplanche uma questão preliminar, menor, mas muito importante: o senhor já assistiu a um processo criminal?

J. Laplanche: Não, nunca.

R. Badinter: Nem o senhor, Michel Foucault?

M. Foucault: Nunca assisti a um grande processo de inquérito judicial. E o *Nouvel Observateur* nunca me pediu para cobrir o processo de Troyers, o que lamento...

R. Badinter: Jean Laplanche viu apenas artifício e habilidade ali onde os que estavam presentes no processo experimentaram exatamente o contrário. De fato, para mim, trava-se tão somente de levar os jurados à lucidez sobre o que representava, para eles, como homens, a pena de morte.

Disse a mim mesmo: o verdadeiro problema para o jurado é sua relação pessoal, secreta, com a morte. Queria fazê-los sentir que, afinal, só representavam a si mesmos, diante de um homem sentado bem perto deles, e que tinham o poder aberrante, exorbitante, de proibir esse homem de continuar a viver. Falei, por certo, do "homem cortado em dois". Mas, contrariamente do que imagina Jean Laplanche, não foi por gosto do efeito oratório. Tenho horror a toda exploração retórica da guilhotina, do suplício. Foi justamente para não descrever que busquei a imagem mais nua do que representa o fato de decapitar um homem. E, seja qual for o modo como consideremos a coisa, no final do suplício esse homem estará em dois pedaços no pátio da Santé. É só. Então, em vez de dizer com um luxo de detalhes turvos: vamos lhe cortar o pescoço, pegar sua cabeça e colocá-la em um cesto – o que muito se fez nos pretórios –, escolhi a nudez extrema.

Pode ser que essa imagem evoque noções fundamentais para um psicanalista, como a castração. Mas, no que me diz respeito, é o contrário de um artifício retórico. Foi por isso que esse artigo me chocou, feriu.

J. Laplanche: Badinter parece pensar que lhe censurei procedimentos ou efeitos. Mas não é a sinceridade do advogado que está em questão. No fundo, pouco importa se assisti ou não a esse processo. Processos como o de Troyers são processos-testemunhas, são todos os cidadãos que ali são interpelados, para além da assistência.

E aqui vem minha segunda observação: o senhor está necessariamente desaprumado entre sua função de defensor de um homem e sua missão de reformador de uma lei. Li com muita admiração seu livro *L'Exécution*.[2] Nele, o senhor mostra que a defesa de um homem só pode ser uma assistência absoluta, no corpo a corpo, que não tem mais de se preocupar com a justiça. É uma posição temível e admirável: a supor que o senhor tenha utilizado efeitos para esse fim, eu não veria nisso nada a dizer! Mas sua posição é insustentável ali, quando, em um mesmo momento, o senhor pretende engajar uma ação contra a pena de morte. Das duas coisas, uma: ou o senhor ainda se situa em uma referência à lei e à justiça – mas isso entrava sua defesa absoluta –, ou é a própria noção de pena que o senhor abala. Ora, a crítica da pena de morte que enfatiza sua "inutilidade" pressupõe que a justiça não tenha por objeto senão a administração, a melhor possível, das relações entre os homens.

R. Badinter: Mas, afinal, o problema da pena de morte não se apresenta apenas em si, de modo abstrato! Ele se apresenta primeiro concretamente, no momento em que um homem que ali está, perto de nós, corre o risco de ser condenado à morte. Ele só toma todo seu sentido, acredite, no último minuto, sangrento, no pátio da Santé. Ali, não há mais nada de teórico, lamentavelmente!

J. Laplanche: O senhor nos disse que cada jurado só representa a si mesmo. Mas podemos pretender a mesma coisa para todo pronunciado de uma pena, seja ela qual for! Suponhamos que a pena de morte seja abolida. Não seria a mesma situação? O jurado não é aquele que fecha o ferrolho da cela do prisioneiro? Não retornamos, tal como quanto à pena de morte, a uma situação de homem a homem, na qual uma real decisão só pode ser concebida como vingança? É bem por isso que a justiça só é possível se for feita "em nome de...". Se o senhor suprimir essa referência que ultrapassa o indivíduo, o senhor suprime a justiça. Mas o que aí vem em substituição não é a liberdade, é a administração constrangedora dos homens, com seus múltiplos rostos: técnico, policial, psiquiátrico.

R. Badinter: Em nenhum momento de sua vida um homem dispõe de um poder comparável a este em que ele diz: "O que farei com ele? Por quanto tempo vou enviá-lo à central? Cinco

---

2 Badinter (R.), *L'Exécution*, Paris, Grasser, 1973.

anos? Dez anos?" Desde então, é claro, o primeiro dever de um advogado é lembrar aos jurados que cinco anos de privação de liberdade é imenso. Todavia, no caso de uma pena de prisão, modificável por natureza, nada é, de fato, definitivo. O processo seguirá, na sombra, no âmbito da detenção, eventualmente da graça concedida, da liberação condicional etc. Quando se trata da morte, a escolha é radical: ela muda de natureza. Depois da decisão – e sob reserva do direito de graça –, tudo está acabado. Quando os jurados devem pronunciar-se, é a morte que os olha de frente. E ela é escamoteada, apagada, mascarada por todo o cerimonial judiciário.

J. Laplanche: O cerimonial só é ridículo e obsoleto quando desertado de sua significação simbólica, de sua referência ao "em nome de...". O senhor insiste em individualizar a decisão judiciária. Mas, desse modo, torna qualquer decisão impossível, ou criminosa. Não vemos, todos os dias, numerosas circunstâncias nas quais a decisão de um só acarreta a morte de milhares de homens? Imagine que o senhor é o presidente da República e deve decidir sobre baixar o limite de velocidade nas estradas para 90 quilômetros por hora. Haverá razão de o senhor passar algumas noites em branco. Aqui, também, o investimento de uma carga não é um vão ouropel, mas o que permite assumir a culpa ligada a qualquer decisão. Presidentes, juízes, jurados obsessivamente culpabilizados: é isto o que desejamos? Mas então, em contrapartida, os comissários, os tecnocratas, os especialistas da alma humana não se importunarão com escrúpulos...

R. Badinter: Não vejo a relação. Em que o fato de algumas decisões políticas ou estratégicas engajarem a vida e a morte de outro justifica a decisão judiciária de levar à morte? É verdade que é muito grave decidir se um homem ficará preso cinco anos a mais ou a menos. No sistema atual, porém, como admitir a pena de morte? Em Troyers, Patrick Henry escapou dela. Mas Ranucci[3] acabara de ser guilhotinado e, uma semana depois, em Troyers, Carrein foi condenado, talvez porque

---

3 C. Ranucci, julgado pelo rapto e pelo assassinato de uma menininha, foi guilhotinado aos 22 anos, a 28 de julho de 1976, em Marselha. A imprensa, então, noticiou algumas reservas sob sua culpa. G. Perrault reconstituiu a instrução e suas incertezas em *Le Pull-over rouge*, Paris, Ramsay, 1978.

alguns jurados se sentiram frustrados pela morte de Patrick Henry. Esse relativismo, por si só, já basta para condenar a pena capital.

Então, como não usar de todos os argumentos de que dispõe? Eis que, encarando-o, um procurador lhe diz: "Se o senhor não condenar este homem à morte, outras crianças inocentes serão assassinadas selvagemente." Nesse momento do debate, se o senhor não responder na mesma linha, se não destruir esse argumento – que, na realidade, não passa de um disfarce da pulsão de morte que habita em todos nós –, o senhor estará perdido. É claro que não se executam os criminosos para proteger outras vítimas potenciais. Nós os matamos por muitas outras razões que eu gostaria de ouvir, vocês psicanalistas, nos explicarem. Mas, antes de abordar o fundo do debate, é preciso demolir esses argumentos pseudorracionais. E, se não fizermos, não vale a pena tentar salvar um homem.

J. Laplanche: Certamente, o senhor está em contato com a realidade do pretório. Todavia, eu me pergunto se esse meio, o do pretório, bem como seus argumentos em circuito fechado, está bem conectado com essa outra realidade, ou seja, a do corpo social e de sua necessidade de justiça, reduzida pelo senhor, equivocadamente, a uma necessidade de vingança. Exemplaridade ou ineficácia da pena? Não é isso que ecoa no nível da população. Ou então, para matizar as coisas, seria preciso distinguir dois aspectos do que nomeamos exemplaridade. Uma exemplaridade puramente utilitarista: o homem é comparado a um rato que se adestra em um labirinto. Ele não seguirá uma direção se, nela, receber uma descarga. Sabemos que esse condicionamento é – por sorte – amplamente ineficaz com o homem. Há uma exemplaridade diferente, que podemos chamar simbólica, e que atesta a perenidade de certa rede de valores: o valor da vida humana, por exemplo. Pois bem, se formos ao fundo das coisas, penso que a dissuasão real não interessa senão de modo medíocre às pessoas que protestam, por vezes de maneira veemente, contra o castigo. Elas querem simplesmente que o crime seja punido. O exemplo da pena ali está para atestar a perenidade de algumas interdições, e até mesmo alguns tabus. Ora, nesse nível, o senhor não lhes responde. Em nenhum momento o senhor lhes diz: "Vocês sabem bem o que é a punição? Vocês sabem por que a desejam tanto?"

M. Foucault: O arrazoado de Badinter em Troyers me pareceu forte, precisamente nos pontos contestados por Jean Laplanche. Mas acho, Sr. Badinter, que o senhor nos dá apenas uma mínima interpretação do que fez. O senhor disse aos jurados: "Mas, afinal, sua consciência não pode autorizá-los a condenar alguém à morte!" O senhor lhes disse também: "Vocês não conhecem este indivíduo, os psiquiatras nada puderam lhes dizer sobre ele e vocês irão condená-lo à morte!" O senhor também criticou a exemplaridade da pena. Ora, esses argumentos só são possíveis porque a justiça penal não funciona como a aplicação de uma lei ou de um código, tanto quanto como uma espécie de mecanismo corretivo no qual a psicologia do acusado e a consciência dos jurados interferem. Sua estratégia me parece sutil porque ela armadilha o funcionamento da justiça penal, desde o século XIX. O senhor a pegou ao pé da letra. O senhor disse a si mesmo: "Em nossa justiça, os jurados, essas pessoas escolhidas ao acaso, são tidos como sendo a consciência universal do povo. Mas não há nenhuma razão para que 12 pessoas se ponham, de repente, pela graça do judiciário, a funcionar como a consciência universal". Desobrigando desse desafio, o senhor se dirigiu a eles: "Sr. Fulano de Tal, o senhor tem seus caprichos, sua sogra, sua vidinha. Com esse seu jeito de ser, o senhor aceitaria matar alguém?" E o senhor tinha razão de lhes falar assim. Pois a justiça funciona no equívoco entre o jurado-consciência universal, cidadão abstrato, e o jurado-indivíduo, cuidadosamente escolhido com base em certo número de critérios.

Da mesma forma, o senhor disse: "No fundo, julgamos as pessoas não tanto por seus atos quanto por sua personalidade." A melhor prova disso é que mandamos buscar um psiquiatra, testemunhas de moralidade, perguntamos à irmãzinha se o acusado era gentil, interrogamos seus parentes sobre sua primeira infância. Julgamos o criminoso mais do que o crime. E o conhecimento que se tem do criminoso é que justifica lhe infligirmos ou não tal punição. Mas, ainda desobrigando desse desafio, o senhor tirou consequências disto: "Os psiquiatras não puderam nos falar de Patrick Henry, de fato, não o conhecemos. Portanto, não podemos matá-lo."

Seus argumentos foram taticamente hábeis, é certo. Mas seu principal mérito foi utilizar a lógica do sistema penal atual, em plena luz, e voltá-la contra ela mesma. O senhor mostrou que a pena de morte não podia funcionar no interior de tal sistema. Mas foi aí que Jean Laplanche interveio, dizendo que esse sistema é perigoso.

J. Laplanche: Se digo que o sistema é perigoso, é por ele nos conduzir a um conformismo muito pior do que o da lei: o da conformidade. Foucault assinala uma evolução, mas ele também impele no sentido desta. A lei cuja morte ele anuncia é substituída, de modo insidioso, pela manipulação do homem, em nome de uma norma que se pretende racional. E, à norma, ele não se curvará tão facilmente: ela é a erva daninha que rebrota sem cessar no terreno "liberado" da lei.

M. Foucault: Imaginemos uma justiça que só funciona no código: "se roubares, tua mão te será amputada; se fores adúltero, terás teu sexo cortado; se assassinares, serás decapitado". Temos um sistema arbitrário e constrangedor de relação entre os atos e a punição, que sanciona o crime na pessoa do criminoso. Então, é possível condenar à morte.

Mas, se a justiça se preocupa em corrigir um indivíduo, apreendê-lo no fundo de sua alma a fim de transformá-lo, tudo é diferente: trata-se de um homem julgando outro homem; a pena de morte é absurda. O Sr. Badinter o provou, e seu arrazoado, nesse sentido, é incontestável.

J. Laplanche: Não apenas a pena de morte se torna impossível, como também, na verdade, nenhuma pena é possível.

M. Foucault: De fato. Atualmente, dois sistemas se superpõem. Por um lado, ainda vivemos no velho sistema tradicional, que diz: punimos porque há uma lei. Sobre ele, penetrou um primeiro sistema: punimos de acordo com a lei, mas a fim de corrigir, modificar, levar ao bom caminho, pois temos de nos haver com desviantes, anormais. O juiz se pretende terapeuta do corpo social, trabalhador da saúde pública em sentido lato.

J. Laplanche: Parece-me um tanto rígido proclamar que acabamos com a lei para entrar no universo da norma, ainda que para contestá-la, por sua vez. Para a população, a despeito de tudo, a noção de justiça se mantém não encetada: "Isto é justo, isto não é justo. Este homem causou um mal, é preciso puni-lo." Ouvimos isso por toda parte à nossa volta. É a necessidade de uma lei que se manifesta nesse murmúrio coletivo. É chocante ver, em nossos juristas ou criminologistas modernos, como a noção "retributiva" da pena é tratada com desdém.

Aludi a Hegel para remontar um pouco a essa corrente, a essa degradação, já que ele foi ao encontro da objeção maior: se nos mantivermos no nível da materialidade, do sofrimento, nada justifica que se acrescente ao crime outro mal, outro sofrimento, aquele que se impõe ao criminoso. Isso não muda nada, não ressuscita a morte! Os males, longe de se equilibrarem, se adicionam. Ora, essa objeção, tão poderosa, só pode ser ultrapassada por outro nível, o da lei. A pena, diz Hegel com ênfase, só tem sentido se abolir simbolicamente o crime. Mas isso, por sua vez, só se compreende porque o próprio crime não jaz na violência material em que se manifesta. Ele só existe dentro e por meio da lei. Somos animais votados aos símbolos, e o crime é aderente à nossa pele, assim como a lei...

R. Badinter: Há pouco evoquei a relação que se estabelece entre aquele cuja missão é julgar e a decisão. Vocês me disseram: "a lei sobrevive". É verdade. Só não devemos esquecer o jogo das circunstâncias atenuantes. Por um mesmo crime, você pode ser condenado à morte ou a três anos de prisão com *sursis*. Certamente que o leque das condenações possíveis não é infinito, mas é muito amplo. E a diversidade das escolhas confere ao juiz um grande poder.

Na realidade, se nos orientamos assim para uma ampliação do possível, foi devido ao fato da instituição judiciária o reivindicar. Lembrem-se da tese de Montesquieu e dos constituintes: o juiz deve ser "a boca da lei". Era infinitamente cômodo para ele. Bastava ele se perguntar: culpado ou não culpado? Se estivesse persuadido da culpa, pronunciava a pena prevista pelos textos, e tinha o sentimento reconfortante de haver aplicado a vontade geral. Isso devia ser muito agradável, porém, demasiado cômodo. No sistema atual, é o juiz quem assume a responsabilidade da decisão. Disso decorre o tateio, as incertezas. Mas, em minha opinião, é infinitamente preferível a esse cutelo automático da retribuição abstrata.

O drama é que não fomos até o fim da personalização. É claro, fala-se de tratar, reeducar, curar. Mas dão-nos uma caricatura de tratamento. Fala-se de readaptação, de reinserção social dos condenados. Mas, de fato, assistimos a uma exploração política da luta contra o crime. Nunca nenhum governo quis se prover dos recursos de todos esses belos discursos.

J. Laplanche: Se bem o ouvi, nos dirigimos a passos largos para uma psiquiatrização total da justiça!

R. Badinter: Não. A psiquiatria não passa de um meio, entre outros, à disposição dos juízes.

J. Laplanche: Eu poderia falar de psicanalização, o que me parece tão grave quanto. A psicanálise não está ali para vir, de encomenda, curar a delinquência.

M. Foucault: Eu iria mais longe: que estranho postulado é esse segundo o qual, do momento em que alguém cometeu um crime, isso significa que ele é doente? Essa sintomatização do crime é problemática...

R. Badinter: Não me faça dizer o que eu não disse: seria uma caricatura grosseira de meu pensamento... O crime é uma doença social. Mas não é matando os doentes ou confinando-os distantes dos assim chamados bem-comportados que se luta contra a doença.

M. Foucault: Talvez, mas não é uma caricatura do que foi dito por toda a criminologia desde 1880. Aparentemente, ainda temos um sistema de lei que pune o crime. Na realidade, temos uma justiça que se inocenta de punir pretendendo tratar o criminoso.

Foi em torno dessa substituição do crime pelo criminoso que as coisas giraram e que se começou a pensar: "Se tivermos de lidar com um criminoso, não tem muito sentido punir, a não ser que a punição se inscreva em uma tecnologia do comportamento humano." E eis que os criminologistas dos anos 1880-1900 se puseram a sustentar propostas estranhamente modernas: "Para o criminoso, o crime só pode ser uma conduta anormal, perturbada. Portanto, é preciso tratá-lo." Disso, eles extraíam dois tipos de consequências: em primeiro lugar, "o aparelho judiciário não serve mais para nada. Os juízes, como homens do direito, não são mais competentes para tratar esta matéria tão difícil, tão pouco jurídica, tão propriamente psicológica: o criminoso. É preciso então substituir o aparelho judiciário por comissões técnicas de psiquiatras e de médicos". Projetos precisos foram elaborados nesse sentido.

Segunda consequência: "É certamente preciso tratar esse indivíduo, que só é perigoso por estar doente. Mas, ao mesmo tempo, é preciso proteger a sociedade contra ele." Decorre daí um encarceramento de função mista: terapêutica e preservação social.

Esses projetos suscitaram reações muito vivas por parte das instâncias judiciárias e políticas europeias nos anos 1900.

No entanto, nos dias atuais, eles encontraram um campo muito vasto de aplicação, em que a URSS – uma vez mais "exemplar" – não é excepcional.

R. *Badinter*: Mas mesmo assim não se pode preconizar um retorno à retribuição abstrata da pena! O senhor fala de crime, Michel Foucault, mas é o criminoso que se julga. Podemos tentar reparar as consequências de um crime, mas é o criminoso que punimos. Os juízes não podiam recusar tomar a direção do tratamento judiciário. Poderiam eles recusar a ideia de que se mudaria o criminoso para trazê-lo à norma? O que fazer com ele? Jogá-lo em um buraco durante 20 anos? Não é, não é mais possível. Então? Reinseri-lo normalizando-o. Do ponto de vista do tecnocrata judiciário – juiz ou advogado –, não há outra abordagem possível, e ela não é forçosamente praticada segundo o sistema soviético.

O outro aspecto da coisa que me é apaixonante é esse clamor que sobe aos céus: "À morte! À morte! Que eles sejam enforcados! Que sejam torturados! Que sejam castrados!" Por quê?! Se tanto me decepcionei com a leitura do artigo de Laplanche foi por ele não ter respondido a essa questão. No fundo, a única abordagem interessante do problema da pena de morte não é a dos técnicos da justiça, não é a dos moralistas nem a dos filósofos. É outra que gostaria de ver nascer e que responderá a todos os que se interrogam sobre a função secreta da pena de morte.

Na França, a pena de morte concerne a um número muito pequeno de criminosos. Nos nove últimos anos houve cinco execuções. Observem, diante desses números, a imensidão de paixões desencadeadas! Por que será que do momento em que publicamos um artigo sobre a pena de morte recebemos 200 cartas de insultos ou de delírios? No que concerne ao *affaire* Patrick Henry, continuo a receber uma correspondência incrível: "Calhorda! Não pense que vai salvar sua pele depois de ter levado esse monstro à absolvição!" E em seguida vêm as ameaças de tortura à minha mulher e aos meus filhos.

O senhor poderia explicar essa angústia? Por que os não criminosos têm tal necessidade de sacrifício expiatório?

M. *Foucault*: Creio que o senhor integrou duas coisas em uma mesma questão. É certo que os crimes espetaculares desencadeiam um pânico geral. É a irrupção do perigo na vida cotidiana. Ressurgência explorada desavergonhadamente pela imprensa.

Em contrapartida, o senhor não imagina os esforços que se precisou manifestar para que as pessoas se interessassem um pouco pelo que é – e o senhor concordará comigo – o verdadeiro problema da penalidade, isto é, os flagrantes delitos, a correcional mínima, os procedimentos sumários nos quais o tipo, por ter roubado um pedaço de sucata em um terreno baldio, tem de cumprir 18 meses de prisão, o que o leva forçosamente a recomeçar etc. A intensidade de sentimentos que envolvem a pena de morte é voluntariamente mantida pelo sistema, isso lhes permite mascarar os verdadeiros escândalos.

Temos, então, três fenômenos superpostos que não combinam: um discurso penal que pretende tratar, mais do que punir; um aparelho penal que não cessa de punir; uma consciência coletiva que reivindica algumas punições singulares e ignora o cotidiano do castigo silenciosamente exercido em seu nome.

J. Laplanche: Parece-me arbitrário separar assim, de modo tão nítido, a população dos delinquentes e a dos não delinquentes. Existe, dos dois lados, um fundo de angústia e de culpa comum. As grandes ondas de angústia de que o senhor fala não estão ligadas ao medo, mas a alguma coisa muito mais profunda e difícil de cingir. Se as pessoas tanto se interrogam sobre a pena de morte é porque sua própria agressividade as fascina, por saberem de modo confuso que trazem o crime dentro de si e que o monstro que lhes é apresentado assemelha-se a elas.

Quanto aos criminosos – que conheço menos do que o Sr. Badinter –, eles também continuam fiéis à lei. Não é fato que escutamos, de uma a outra cela: "Não é justo, a pena foi dura demais"? Ou: "Bem que ele procurou isso..."

Não, não há, de um lado, uma população branca como um ganso apavorada com a transgressão, desejando puni-la, e, do outro, uma população de criminosos que só vive por meio da transgressão. Então, o que lhe responder a não ser lhe dizendo que existe uma defasagem entre a angústia inominável surgida de nossa própria pulsão de morte e um sistema que introduz a lei? É justamente essa defasagem que permite certo equilíbrio psíquico. Não penso de modo algum que a aplicação da lei seja o tratamento do criminoso. A lei é um elemento que existe implicitamente, mesmo junto àquele que a viola. Inversamente, o crime existe em cada um de nós. O que é psiquicamente devastador, porém, é quando alguém tornou ato esse crime implícito e é tratado como uma criança irresponsável. Poderíamos, aqui, fazer referência à psicanálise e à sua evolução no que concerne aos problemas da educação: nos demos conta de que a ausência da lei – ou pelo menos sua carência parcial, ou ainda sua ambiguidade – era muito angustiante, e até mesmo "psicotizante", para uma criança criada na "permissividade".

R. Badinter: Não se trata de suprimir a lei. Ela não tem apenas uma função técnica e repressiva, mas também uma função expressiva, no sentido de que expressa o que a consciência coletiva julgar conveniente.

L. Laplance: Diria, no sentido mais forte do termo, que ela tem uma função subjetiva em cada um de nós: a das interdições, que respeitamos – em nosso inconsciente –, do parricídio ou do incesto...

M. Foucault: Para Laplanche, o sujeito se constitui porque há a lei. Suprima a lei e não se terá sequer sujeito.

R. Badinter: Lamento muito que os psicanalistas não tenham se interrogado antes sobre a origem da necessidade de punição, que parecem considerar como adquirida. Dizer que a um só tempo há identificação com o criminoso e angústia devido a essa identificação não passa de palavras...

M. Foucault: Parece-me perigoso pedir aos psicanalistas argumento e fundamento para o ato social de punir.

R. Badinter: Não argumento e fundamento, mas explicação e clareza.

J. Laplanche: Os psicanalistas, e Freud foi o primeiro deles, interrogaram-se longamente sobre essa questão. Se fosse preciso, em duas frases, arriscar-se resumir seu ponto de vista, diria que existem dois níveis de culpa: em um, ela é coextensiva da própria autoagressão; no outro, ela vem simbolizar-se nos sistemas constitutivos de nosso ser social: linguísticos, jurídicos, religiosos. A necessidade de punição já é um modo de passar a angústia primordial para alguma coisa expressável e, por conseguinte, negociável. O que pode ser expiado pode ser abolido, compensado simbolicamente...

R. Badinter: Nós nos contentamos, então, em considerar a necessidade de punição como adquirida sem buscar suas causas. Mas, uma vez que o público foi informado sobre a punição, começa o segundo aspecto da coisa: o tratamento, a abordagem personalizada do criminoso. A justiça deve, assim, satisfazer a necessidade coletiva de punição, sem esquecer a readaptação. Por vezes, é evidente, a coisa range e o público se indigna: "Foi condenado a 20 anos e se safou oito anos depois!", mas por que o manteríamos por mais tempo se ele se emendou?

J. Laplanche: Poderíamos até nos perguntarmos a razão de se punirem alguns criminosos quando se tem certeza de que eles se emendaram antes de serem punidos.

R. Badinter: Não seria preciso. O público clama pelo castigo. E se a instituição judiciária não saciasse a necessidade de punição, isso produziria uma frustração formidável que se reportaria, então, a outras formas de violência. Dito isso, uma vez cumprida a dramaturgia judiciária, a substituição da punição pelo tratamento permite a reinserção sem tocar no ritual. E jogou-se o jogo todo.

M. Foucault: É claro que a coisa range, mas veja também como tudo está bem lubrificado! Claro, se está ali para punir um crime. Mas o presidente, com seu arminho e sua toga, o que diz? Ele se volta para o delinquente e pergunta: "Como foi sua infância? E suas relações com sua mamãe, com suas irmãzinhas? Com foi sua primeira experiência sexual?" O que essas questões têm a ver com o crime que ele cometeu? Certamente isso tem a ver com a psicologia. Convocam-se psiquiatras que apresentam discursos extenuantes, tanto do ponto de vista psiquiátrico quanto do judiciário, que todos fingem considerar como intervenções técnicas de alta competência. Ao cabo dessa grande liturgia jurídico-psicológica, os jurados, por fim, aceitam esta coisa imensa: punir, tendo o sentimento de haverem realizado um ato de seguridade e salubridade social, que se tratará o mal enviando o tipo para a prisão, por 20 anos. A incrível dificuldade de punir encontra-se dissolvida na teatralidade. E isso não funciona nada mal.

R. Badinter: Não estou tão certo quanto o senhor sobre o fato de o jurado se deixar seduzir por essa abordagem médica. Ele pensa de modo mais simples, tipo: "Ele foi abandonado por sua mãe? Menos dois anos." Ou então: "Seu pai lhe batia? Menos três anos"; "Ele bateu em sua mulher e filhos? Mais três anos". E por aí vai. Estou caricaturando, é claro, mas nem tanto...

J. Laplanche: A *expertise* psiquiátrica, tal como a conheci, preocupava-se em primeiro lugar com a proteção da sociedade. Desse ponto de vista, o que era mais eficaz: a internação ou a prisão? A terapêutica não tinha muito a ver com isso. Vi casos de delitos menores: sabendo que o tempo de prisão seria muito curto, o experto aconselhava internar o delinquente, recomendando às autoridades de tutela para não seguirem a opinião de um médico-chefe muito inteligente, pois se correria o risco de esse médico recolocá-lo em liberdade.

M. Foucault: Sobre essa matéria, há uma circular datada do pós-guerra, segundo a qual o psiquiatra deveria responder, na justiça, a três perguntas, além da tradicional: "Ele estava em estado de demência?" Se prestarmos atenção nelas, essas perguntas são extraordinárias: "1. O indivíduo é perigoso? 2. É acessível à sanção penal? 3. É curável ou readaptável?" Três questões que não têm nenhum sentido jurídico! A lei nunca pretendeu punir alguém por ser "perigoso", mas, sim, por ser criminoso. No plano psiquiátrico, isso não tem significação: que eu saiba, o "perigo" não é uma categoria psiquiátrica. Aliás, nem o conceito "readaptável".

Estamos, assim, na presença de um estranho discurso misto, em que o único ponto em questão é o perigo para a sociedade. Eis o jogo que os psiquiatras aceitam jogar. Como isso é possível?

J. Laplanche: Com efeito, quando o psiquiatria se curva a esse jogo, ele assume um duplo papel: de repressão e de adaptação à psicanálise. No que concerne à psicanálise, as coisas são um pouco diferentes. A psicanálise não tem vocação nem para a *expertise* nem para a readaptação. A criminalidade, em si, não é, por certo, um motivo de tratamento analítico. Menos ainda se o delinquente for encaminhado ao psicanalista pelas autoridades. No entanto, poderíamos muito bem imaginar um delinquente fazendo tratamento analítico na prisão. Se, nesse sentido, ele expressar uma demanda, não há nenhuma razão para não se responder. Mas, em nenhum caso, o tratamento poderia ser uma alternativa para a sanção: "Se ficar bem curado, vão libertar você mais depressa..."

M. Foucault: Algumas legislações preveem decisões judiciárias de tratamento obrigatório, no caso dos drogados ou nos tribunais para crianças.

J. Laplanche: Mas isso é aberrante! Quando se sabe da dificuldade extrema para abordar os drogados, mesmo quando aceitam recorrer a um tratamento...

R. Badinter: Do ponto de vista do juiz, isso não é uma aberração. Pelo menos, isso vale mais do que fechar o drogado em uma casa de detenção durante muitos meses.

J. Laplanche: Mas, precisamente a esse respeito, querer subtrair o drogado de um eventual confronto com a sanção penal é colocar-se nas piores condições do próprio ponto de vista da psicoterapia. Esta só poderia ser uma alternativa à prisão afundando a si própria.

R. Badinter: Dito isso, nossa justiça nunca quis, de fato, jogar o jogo do tratamento até o fim.

J. Laplanche: Não é pelo fato de o enquadramento penitenciário ser detestável que se deverá substituí-lo por um enquadramento psiquiátrico não menos detestável.

R. Badinter: Não estou falando de um enquadramento psiquiátrico. Não se trata de dar aos psiquiatras plenos poderes. Estou dizendo que não se pode ignorá-lo. Até o momento, ele foi usado essencialmente como álibi. Jamais com fins curativos.

M. Foucault: Você parece considerar a psiquiatria como um sistema que existiria realmente, como um maravilhoso instrumento inteiramente preparado de antemão. "Ah! Se os verdadeiros psiquiatras viessem trabalhar conosco, seria tão bom!" Ora, acho que a psiquiatria não é nem nunca será capaz de responder a tal demanda. Ela é incapaz tanto de saber se um crime é uma doença quanto de transformar um delinquente em não delinquente.

Seria grave se a justiça lavasse as mãos no que concerne ao que ela tem de fazer, livrando-se de suas responsabilidades sobre os psiquiatras. Ou ainda que o veredicto seja uma espécie de decisão transacional entre um código arcaico e um saber injustificado.

R. Badinter: Certamente que não se trata de uma delegação de responsabilidade. A psiquiatria é um instrumento entre outros, mal ou pouco utilizado até hoje pela justiça.

M. Foucault: Mas é justamente seu valor que precisa ser colocado em questão.

R. Badinter: É preciso, então, excluir da vida judiciária toda pesquisa psiquiátrica? Voltar ao começo do século XIX? Preferir a eliminação, a carceragem, enviar os condenados o mais longe possível para ali deixá-los perecer na indiferença? Isso seria uma abominável regressão.

J. Laplanche: A psiquiatria está cada vez mais infiltrada de conceitos psicanalíticos. Ora, a psicanálise não pode, em caso algum, pronunciar-se sobre a irresponsabilidade de um delinquente. Muito ao contrário: um dos postulados da psicanálise é que os analisados devem se pôr responsáveis, sujeitos de seus atos. Servir-se da psicanálise para "irresponsabilizá-los" é uma revirada absurda.

M. Foucault: Basta escutar esses "expertos" que vêm analisar um indivíduo. Eles dizem o que diria qualquer passante na rua: "Sabe, ele teve uma infância infeliz. Tem um caráter difícil..." Tudo isso é condimentado com alguns termos técnicos que não deveriam enganar ninguém. Ora, isso funciona. Por quê? Porque todo mundo precisa de um modulador da pena: o procurador, o advogado, o presidente do tribunal. Isso permite fazer funcionar o código como se quer, dar-se boa consciência. Com efeito, o psiquiatra não fala da psicologia do delinquente: é à liberdade do juiz que ele se endereça. Não se trata do inconsciente do criminoso, mas da consciência do juiz. Quando publicarmos as poucas *expertises* psiquiátricas que reunimos nesses últimos anos, avaliaremos a que ponto as relações psiquiátricas constituem tautologias: "Ele matou uma velhinha? Oh! É um sujeito agressivo!" Precisávamos de um psiquiatra para nos darmos conta disso? Não. Mas o juiz precisava desse psiquiatra para se garantir.

Aliás, esse efeito modulador atua nas duas direções, ele pode agravar a sentença. Vi *expertises* referindo-se a homossexuais assim: "São indivíduos abjetos." "Abjeto", convenhamos, não é um termo técnico consagrado! Mas foi a maneira de reintroduzir, sob a capa honorável da psiquiatria, as conotações da homossexualidade em um processo em que ela não tinha de figurar. Tartufo de joelhos aos pés de Elmire propondo-lhe: "amor sem escândalo e prazer sem medo".

Substituam sanção e castigo por prazer e amor e vocês terão a tartufice psiquiátrica aos pés do tribunal. Nada melhor contra a angústia de julgar.

R. Badinter: Mas julgar é angustiante! A instituição judiciária só pode funcionar uma vez que libere o juiz de sua angústia. Para consegui-lo, o juiz deve saber em nome de que valores ele condena ou absolve. Até pouco tempo, tudo era simples. Os regimes políticos mudavam. Não os valores da sociedade. Era confortável para os juízes. Mas, hoje, nesta sociedade incerta, em nome de que se julga, em função de quais valores?

M. Foucault: Temo ser perigoso deixar os juízes continuarem a julgar sozinhos liberando-os de sua angústia e evitando que eles se perguntem em nome de quê eles julgam, de que direito, quem, quais atos e quem eles são, eles que julgam. Que eles se inquietem como nós nos inquietamos por encontrarmos tão poucos inquietos! A crise da função de justiça mal acaba de se abrir. Não vamos fechá-la demasiado depressa.

1977

Uma Mobilização Cultural

"Une mobilisation culturelle", *Le Nouvel Observateur*, n. 670, 12-18 de setembro de 1977, p. 49.

No começo de setembro de 1977, antes da cúpula da esquerda unida que deveria reatualizar o Programa comum, *Le Nouvel Observateur* e *Faire*, revista do socialismo autogestionário, organizam um fórum que reúne, em oito ateliês, os principais militantes da experimentação social que, entre 1972 e 1976, buscaram como modificar as relações sociais na educação, na distribuição dos cuidados médicos, no urbanismo, nas relações de trabalho, na defesa do meio ambiente ou na comunicação-fórum da sociedade civil, ou da segunda esquerda, como se dizia na época, que queria afirmar sua autonomia cultural e política em relação ao risco "leninista" de crescimento do peso do Estado, no quadro do Programa comum. Esse fórum aconteceu na perspectiva, então provável, de uma vitória da esquerda unida às legislativas de março de 1978. Dele participaram principalmente J. Daniel, J. Delors, I. Illitch, M. Rocard, P. Rosanvallon, P. Viveret. M. Foucault contentou-se com o papel de "intelectual específico", participando apenas do debate sobre a medicina de bairro. Ele sempre afirmou seu ceticismo quanto à estratégia autogestionária, sua hostilidade às nacionalizações leninistas do Programa comum e o fraco alcance operatório da oposição entre Estado e sociedade civil. Em 28 de setembro, pela manhã, o PC rompia a União da esquerda que perdia as legislativas de 1978. Sobre esse fórum da reconstrução da sociedade civil, ver o número fora de série do *Nouvel Observateur* de 28 de novembro de 1977.

– *O que o levou a se inscrever no ateliê "medicina de bairro"? A curiosidade? O interesse?*

– Escrevo e trabalho para as pessoas que ali estão, pessoas novas que apresentam questões novas. Hoje, as regiões ativas do intelecto não são mais a literatura ou a especulação. Um novo campo emerge. São as questões dos enfermeiros ou dos guardas de prisão que interessam – ou que deveriam interessar – aos intelectuais. Elas são infinitamente mais importantes do que os anátemas que os intelectuais profissionais parisienses se jogam na cabeça.

– *O que mais o choca, principalmente na saída do fórum?*

– Observei uma coisa: durante esses dois dias de intensas discussões profundamente políticas, já que se tratava de tornar a pôr em questão as relações de poder, de saber, de dinheiro, pois bem, durante esses dois dias nenhum dos participantes do grupo medicina pronunciou as palavras "março de 1978" ou "eleições". Isso é importante e significativo. A inovação não passa mais pelos partidos, pelos sindicatos, pelas burocracias, pela política. Ela decorre de uma inquietação individual, moral. Não se pede mais à teoria política para dizer o que se deve fazer, não se tem mais necessidade de tutores. A mudança é ideológica e profunda.

Outra observação: também nunca foi questão de "medicina de classe". Vejo nisso um sinal do desaparecimento do terrorismo, de todos os terrorismos, outra coisa notável.

– *Essa recusa total do político, essa repugnância pelos poderes constituídos não lhe parecem, em certa medida, bastante inquietantes?*

–Não. Um grande movimento, do qual a antipsiquiatria foi o modelo e Maio de 1968, o momento, desencadeou-se há 15 anos. Nas camadas sociais que outrora garantiam a felicidade da sociedade – como os médicos – há agora toda uma população que desestabiliza, mexe, busca, além dos vocabulários e das estruturas habituais. É uma... não ouso dizer revolução cultural, mas por certo uma mobilização cultural. Irrecuperável politicamente: bem se vê que, para eles, em nenhum momento o problema mudaria de natureza, caso o governo mudasse. E disso eu me alegro. Se caminhamos para o desaparecimento do terrorismo, dos monopólios teóricos e da monarquia do bom pensamento, tanto melhor...

1977

O Suplício da Verdade

"Le supplice de la vérité", *Chemin de ronde*, n. 1: *La Torture*, 4º trimestre de 1977, p. 162-163. (Sobre a observação XXII da obra de F. Leuret, *Du traitement moral de la folie*, Paris, Baillière, 1840, p. 429-435, publicada nesse mesmo número de *Chemin de ronde*, p. 158-161.)

Este texto não precisa de explicação.[1] Gostaria apenas de indicar a encruzilhada na qual ele nasceu.

Ele resulta, ainda, da ideia multissecular de que a essência da loucura está no *delírio*, ou seja, não em um erro ou em uma série de erros, mas em uma relação com o real que é *errônea*: o louco não se engana, ele não é mais "capaz de verdade", ao menos em uma certa ordem das coisas. Mas, também neste texto, a loucura é – e a ideia é muito mais recente – uma espécie de "Insurreição": o doente mental é essencialmente relutante. Tendo todos os instintos treinados, ele resiste desde que se queira submetê-lo. O princípio da loucura está na dinâmica selvagem e desordenada dos recursos interiores. Por fim, terceira ideia: a maquinaria hospitalar, em toda sua complexidade, com grande engrenagem do médico e todas as pequenas engrenagens adjacentes (guardas, enfermeiros, ducha, alimentação etc.), deve funcionar em seu conjunto como aparelho para curar.

Portanto, o ponto do texto é o seguinte: de que modo fazer funcionar o dispositivo da internação – que é um enorme "artifício" – como retorno à verdade, em um "insubmisso ao real". Leuret põe em marcha todo um procedimento que não lhe pertence plenamente, mas com uma "dramaticidade clínica" que ele sem dúvida é o único a possuir. Eis aqui alguns elementos, entre outros: 1. O médico, no hospital, é a pedra

---

1 (N.A.) Sobre o tratamento moral da loucura no começo do século XIX, reportar-se ao livro importante de R. Castel, *L'Ordre psychiatrique. L'Âge d'or de l'aliénisme*, Paris, Éd. de Minuit, 1976.

angular, o senhor do real. Ele deixa o real entrar ao seu gosto, ele o fabrica segundo suas astúcias. 2. A relação de obediência com o médico é ao mesmo tempo uma relação de verdade com o real: submeter-se ao médico ou aos seus representantes, deixar-se apanhar em suas armadilhas, mesmo as mais artificiais, e jogar o jogo imposto por ele é reconhecer o real em sua verdade. 3. A principal astúcia é tratar o doente como se não o considerassem louco: assim, ele não poderá refugiar-se por trás de sua doença para escapar da autoridade do médico, ou, em todo caso, para lhe dar o *status* dos cuidados e da dedicação: ele deve recebê-la diretamente, de frente e de maneira violenta como poder de um homem sobre outro. 4. O sofrimento, então, não será recebido como remédio, como inconveniente necessário: será recebido como injustiça arbitrária, frustração das necessidades fundamentais. É preciso que ele seja percebido como o gume do poder, sem outra justificativa. 5. Ao final do jogo submissão-sofrimento, a verdade "se confessa", mas de uma forma inteiramente diferente do que ao final da questão inquisitorial. Ela não "sai" como um segredo interior e sepultado, ela deve ser "reconhecida", também no sentido de "conhecida de novo". Reconhecida formalmente: o doente é requerido a formulá-la em alta voz e, se necessário, muitas vezes. Reconhecida, por fim, mediante a declaração feita pelo próprio doente segundo a qual ele, de fato, era louco, estando agora decidido a não mais o ser.

Mas isso, vê-se, não passa de um breve episódio na longa história das relações enlaçadas em nossas sociedades entre o ritual dos suplícios e os procedimentos de verdade.

1977

Vão Extraditar Klaus Croissant?

"Va-t-on extrader Klaus Croissant?", *Le Nouvel Observateur*, n. 679, 14-20 de novembro de 1977, p. 62-63.

Advogado da Fração Exército Vermelho e acusado de cumplicidade com seus clientes, Croissant foi proibido do exercício profissional na República Federal da Alemanha. Em 11 de julho de 1977, ele se refugia na França e pede asilo político. Em 18 de outubro, os presos do grupo Baader foram encontrados mortos em suas celas da prisão de Stammheim, em Stuttgart. Em 24 de outubro, a justiça francesa estatui sobre Croissant: ele é encarcerado na Santé e extraditado em 16 de novembro para a República Federal da Alemanha.

Noite passada, na TF1, o diretor da *Literatournaia Gazeta* prometeu que o público poderia assistir ao processo de Chtcharanski. "Se a sala fosse suficientemente grande." Os franceses riram.

Oito dias depois, Kalus Croissant comparecia diante da câmera de acusação que devia estatuir sobre sua expulsão. Toda uma imprensa e o ministro da Justiça nos haviam prevenido de que era uma coisa importante: Internacional do terror, solidariedade necessária dos Estados, escândalo dos advogados cúmplices. "O Apocalipse", deveria dizer o procurador Sadon. Sabe-se muito bem que a avarenta publicidade que a justiça se permite não gosta do público. Para o Apocalipse, porém, ela faria exceção.

Ora, a sala, sem dúvida, não era maior que aquela na qual será julgado Chtcharanski. Ou melhor: ali, o lugar estava singularmente restrito devido à presença de uns 50 jovens que eram percebidos "em civil", comprimindo pela esquerda e pela direita – a tática obriga – um punhado de "suspeitos". Pois era preciso ser suspeito para ter concebido o estranho projeto de vir ver o procurador do Tribunal de Apelação de Paris brincar de cavaleiros contra o Apocalipse. Justiça pouco agradável cercada pelo cordão de polícia. E triste tribunal se não se preocupar com a liberdade dos olhares que ele tem de sustentar.

Por que então foi preciso que o pequeno pedaço de realidade ao qual se podia ter acesso na França, em Paris, tenha sido, nesse *affaire* Croissant, tão cuidadosamente segredado? Como assim? Vocês chamam essa comédia de realidade? Esse tribunal "sob pressão", quando não "às ordens"? Esses homens do aparelho que finge distribuir entre os Estados uma justiça indiferente à sua política, a seus interesses "superiores", suas injunções?

Eu o chamo realidade, porque nele um homem jogou sua existência livre e, por conseguinte, talvez sua vida. Realidade, porque advogados lutaram, e admiravelmente, com armas que não são fictícias: a lei, a verdade. Realidade, também, porque uma parte de nossa história bem recente ali estava em jogo e, com ela, o risco do que pode nos acontecer.

Em um *affaire* como aquele, a batalha jurídica é bem real, e o tribunal não é um teatro de sombras. O que está engajado ali? Um direito, o de Croissant, que é o dos advogados, o qual não é senão uma parte, sem dúvida essencial, mas subordinada ao direito daqueles que eles defendem. Um direito que é, de um modo mais geral, o dos "governados". Esse direito é mais preciso, mais historicamente determinado que os direitos humanos: é mais amplo do que o dos administrados e o dos cidadãos. Não se formulou ainda sua teoria. Nossa história recente fez dele uma realidade ainda mais frágil, mais preciosa para um futuro que leva por toda parte a ameaça de um Estado no qual as funções de governo e a gestão cotidiana dos indivíduos seriam hipertrofiadas.

Por estranhos desvios, a jurisprudência recente da extradição – comandada, em parte, pelo problema dos "fujões do Leste" – inscreveu esse direito de modo pouco explícito na prática judiciária. A justiça de um país aceita liberar um acusado que escapou da justiça de outro: quer dizer que aqui como lá se reconhece o mesmo crime, dá-se dele a mesma definição, tomam-no por um universal que não é relativo a um Estado particular, a um regime, a um governo. Há mais de um século, todas as leis, todas as convenções estão de acordo: extradição para os fatos do direito comum, mas não em matéria política. Mas, vejam, o "político" não é definido por nenhuma legislação nem por nenhum tratado.

No entanto, em cada caso, é preciso decidir com clareza. O século XIX tinha sob os olhos dois modelos de infração política: o complô para derrubar o governo, o atentado para suprimir os que governam. No primeiro caso, os vizinhos prudentes concediam facilmente asilo político, pois toda conjuração de hoje pode ser o regime de amanhã (princípio: não intervir nos *affaires* "ulteriores" de outro Estado). No segundo, em contrapartida, tinha-se tendência a extraditar (princípio da colegialidade dos governantes). Sem que as coisas tivessem sido mais bem precisadas, o crime político resultava de uma semântica geralmente admitida.

As coisas se estragaram depressa. Primeiro, no final do século XIX. As "manobras" dos anarquistas não visavam a tomar o poder, nem a substituir um governo por outro: o que eram, então, esses ataques violentos, mas "desinteressados", a ponto de não estarem interessados pela tomada do poder? Depois, a partir de 1920, a partir, sobretudo, do segundo pós-guerra, o desnivelamento entre os regimes políticos da Europa tornou a definição do crime político mais obscura ainda: nem os meios de expressar seu desacordo, nem as possibilidades de luta, nem a recusa das instituições e do regime social podiam ser os mesmos nos países "totalitários" e nos países "democráticos". A infração política não poderia ter, aqui e lá, os mesmos caracteres. Ela se tornava intraduzível de uma língua para outra. Da Itália e da Alemanha fascistas, da Espanha de Franco, da URSS e dos países do Leste, quantos "inimigos" do povo, da nação, da revolução nós recebemos, quantos inimigos "perigosos", quantos *"hooligans"* ou "doentes mentais"? Em tudo isso, afinal, onde estava o bom e velho complô político, onde estava Blanqui, o puro, reconhecível em todo lugar?

O medo do anarquismo levou à restrição do asilo político. Em compensação, os acontecimentos do século XX, a diferença de potencial repressivo entre os países europeus, o fluxo dos incontáveis "furores políticos" conduziram à sua ampliação. Nos últimos decênios, novos princípios modificaram muitíssimo a prática de extradição no que concerne à questão política. Em particular:

1. Concedeu-se cada vez mais importância à intenção do ato criminal, seja qual for sua natureza: em quantos países é possível traduzir sua oposição a não ser sob a forma de atos condenados pelo direito comum?

2. Estendeu-se a definição do delito político a comportamentos de desacordo mais ou menos global: o fato de se recu-

sar um tipo de sociedade é, com efeito, menos político do que o desejo de tomar o poder na que existe? 3. Chegou-se, por vezes, a derrubar o encargo da prova considerando como "políticos" os que as autoridades de seu país perseguem com fins políticos. Elas devem, então, demonstrar, se querem obter sua extradição, que esse não é seu objetivo. 4. Por fim, o Estado a quem se pede a extradição reivindicou a tarefa de proteger e, portanto, não entregar aqueles que, uma vez extraditados, seriam ameaçados em sua vida e seus direitos fundamentais.

Essas novas linhas diretrizes ocasionaram toda uma jurisprudência inglesa, francesa, americana, suíça, alemã etc. Eles inspiraram muitos artigos da Convenção europeia de 1957. Esteve também no princípio de algumas legislações. Não nos esqueçamos do que a lei alemã especifica claramente: o direito de asilo será dado se a extradição expor a pessoa perseguida a perigos corporais ou a uma limitação de sua liberdade pessoal. Não nos esqueçamos de que, em 1959, a Corte Constitucional Federal apresentava o princípio segundo o qual se deveria conceder o direito de asilo a todo estrangeiro que não pudesse continuar a viver em seu país porque o sistema político dali o privaria de sua liberdade, da vida ou de seus bens.

Em suma, a concepção tradicional situava o "político" do lado da luta contra os governantes e seus adversários. A concepção atual, nascida das exigências dos regimes totalitários, centra-se em torno de um personagem que não é tanto o "futuro governante", mas o "perpétuo dissidente". Quero dizer: aquele que está em desacordo global com o sistema no qual ele vive, que expressa esse desacordo com os meios que estão à sua disposição e que, por isso, é perseguido. Essa concepção, portanto, não é mais centrada sobre o direito de tomar o poder, mas sobre o direito de viver, de ser livre, de partir, de não ser perseguido. Em suma: sobre a legítima defesa no que concerne aos governos.

Semana passada, no face a face de Croissant com os juízes franceses, tal como nas medidas de exceção tomadas na Alemanha, ou no atual projeto de uma convenção antiterrorista internacional, estava em jogo tudo o que havia sido validado pelo direito recente, no que concerne à liberdade. Quer-se retornar a uma restrição do direito de asilo político que lembra a "luta contra os anarquistas". Aliás, utiliza-se constantemente essa palavra [anarquista] para designar o grupo Baader, cujo menor dos textos basta para provar que ele não o é. Quer-se inverter a linha tendencial de uma prática geral que permitiu, há anos, abrigar a indispensável emigração política. Não apenas a dos homens que chegam ou saem do poder, mas a dos homens que dele se desviam pelos caminhos que podem encontrar. Quer se trate do Oeste ou do Leste.

Invoco medidas legislativas e decisões de justiça cujas intenções "malignas" não eram escondidas, algumas das quais remontam à guerra fria? Sim, justamente: é que as liberdades e as salvaguardas nunca estão, por assim dizer, de acordo. Mas elas nem sempre são conquistas advindas de lutas intensas e contínuas, ou de uma manhã triunfal. Com frequência, surgem ocasionalmente, na surpresa ou no desvio. Nesse momento, é preciso apreendê-las e fazê-las valer para todos: não se deve esperar que a história seja a única astuciosa, devemos dar-lhe uma mãozinha. Se as armadilhas que os governantes pregam entre si dão uma abertura aos direitos dos governados – daqueles que não querem mais sê-lo ou, em todo caso, que não querem mais sê-lo aqui, por estes –, pois bem, tanto melhor.

E, entre esses direitos dos governados que lentamente e por vias tortuosas estamos reconhecendo, um deles é essencial: o de ser defendido na justiça. Ora, esse direito não se limita à possibilidade de ter um advogado que fale sobre você com o procurador, de maneira mais ou menos contraditória, como se, no procedimento, você estivesse ausente ou fosse um objeto inerte a quem só se pede para confessar ou para se calar. É um direito dos governados ter advogados que não sejam, tal como nos países do Leste, esse tipo de pessoas que os defendem mostrando com clareza que os condenariam se a felicidade deles e a sua desgraça quisessem que fossem seus juízes. É um direito ter um advogado que fale por vocês, com vocês, que lhes permita se fazerem entender e conservar sua vida, sua identidade e a força de sua recusa. Direito mais indispensável ainda uma vez que o detento, pelo próprio fato de seu encarceramento, está sempre em um estado de inferioridade jurídica, em uma situação de "mínimo direito", e que as autoridades dispõem, com as mídias, de outra cena na qual fazem encenar um processo, com frequência sem réplica possível ou, pelo menos, sem resposta proporcionada.

Foi esse direito que se quis retirar do grupo Baader, na Alemanha, ao perseguirem seus advogados: atualmente, há 70 advogados alemães que o são.

Mas, em Paris, o presidente da Câmara de Acusação, que se adaptou muito bem a um público de policiais, quis impedir que o próprio Croissant fosse o primeiro a apresentar como entendia sua defesa. Privado alhures do direito de se defender, limitado, aqui, em seu direito de se defender. Havia muitas razões para ocultar do público o debate ocorrido outro dia no Palácio da Justiça. Na verdade, tratava-se do prolongamento do que está em jogo na Alemanha: o direito dos governados que nos cabe defender aqui tal como aprendemos que ele deva ser respeitado nos países totalitários. É esse direito, que não é uma abstração jurídica nem um ideal sonhador, que faz parte de nossa realidade histórica e não deve ser apagado; esse foi o direito defendido noite passada por Jean-Jacques de Felice, Joe Nordman e Roland Dumas.

1977

Michel Foucault: "Doravante a segurança está acima das leis"

"Michel Foucault: 'Désormais, la sécurité est au-dessus des lois'" (entrevista com J.-P. Kauffmann), *Le Matin*, n. 225, 18 de novembro de 1977, p. 15. Prevenido da eminente extradição de K. Croissant, M. Foucault acompanhou seus advogados à prisão da Santé. Eles foram rapidamente cercados pela polícia, que impediu toda manifestação à saída da viatura policial. Ver *Vão extraditar Klaus Croissant?*, neste volume.

– *Quarta-feira à tarde, quando da manifestação diante da prisão da Santé, o senhor foi maltratado. Como foi que isso aconteceu?*
– Éramos por volta de 25 pessoas acompanhando os advogados de Klauss Croissant. Estes tentaram, uma última vez, entrar em contato com ele. A administração da Santé lhes informou que recebera ordem de impedir-lhes o acesso à prisão. Manifestamente, o poder decidira curto-circuitar os recursos (cassação ou Conselho de Estado). Foi então que uma quarentena de policiais investiu contra nós. As coisas deveriam se passar calmamente, ia dizer administrativamente. Ora, os tiras, de imediato, nos golpearam com rara brutalidade, como se tivessem de lidar com uma multidão urrante.
– *Em sua opinião, por que eles reagiram assim?*
– Penso que essa reação brutal faz parte do que poderíamos chamar, na profissão de policial, o "bônus de prazer". Faturar um esquerdista, sobretudo quando ele é jovem – havia muitos entre nós –, também faz parte do salário. Aliás, sem esse bônus, a polícia não se garantiria. É claro que, nesse *affaire*, o governo estimou que a relação das forças lhe era favorável. Foi justamente por essa razão que ele reagiu com violência e deu à sua ação uma forma imagética e teatral.
– *Como o senhor explica essa extradição precipitada?*

– A Alemanha federal ocupa, no plano político e econômico, uma posição dominante que se pode traduzir pelas diferentes visitas do pessoal político francês a Bonn (Poniatowski, Mitterrand, Barre). É certo que uma demanda apresentada pela Alemanha tem um peso diferente...

– *Então, de acordo com o senhor, Giscard não teria senão obedecido ao chanceler Schmidt?*

– As coisas, evidentemente, são mais sutis. É interessante constatar que a justiça francesa eliminou os mais graves pontos capitais de acusação, deixando subsistir apenas um, piscada de olho significante. "Não é tão grave quanto pretende o governo alemão." A bola estava, então, do lado do governo, que tem o poder de aplicar ou não o comunicado de extradição. De um modo geral, este último deveria ter deixado as coisas se desenrolarem segundo a ordem legal. Disso ele teria obtido um benefício político importante junto à opinião pública e a outros países. Por outro lado, ele teria se diferenciado da Alemanha, tão febril. Ora, nenhuma dessas razões operou: o governo escolheu deliberadamente a precipitação.

– *Por que o governo não salvaguardou ao menos as aparências?*

– Ele considerou a opinião pública como não temível, ou que poderia ser condicionada pelas mídias. Essa vontade de golpear faz parte do jogo do medo mantido há anos pelo poder. Toda campanha sobre a segurança pública deve ser apoiada – para ser crível e rentável politicamente – por medidas espetaculares que provam que o governo pode agir rápido e forte acima da legalidade. Doravante, a segurança está acima das leis. O poder quis mostrar que o arsenal jurídico é incapaz de proteger os cidadãos.

– *A Europa se constitui em torno da luta antiterrorista?*

– Penso que se devem ver as coisas de outra maneira. Atualmente, caminhamos para uma espécie de mercado mundial da justiça política que tem por objetivo reduzir as franquias constituídas pelo asilo e que garantiam a dissidência política em geral. Não devemos esquecer que, nas convenções bilaterais, as restrições mais importantes, em matéria de asilo político, foram obtidas sob a demanda dos países africanos. O problema vai bem mais além da Europa.

– *No caso de Klauss Croissant, o fato de se tratar da Alemanha dá a esse* affaire *uma dimensão particular.*

– Outro dia encontrei um escritor da Alemanha do Leste.[1] Ele me disse: "Mais do que invocar os velhos demônios a respeito da Alemanha, é preciso referir-se à situação atual: a Alemanha está cortada em dois. Cada ato, cada discurso de uma e de outra parte da fronteira tem uma significação suplementar, são sinais que uma das Alemanhas envia à outra. Não se pode compreender a multiplicação das medidas de segurança na Alemanha federal sem levar em conta um medo muito real que vem do Leste. Não é necessário afirmar incessantemente que a Alemanha nunca fez a revolução. Ao seu lado, ela tem o produto travestido e monstruoso do socialismo." Tudo isso provoca fenômenos inaceitáveis, tanto de um lado como do outro. Esse escritor me confiou que, na noite em que ocorreu a intervenção alemã em Mogadíscio, jovens alemães do Leste, os mesmos que gritaram alguns dias antes "Fora russos!", quiseram manifestar sua oposição ao regime mediante uma sustentação e uma aprovação da ação do comando oeste alemão. Eles entraram no cemitério em que Hegel está enterrado e pintaram sobre sua tumba cruzes suásticas.

Isso não demonstraria uma impossibilidade da expressão política justa, quer dizer, livre? Nada é mais perigoso do que ver, no coração da Europa, esse turbilhão de obscuridade da consciência política que é devido à existência dessas duas Alemanhas.

---

[1] Heiner Müller.

1977

A Tortura É a Razão

"Die Folter, das ist die Vernunft" ("La torture, c'est la raison"; entrevista com K. Boesers; trad. J. Chavy), *Literaturmagazin*, n. 8, dezembro de 1977, p. 60-68.

— *O senhor escreveu* História da loucura, da clínica e da prisão. *Benjamin disse, um dia, que nossa compreensão da história era a dos vencedores. O senhor escreve a história dos perdedores?*
— Sim, eu bem que gostaria de escrever a história dos vencidos. É um belo sonho partilhado por muitos: por fim, dar a palavra aos que não puderam tomá-la até os dias de hoje, aos que foram obrigados ao silêncio pela história, pela violência da história, por todos os sistemas de dominação e de exploração. Sim. Mas há duas dificuldades. Primeira: os que foram vencidos – aliás, no caso em que haja vencidos – são aqueles a quem, por definição, retiraram a palavra! E se, no entanto, eles falassem, não falariam sua própria língua. Impuseram-lhes uma língua estrangeira. Eles não são mudos. Não é que eles falem uma língua que não se tivesse ouvido e que, agora, nos sentiríamos obrigados a escutar. Pelo fato de terem sido dominados, uma língua e conceitos lhes foram impostos. E as ideias que assim lhes impuseram são a marca, cicatrizes da opressão à qual foram submetidos. Cicatrizes, traços que impregnaram seu pensamento. Diria mesmo que impregnam até suas atitudes corporais. Alguma vez existiu a língua dos vencidos? Essa é uma primeira questão. Mas gostaria de formular esta outra: podemos descrever a história como um processo de guerra? Como uma sucessão de vitórias e de derrotas? Esse é um problema importante do qual o marxismo nunca chegou completamente até o final. O que se entende por luta, quando se fala de luta das classes? Trata-se de guerra, de batalha? Podem-se decodificar o confronto, a opressão que se produzem no interior de uma sociedade e que a caracterizam, pode-se

decifrar esse confronto, essa luta como uma espécie de guerra? Os processos de dominação não são mais complexos, mais complicados do que a guerra? Por exemplo: nos próximos meses, vou publicar toda uma série de documentos relacionados precisamente ao internamento e ao encarceramento nos séculos XVII e XVIII.[1] Ver-se-á, então, que o internamento e o encarceramento não são medidas autoritárias, vindas de cima, não são medidas que atingiriam as pessoas, tal como o raio que cai dos céus, que lhes teriam sido impostas. Com efeito, as pessoas entre si as percebiam como necessárias, mesmo nas famílias mais pobres, mesmo nos grupos mais desfavorecidos, mais miseráveis. O internamento era percebido como uma espécie de necessidade para resolver os problemas que as pessoas tinham entre si. Os conflitos graves no seio das famílias, mesmo entre os mais pobres, não podiam ser resolvidos sem problema, sem internação. Disso decorreu o nascimento de toda uma literatura na qual as pessoas explicam às instâncias do poder a que ponto um esposo foi infiel, a que ponto uma mulher enganou seu marido, a que ponto as crianças eram insuportáveis. Elas próprias reivindicavam o encarceramento dos culpados na língua do poder dominante.

— *Para o senhor, a passagem da punição à vigilância é importante na história da repressão.*

— Na história do sistema penal, houve um momento importante, ao longo do século XVIII e começo do século XIX. Nas monarquias europeias, o crime era não somente descaso pela lei, transgressão. Era, a um só tempo, uma espécie de ultraje feito ao rei. Todo crime era, por assim dizer, um pequeno regicídio. Atacava-se não apenas a vontade do rei, mas também, de algum modo, sua força física. Na mesma medida, a pena era a reação do poder real contra o criminoso. Mas, por fim, a maneira como esse sistema penal funcionava era, ao mesmo tempo, demasiado custosa e ineficaz, uma vez que o poder central real estava diretamente ligado ao crime. Esse sistema estava muito longe de punir todos os crimes. É verdade que a pena era sempre violenta e solene. As malhas do sistema penal, porém, eram muito frouxas, era fácil esgueirar-se através delas. Ao longo do século XVIII, penso ter havido não somente uma

---

1 *Le Désordre des familles* (com A. Farge), Paris, Julliard/Gallimard, 1982, col. "Archives".

racionalização econômica – o que com frequência se estudou em detalhes –, mas igualmente uma racionalização das técnicas políticas, das técnicas de poder e das técnicas de dominação. A disciplina, quer dizer, os sistemas de vigilância contínua e hierarquizada de malhas bem apertadas, é uma grande e importante descoberta da tecnologia política.

– *Victor Hugo disse que o crime era um golpe de Estado vindo de baixo. Para Nietzsche também, o pequeno crime era uma revolta contra o poder estabelecido. Eis minha questão: as vítimas da repressão são um potencial revolucionário? Há uma lacuna no que o senhor chama a mecânica da vergonha?*

– Este é um problema importante e muito interessante: é a questão da significação do valor político, da transgressão e da criminalidade. Até o final do século XVIII, existiu uma incerteza, uma passagem permanente do crime ao embate político. Roubar, incendiar, assassinar, era uma maneira de atacar o poder estabelecido. A partir do século XIX, o novo sistema penal pôde também significar, entre outras coisas, que se organizou todo um sistema que, aparentemente, se dava como objetivo a transformação dos indivíduos. O objetivo real, porém, era criar uma esfera criminalizada específica, uma camada que deveria ser isolada do resto da população. De fato, essa camada perdeu uma grande parte de sua função política crítica. E essa camada, essa minoria isolada, foi utilizada pelo poder para inspirar o medo ao resto da população, a fim de controlar os movimentos revolucionários e sabotá-los. Por exemplo, os sindicatos dos trabalhadores. O poder recrutava nessas camadas os espadachins, os matadores estipendiados, para impor seus alvos políticos. Ademais, era lucrativo, por exemplo, com a prostituição, com o tráfico de mulheres e de armas e, agora, com o tráfico de drogas. Atualmente, a partir do século XIX, os criminosos perderam toda espécie de dinamismo revolucionário. Estou convencido disso. Eles formam um grupo marginal. Deram-lhes essa consciência. Eles constituem uma minoridade artificial, mas utilizável, no seio da população. Estão excluídos da sociedade.

– *A prisão produz criminosos, asilo de alienados, loucos; e a clínica, doentes. E isso no interesse do poder.*

– É bem isso. Mas é ainda mais louco. Difícil de compreender: o sistema capitalista pretende lutar contra a criminalidade, eliminá-la por meio do sistema carcerário que produz, precisamente, a criminalidade. O que parece contraditório. Digo que o criminoso produzido pela prisão é um criminoso útil para o sistema. Pois ele é manipulável, sempre se pode fazê-lo cantar. Ele está continuamente submetido a uma pressão econômica e política. Todo mundo sabe, os delinquentes são o que há de mais simples a utilizar a fim de organizar a prostituição. Eles se tornam cafetões. Eles são paus-mandados dos políticos inescrupulosos, fascistas.

– *Os programas de reinserção social teriam, então, uma função de álibi. Quando a reinserção social é bem-sucedida, seria ela adaptação às condições que, justamente, produz a loucura, a doença e a criminalidade? É sempre a repetição da mesma miséria.*

– Desmistificar os programas de reinserção social, porque, como se diz, esses programas readaptariam os delinquentes às condições sociais dominantes não é tanto o problema. O problema é a dessocialização. Gostaria de criticar a opinião que infelizmente encontramos com muita frequência nos esquerdistas, uma posição de fato simplista: o delinquente, como o louco, é alguém que se revolta. Diria o inverso: ele se tornou delinquente porque estava na prisão. Ou, melhor ainda, a microdelinquência que existia no começo transformou-se em macrodelinquência pela prisão. A prisão provoca, produz, fabrica delinquentes, delinquentes profissionais. E se quer ter esses delinquentes porque eles são úteis: eles não se revoltam. São úteis, manipuláveis, são manipulados.

– *Portanto, eles são também uma legitimação do poder. Szasz descreveu isso em seu livro* Fabricar a loucura:[2] *tal como na Idade Média as feiticeiras justificaram a Inquisição, os criminosos justificam a polícia, e os loucos, os asilos.*

– É preciso haver delinquentes e criminosos para que a população aceite a polícia, por exemplo. O medo do crime, que é permanentemente atiçado pelo cinema, pela televisão e pela imprensa, é a condição para que o sistema de vigilância policial seja aceito. É comum se dizer que a reinserção social significa adaptação às relações de dominação, um acostumar-se à opressão ambiente. Nesse sentido, seria muito ruim reinserir os delinquentes. Isso precisaria cessar. Parece-me um tanto afastado da realidade. Não sei como as coisas se passam na

---

2 Szasz (T.), *Fabriquer la folie*, trad. M. Manin e J.-P. Cottereau, Payot, 1976.

Alemanha, mas, na França, é assim: não há reinserção. Todos os pretensos programas de reinserção, ao contrário, são programas de marcação, de exclusão, são programas que impelem, cada vez mais longe na delinquência, aqueles que a eles estão concernidos. As coisas não acontecem de outro modo. Portanto, não se pode falar de adaptação às relações burguesas capitalistas. Pelo contrário, temos de nos haver com programas de dessocialização.

– *O senhor talvez poderia nos falar de suas experiências com o Grupo de Informação sobre as Prisões.*

– Escute, é muito simples: quando alguém passou por esses programas de reinserção, por exemplo, por um reformatório, por um alojamento destinado a prisioneiros libertados, ou por não importa qual instância que a um só tempo ajude e vigie os recidivistas, isso faz com que o indivíduo continue marcado como delinquente: junto ao seu empregador, ao proprietário de seu alojamento. Sua delinquência o define, assim como ao relacionamento entre ele e o meio ambiente, tão eficazmente que se chega ao ponto de o delinquente só poder viver em um meio criminal. A permanência da criminalidade não é de modo algum um fracasso do sistema penal, é, ao contrário, a justificação objetiva de sua existência.

– *Para toda filosofia política – de Platão a Hegel –, a potência era a garantia do desenvolvimento racional do Estado. Freud dizia que não somos feitos para sermos felizes, porque o processo de civilização impõe o recalque das pulsões. As utopias de Thomas More e de Campanella eram Estados policiais puritanos. Questão: podemos imaginar uma sociedade na qual a razão e a sensibilidade se reconciliariam?*

– Você apresenta duas questões: em primeiro lugar, a questão da racionalidade ou da irracionalidade do Estado. Sabemos que, desde a Antiguidade, as sociedades ocidentais atribuem-se a razão, e, ao mesmo tempo, seu sistema de poder foi o de uma dominação violenta, sangrenta e bárbara. Foi o que o senhor quis dizer? Eu responderia: podemos dizer, em geral, que essa dominação violenta foi irracional? Creio que não. Penso ter sido importante na história ocidental o fato de se ter inventado sistemas de dominação de extrema racionalidade. Muito tempo se passou até chegar lá, e mais tempo ainda para descobrir o que havia por trás. Diz respeito a todo um conjunto de finalidades, de técnicas, de métodos: a disciplina reina na escola, no exército, na usina. São técnicas de dominação de uma racionalidade extrema. Sem falar da colonização: com seu modo sangrento de dominação. Ela é uma técnica maduramente refletida, absolutamente querida, consciente e racional. O poder da razão é um poder sangrento.

– *A razão que se diz razoável no interior de seu próprio sistema é naturalmente racional, mas engendra despesas infinitamente importantes, a saber: hospitais, prisões, asilos de alienados.*

– Há ali uma família. Mas esses custos são menores do que se crê: ademais, são racionais. Constituem, de fato, um ganho. Se olharmos mais de perto, é a confirmação da racionalidade. Os delinquentes servem à sociedade econômica e política. O mesmo ocorre com os doentes. Basta pensar no consumo de produtos farmacêuticos, em todo o sistema econômico, político e moral que disso vive. Não são contradições: não há restos, nenhum grão e areia na máquina. Isso faz parte da lógica do sistema.

– *O senhor não acha que essa racionalidade pode ser revirada, que há um salto qualitativo no qual o sistema não funcione mais, não possa mais se reproduzir?*

– Em alemão, Vernunft tem uma significação mais ampla do que "razão", em francês. O conceito alemão de razão tem uma dimensão ética. Em francês, lhe damos uma dimensão instrumental, tecnológica. Em francês, a tortura é a razão. Mas compreendo muito bem o fato de que, em alemão, a tortura não possa ser a razão.

– *Os filósofos gregos, Aristóteles e Platão, por exemplo, tinham uma representação muito determinada da idealidade. E, ao mesmo tempo, descreveram uma prática política que deveria proteger o Estado, no qual a imposição dessa idealidade conduziria a uma traição dos ideais, o que eles sabiam muito bem. Assim, de um lado, tinham consciência de que a razão, a racionalidade tem algo a ver com a idealidade, com a moral; do outro, tinham consciência de que, quando a razão se torna realidade, ela nada tem a ver com a moralidade.*

– Por quê? Penso não haver nenhuma ruptura, nenhuma contradição entre os fundamentos ideais da política platônica e a prática cotidiana. Essa é a consequência dos fundamentos ideais. Seus sistemas de vigilância, de disciplina, de coação não lhe parecem ser a consequência direta desse fundamento idealmente concebido?

– *Platão era um pragmático que sabia muito precisamente que lhe era preciso, por um lado, produzir ideologias que pudessem estabelecer normas éticas e morais obrigatórias para todos. E ele sabia também de modo preciso que essas morais eram normas inventadas que se precisaria impor, valendo-se de soldados, da repressão, da violência e da tortura, da brutalidade. E, para ele, era certamente uma contradição.*

– Com efeito, há esta outra questão, a do problema da repressão das pulsões e dos instintos. Poder-se-ia dizer que essa repressão era, até certo ponto, o alvo fixado por uma tecnologia do poder inteiramente racional, desde Platão até nossas atuais disciplinas. Esse é um ponto de vista. Mas, por um lado, essa repressão não é irracional em si, no sentido francês. É possível que não corresponda ao conceito alemão de razão, mas, com certeza, ao de razão no sentido de racionalidade. Em segundo lugar, é seguro que essas tecnologias racionais de poder tenham por objetivo a repressão dos instintos? Não se poderia dizer, ao contrário, que com muita frequência é uma maneira de estimulá-los, excitá-los, irritando-os, atormentando-os, para levá-los ali onde se quer, fazendo-os funcionar de tal ou tal maneira? Tomo um exemplo: diz-se que antes de Freud ninguém havia pensado a sexualidade da criança, que, de todo modo, do século XVI ao final do século XIX, a sexualidade da criança teria sido totalmente desconhecida, que ela teria sido banida e recalcada em nome de certa racionalidade, de certa moral da família. Se você olhar como as coisas se desenvolveram, o que foi escrito, todas as instituições que se desenvolveram, você constatará que só se falou de uma coisa na pedagogia real, concreta, dos séculos XVIII e XIX: da sexualidade da criança. Foi na Alemanha, no final do século XVIII, que Basedow, Salzmann e Campe, por exemplo, ficaram completamente hipnotizados pela sexualidade da criança, pela masturbação. Não sei mais se foi Basedow ou Salzmann que abriu uma escola cujo programa explícito era desabituar as crianças, os jovens adolescentes, da masturbação. Esse era o objetivo declarado. O que prova perfeitamente que se sabia, que se ocupava disso, que se ocupava disso continuamente. E se nos perguntarmos por que os pais e os educadores se interessam tão intensamente por alguma coisa, afinal, tão inofensiva e tão difundida, nos damos conta de que, no fundo, eles só queriam uma coisa, não que as crianças deixassem de se masturbar, mas o inverso: a sexualidade da criança deveria tornar-se tão potente, tão excitada a ponto de todo mundo ser obrigado a se ocupar dela. A mãe deveria velar a criança sem cessar, observar o que ela fazia, qual era seu comportamento, o que acontecia à noite. O pai vigiava a família. O médico e o pedagogo giravam em torno da família. Em todas essas instituições, havia uma pirâmide de vigilantes, professores, diretores, prefeitos, tudo isso girando em torno do corpo da criança, em torno de sua perigosa sexualidade. Não diria que essa sexualidade foi recalcada; ao contrário, ela foi atiçada para servir de justificação a toda uma rede de estruturas de poder. A partir do final do século XVIII, a família europeia foi literalmente sexualizada por uma preocupação com a sexualidade que não se cessou de impor à família. A família não é de modo algum o lugar do recalque da sexualidade. Ela é o lugar do exercício da sexualidade. Portanto, não creio que se possa dizer que a racionalidade de tipo europeu seja irracional. E não acredito que se possa dizer que sua função principal seja a repressão, a censura das pulsões. Em outras palavras, penso que o esquema de Reich deve ser completamente abandonado. Essa é minha hipótese de trabalho.

– *Existe uma ética cética? Ali onde não há mais princípios éticos normativos, ali onde só restam decisões pragmáticas, é possível imaginar uma alternativa ao Estado de polícia, tanto mais que os países que se dizem socialistas não dão motivos para esperar?*

– A resposta à sua pergunta é triste, em vista dos dias sombrios que vivemos e do fato de que a sucessão do presidente Mao Tsé-Tung foi regulada pelas armas. Homens foram fuzilados, aprisionados; metralhadoras foram postas em ação. Hoje, 14 de outubro, dia em que se pode dizer – desde a Revolução Russa de outubro de 1917, talvez mesmo depois dos grandes movimentos revolucionários europeus de 1848, isto é, depois de 60 anos, ou, se quiserem, depois de 125 anos – que é a primeira vez que não há sobre a Terra um único ponto de onde poderia jorrar uma luz de esperança. Não existe mais orientação. Nem mesmo na União Soviética, isso é evidente. Nem tampouco nos países satélites. Isso também está claro. Nem em Cuba, nem na revolução palestina ou na China, nem no Vietnã, nem no Camboja, evidentemente. Pela primeira vez, a esquerda, diante do que acaba de se passar na China, todo esse pensamento da esquerda europeia, esse pensamento europeu revolucionário que tinha seus pontos de referência no mundo inteiro e os elaborava de maneira determinada, um pensamento que se orientava pelas coisas situadas fora de si mesmas, esse pensamento perdeu as balizas históricas encontradas antigamente em outras partes do mundo. Ele perdeu seus pontos de apoio concretos. Não há mais um único movimento revolucionário e, por mais razão ainda, nenhum país socialista, entre aspas, do qual poderíamos nos prevalecer para dizer: é assim que se deve fazer! Este é o modelo! Esta é a linha! É um estado de coisas notável! Diria que fomos reenviados aos anos 1830, ou seja, temos de recomeçar tudo. No entanto, o ano 1830 ainda tinha atrás de si a Revolução Francesa e toda a tradição europeia das Luzes. Temos de recomeçar tudo e nos perguntar a partir do quê podemos fazer a crítica de nossa sociedade em uma situação na qual aquilo em que nos apoiávamos implícita ou explicitamente até agora, a fim de fazer essa crítica. Em uma palavra, a importante tradição do socialismo deve ser fundamentalmente reposta em questão, pois tudo o que essa tradição socialista produziu na história deve ser condenado.

– *Então, se bem entendi, o senhor é um pessimista?*

– Diria que ter consciência da dificuldade das condições não é necessariamente pessimismo. Diria, justamente, que à medida que sou otimista é que vejo as dificuldades. Ou então, se o senhor quiser, é por eu ver as dificuldades – e elas são enormes – que é preciso muito otimismo para dizer: recomecemos! Deve ser possível recomeçar. Ou seja, recomeçar a análise, a crítica. Bem entendido, é claro, não pura e simplesmente a análise da sociedade dita "capitalista", mas a análise do sistema social, estatal, poderoso, que encontramos nos países socialistas e capitalistas. Essa é a crítica a ser feita. É uma tarefa enorme, certamente. É preciso começar desde já e com muito otimismo.

1978

Atenção: Perigo

"Attention: danger", *Libération*, n. 1.286, 22 de março de 1978, p. 9.

Até onde se saiba, a lei pune um homem pelo que ele fez, mas nunca pelo que ele é. Menos ainda pelo que ele seria, eventualmente, e ainda menos pela suspeição do que ele poderá ser ou tornar-se.

E eis que agora a justiça penal, cada vez mais, se interessa pelas pessoas "perigosas". Ela faz da "periculosidade" uma categoria, quando não punível, pelo menos suscetível de modificar a punição. Ainda não estamos totalmente como na URSS, condenando qualquer um pelo fato de ele ser perigoso. Mas, a periculosidade, essa sombria qualidade que se empresta aos indivíduos, vem agora juntar-se ao delito. E dá direito a um suplemento de pena. Está-se criando a infração psicológica, o "crime de caráter". "Eu te puno por não seres como se deve." Raciocinemos um pouco.

1. Se a periculosidade é uma categoria psicológica entre outras, ela não poderia acarretar nenhuma pena, nem nenhum suplemento de pena.

2. Se a periculosidade é uma possibilidade de delito ou de infração, nenhuma lei autoriza a punir uma simples virtualidade.

3. Depois do final da última guerra, a *expertise* psiquiátrica, à qual se submete todo acusado que deve passar pelos tribunais, deve estabelecer se o indivíduo é perigoso. Isso não tem muito sentido em psiquiatria e é exorbitante no que concerne ao direito. O veredicto, de todo modo, leva em conta essa suposta periculosidade. É demasiado, sem dúvida, mas isso basta.

4. Ora, o decreto de 1975 autoriza a administração penitenciária a modificar o desenvolvimento da pena e a situar o condenado em um local de segurança máxima caso se descubra nele uma "periculosidade". Periculosidade que não é mais

manifestada pelo delito, mas suscitada pela prisão. Pois bem, a prisão cria um perigo que lhe é específico: é a prisão que se deve suprimir.

5. Por fim, na menor das prisões, o diretor recebeu o direito de pôr em segurança máxima todo detento, mesmo se ele ainda não foi a julgamento, mesmo que ele não tenha sido considerado perigoso por nenhum experto. Unicamente porque ele avalia que esse indivíduo é perigoso na prisão que ele dirige e em relação a ela. É, portanto, *sua* prisão e a maneira como ele a dirige que são criadoras de perigos. A equidade e o direito querem, assim, que o diretor, e apenas ele, tenha disso a responsabilidade.

Conclusões: se a prisão cria o perigo, é justo e legítimo querer escapar dela. De todo modo, é indispensável, caso não se queira tornar-se perigoso. Ninguém deve se fazer cúmplice daqueles que o expõem voluntariamente a tornar-se perigoso. A evasão, nesse caso, é um dever.

1978

Do Bom Uso do Criminoso

"Du bon usage du criminel", *Le Nouvel Observateur*, n. 722, 11 de setembro de 1978, p. 40-42. (*In* G. Perrault, *Le Pull-over rouge*, Paris, Ramsay, 1978.)

Para que uma justiça seja injusta, não é preciso que ela se engane quanto ao culpado, basta ela não julgar como deve. Ranucci, guilhotinado em 28 de julho de 1976, era inocente do assassinato de uma menininha ocorrido dois anos antes? Continuamos sem saber. Talvez nunca o saibamos. Sabemos, porém, de modo irrefutável, que a justiça é culpada. Culpada de tê-lo levado, com cinco sessões de instrução, dois dias de tribunal, um poder rejeitado e uma graça recusada, ao cadafalso. Gilles Perrault retomou o *affaire*. Eu teria escrúpulos, sobre semelhante tema, de evocar o talento do relato, sua clareza, sua força. Uma única palavra me parece decente: é um trabalho. Não sei quantos meses de paciência, e também daquela impaciência que recusa aceitar o mais fácil, lhe foram necessários. Mas, fechado o livro, nos perguntamos o que foi que não funcionou, ou melhor, o que fez funcionar essa máquina que, a cada instante, deveria ter parado: a parcialidade da polícia, a hostilidade de um juiz, a superexcitação da imprensa? Sim, um pouco, mas, no fundo, e "sustentado" tudo isso, uma coisa muito simples e monstruosa: a preguiça. Preguiça dos investigadores, dos juízes, dos advogados, preguiça da justiça por inteiro. A justiça faz rir quando não consegue dar um veredicto. Mas aquela que distribui a morte por meio de um gesto quase adormecido...

O livro de Perrault é um atroz tratado da preguiça judiciária. Forma maior dessa preguiça: a religião da confissão.

É para a confissão que tendem todos os atos do procedimento, desde o primeiro interrogatório até a última audiência. Fica-se contente, o segredo foi declarado, e o sutil fundo da verdade, descoberto. Tu mesmo o disseste. Prestígio da confissão nos países católicos? Vontade, segundo Rousseau, que o culpado subscreva sua própria condenação? Sem dúvida, mas quem não vê a formidável "economia" permitida pela confissão? Para os investigadores, que têm apenas de modelar sua pesquisa sobre o que foi confessado; para o juiz de instrução, que não tem senão de amarrar seu dossiê em torno da confissão; para o presidente do tribunal, que, na precipitação dos debates, pode remeter o acusado a si mesmo; para os jurados, que, na falta de conhecerem o dossiê, têm diante de si um acusado que o reconhece. Para os advogados de defesa, pois, afinal, ao defenderem, é mais fácil recorrer à retórica toda preparada de circunstâncias atenuantes sobre a infância infeliz, o momento de loucura, do que defrontar-se, passo a passo, com todos os estágios da instrução e pesquisar, esquadrinhar, suspeitar, verificar. A confissão é um lugar de doce cumplicidade para todas as instâncias da justiça penal.

Em 3 de junho de 1974, descobriu-se o cadáver de Marie-Dolores Rambla, terrivelmente ferido. Ela havia sido raptada por um homem que lhe pedira ajuda para procurar um cão negro. Em torno do crime, há indícios e pistas: um Simca 1100 no qual a menina entrara; um homem de *pull-over* vermelho que, já na véspera, pedira às crianças para encontrar seu cachorro. Por outro lado, somos informados de que, não longe do local onde foi descoberto o cadáver, um automobilista teve um ligeiro acidente, fugiu, foi perseguido e se escondeu. Identificaram o número de seu carro. Era o de Christian Ranucci. Ele foi preso.

Coincidência de locais, comparações aproximativas dos horários: e se as duas séries, a do crime e a do acidente, não fossem senão uma? Claro, Ranucci não tem um Simca, mas um Peugeot; ele não foi reconhecido, é claro, pelas duas únicas testemunhas do rapto; viu-se apenas, é claro, uma só pessoa no carro acidentado. Mas, afinal, há uma calça manchada de sangue em seu carro. Por que então ele se escondeu antes de voltar tranquilamente para casa?

Onze horas de interrogatório e ele confessa. Confessa novamente por duas vezes nos momentos que se seguem. Confissão impressionante, reconhece Gilles Perrault. Mas os investigadores tinham nas mãos muitas outras pistas possíveis. Tinham nas mãos fatos que mostravam que as confissões não eram exatas sob certos aspectos e que sob outros, aparentemente falsos, Ranucci dissera a verdade. Eles deveriam saber a razão de essa peça decisiva ser duvidosa e, longe de ser uma prova, ela deveria, por sua vez, ser provada. Ora, o que aconteceu foi exatamente o contrário. A confissão revelou seus poderes mágicos. O carro do rapto, de Simca, tornou-se Peugeot. Um homem que corria com um pacote se tornou um homem puxando uma menininha pela mão. As testemunhas reticentes foram esquecidas e o *pull-over* vermelho, que não podia pertencer a Ranucci, foi abandonado em um canto da instrução. A confissão obtida e os fatos estabelecidos não podiam entrar na mesma épura. Era preciso quebrar o bloco da confissão e reexaminá-lo ponto por ponto, ou triar os fatos a fim de reter os que permitiram cimentar a confissão. Vocês advinham a solução mantida.

Com frequência se reprova a maneira como a polícia provoca as confissões. E tem-se razão. Mas se a justiça, de alto a baixo, não fosse tão consumidora de confissões, os policiais tenderiam menos a produzi-las e por todos os meios. Para obter as confissões de Ranucci, a polícia de Marselha sem dúvida não empregou apenas as palavras insidiosas da persuasão. De todo modo, no gabinete de instrução, no Ministério Público, na audiência, será que houve alguém para dizer: uma confissão, seja ela qual for, não é uma solução, é um problema? Vocês têm de estabelecer um crime cujo desenrolar, as razões e os parceiros lhes escapam. Vocês não devem nunca substituí-la pelo criminoso que se proclama culpado e substitui as certezas que lhes escapam.

Um criminoso manifesto vem, assim, tomar o lugar de um criminoso obscuro. Mas é preciso, ainda, que sua criminalidade esteja ancorada mais solidamente do que em uma confissão sempre revogável. Depois de ter renunciado ao próprio suspeito, a instrução, agora, irá se livrar de seus embaraços junto ao psiquiatra. Este deve responder a dois tipos de pergunta: o acusado estava em estado de demência no momento dos fatos? Nesse caso, considerar-se-á não ter havido nenhum crime e os procedimentos se deterão. É lógico que o psiquiatra deve responder a essa questão o mais rápido possível.

Mas lhe perguntam também se ele não ressaltaria algumas relações entre as anomalias psíquicas do sujeito. Se este é perigoso e readaptável: todas elas, questões que só têm sentido se o sujeito é, de fato, o autor do crime em questão e se o médico tem a tarefa de recolocar esse crime na vida de seu autor.

Portanto, o psiquiatra tinha diante de si um Ranucci já titular de um crime, uma vez que o confessou. Bastava-lhe apenas construir uma personalidade de criminoso. Vamos lá: mãe divorciada que é, portanto, possessiva. Seu filho vive com ela: nunca a deixou, pouco importa que ele tenha trabalhado, por longo tempo, alhures. Ele pegou seu carro para o *week-end*: é a primeira vez que dorme fora de casa (esqueçamos um ano de serviço militar na Alemanha). E se, desde os 17 anos, ele tem amantes, sua afetividade é "imatura" e sua sexualidade, "mal orientada".

A respeito de alguém que se estabeleceu sem qualquer dúvida ter matado uma menininha, não sei se faz muito sentido dizer que ele foi muito mimado pela mãe. Mas, em uma peça de instrução que será confiada a juízes que deverão decidir se o acusado é culpado, bem vejo o efeito disso: na falta de elementos do crime, isso desenha o perfil de um criminoso. O primeiro talvez reste a ser provado, mas o segundo, compreende-se, está "bem sustentado". Dessa psicologia facilmente se deduzirá o crime como uma consequência necessária.

Depois, no fundo, o que fazer no dia do julgamento com esse crime, esse objeto obscuro, imbecil, horrível, esse absurdo que se apaga com o tempo (mesmo que haja tristezas que nunca serão esquecidas)? O que significaria reagir ao irreversível? Não se pune um ato, castiga-se um homem. E eis que, uma vez mais, deixar-se-á cair um crime pelo qual nada mais se pode a fim de se ocuparem com o criminoso.

Com efeito, a opinião e a imprensa precisam do criminoso. É a ele que se vai odiar, é para ele que irão as paixões, é para ele que se pedirão a pena e o esquecimento.

São também os jurados e a corte que necessitam do criminoso. Pois o fato do crime foi tragado pelos enormes dossiês: os jurados não o conhecem e o presidente teria muita dificuldade em explicá-lo. A princípio, a audiência pode e deve retomar tudo: a verdade deve ali produzir-se sem sombras nem silêncio aos olhos e aos ouvidos de todos. Concretamente, porém, como fazê-lo? Uma partilha se estabelece: por um lado, na poeira do dossiê, sob estimativas complicadas, os fatos, os vestígios, as provas, os inúmeros elementos mal religados pelo espírito e nos quais a atenção vagueia. Mas, que importa? Pois, por outro lado, há, em carne e osso, vivo, incontestável, o criminoso. Seu rosto, suas expressões, sua dureza, seu sorriso, seus descontroles, tudo o que "não engana". No que concerne ao crime, confiemos, então, nos hábeis técnicos da instrução e mantenhamos diante dos olhos o próprio criminoso. E é ainda do criminoso, não do crime, que se precisa para fixar a sentença. Para ser indulgente, compreender e executar. Mas igualmente para ser severo. E para matar. Não é ferir nenhuma mágoa, penso eu, dizer que os responsáveis pelo talco Morhange[1] fizeram pelo menos tanto mal quanto o assassino da menininha. E os fatos lá estavam, certamente. Nunca foi questão condená-los à morte, e tanto melhor. Mas, por que se aceita tão facilmente uma semelhante diferença de destinos? É que, de um lado, havia industriais sem escrúpulos, homens de negócio ávidos ou cínicos, engenheiros incompetentes, tudo o que se quiser, mas não "criminosos". Do outro, tinha-se um crime mal elucidado, porém, em plena luz, um criminoso bem real. E se é possível hesitar responder a uma morte com uma morte, a uma degolação com outra, como não querer desembaraça-se, e por meios sem recurso, de alguém que é fundamentalmente um "criminoso", um "perigo" em essência, naturalmente um "monstro". A todos, nossas saudações.

Fato paradoxal: hoje, uma das raízes mais sólidas da pena de morte é o princípio moderno, humanitário, científico segundo qual se tem a julgar não os crimes, mas os criminosos. Ele é economicamente menos custoso, mais fácil, do ponto de vista intelectual, mais gratificante para os juízes e para a opinião pública, mais razoável aos olhos dos eruditos e mais satisfatório para os apaixonados em "compreender um homem" do que estabelecer os fatos. E eis como, de um gesto fácil, consuetudinário, apenas despertado, certa manhã, a justiça corta em dois um "criminoso" de 22 anos cujo crime não foi provado.

Não falei dos aspectos excepcionais e duros desse *affaire*: por que se precisou de uma execução e como é que a graça, recomendada pela comissão, foi recusada? Evoquei apenas o que o fez semelhante a tantos outros.

Estão reformando o Código Penal. Fazem-se ardentes campanhas contra a pena de morte. E alguns magistrados sabem

---

[1] Um defeito de fabricação do talco "Morhange" provocara, em 1972, a morte de muitas crianças e infligira lesões graves em muitas outras.

bem o perigo de velharias como a religião da confissão, ou das modernidades como a intervenção indiscreta do psiquiatra. De um modo ainda mais geral, é preciso rever de ponta a ponta a maneira como se pune. Essa maneira de punir sempre foi um dos traços mais fundamentais de cada sociedade. Nela, nenhuma mutação importante se produz sem que nisso ela se modifique. O regime atual de penalidade é usado até a trama. As "ciências humanas" não têm de reavivá-lo. Serão precisos anos e muitas comoções para determinar o que se deve punir e como, se punir tem um sentido e se punir é possível.

1978

Desafio à Oposição

"Sfida all' opposizione" ("Défi à l'opposition"), Corriere della Sera, v. 103, n. 262, 7 de novembro de 1978, p. 1-2.

M. Foucault havia proposto dois títulos: "A ordem tem seus perigos" ou "O week-end de Teerã". Trata-se do sábado e do domingo, 4 e 5 de novembro, durante os quais os estudantes quebraram e queimaram tudo o que simbolizava a dinastia Pahlavi e o Ocidente.

Teerã. Dois acontecimentos prepararam o week-end de Teerã:

1. Toda a oposição acabava de se reagrupar atrás do aiatolá Khomeyni. Uma solução, sustentada pelos americanos, previa a semirretirada do xá e uma liberalização progressiva. Isso supunha a neutralidade dos principais partidos da oposição. Ora, ao longo da sexta-feira, Karim Sandjabi, líder do Front Nacional, aceitou finalmente o primeiro ponto da declaração do aiatolá: a monarquia do xá é ilegítima e ilegal. A deposição e a partida da dinastia tornaram-se, então, um requisito para a reconstituição da vida política. Sexta-feira à noite, o soberano não tinha mais nenhum apoio na oposição, mesmo indireto, portanto nenhuma possibilidade de manobra. Contra ele, a oposição se totalizara.

2. Na véspera, a imprensa oficiosa soviética estimara "perigosa" a reivindicação de um governo islâmico no Irã. Por um lado, para os americanos isso significava que a URSS não objetava uma solução, mesmo "vigorosa", que pudesse barrar o caminho a uma oposição reagrupada atrás de Khomeyni. Por outro, significava para o xá que, em caso de luta longa e violenta, a oposição não teria apoio nem na URSS, nem nas democracias populares provedoras de armas, nem nos países do Oriente Médio apadrinhados pelos russos. Portanto, do lado internacional, era o xá que, sexta-feira à noite, obtivera uma totalização, ao passo que a oposição estava perfeitamente isolada.

Restava ao xá uma única carta: fazer esses dados internacionais atuarem na cena interna. A ocasião disso foi a rebelião estudantil. Discutiu-se por muito tempo para se saber se ela fora provocada e por quem. No sábado, pelos tiros dos soldados? No domingo, por sua retirada? A palavra "provocação" sempre me incomoda, pois não há ação que não seja provocada. O problema é saber o que torna alguém provocável. Por que os estudantes, nesse final de semana, passaram para um tipo de ação que não foi o dos meses precedentes e que não era desejado, sem dúvida, pelos responsáveis da oposição, mesmo os mais radicais? Talvez por ter havido rivalidade entre os grupos mais politizados e os grupos mais religiosos. Mas talvez, e sobretudo, porque havia, na cabeça de todos, uma espécie de desafio entre o radicalismo revolucionário e o radicalismo islâmico, nenhum dos dois querendo reconhecer-se como mais conciliante e menos corajoso que o outro. Por essa razão e devido a uma situação que muito evoluíra, o meio estudantil encontrou-se muito mais "detonante" do que o conjunto da população com a qual esses mesmos estudantes se manifestavam há algumas semanas.

Eis, então, Teerã assediada pelo exército e pelos principais oficiais à cabeça do país. Seria a tomada de poder pelos militares prevista por alguns? Não parece, ao menos por ora.

Com efeito, os próprios generais tornados ministros não se impuseram ao xá. Eram homens do soberano, há muito tempo designados por ele aos postos mais elevados. Por outro lado, nessa mesma manhã, o xá declarou que o novo governo lá estava por pouco tempo e que, restabelecida a ordem, logo em seguida se retomaria a liberalização. Não acho que muitos iranianos acreditem nisso. Mas é uma maneira de dizer à oposição: "Vocês me declaram ilegal e querem liberalizar com minha *anuência*. Vocês não podem fazê-lo *sem mim*, não apenas porque tenho a força para ficar, mas porque tenho a legitimidade da ordem." E é um modo de dizer aos americanos e ao seu homem, Ali Amini: "Vocês queriam que eu me eclipsasse em benefício do meu grande desajeitado de filho, mas estão vendo que lhes sou mais indispensável do que nunca para liberalizar o regime."

Em suma, o exército, hoje, não interveio nem para reprimir maciçamente a oposição, nem para eliminar, em seu benefício, o rei e seus adversários. O xá o fez manobrar de modo a quebrar a oposição em dois e se ver em uma situação de força, quando for preciso negociar com a oposição moderada. Podemos imaginar – mas é pura especulação de minha parte – que o xá deu seu golpe com a ajuda dos americanos que enquadram, no local, grande parte do seu exército, a fim de ser capaz de resistir a Carter e àqueles que previam seu necessário apagamento.

Mas, para que o cálculo do soberano se confirme, seria preciso que o país ficasse tão imobilizado quanto Teerã nesta manhã. O exército, ou pelo menos a parte mais garantida do exército, tem como suster as grandes cidades. Mas será que ela pode suster o país, quero dizer, não apenas toda a extensão territorial, mas a própria massa da população? Os operários, os funcionários, os comerciantes dos bazares que, há meses e meses, fazem greve e bloqueiam progressivamente os setores mais diversos da sociedade? É nesse momento que o xá se vê diante dos religiosos, dos muftis e do irredutível aiatolá. Estes podem continuar animando uma resistência que pode ter muitas outras formas além da rebelião e toda outra eficácia. O xá respondeu a essa grande greve política da semana passada que visava a eliminá-lo fazendo um retorno ruidoso. Ele reapareceu como Mestre da ordem. Ele pode fazê-lo reinar na rua. Mas, sem dúvida, não na sociedade. O exército, então, correria o risco de quebrá-lo entre suas mãos. E, em uma manhã, um oficial poderia sonhar em pactuar com esse movimento religioso que por certo não está pronto para ceder diante do xá, não estivesse ele entrincheirado atrás de seus tanques. O movimento religioso que acabou absorvendo toda a oposição política poderia muito bem quebrar a unidade aparente do exército e concluir uma aliança com uma de suas frações. A ordem tem seus perigos.

1978

As "Reportagens" de Ideias

"I 'reportages' di idee" (Les "reportages" d'idées; trad. C. Lazzeri), *Corriere della Sera*, v. 103, n. 267, 12 de novembro de 1978, p. 1.

Este artigo, que introduz uma reportagem sobre os Estados Unidos realizada por Alain Finkielkraut, apresenta o projeto de conjunto das "reportagens de ideias". Estavam previstas uma reportagem sobre o Vietnã, por Susan Sontag, sobre a Hungria, por Arpad Ajtony, sobre a democratização espanhola, por Jorge Semprun, sobre o suicídio coletivo da seita do pastor Jones, na Guiana, por Ronald Laing. Só foram publicadas as reportagens de M. Foucault sobre o Irã, de Alain Finkielkraut sobre os Estados Unidos e de André Glucksmann sobre os *boat-people*.

Em setembro, começamos uma série de *reportagens*[1] para o *Corriere*. A primeira foi dedicada à Revolução Iraniana. Hoje, aqui está a segunda: os Estados Unidos no meio do charco da administração Carter, ou melhor, no final dos *Seventies* que foram tão importantes e tão escorregadios para os americanos. A equipe de membros permanentes que trabalha comigo em Paris – a fim de dedicar investigaçãos aos temas de fundo da atualidade, em colaboração com o *Corriere della Sera* e com a editora Rizzoli – escolheu, desta feita, um jovem autor: Alain Finkielkraut, francês, 29 anos, autor de um livro que logo se tornou célebre, *Le Nouveau désordre amoureux*.[2] Sua experiência de professor em Berkeley, sua nova maneira de olhar os problemas de uma época, sua linguagem desprovida de preconceitos garantem a novidade de uma exploração da América, bastante diferente daquelas às quais estamos habituados.

Acompanhemos rapidamente outras enquetes que concebemos como "reportagens de ideias". Alguns dizem que as grandes ideologias estão morrendo, outros dizem que elas nos submergem por sua monotonia. O mundo contemporâneo, ao

---

1 Em francês no original. (Nota do tradutor francês)
2 Paris, Éd. Du Seuil, 1977. Escrito com P. Bruckner.

inverso, formiga de ideias que nascem, se agitam, desaparecem ou reaparecem, abalando as pessoas e as coisas. E isso não somente nos círculos intelectuais ou nas universidades da Europa Ocidental: mas em escala mundial e, entre muitas outras, em minoridades ou populações que a história até hoje quase não habituou a falar o a se fazer escutar.

Há mais ideias sobre a terra do que com frequência imaginam os intelectuais. E essas ideias são mais ativas, mais fortes, mais resistentes e mais apaixonadas do que o que delas podem pensar os políticos. É preciso assistir ao nascimento das ideias e à explosão de sua força: e isso não nos livros que as enunciam, mas nos acontecimentos nos quais elas manifestam sua força, nas lutam que travamos pelas ideias, contra ou a favor delas.

Não são as ideias que levam o mundo. Mas é justamente pelo fato de o mundo ter ideias (e por produzi-las continuamente) que ele não é conduzido passivamente segundo aqueles que o dirigem ou que gostariam de ensiná-lo a pensar de uma vez por todas.

Esse é o sentido que gostaríamos de dar a essas *reportages*, nas quais a análise do que pensamos estará ligada àquela do que advém. Os intelectuais trabalharão com jornalistas no ponto de entrecruzamento entre as ideias e os acontecimentos.

1979

Prefácio de Michel Foucault

"Préface de Michel Foucault", in Brückner (P.) e Krovoza (A.), *Ennemis de l'État*, Claix, La Pensée Sauvage, 1979, p. 3-4. (*Staatsfeinde. Innerstaatliche Feinderklärung in der Bundes-republik*, Berlim, Wagenbach, 1972.)

Quando se é alemão, é um destino ter nascido nos mesmos anos que o nazismo. No momento em que Hitler chegou ao poder, Peter Brückner tinha aproximadamente 10 anos. Até à guerra, ele atuou por entre as malhas do sistema e do partido, sem saber muito qual era o sobressalto que, de repente, o tornava relutante e fazia com que escapasse no momento em que poderia ter sido atraído: certa desconfiança, a obscura certeza de que nunca deveria deixar-se levar, o gosto pela vagabundagem, os pais que não via muito, como se estivessem absorvidos alhures? Terminada a guerra, soube que sua mãe era judia.

A partir de 1945, Brückner percorreu o ciclo dos socialismos europeus. O de Pankow, no leste; foi membro do PC, encarregado de formar quadros, escapou. O do Ocidente, da social-democracia: frequentou a ala esquerda do partido, lutou pela desnazificação, colaborou em uma obra sobre a medicina dos campos. O da oposição extraparlamentar, depois que o congresso de Bad-Gdesberg fez do SPD um partido do governo: no movimento da contestação estudantil, seus dois livros, *Transformation de la démocratie* e *Psychologie sociale du capitalisme*,[1] tiveram grande importância.

O ano 1972 foi para ele o começo de um longo e difícil caminho: tornou-se um desses homens dos quais ele próprio fala em *Staatsfeinde*,[2] nos confins da oposição e da "criminalidade".

---

1 Brückner (P.), *Die Transformation der Demokratie*, Frankfurt/Main, 1968; *Zur Socialpsychologie des Kapitalismus*, Frankfurt/Main, 1972.
2 Brückner (P.) e Krovoza (A.), *Staatsfeinde. Innerstaatliche Feinderklärung in der Bundes-republik*, Berlim, Wagenbach, 1972 (*Ennemis de l'État: mise*

Pouco a pouco, ele entra na categoria temível – temível para os que nela são classificados – dos "inimigos do Estado". Teria alojado Ulrike Meinhof:[3] foi condenado a uma multa. Estudantes redigiram, sob o pseudônimo de Mescaleros, um artigo sobre o assassinato do procurador Buback,[4] e Brückner, juntamente com vários outros professores, sustentou o direito do texto à existência e à publicação. Como ele foi um dos raros a não voltar atrás sobre essa sustentação, suprimiram seu tratamento, retiraram-lhe o direito de entrar nos locais da universidade e de trabalhar na biblioteca. Entretanto, ele não aprovava todas as ações da RAF. Criticara publicamente algumas delas: foi então proclamado "inimigo" e "traidor" pelas mesmas pessoas que o Estado denunciava como seus próprios "inimigos". Coube a Klauss Croissant a honra de pôr um termo público e definitivo a essas calúnias.[5]

Mas, quanto ao *affaire* Mescaleros, as autoridades alemãs ainda o perseguem. Ele encontrou refúgio na Dinamarca. Cada vez mais distante dos partidos, instituições, grupos, teorias, e cada vez mais próximo de alguns amigos dispersos, ele busca, agora, um rigor político, uma lucidez que não se deixa nem ofuscar, nem terrorizar.

à *l'index de l'ennemi interieur en R.F.A.*, trad. M. T. Priser e D. Cavalli, Paris, La Pensée Sauvage, 1979).

---

3 Membro da facção Exército Vermelho ou RAF, de Baader.
4 Depois do atentado contra o procurador Buback, um texto assinado por "Mescaleros", ou "Índio metropolitano" – nome tomado, na época, por alguns movimentos anarquizantes –, foi publicado no jornal da Universidade de Hanôver. O artigo descrevia a alegria íntima experimentada após a morte do procurador, mas condenava a violência terrorista.
5 Uma intervenção de M. Foucault junto aos editores de K. Croissant permite essa retificação.

1979

Maneiras de Justiça

"Manières de justice", *Le Nouvel Observateur*, n. 743, 5-11 de fevereiro de 1979, p. 20-21.

Resenha da transmissão televisionada *Les Dossiers de l'écran*, de 30 de janeiro de 1979, na qual o ministro da Justiça, Alain Peyrefitte, enfrentou, durante duas horas, a contestação do funcionamento da justiça por 45 cidadãos e cidadãs. O ministro, que acabava de recusar ao Parlamento um projeto de lei abolindo a pena de morte, justificou sua recusa de rever o processo de Christian Ranucci, guilhotinado em 28 de julho de 1976.

Quando o dia era bonito, os reis de outrora faziam justiça à sombra das grandes folhagens. Outro dia, aquele que se incumbe do Ministério da Justiça falava dela no que me pareceu ser a sala de um grande restaurante. As toalhas estavam brancas, mas o serviço, um tanto lento. E não era muito fácil de ver o que se punha dentro dos pratos.

No entanto, houve ali alguns minutos dignos de Vincennes. Quero dizer, de seu carvalho. Era impressionante ver aquelas poucas pessoas dirigirem-se ao príncipe como se fazia há milênios, escolhidas sem dúvida tal como se selecionam os produtos-testes para a cesta da demonstradora de produtos domésticos. Elas lhe levavam sua amargura, seu pequeno rancor ou sua grande tristeza pela morte de uma criança. Valiam-se de milhões de espectadores como testemunhos do mau funcionamento da instituição? Sim, talvez. Mas, penso eu, houve outra coisa. Em última instância, elas pediam justiça. Ao rei, ao soberano, ao Estado, o que se pode pedir a mais do que fazer justiça?

As pessoas sempre terão razão contra Montesquieu e os arquitetos de Brasília. Os três poderes bem separados, cada um deles alojado em seu palácio, com toda independência. Isso não é verdade. Que haja apenas um poder, já é o bastante, desde que ele faça seu trabalho. Gosto bastante da ignorância obstinada com a qual os "subordinados à justiça" não escutam quando se lhes explica que há dois tipos de magistrados: os do "Ministério Público", que requerem em "nome da sociedade" e que dependem hierarquicamente do ministro, e os "Juízes", independentes, e, como seu nome indica: eles julgam "em nome do povo".

Também gostei muito de uma senhora que evocava de roldão todos os que, segundo ela, condenam à morte: magistrados, advogados, juízes.

Tanta ignorância vale como incredulidade voluntária: não se deixa convencer facilmente. Mais do que uma questão de demonstração, é um *affaire* de percepção. O poder está marcado sobre a libré de todo homem de justiça, assim como a justiça, em contrapartida, é a tarefa fundamental de todo aparelho de poder. O resto não passa de sutileza. Desconhecimento das instituições? É evidente. Contrassenso histórico e político? A ver.

Justamente, dirão vocês, isso é o que se deve dissipar. É preciso que a justiça não seja mais um atributo somente da soberania, mas que se torne um serviço público. Que ela seja acessível a todos. Que se possa utilizá-la. Que se conheçam suas peças principais e seu modo de utilização. Ao que eu responderia: como é que vocês querem que se leve a sério a vocação de serviço público de uma instituição cuja função suprema, a mais visível, a mais engrandecida, é a de condenar à morte? As cifras de nada servem. Poderia muito bem haver execução a cada 10 ou 20 anos: se o juiz é um homem que pode cortá-los em dois, vocês não conseguirão que ele seja reconhecido como o preposto de um serviço. Reduzir as "fricções sociais" e fazer uma cabeça saltar talvez não passem dos dois polos extremos de uma única e mesma atividade. Começarão a acreditar que a justiça não forma uma unidade com o exercício do poder no dia em que ela cessar de matar. Condição necessária, embora não suficiente.

A transmissão da outra noite foi bem construída. Ela começava pela independência dos magistrados e concluía com a pena de morte. A maioria favorável a esta, se viu de fato a oferecer ao ministro a aceitação dessa dependência dos juízes que todo mundo, no começo, rejeitava de comum acordo, sem crer demasiado nela.

Por que essas operações sobre a justiça durante tantas semanas? Por que a longa encíclica tradicionalista no *Le Monde*?

Por que essa transmissão de três horas para repetir, aparentemente, coisas tão conhecidas?

Uma boa conjuntura, é verdade. O sindicato da magistratura havia aberto uma crise profunda. Inércia de organização, fé nas miragens da União da esquerda, dificuldade para encontrar uma doutrina coerente? Não sei... De todo modo, há alguns meses as coisas esfriaram um pouco. É a ocasião de se encenar o apaziguamento, de se apresentar como o defensor de toda a profissão, e, apagando as fraturas interiores, é a ocasião de se falar tão somente do desacordo entre a instituição e seus usos.

Certamente, houve outra coisa. Por que retomar sem cessar a independência dos magistrados? Por que esses ministros que, ora um, ora outro, vêm jurar, mão no coração, que nunca intervêm junto aos juízes? Estamos tão prontos a acreditar neles quanto o fato de não ser esse o problema. É preciso se ter bem na cabeça que julgar não é aplicar a lei. É certa "maneira de fazer" com a lei. Vejam os flagrantes delitos: escutem o presidente resmungar seu interrogatório, o procurador pedir que a lei seja aplicada, o advogado pleitear a indulgência; entendam os seis meses de prisão que calham "em conformidade com a lei". Ou se essa não é certa "maneira de fazer" com ela. É aqui que se encontra, no essencial, salvo algumas exceções notáveis, a "dependência" dos juízes no que concerne à sua formação, à regra da instituição, a seus colegas, às coações de organização, de finanças e de tempo, ao pesadume da hierarquia, do quadro de avanços etc. O problema não é tanto o da obediência dos juízes ao que diz o poder. É o de sua conformidade com o fato de este se calar. E este foi um dos grandes méritos do sindicato da magistratura: manifestar que se pode fazer com a mesma lei algo muito diferente e mostrar que, do lado da chancelaria, o que se pede aos magistrados não é uma obediência que desobedeça às leis, mas uma conformidade na maneira de fazer com elas.

Depois, o ministro falou muito sobre o livre acesso dos subordinados à justiça à instituição. Não se pode negar que a ajuda judiciária acaba de abrir suas portas de modo bastante amplo. Ora, o problema não é apenas: quem pode ter acesso à justiça? É também: entre tantos litígios, conflitos, infrações, quais podem chegar até a instância judiciária? Na agradável *soirée* de terça-feira passada, observei dois grãos de areia:

"Que fazer", dizia alguém, "se um comissário se recusa a registrar uma queixa?"; "que fazer", perguntava outro, "quando se quer perseguir um informante da polícia?".
Seria preciso deixar, então, que tudo chegasse até o juiz. Com a Seguridade Social, tudo já chega até o médico... É necessário fazer uma triagem entre o que vai ficar "fora da justiça" e o que se tornará, ouso dizer, "judiciável". Mas quem escolher? Segundo que critérios? Como? Por que um pequeno roubo e não uma enorme fraude? Por que um afago a alguém que consente e não a imprudência de um patrão que expõe um operário à morte? Ou seja: em um mesmo sistema de leis, segundo a maneira como funcionam a instituição e os diferentes circuitos de derivação instaurados (jurisdição administrativa, procedimento de arbitragem...), pode-se ter uma distribuição diferente tanto daquilo que é passível de se tornar *affaire* de justiça quanto do que não o é.

Quem não vê que essa divisão, ao menos em parte, é determinada pela conduta dos juízes? E que, se quisermos mantê-la, é preciso que a conduta dos juízes continue bem conforme?

A médio e a curto prazos, esses são, creio eu, os problemas mais importantes. Em regimes descentralizados e que tendem para a autogestão, o regulamento judiciário é a via mais natural para arbitrar litígios, tão numerosos quanto a multiplicação dos centros de decisão. A Iugoslávia é um dos países mais consumidores de justiça e dos mais ativos fabricantes de juristas. Não estaríamos caminhando nessa direção? É verdade. Mas, na sociedade "neoliberal" rumo à qual, através da crise, somos impelidos, o consumo judiciário tem também todas as chances de crescer. E isso à medida que decrescem os sistemas regulamentares e as intervenções administrativas. Nada no aparelho atual poderia responder a semelhante demanda. E não se trata de mudar o equilíbrio. Por questões de custo. Por razões políticas também: não se vai introduzir por toda parte e em todas as engrenagens a autoridade de juízes que recentemente se mostraram tanto menos confiáveis quanto o eram quando mais jovens.

Disso decorre a escolha de manter mais ou menos no estado atual o nível do "judiciável", com o risco de garantir punções e desvios na demanda judiciária, multiplicando as instâncias de arbitragem e de conciliação. Em suma, é preciso evitar na ordem da justiça um empuxo inflacionista do mesmo tipo daquele que ameaça atualmente as instituições da medicina e da seguridade. Para evitá-lo, há muitas condições. Recentrar a justiça em suas "altas" funções, o mais solidamente possível, deixando agir, com a maior frequência possível, abaixo dela, mecanismos extra ou parajudiciais. Por meio da escolha política, da tendência tecnocrata, os juízes poderão tender a sustentar, mediante inovações incessantes, intervenções crescentes, essa demanda inflacionista. É preciso trazê-los de volta à discrição e restabelecer entre eles, para além das clivagens políticas, uma "maneira de fazer" comum e comedida. E a manutenção da pena de morte como ponto de mira em toda a prática judiciária desempenha, aqui, um papel a um só tempo simbólico e real: conservando para a justiça essa suprema função da soberania, ela a impede de descer ao nível de um serviço público em perpétua expansão.

Aí está, me parece, o que formou o móbil dessas intervenções alcatifadas e apaziguadoras do ministro da Justiça nessas últimas semanas. Ele falou longamente sobre independência dos magistrados e de sua disponibilidade para com os justificáveis. Mas trata-se de restabelecer a "conformidade" dos juízes e de manter o nível do "judiciável". Na outra noite, por um único momento a voz amável se fez mais rude. Foi para dizer: "De todo modo, não como a Seguridade Social." Ali estava toda uma economia e toda uma política da justiça para os anos vindouros.

1979

A Estratégia do Contorno

"La stratégie du pourtour", Le Nouvel Observateur, n. 759, 28 de maio-3 de junho de 1979, p. 57.

Ontem, não se fazia a barba fiado. Não estou nada convencido, quando me dizem que hoje em dia as liberdades estão encetadas, que os direitos se esboroam e que os espaços se comprimem em torno de cada um de nós. Aposto que a justiça penal de há 20 anos, ou de um século atrás, não era nem melhor ordenada nem mais respeitadora. Inútil, para dramatizar o presente, alongar suas sombras mediante claridades imaginárias de um sol poente.

As transformações que acontecem sob nossos olhos, e que por vezes nos escapam, não têm por que nos tornar nostálgicos. Basta levá-las a sério: ou seja, perceber aonde vamos e marcar o que recusamos aceitar no futuro.

No *affaire* dos manifestantes de 23 de março,[1] nada de ilegal, nada de excepcional. Tudo estava conforme às regras de procedimento, à legislação em vigor e a certa "filosofia" da prática penal. Tudo, infelizmente!

O procedimento? Foi o flagrante delito, isto é, a precipitação, a defesa insuficiente, o julgamento apressado: já foi dito, nunca se dirá o suficiente. Mas o princípio mesmo do flagrante delito é grave e perigoso. Com efeito, um dos princípios fundamentais do direito penal é que perseguição e infração não

---

1 Em 23 de março de 1979, os representantes dos 6.500 metalúrgicos de Longwy condenados a licenciar-se fizeram uma manifestação nas ruas de Paris. A força dessa manifestação estava ligada também aos interesses eleitorais da CGT e do Partido Socialista que a CFDT recusava caucionar. Ao final dessa manifestação, engolfando-se nessa falha, militantes de extrema esquerda e talvez provocadores quebraram inúmeras vitrines da Place de l'Opéra. Ocorreram muitas prisões de pessoas que protestaram por não terem participado da depredação.

devem nunca estar nas mesmas mãos: aquele que sustenta a acusação não poderia estar encarregado também de estabelecer os fatos. Ora, o procedimento de flagrante delito pede ao tribunal para prover, encadernados, junto com o acusado, os elementos que permitirão ao tribunal estatuir. O procurador faz a verdade sozinho (ou melhor, com a polícia). Reza a regra que a instrução se faça contra e a favor do acusado? Aqui, neca de instrução: só resta, então, os contra.

Mas o delito não é flagrante e as provas evidentes? Por que seria preciso instruir? Ora, é aqui que o uso da legislação antidepredação, já bastante perigosa, se torna inteiramente temível. Ela torna delito o simples fato de participar de uma manifestação, ao longo da qual atos delituosos são cometidos. Participar quer dizer estar presente, nos locais, permanecer nas paragens... Quem não vê que, ao aplicar o procedimento de flagrante delito em uma infração definida de maneira tão imprecisa, qualquer pessoa, desde que tenha passado pelo local, pode ser apresentada ao tribunal como "depredador"? A prova: a polícia o viu e o prendeu.

A lei antidepredação permite à polícia fabricar, no local, um "delito" e um "delinquente", sobre os quais procedimento de flagrante delito decalcará o selo de uma verdade sem discussão.

Enormidade da qual os magistrados (Jean Daniel teve razão de anotá-lo) têm *perfeita consciência*. Mas eles a justificam por meio da "filosofia" que impregna cada vez mais a prática penal. "Filosofia" muito simples, quase evidente: ao sancionar as infrações, a justiça tem sua força ao garantir a "defesa da sociedade". Essa ideia muito antiga – e eis aqui o novo – está se tornando um princípio efetivo de funcionamento. Do último dos substitutos ao ministro da Justiça, cada um garante a "defesa social"e toma as medidas em função desses objetivos.

Isso é pleno de consequências. E de peso.

1. Defender a sociedade se torna um princípio funcional comum à polícia, aos procuradores, aos magistrados instrutores e aos juízes. Os controles mútuos, os balanços, as indispensáveis divergências entre os diferentes elementos da instituição se esfumam em benefício de uma continuidade aceita, reivindicada. Do homem com capacete a matraquear àquele que julga em sua alma e consciência, todo mundo, em um movimento solidário, se entende a fim de desempenhar um mesmo papel.

2. Mas, defender a sociedade contra quem? Contra infrações? Sem dúvida. Contra os perigos, sobretudo. São os perigos que marcam a importância relativa das infrações: grande perigo de uma pedra jogada, pequeno perigo de uma grande fraude fiscal. Depois, a infração é mal estabelecida? Pouco importa se, por trás desses fatos duvidosos, se perfila um perigo certo. Não se tem certeza se um manifestante esmurrou? De todo modo, atrás dele havia manifestação e, além dela, todas as que virão, e, mais além ainda, a violência em geral, a greve, a Itália e o "P. 38", a Rote Armee Fraktion. A justiça deve reagir ao perigo real mais ainda do que ao delito estabelecido.

3. E como se proteger disso? Perseguindo os autores de infração real? Sim, talvez, se fosse possível. Todavia, a estratégia do contorno é mais eficaz: fazer medo, fazer exemplo, intimidar. Agir sobre essa "população-alvo", como se diz com uma palavra tão expressiva, que é movediça, friável, incerta e que poderia, um dia, se tornar inquietante: jovens em greve, estudantes, liceanos etc.

4. E depois, o que é então que se deve proteger nessa sociedade? Evidentemente, o que há de mais precioso, de mais essencial, portanto, de mais ameaçado. E o que há de mais essencial do que o Estado, porquanto ele protege a sociedade que tanto dele precisa? Assim, o papel da justiça é o de proteger o Estado contra os perigos que, ao ameaçá-lo, ameaçam a sociedade que ele próprio tem o papel de proteger. Eis aqui a justiça bem calçada entre a sociedade e o Estado. Aqui é seu lugar, aqui é sua função, e não, como ela ainda o diz, entre o direito e o indivíduo.

As condenações escandalosas de Desraisses, de Durval e de tantos outros não são "aberrantes". Elas mostram com um efeito crescente essa transformação insidiosa por meio da qual a justiça penal está se tornando uma "justiça funcional". Uma justiça de seguridade e de proteção. Uma justiça que, como tantas outras instituições, tem de gerir uma sociedade, detectar o que é perigoso para ela, alertá-la sobre seus próprios perigos. Uma justiça que se dá como tarefa velar sobre uma população, mais do que respeitar os sujeitos de direito.

A influência do poder político aumentou? Não sei. Mas basta que, através das funções de "proteção social", imperativos do Estado se imponham muito naturalmente.

Os acusados de Longwy foram soltos. Os de Paris viram suas penas agravadas, exceto em um caso. Então, das duas coisas, uma: ou é para o "bom funcionamento" do conjunto que se tomaram duas decisões tão opostas (tolerância para com uma população em greve, severidade para com os grupos parisienses) – nesse caso, é evidente que a justiça penal por inteiro pôs-se a funcionar não mais junto à lei, mas à proteção social –; ou os magistrados não mais se entendem sobre o que é defender a sociedade, ou alguns se recusam a desempenhar esse papel – nesse caso, a justiça perdeu sua coerência. De todo modo, estamos em uma crise maior. Portanto, é preciso libertar rapidamente todos os que são vítimas dessa situação insustentável. Caso não lhes conceda a graça, o presidente da República mostrará estar subscrevendo, sem ousar dizê-lo, uma transformação da justiça comprada ao preço de condenações injustas. Ninguém pode, a um só tempo, respeitar o direito e respeitá-las. O presidente da República tanto quanto qualquer outro.

1979

Lutas em Torno das Prisões

"Luttes autour des prisons" (entrevista com F. Colcombet, A. Lazarus e L. Appert), *Esprit*, n. 11: *Toujours les prisons*, novembro de 1979, p. 102-111.

A revista *Esprit* preparava um número especial sobre as prisões (*Toujours les prisons*). M. Foucault foi convidado a participar de uma mesa-redonda. Ele é informado de que P. Thibaud, diretor da revista, o acusa de não ter proposto reforma quando se ocupava do GPI (cf. o prefácio de *Toujours les prisons*). A título de troça, M. Foucault tomou o pseudônimo do filantropo das prisões do século XIX, Appert, o Howard francês. O autor de *Bagnes, prisons et criminels* (Paris, Guilbert, 1836) de fato se chamava Benjamin Appert. Erro ou piscar de olhos, M. Foucault se designa como Louis Appert, mas ele não era um Malapert, por parte de mãe? (ver *Sempre as Prisões*, neste volume, a resposta de M. Foucault a P. Thibaud).

L. Appert: Ocupar-se das prisões, a partir do século XIX, foi com certeza uma atividade do intelectual burguês, inteiramente normal, comum e contínua. A mudança, em 1971, incidiu sobre a maneira de se ocupar dela.

O que pareceu interessante foi tomar a questão da penalidade em seu todo – pois era disso que se tratava –, a partir dessa região da prisão da qual tanta gente vinha se ocupando por tanto tempo, mas que nunca fora abordada como sendo o viés por onde era preciso interrogar a penalidade. Ocuparam-se da prisão, mas como do subsolo do sistema penal, depósito de entulhos. O ponto de partida era interrogar o sistema penal a partir de seu depósito de entulhos.

Houve, então, escândalo ou mal-estar em alguns grupos políticos. Inquietaram-se: o que significa fazer perguntas políticas a partir de um ponto de vista que não é o da luta de classes, proletariado contra burguesia?

A. Lazarus: Muito embora, no começo, algumas pessoas tenham tentado mostrar que a prisão era um lugar privilegiado da luta das classes, onde só se encarceravam proletários ou subproletários e que as palavras, as emoções, as rebeliões dos prisioneiros eram discursos políticos.

L. Appert: Sim, mas no interior do GIP nunca tivemos – felizmente – nenhum apoio nem nenhuma OPA por parte de qualquer grupo político.

Tivemos uma grande reunião, alguns meses depois da criação do GIP, em um lugar público, para onde vieram muitas pessoas, famílias de detentos, visitantes de prisão etc. Houve uma intervenção política muito desajeitada feita por dois rapazotes que, sem dúvida, tinham boa vontade, mas acreditaram ser absolutamente necessário politizar tudo aquilo. Isso afugentou muita gente e foi muito difícil remontar as coisas. Aconteceu bem no começo, em 1971.

Do lado do PC-CGT, um de seus jornais formulou a seguinte pergunta: por que não se detém essa gente? Do lado de *Temps Modernes*, nenhuma ajuda e algumas caluniazinhas venenosas. Da parte do Partido Socialista, nem falemos. Dos trotskistas, também. Houve apenas algum apoio por parte dos maoístas, e um maoísta, infeliz, que quis "se estabelecer" no GIP, ficou deslocado no ridículo... Todos os grupos políticos se desviaram voluntariamente do movimento ou fracassaram com ele.

Fr. Colcombet: Qual parte da opinião pública era sensível ao discurso do GIP? Quem comprava seus panfletos?

L. Appert: Pessoas que "atravessaram" Maio de 1968 e que não quiseram ou não puderam integrar-se em grupos. Por exemplo, pessoas que vinham de VLR, pessoas de 1968 que tornados individualistas.

Muito cedo, houve também um grande eco do lado de certo pessoal da prisão: os educadores, visitantes, mas não os juízes nem pessoal penitenciário propriamente dito. Alguns médicos também. E, sobretudo, as famílias dos detentos. Pois, contrariamente ao que foi dito, o GIP sempre – este era seu princípio de base – incluiu detentos.

Fr. Colcombet: Detentos políticos ou do direito comum?

L. Appert: No começo, houve alguns presos políticos. Mas eram pouco numerosos e logo, logo vimos que não era a boa via de acesso. A boa via de acesso eram os parlatórios, as famílias que faziam fila: ali tivemos, de imediato, um eco bastante grande.

A criação do GIP foi feita no começo de 1971. O acontecimento que marca essa criação foi a greve da fome dos presos políticos e a greve de fome realizada do lado de fora em solidariedade com aqueles que reivindicavam o *status* político, quer dizer, a esquerda proletária, Geismar. Estava-se, então, na ideologia da "nova resistência". Na Resistência, foi muito importante fazer valer o fato de que os resistentes não eram do direito comum, apesar da assimilação que os alemães e o governo de Vichy queriam fazer. A luta para ter um *status* político fora absolutamente essencial para a Resistência. Genet conta que um dia, em 1942, para levá-lo ao Palácio da Justiça, ou para a Santé, quiseram prendê-lo junto com um comunista que se recusou dizendo: "Com um ladrão, não!" Mas, em 1971, a reivindicação do *status* político suscitou questões, de imediato, não apenas críticas endereçadas aos maoístas, mas debates entre eles. Foi discutindo sobre isso que nos dissemos: é preciso formular o problema não do regime político nas prisões, mas do que vem a ser o regime das prisões.

A referência ao problema da psiquiatria atuou em cheio desde esse momento. Nos anos 1960, a antipsiquiatria havia irrompido com a seguinte pergunta: o que é a loucura? Origem social, ou não? Alienação social ou alienação mental? Reificação ou coisificação, má consciência, falsa consciência... A antipsiquiatria consistiu em dizer: "Pouco importa o que eles são. O que se faz com eles? E o que significa estar internado? E o que é essa prática psiquiátrica?"

Apreender o problema da penalidade não sob a forma: é a sociedade a responsável pelos delinquentes? Mas formulando a pequena questão deflacionista em relação a esses grandes problemas: o que eles fazem? As pessoas vinham ao GIP (as famílias dos detentos), os presos nos faziam chegar documentos e nunca se perguntou: "O que foi que você fez?" O interessante é que eles não a formulavam por si mesmos. De comum acordo, bem depressa percebemos que, tanto do interior como do exterior, o problema era: o que é a prisão?

A. *Lazarus*: Em minha lembrança, o GIP é evidentemente diferente. Eu já era médico em Fleury-Mérogis. Foi um período muito duro: ficava-se de guarda por 48 horas de enfiada, com o pagamento de 700 francos por mês. Para nós, o GIP se inscrevia diretamente na continuidade das lutas travadas no meio estudantil ou alhures. As análises políticas que nos permitiram agir sobre o mundo estudante ou sobre o contexto político eram ainda instrumentos disponíveis para analisar a prisão, que era uma espécie de caricatura, de condensado do mundo exterior, porém mais fácil de apreender e de se fazer mexer pela contestação.

As pessoas do GIP que conheci estavam em busca de informações para redigir o panfleto que foi publicado por Fleury no final de 1971. Eu tinha um sentimento muito curioso: o que as pessoas do lado de fora terão a dizer sobre tudo isso? Intelectuais dispostos a trabalhos práticos militantes... Por outro lado, sentia um profundo alívio vendo que alguém na corrida pegara o bastão em algum lugar.

A greve de fome dos militantes da esquerda proletária que foram detidos apresentava um problema de fundo com a reivindicação do *status* político. Caso lhes dessem o *status* de prisioneiros políticos, eles se tornariam uma elite e recuperariam os privilégios. Mesmo nessa luta para fazer conhecer a prisão e defender os outros, eles eram obrigados a se situar do lado daqueles que tinham o privilégio do saber, do reconhecimento, por parte da administração, de uma qualidade diferente. Como era possível dizer "Sejamos todos direito comum" e reivindicar um *status* político? Podia-se dizer, é claro: "Todos os direitos comuns são políticos", mas isso tampouco funcionava, porque, entre um militante político que está na prisão e possui um nível de evolução pessoal, uma maturidade (ou que gere sua neurose, como se quiser), enfim, que é capaz de se interessar por uma problemática exterior a ele, e o jovem direito comum que vive tão mal em seu meio ambiente, a ponto de fazer uma espécie de delinquência egoísta (sua única maneira de sobreviver) e que, sem uma longa evolução, é absolutamente incapaz de se interessar por um problema exterior a si mesmo, havia, entre eles, um divórcio terrível.

Será que o GIP tinha uma constituição orgânica?

L. Appert: Não, nenhuma. Era um lugar de reunião. O grupo não estava constituído. A todo mundo que queria fazer alguma coisa se dizia: "Vá em frente." É claro que se discutia para saber quais eram as coisas mais eficazes, mas não se dava nenhuma ordem. Do lado de dentro, foram constituídos grupos que nos escreviam. Trocávamos informações, pois era muito importante mostrar com clareza que sabíamos do que se passava nas prisões. Era preciso mostrar à administração penitenciária e aos jornalistas que sabíamos o que tinha acontecido em uma prisão, fosse na véspera, fosse à noite. Era um instrumento para questionar a prisão e a agitação nas prisões, mas também um meio de inquietar a administração penitenciária e os jornalistas. A prisão não é um lugar imóvel onde nada acontece e da qual se sabe apenas que saem uns infelizes molambos. Ela é uma coisa na qual acontecimentos ocorrem todos os dias: greves de fome, recusa de alimentação, tentativas de suicídio, movimentos de revolta, rixas... Tentamos fazer reconhecer no cotidiano toda essa vida pululante da prisão e que "não existia", literalmente, mesmo para os que haviam escrito boas coisas sobre ela. E, nesse ponto, a imprensa reagiu bastante bem.

Era preciso fazer a prisão entrar na atualidade, não sob a forma de problema moral, ou de problema de gestão geral, mas como um lugar onde se passam histórias, coisas do cotidiano, da vida, acontecimentos da mesma ordem que uma greve em um ateliê, ou um movimento de reivindicação em um bairro, um protesto em uma cidade HLM...

Combinamos colocar à frente três pessoas[1] com certa notoriedade, que deveriam servir de etiqueta e esconder como a coisa acontecia, esconder sobretudo que não havia nada a esconder, que não havia organização. Era importante que a administração penitenciária não soubesse sequer se havia ou não uma organização.

Combinamos que, quando houvesse um núcleo de presos suficientemente numerosos e suficientemente voluntários para retomar em mãos todo esse movimento, eles o fariam. E foi, de fato, o que aconteceu ao cabo de três anos, quando as pessoas do CAP[2] com as quais nos relacionávamos há muito tempo saíram e fundaram seu movimento. Naquele momento, pensou-se que seria bom ter, além do CAP – que se tornaria um movimento no qual os antigos presos seriam, desta feita, e de modo manifesto, os líderes –, um movimento no qual, ao contrário, os líderes aparentes seriam não presos (Associação de Defesa dos Diretos dos Detentos). Depois, verificou-se que as coisas caminhavam suficientemente bem, a ponto de isso não mais ser necessário...

A. *Lazarus*: Portanto, mesmo no GIP, utilizou-se bem depressa o saber fazer, o saber falar, e o saber se fazer escutar dos intelectuais, mas eles eram tão somente os alto-falantes de uma sinceridade e de uma convicção levadas pela presença dos presos.

---

1 Jean-Marie Domenach, Michel Foucault, Pierre Vidal-Naquet.
2 Comitê de Ação dos Prisioneiros.

L. Appert: Eu mal saberia dizer qual era a parte de cada um. Por exemplo, nas brochuras que fizemos, em certo sentido não havia uma linha que não tivesse sido escrita por um antigo detento. Nada acrescentamos, nada fabricamos. As coisas nos eram ditas, escritas. É verdade que havia uma grade, questões que se formulavam, informações que se queria obter. Mas nunca houve conflito no nível da relação entre os antigos presos, entre os detentos e nós. Ali, eles sempre se reconheceram por completo, não se sabia de quem isso vinha, quem realmente o havia feito. Praticamente não houve mentiras. Alguns erros muito limitados. Uma única vez, no *Le Monde*, o que é muito pouco tendo em vista não termos nenhum meio de verificação. Isso prova que as pessoas que nos informavam (os presos e os antigos presos) não buscavam mentir, não intoxicavam. Houve, dentro das prisões e em torno delas, um verdadeiro esforço de fazer saber.

A. Lazarus: Já havia acontecido essa aliança entre o discurso dos detentos, do direito comum e dos intelectuais?

L. Appert: Os primeiros textos vindos das prisões foram publicados por volta de 1825 por um filantropo[3] que ia de prisão em prisão pedindo aos detentos, grandes criminosos, para lhe contarem sua vida antes de serem presos. Eram aventureiros que conheceram a Revolução, os exércitos imperiais, que haviam levado uma vida desordenada através da Europa sem terem conseguido reintegrar-se na França da Restauração, e que passaram anos nas prisões de Carlos X.

Pode ser que, no momento de campanha contra os trabalhos forçados, antes da guerra de 1914 e entre as duas guerras, tenha havido uma verdadeira colaboração entre jornalistas e forçados. Mas isso sempre foi para publicar o testemunho de indivíduos, não havia essa espécie de trabalho coletivo e anônimo.

A. Lazarus: Talvez tenha havido também testemunhos de intelectuais ou de notáveis aprisionados por razões políticas.

Fr. Colcombet: E o saldo de tudo isso?

A. Lazarus: Não saberia dizer. Talvez eu seja demasiado otimista, mas me parece que, para os colaboradores dessa experiência, o modo de trabalho foi percebido positivamente. Penso que o modo de funcionamento era bastante importante:

---

3 Benjamin Appert.

a possibilidade de se ligar o trabalho prático e o trabalho teórico de forma inteiramente diferente daquela em um grupo político, no qual se tem uma doutrina que une e uma prática que coage. Ali, os saberes, as análises, as práticas de sociólogos, um pouco de saber histórico, um nada de filosofia, algumas ideias anarquistas, leituras, tudo isso contou. A coisa circulava e formava uma espécie de placenta circundante.

Fr. Colcombet: O paradoxo é isso ter funcionado a respeito da prisão.

A. Lazarus: Os meios de expressão eram artigos, conferências de imprensa, filmes.

L. Appert: Sim, um filme foi feito por René Lefort: *Les Prisons Aussi*. Sua fabricação foi um elemento importante no grupo. As dificuldades materiais, a falta de dinheiro, a lentidão de sua elaboração fizeram com que ele só fosse terminado em 1974, no momento em que o GIP passava os controles para o CAP. Não tenho certeza se o filme teve um impacto muito grande. Mas o fato de sabermos que fazíamos um filme, o fato de entrevistarmos antigos detentos, isso era muito importante.

Bem depressa conseguimos que os jornalistas integrassem esses acontecimentos da prisão às notícias gerais: Périer-Daville no *Figaro*, por exemplo.

A partir de certo momento, houve uma retomada da situação. No *Figaro*, principalmente, houve tiradas mal-intencionadas contra alguns dos pretensos responsáveis do GIP. Mas os jornalistas continuaram a publicar notícias das prisões, a se interessar por elas. Os jornais, ao mesmo tempo em que se diferenciavam de nós, continuavam a falar das prisões.

Fr. Colcombet: O senhor acha que a contribuição do GIP incidiu sobre o que se poderia chamar a corrente "reformista"?

L. Appert: Não sei.

Fr. Colcombet: Os relatórios Arpaillange, por exemplo.

L. Appert: Antes de falar do relatório Arpaillange, seria preciso falar, talvez, do relatório Schmelck sobre as revoltas, que foi a primeira resposta administrativa oficial ao movimento de revolta das prisões. No GIP, ele foi percebido por todo mundo como uma infâmia. E soubemos que a afirmação segundo a qual o Sr. Schmelck era uma bela alma e um homem honesto não era verdade. No que concerne ao *affaire* de Toul, a maneira como ele dividiu vantagens e inconvenientes em dois, a maneira de reconhecer alguns fatos ao mesmo tempo em que dava cobertura aos responsáveis, a maneira de dar uma promoção absurda ao diretor da prisão de Toul, tudo isso provou aos olhos de todos que esse homem era desonesto.

Fr. Colcombet: O relatório Schmelck não foi percebido desse modo no conjunto da magistratura ou em uma parte da opinião pública, para quem ele tinha o mérito de quebrar um silêncio.

L. Appert: O que não percebemos no GIP é que o relatório Schmelck, no que concerne ao que se podia dizer em um relatório oficial sobre as prisões, já apresentava uma modificação considerável.

Fr. Colcombet: Aliás, isso mostra a dificuldade da junção da evolução dos reformistas, que muito dificilmente chegam a começar a falar de movimentos como o GIP.

A. Lazarus: Depois de Toul, apresentou-se a mim a seguinte questão: será que devemos permanecer na administração? Tive a impressão de que a mensagem – dita de maneira difusa, embora fosse o sentimento das pessoas do GIP – era a de que precisaríamos desertar essa instituição e que toda a luta deveria ser travada do exterior.

L. Appert: Não, absolutamente. Não tenho certeza de estar transmitindo a opinião de todo mundo. Mas parece-me que, para nós, o problema não era dizer: tal e tal coisa não vão bem, por conseguinte, aqui estão as condições em que elas poderiam funcionar. Tratava-se de dizer simplesmente: ali, há um problema, alguma coisa que não é tolerada, não é tolerável pelas pessoas. A ideia de que um movimento de crítica, ao mesmo tempo muito fortemente ligado a uma prática, não tem de se obrigar a ser um movimento de reforma ou uma instância de proposição de reforma. Sempre fizemos questão disso. Sei bem que, para algumas pessoas, em particular as que trabalham nas prisões, isso era um problema, e elas nos perguntavam: "O que vocês propõem?" Acho que não tínhamos de modo algum a impressão de nos esquivarmos, dizendo: "Não tínhamos nada a propor, no sentido de que não nos cabe propor." Penso não ter sido ilógico, nem mesmo demasiado curto, pois, afinal, não fomos nós que criamos as prisões, não somos nós que trabalhamos nelas. Dizíamos que essa existência das prisões apresentava problemas, assim como o que ali se passava. Nesse grupo, não queríamos nenhuma prescrição, nenhuma receita, nenhuma profecia.

A. *Lazarus*: As críticas desse tipo remetem a uma impossibilidade de conceber toda intervenção social substituindo um poder por outro. Informa-se sobre alguma coisa e, em seguida, no que tange a mudar as coisas, as pessoas são remetidas às suas responsabilidades, apesar de elas as fazerem.

L. Appert: À informação sobre a prisão se pode responder pela revolta, pela reforma, pela destruição das prisões.

Fr. Colcombet: O senhor acha que a ação do GIP teve repercussões sobre o que é a prisão atualmente?

L. Appert: Creio que a ação do GIP foi tanto um sintoma quanto uma causa. O que fez aquilo que crepitava no pensamento e na sensibilidade de alguns antigos de 1968, de alguns intelectuais, crepitar também no fundo das prisões? A revolta de Toul nos trouxe um problema: muitas pessoas se perguntavam se foi ou não o GIP que a organizara. Nós mesmos nos dizíamos: talvez tenha sido tal folheto... Até aonde isso vai? Se 10 caras são metralhados, abatidos... Nem sempre estávamos confortáveis... Mas não era o que fazíamos, e sim o que se passava. E, com efeito, alguma coisa passou das prisões para o exterior e do exterior para as prisões, o que era muito específico desse período. Coisas semelhantes se passaram nas prisões americanas, inglesas, italianas, espanholas: não era o GIP... O GIP era mais um microssintoma no meio de todo esse conjunto. Ele testemunhava sobre a impossibilidade em que se encontram sociedades como a nossa, no que diz respeito a justificar o fato de punir.

Fr. Colcombet: O senhor não acha que esse gênero de discurso foi mais ouvido pelos intelectuais, inclusive os da direita? Giscard d'Estaing indo apertar a mão de um prisioneiro, por exemplo, não lhe parece um resultado da ação do GIP?

L. Appert: Houve um secretário de Estado para a condição penitenciária. Se o GIP é um movimento esquerdista, ele foi o único a ter o direito a um secretariado de Estado! E aqui é absolutamente necessário fazer a distinção. É verdade que a prisão, como lugar tradicional da boa vontade filantrópica, era o local sonhado onde um governo que se quisesse ligeiramente liberal, modernista, podia dar algumas cauções. Mas isso não deu rigorosamente em nada, me parece. O conjunto dos problemas e o movimento que é agora retomado pelo CAP permaneceram o que eram.

A. *Lazarus*: Isso permitiu melhoramentos impostos pela época para todos os casos: as novas classes de idade chegam à prisão com uma cultura diferente e com níveis de intolerância a um tipo de coação parental, educacional ou profissional. Por isso, certo tipo de coação carcerária não podia mais durar. As circulares de Lecanuet e da Sra. Dorlhac, em resposta às revoltas de 1974, são circulares de conforto na humanização das prisões: ter um pouco mais de calor, vigilantes um tanto menos inábeis, um pouco mais calorosos. Mas, em relação aos objetos enunciados, a prisão deve apenas privar de liberdade, ou então ajudar as pessoas a saírem dela, a se reinserirem (disso decorre a iniciativa de Giscard de criar o Genepi, organização em que estudantes das grandes escolas levam para a prisão alguma coisa da cultura exterior). A esse respeito, o saldo é nulo. Retiraram-se os espinhos irritativos suscetíveis de fazer detonar. É surpreendente quando se vê, *a posteriori*, o conteúdo dos cadernos de reivindicação. Pede-se o conforto de base: alimentação, cobertores... Uma enorme necessidade de mudar as coisas, de se fazer ouvir, mostrada pelos detentos, algumas vezes arriscando sua vida, e, simultaneamente, a reivindicação de coisas muito pequenas.

L. Appert: Aqui, há um ponto muito interessante. O que nos chocou em nosso trabalho de informação foi a importância desses problemas de aquecimento, barras de chocolate, problemas físicos. No começo, estávamos um pouco surpresos, mas era muito importante. Isso provava não haver junto aos detentos absolutamente nenhuma vergonha em fazer valer um problema de calor ou de frio, de chocolate ou de comida, mesmo que se tivesse matado alguém. O que representava, me parece, uma desculpabilização.

Fr. Colombet: Desculpabilização, por quê?

L. Appert: No final do século XIX, censurava-se a prisão pelo fato de que o criminoso saía dela um pouco mais criminoso do que antes. Mas não me parece que tenhamos encontrado reivindicações do tipo: na verdade, temos muito frio. É que toda essa literatura era banhada por: "O que eu fiz é medonho, devo expiar, aqui estou para pagar minha dívida com a sociedade."

A. Lazarus: Em 1970, quando cheguei a Fleury, um tipo com 50 ou 60 anos, cujo delito, aliás, não era muito importante, me disse: "Não entendo. Aqui sou bem tratado, é aquecido, somos bem alimentados, o senhor é um doutor e se ocupa de

mim. Aqui não é muito duro, não estou pagando o suficiente..."
Essa era a maneira antiga... Isso desapareceu por completo.

L. Appert: Eu me pergunto se foi em torno de 1968 que isso mudou. Agora, as pessoas dizem: "Sim, eu matei, mas não é razão para eu sentir frio."

Fr. Colcombet: No século XIX, eles não tinham nenhuma possibilidade de expressão. Uma das novidades foi dar a possibilidade de expressão a pessoas que não podiam falar sobre a prisão.

L. Appert: Claro, mas cabe dizer também que as pessoas com quem nos correspondíamos e que nos davam informações eram uma minúscula franja na prisão. O interessante, me parece, é que elas não renegaram seus colegas, ao contrário, aceitaram bastante bem que eles desempenhassem o papel de porta-vozes.

A. Lazarus: Eu me pergunto se, em vários casos, o discurso reivindicativo não era sustentado pelos chefões de gangues, por aqueles que já tinham poder na prisão e que sublimavam a chefia mediante a ação reivindicadora. Em um círculo de oprimidos, o chefão serve de intermediário entre os outros oprimidos e a autoridade, ele goza de alguns privilégios e do respeito dos dois lados.

L. Appert: Sim, eu diria, mais do que uma forma sublimada, uma forma paralela de chefia. Os que nos escreviam eram principalmente os pequenos, os que sofriam sob os chefões, ou que gostariam de ser chefões. Em certo momento, o movimento se tornou muito forte por causa do CAP, mais do que pelo GIP, para que um chefão como Mesrine pudesse servir-se dele e multiplicasse seus efeitos de prestígio por meio dessa função de porta-voz.

A. Lazarus: Eu me pergunto se a chave não está no fato de vocês terem tocado as famílias. Tínhamos as informações dos detentos, ou dos médicos, educadores, capelães... As famílias, mesmo quando alguém querido está na prisão, têm um discurso exterior à prisão. A sociedade exterior tomou consciência de que a prisão era uma ferida, mesmo para os que não estavam dentro dela. Isso facilitou os efeitos de projeção.

Fr. Colcombet: O senhor disse a pouco que o interesse dessa abordagem da prisão é permitir uma abordagem de todos os problemas da justiça, da repressão...

L. Appert: A crítica tradicional da prisão estava muito localizada e até mesmo marginalizada em relação aos problemas gerais da justiça. No momento do GIP, nos demos conta de que era preciso considerar a prisão, e também a polícia, como uma peça essencial da penalidade. Aliás, os magistrados cada vez mais se dão conta de que o momento em que intervêm no circuito penal é extraordinariamente curto e que eles têm pouco domínio: todo o montante é garantido pela polícia, todo o aval, pela prisão, sua administração, os "jogos" permitidos por ela com as liberdades condicionais etc.

Fr. Colcombet: O senhor acha que aumentar a zona de ação dos juízes seria alguma coisa de positivo?

A. Appert: O próprio Sindicato da Magistratura critica, sejam as restrições da esfera judiciária, sejam as limitações que lhes são impostas, seja a exiguidade de seu papel. Mas, ao mesmo tempo em que ele reivindica para o Judiciário um pouco mais de poder, essa extensão o assusta um pouco.

Fr. Colcombet: É uma atitude relativamente recente. Houve um tempo em que os juízes não viam com maus olhos a diminuição do Judiciário.

L. Appert: Sim, depois houve um tempo em que eles disseram: "Retorno ao Judiciário, retorno às leis." E me parece que há alguns meses eles voltaram a hesitar.

O pequeno ilegalismo tem um triste destino em relação a todas as outras formas de litígios ou de prejuízos, uma vez que ele é primeiro tratado por uma polícia que faz sua lei, escolhe o que é necessário e não necessita julgar. Em seguida, ele é confiado a uma instância judiciária que é uma das mais terríveis: o flagrante delito. Relativamente à maneira como se arbitra uma fraude, é terrível. Será que uma administração como a da polícia ou da justiça é a melhor forma para absorver essas pequenas fricções? Arbitra-se tão facilmente em outros domínios.

A. Lazarus: De um lado, trata-se de arbitragem. Do outro, trata-se de nomear alguma coisa inarbitrável, *a posteriori*, quando o delito é violento e já foi cometido.

L. Appert: A distinção entre o penal e o civil, o arbitrável e o inarbitrável é recente.

A. Lazarus: Eu me pergunto se não caminhamos para uma civilização na qual a coação física aparecerá como menos esmagadora do que a coação dos saberes universitários sofrida pelas pessoas sem terem meios de contra-argumentar.

Com efeito, há 10 anos, o lugar da prisão modificou-se um pouco no inconsciente coletivo. Ele perdeu sua referência a uma ideologia do bem e do mal e busca seus apoios na pedagogia e na educação.

L. Appert: Eu diria, antes, que ele perdeu sua evidência, a cadeia de evidências que levava a admitir que aquele que cometera um crime deveria ser punido e que a forma mais satisfatória de punição era encarcerá-lo. Em certo setor da opinião, essas duas coisas estão sendo requestionadas.

Um dos efeitos dessa crítica à prisão é dizer: "Com efeito, a prisão não pode ser uma boa coisa e só pode ter efeitos ruins." Ou seja: com relação a toda pessoa que corre o risco de voltar a sair da prisão, melhor seria não tê-la posto ali, mas, em contrapartida, com relação a toda pessoa cuja saída da prisão corre o risco de ser perigosa para a sociedade, basta apenas deixá-la presa. E, se a prisão não é boa, é bom que ela não o seja. É a ideia da prisão como depósito de lixo, depósito absoluto do qual não se sai, sortida de uma plêiade de penas alternativas: multas, trabalhos, atividades sociais. Essa é uma das tendências atuais.

Chegaríamos a estas duas conclusões: 1. toda uma série de penas alternativas para as pessoas das quais se diz que, não sendo sua falta muito grave, terão um dia de se reinserir, portanto, não se quer sobretudo fazê-las passar pela prisão; 2. em compensação, para as outras, "se foram para a prisão, que de lá não saiam". Seria, então, a prisão tipo beco sem saída, que só tem sentido se for prisão perpétua.

A. Lazarus: Essa é a ideia do trabalho forçado. Para os rapazolas entrevistados em Fleury, trabalhos forçados era viver juntos, ser colegas.

L. Appert: Esta foi a praga dos trabalhos forçados na França: eles eram tão desejados pelos jovens que chegavam a cometer crimes, esfaqueando, se necessário, a fim de terem certeza de serem condenados aos trabalhos forçados. Durante alguns assaltos, foram cometidos alguns assassinatos que não eram indispensáveis para garantir o roubo, mas eram indispensáveis para garantir os trabalhos forçados.

A. Lazarus: Os jovens que vi em Fleury queriam viver juntos, mas, em Paris, havia uma nuança ecológica: era uma sociedade de homens que se entreajudavam, com valores definidos.

Por outro lado, em 1975, as pessoas que telefonavam para os *Dossiers de l'écran* diziam: "Eles deveriam ser enviados às autoestradas para quebrar pedras." Para essas pessoas, a prisão não era o local de camaradagem, mas de trabalho forçado.

1980

Prefácio

Préface, in Knobelspiess (R.), Q.H.S.: quartier de haute sécurité, Paris, Stock, 1980, p. 11-16.

Roger Knobelspiess estava preso, então, por um roubo à mão armada que ele negava ter cometido. Rejulgado pelo tribunal de Rouen, foi libertado, em 1981, depois de oito anos de prisão. Um comitê para a revisão de seu processo reuniu muitos intelectuais. M. Foucault não fez parte dele, mas aceitou prefaciar seu livro sobre a instauração recente de setores de segurança máxima nas prisões.

*"Pretende-se inocente
e não aceita sua pena."*

Eis aqui um rude documento. Ele não foi escrito, não foi publicado como um testemunho a mais sobre a vida carcerária. Há uns bons 12 anos, instaurou-se, na França – mas também em outros países –, um debate a múltiplas vozes. Alguns se impacientam com isso: gostariam que a instituição propusesse por si mesma, e no meio do silêncio dos profanos, sua própria reforma. É bom que não seja assim. As transformações reais e profundas nascem das críticas radicais, das recusas que se afirmam e das vozes que não se despedaçam. O livro de Knobelspiess pertence a essa batalha.

Não é um livro de um prisioneiro sobre a prisão em geral: ele vem de um ponto nevrálgico do sistema penitenciário. De um ponto preciso e novo chamado "setores de segurança máxima". De fato, existem duas coisas: as "casas" e os "setores de segurança reforçada", instituídos em 1975 (destinados a alguns detentos condenados e considerados como "perigosos". A administração penitenciária ali os coloca considerando, a princípio, o parecer do juiz de aplicação das penas. Lisieux é uma dessas casas de segurança reforçada, onde Roger Knobelspiess passou algum tempo). Ademais, há os setores de maior segurança que os diretores das prisões têm à sua disposição e onde podem alojar os detentos por decisão unicamente sua (assim como em Fresnes, onde Knobelspiess esteve também).

Essa "reforma" havia sido apresentada em 1975 como uma peça necessária à humanização do aparelho penitenciário: se querem flexibilizar o aparelho penitenciário, conceder mais amplamente permissões de saída, liberdades condicionais, semiliberdades, é preciso ao mesmo tempo limitar os riscos. E, para garantir tanto ao pessoal penitenciário quanto ao público, é preciso, dizia-se, dotar a prisão de um regime especial e reforçado para aqueles aos quais essas facilidades não poderiam oferecer senão ocasiões de recidiva. Isso é lógico e razoável, não é? E, de todo modo, esses QHS (setores de segurança máxima/*quartier de haute sécurité*) só concernem a um punhado de furiosos...

O texto de Roger Knobelspiess nasceu dessa experiência e mostra seus efeitos reais.

1. Reaparece a velha ideia conhecida desde o século XIX: é preciso dois modos de punição porque, de fato, existem duas classes de criminosos, duas categorias sociais, psicológicas, psiquiátricas e – por que não? – biológicas, como pensam alguns: os pobres tipos, de um lado, e, do outro, os duros, irrecuperáveis. Aqueles sobre os quais *nada* se pode fazer e com os quais se deve fazer de modo que eles não sejam mais *nada*. A princípio, os tribunais só conhecem uma gradação contínua de penas. O sistema dos QHS permite traçar, nos fatos, a divisão entre bons e maus criminosos, com a qual se sonha há tanto tempo: aqueles que se endireitam e aqueles que se eliminam.

2. E como se faz essa divisão? Pautando-se na maneira como o detento se comporta na prisão, o que dá à administração penitenciária a possibilidade de sobrecarregar a justiça com suas próprias sentenças e modificar, de fato, a pena infligida pelo tribunal. Isso lhe permite, também, fazer da adaptação à prisão a condição para se sair dela o mais rápido possível: como se a prisão fosse, de certo modo, uma preparação para a existência real. Olhem o caso de Roger Knobelspiess: ele foi condenado por um crime o qual nega violentamente. Poderia ele concordar com a prisão sem que ele próprio se reconheça culpado? Mas se pode ver o mecanismo: já que ele resiste, fazem-no passar para o QHS. Se está no QHS, é por ser perigoso. "Perigoso" na prisão, ou seja, seria mais ainda caso estivesse em liberdade. Por conseguinte, ele é capaz de ter cometido o

crime de que é acusado. Pouco importa se ele o nega, poderia tê-lo feito. O QHS conecta as provas, a prisão *mostra* o que a instrução provavelmente demonstrara de modo insuficiente.

3. Ao criar nas prisões um duplo circuito, o QHS instaura o famoso substituto que se procura para a pena capital. O dia em que a pena de morte for abolida ou cair em desuso, com o QHS se terá o que permite substituí-la do modo mais justo:} o encarceramento indefinido e completo. Deixa-se viver, mas em um tempo sem limites e em um lugar do qual não se sai. É preciso ler as belas páginas escritas por Knobelspiess sobre essa "asfixia cúbica". A destruição, dia após dia, atua como execução. Tal seria o verdadeiro substituto do castigo capital. A morte, que não se elimina assim facilmente, estará sempre ali: mas será aquela que o detento inflige a si mesmo. Afinal, ela não trará libertação ao condenado e alívio à consciência dos outros? Estes, pelo menos, estarão garantidos de que a coisa seja feita cuidadosamente e pelas próprias mãos daquele que era culpado.

Taleb Hadjadj, um residente dos QHS, enforcou-se ano passado em sua cela. No momento de morrer, ele escreveu o seguinte: "Restam-me 14 ou 15 anos a cumprir... Todos esses anos a cumprir assim, quando ao cabo de cinco anos já não aguento mais... Não tenho covardia ou coragem suficiente para resistir. Resta, então, o útero de Tânatos."

Roger Knobelspiess foi, por fim, encaminhado para um regime de detenção mais flexível: Melum.

O debate sobre a pena de morte é importante. Porque se trata da morte, e não de substituir uma condenação à morte por outra. A eliminação da morte como medida de justiça deve ser radical. Ela demanda que se repense o sistema inteiro das punições e seu funcionamento real.

ant
1980

Sempre as Prisões

"Toujours les prisons", *Esprit*, ano 37, n. 1, janeiro de 1980, p. 184-186, "Correspondance".

Paul Thibaud, que sucedera Jean-Marie Domenach na direção da revista *Esprit*, cofundador do GIP, publicara no número de novembro de 1979 uma crítica do papel do GIP, que, segundo ele, não soubera propor um programa de reforma das prisões. Ele imputava essa ausência de programa reformista ao *leadership* do intelectual radical, M. Foucault. Essa denúncia dos intelectuais era, então, um gênero na moda, igualmente ilustrado pelo jornalista Georges Suffert.

O artigo a respeito das prisões publicado pelo senhor e encabeçando a sua edição de novembro convoca certo número de esclarecimentos, porquanto ele incide sobre um trabalho feito em comum.
1. Um grupo como era o do GIP, diverso, em grande parte espontâneo, sem hierarquia nem organização fixa, repousa em uma moral elementar: se, terminada a tarefa, quisermos refletir, criticar, pôr em questão o papel ou a influência de fulano ou sicrano, muito bem. Mas, então, que o façamos juntos, com os que trabalharam e, sobretudo, com aqueles que quisermos criticar. O gênero: "Não sou eu, é ele o malvado" talvez tenha seu charme, mas tem também alguma coisa de fácil, de pueril, medianamente correto e não muito elegante.
2. No GIP, vínhamos de horizontes diferentes. Não nos encontramos porque, com perspectivas divergentes, partilhávamos a mesma indignação. Mas, realmente, porque discutindo, tateando, definimos juntos um modo de ação, objetivos, meios e um sentido preciso a dar a essa ação. Cada um sendo livre para falar, escrever, ficar ou ir embora, as duas ou três pessoas de *Esprit*, que muito caminharam conosco e cuja ajuda nos foi preciosa, nunca contestaram sua concordância de base.
3. Um de nossos princípios era fazer de modo que os detentos e, em torno deles, toda uma franja de população pudessem

se expressar. Os textos do GIP não eram as elaborações de um intelectual deletério, mas o resultado dessa tentativa. Por essa razão, o GIP nunca se considerou encarregado de propor reformas. Por essa razão também, o GIP (tal como previsto desde o começo) se dissolveu quando antigos detentos puderam organizar seu próprio movimento. Tudo isso era a consequência de nosso tema, e não efeito de contradições.

4. Sou um desses intelectuais "teóricos" que, bem equivocadamente, fascinam os "militantes" demasiado dóceis e os "trabalhadores sociais" demasiado ingênuos, e denunciam, nos dias atuais, as revistas de fim de semana? Talvez. Mas, veja o senhor, iniciei e concluí meu livro sobre as prisões depois da experiência no GIP. E o que me magoa não é o fato de o senhor ter tido a ideia bizarra de deduzir de meu livro, que o senhor – temo eu – mal compreendeu, minha venenosa influência sobre o GIP. É o fato de o senhor não ter tido a ideia, muito simples, de que esse livro deve muito ao GIP, e que, se ele continha duas ou três ideias justas, foi dali que eles a teriam tomado.

Veja, já que o senhor gostaria de discutir sobre tudo isso, bastaria me prevenir,[1] me informar sobre suas críticas, me dizer quais impressões vergonhosas o senhor podia ter, *a posteriori*, de uma ação da qual não teve a ocasião de participar. Bastaria me pedir para discutir com o senhor, tal como as pessoas de *Esprit* vinham outrora discutir conosco. Talvez, então, tivéssemos chegado a resultados um pouco mais interessantes do que "o erro é de X", sempre um tanto feioso. Vamos lá! *Esprit* não jantou com o diabo! Acidez no estômago, sete anos depois, é demais.

Michel Foucault

Como observa Paul Thibaud, em seu editorial do número *Toujours les prisons*, é verdade que minhas perspectivas nessa matéria não eram idênticas às de Michel Foucault. No entanto, não é por essa razão que o GIP "se preservou de qualquer proposição". Desde o começo, Michel Foucault e eu mesmo, assim como todos os iniciadores do GIP, concordamos em não propor

---

[1] (N.A.) É verdade que, valendo-se de terceiras pessoas, o senhor me pediu para contar a experiência do GIP. Nada a ver com uma discussão sobre suas críticas e objeções, para a qual eu estava e estou sempre pronto.

um programa de reformas e não substituir o discurso dos prisioneiros pelo nosso. Esse engajamento foi mantido, e foi para mim a experiência mais reconfortante depois da Resistência que essa ação espontânea sem membros permanentes, "sem organização", e, no entanto, perfeitamente articulada a seu objeto, não era o sucesso de uma ideologia contra outra, mas a dignidade e a livre expressão de uma minoria tratada de maneira inumana.

Jean-Marie Domenach

Jean-Marie Domenach me transmitiu sua carta concernente à minha introdução no número de *Esprit* a respeito das prisões.

Sobre um ponto, pelo menos, devo convir que o senhor tem razão. Mais valia ter-lhe feito essas objeções antes. Quanto ao resto, acho que senhor se equivoca ao pensar que o vejo como o diabo e que lhe imputo certo fracasso desse movimento de reforma das prisões ao qual o senhor dedicou muito do seu tempo e de sua energia. O problema não está aí, ele está no bloqueio dramático das energias reformadoras que constatamos atualmente. Por que as grandes críticas do pós-1968 (as de Illich ou as suas) passaram sobre nós com toda sua força e verdade sem provocar uma onda equivalente de criatividade? Parece-me que esse fato nos obriga a formularmos em comum algumas questões sobre a maneira como funcionam a cultura e a política em nosso país. A paisagem – muito menos reação do que desencorajamento e depreciação – que temos sob os olhos nos obriga, não importa o que queiramos, a algumas questões dolorosas.

Aí está o pano de fundo para as reflexões que inseri, *in extremis*, no cabeçalho desse número, inspirado, com efeito, por certa raiva que não lhe visava especificamente, mas, antes, nos visava. E também a vocês, os "reformistas" do GIP, que, nos fatos, conseguiram tanto quanto outros encontrar a saída fora dos impasses do momento.

Fiquei sensibilizado com a nota em que o senhor se diz pronto a debater as coisas a fundo. Eu o desejaria também. Para mim, a questão é aquela do pós-1968, do esquecimento no qual parecem ter recaído as críticas e utopias desse tempo, e do campo livre deixado aos discursos pacificamente reacionários e cinicamente degradantes de "nossos" ministros.

Paul Thibaud

Eu lhe agradeço por sua carta. Sensibiliza-me ainda mais pelo fato de ela constituir, penso eu, um grande passo à frente. Em seu artigo, o senhor escreve: o movimento de reforma das prisões "se chocava com uma crítica radical. A influência dominante entre os militantes e alguns trabalhadores sociais era, com efeito, a de M. F.". O senhor me diz, agora, que não me "imputa certo fracasso do movimento de reforma das prisões". Deixemos aos espíritos estatísticos o cuidado de dizer que, aqui, há alguma coisa de contraditório. Acredito nas evoluções e vejo nisso um progresso perfeitamente positivo.

O senhor também me escreve o seguinte: "Minha *raiva* não lhe visava especificamente, mas *nos* visava." Esse "nós", é claro, me agrada. Na falta de ter sido considerado como um parceiro possível de discussão, sinto-me preenchido por ser reintegrado como objeto parcial de sua raiva. A impressão de que o senhor batia vigorosamente na culpa de outro se dissipa de imediato. O senhor, sem dúvida, golpeou bem acidentalmente o peito do vizinho, o que não tem nenhuma importância agora que se sabe que queria corrigir sua própria falta.

O senhor diz ainda – e é o mais precioso de sua carta – que "queria formular *em comum* algumas questões" e que deseja "debater as coisas *a fundo*". A acreditar em seu artigo, esse fundo seria a desastrosa "fascinação" exercida pelos "intelectuais" e, sobretudo, os intelectuais teóricos. Alguns poderiam dizer que se é esse o último fundo das coisas, trata-se de um fundo bastante raso. Mas não sou dessa opinião: acho que se a explicação não é muito interessante, é muito interessante que o senhor a dê. É um tema já antigo que, nos meios correntes de informação, toma um lugar cada vez maior e que o senhor, com efeito, utiliza "em comum" com pessoas como M. G. Suffert.

J.-M. Domenach lhe disse, acho eu: desejamos ardentemente que nossos dois textos a propósito de seu "editorial" de novembro sejam publicados o mais cedo possível. O tom deles, muito moderado, evita (e evitará, espero) o jogo indefinido de respostas e contrarrespostas polêmicas. A eles juntando sua carta tão esclarecedora e esta que lhe escrevo atualmente, os leitores de *Esprit* poderão ver como pode prosseguir, depois dos artigos que eles leram, o trabalho da discussão serena. E, para o debate mais geral que o senhor generosamente oferece, posso lhe propor um pequeno texto: "Sobre a denúncia dos intelectuais teóricos: estudo de um gênero".

Michel Foucault

O objeto da introdução ao qual se refere Michel Foucault não era criticar demagogicamente toda teoria, mas constatar o fato de que, na França, no que concerne às prisões, não foi encontrado, como em outros domínios, um equilíbrio produtivo entre a crítica de princípio e o militantismo reformador. Isso, em razão de se ter ocultado a questão relativa à lei e ao direito, tal como eu disse nesse texto no qual Michel Foucault vê apenas uma querela pessoal.

Paul Thibaud

1980

Le Nouvel Observateur e a União da Esquerda (Entrevista)

"*Le Nouvel Observateur* e l'Unione della sinistra" ("*Le Nouvel Observateur* et l'Union de la gauche"; entrevista com J. Daniel), *Spirali, Giornale Internazionale di Cultura*, ano 3, n. 15, janeiro de 1980, p. 53-55. (Trecho de um debate com J. Daniel, *L'Ère des ruptures*, Paris, Grasset, 1979, dirigido por D. Richet, *Les Lundis de l'histoire*, France-Culture, 23 de julho de 1979.)

Gostaria de retomar a noção de ruptura. É verdade que, nos dias de hoje, não vemos como se poderia falar de ruptura, quando Mitterrand continua sempre ali, quando o Partido Comunista se mantém com 20% das vozes, quando o gaullismo encolheu ligeiramente e um liberalismo herdeiro de Pinay parece reflorir. Nada aparenta ser mais imóvel do que a vida política francesa.

Não se deve falar de ruptura no singular, mas de rupturas no plural. Elas se situam em níveis geológicos mais ou menos profundos, mais ou menos escondidos, mais ou menos invisíveis. Sob a continuidade marmórea da vida política francesa houve mudanças consideráveis, uma mudança na consciência que temos do tempo e em nossa relação com a história. A dinâmica histórica em cujo interior se encontram os ocidentais mudou profundamente. Não se vive mais o futuro como há 20 anos. Mudou-se também de geografia: a posição da Europa, a consciência que cada europeu tem da geografia da Europa mudou profundamente. Com *L'Ère des ruptures*, podemos acompanhar como, para Jean Daniel, pedaço por pedaço, película por película, fragmento de mosaico por fragmento de mosaico, se operou essa renovação da paisagem histórico-geográfica, em cujo interior se inscreve o Ocidente. Isso é o que torna o livro interessante.

A relação que tínhamos com a política era comandada por alguns universais históricos e geográficos. Eram os direitos da história, eram os direitos da geografia. Tudo isso está se despedaçando. Razão pela qual todos os personagens que evoquei há pouco cada vez mais dão ares de polichinelos.

Eu me pergunto se não somos um tanto severos com o que aconteceu em maio de 1968, ao reduzi-lo à alternativa de uma ideologia um pouco arcaica, já manifestada na supervalorização do vocabulário marxista e em uma espécie de dimensão festiva. Penso que alguma outra coisa foi importante: a descoberta ou a emergência de novos objetos políticos, de toda uma série de domínios da existência, de cantos da sociedade, de recantos do vivido que haviam sido, até então, inteiramente esquecidos ou completamente desqualificados pelo pensamento político. O fato de que certo número de coisas concernindo à vida cotidiana esteja em jogo, apesar de terem permanecido recobertas por um vocabulário um tanto marxista demais e um pouco politizado demais, nos permitiu tomar consciência das fraquezas do discurso político. O fato de que, mediante as discussões sobre esses fenômenos, sobre esses aspectos imediatos da existência, se tenham inventado outra perspectiva e a possibilidade de afirmar alguns direitos da subjetividade, a despeito do discurso político, foi alguma coisa muito mais importante do que o festivo ou o discursivo. Essa invenção de objetos novos por meio da política, apesar dela e de modo que o pensamento político disso se tenha desviado, foi muito importante. Nos meses que se seguiram a maio de 1968, o trabalho de Jean Daniel e do *Nouvel Observateur* desempenhou seu papel nessa tomada de consciência.

Mendès France e de Gaulle, as duas grandes admirações de Jean Daniel e do *Nouvel Observateur*, Mendès explicitamente, de Gaulle de modo mais secreto, caracterizam-se da seguinte maneira: um escapa à política por ter uma visão histórica da política, ou seja, ele faz história na política; o outro introduz a moral na política. O problema é saber por que e como um jornal que se quer de esquerda não poderia, na época do gaullismo, reconhecer que havia em de Gaulle, e naquilo que ele fazia, alguma coisa que se articulava sob uma perspectiva histórica, dando-lhe toda uma dimensão diferente daquela trazida por Mitterrand. Em outras palavras, será que não houve no *Nouvel Observateur* um problema maior do que foi a identificação com a esquerda e pela esquerda? Eu estou à esquerda, nós estamos à esquerda, a prova de que o somos é que... Será que não foi isso que os impediu de prever alguns movimentos históricos mais profundos? Eu me pergunto se um jornal pode falar de seus leitores como de sua "base". Se eu tivesse uma censura um pouco importante a fazer ao *Nouvel Observateur*, ela seria a respeito de sua relação com a União da esquerda. O que me parece interessante no jornalismo e no papel do jornalista, no que concerne à política, não é desempenhar um papel político na política, não é fazer como se os jornalistas fossem homens políticos. O problema é, ao contrário, decodificar a política com o filtro de outra coisa: da história, da moral, da sociologia, da economia ou mesmo da estética. Parece-me que o papel de um jornal é o de aplicar esses filtros não políticos no domínio da política. A partir do momento em que um jornal começa a fazer a política de uma política, o que o *Nouvel Observateur* quis fazer, no que diz respeito à União da esquerda, ele sai de seu papel e entra no da imprensa de partido.

1981

Prefácio à Segunda Edição

"Préface à la deuxième édition", in Vergès (J.), De la stratégie judiciaire, Paris, Éd. de Minuit, 1981, p. 5-13.

Nessa obra, Jacques Vergès estabelece uma tipologia dos processos penais a partir de duas figuras: o processo de conivência, no qual o acusado e seu defensor aceitam o enquadramento da lei que o acusa, e o processo de ruptura, no qual o acusado e seu defensor desqualificam a legitimidade da lei e a justiça em nome de outra legitimidade. Advogado dos nacionalistas argelianos aprisionados, J. Vergès teorizava sua vontade política de serem tratados como beligerantes.

Compreender a justiça como "um modo nem mais nem menos cruel do que a guerra ou o comércio", como "um campo de batalha", avaliar sua dimensão e analisá-lo tal como ele é, o que há de mais útil nestes tempos de rearmamento da acusação penal? A única resposta a essa política, cujo último avatar é a Lei Segurança e Liberdade,[1] não se encontra em considerações queixosas, mas no rearmamento da defesa. A lei nunca é boa: não há passado feliz nem futuro melhor ou inquietante. Há uma defesa morta ou viva.

Em novembro de 1968, a *estratégia judiciária* desembocava em uma onda de repressão ao encontro dos militantes esquerdistas. Começavam quatro ou cinco anos que poderiam permitir acionar uma aplicação de alguns princípios simples, desembaraçados de nossos *a priori* morais ou políticos: ela não foi bem-sucedida. "Conivência ou ruptura" não passou de um *slogan*. O passado e o prestígio de Vergès evocavam autoridade, mas, como se para melhor afastar o que ele dizia verdadeiramente, reduziu-se tudo a critérios de comportamentos na

---

1 Preparada pelo ministro da Justiça, Alain Peyrefitte, votada em 1980, ela reforma o Código Penal e o Código de Procedimento Penal; muito criticada pela oposição de esquerda, que denunciava uma transferência de atribuição da justiça penal para a polícia, foi revogada em maio de 1983 pela esquerda.

audiência. Tônus, agressividade, declamação, poder do grito representavam a "ruptura" com um *ersatz* de Defesa coletiva[2] por meio de reunião de alguns advogados em torno das mesmas causas. Mas talvez os militantes, os móbeis, os combates da época não estivessem, eles também, à altura.

Depois, a venda do livro se tornou mais lenta, como se ele devesse ser afastado junto com a Guerra da Argélia, pelo motivo de uma experiência demasiado excepcional, demasiado radical. Sua volta à circulação data dos anos 1976-1977, graças aos militantes do Comitê de Ação dos Prisioneiros, que, saídos dos muros da prisão, defrontavam-se com os processos, com as condenações, com as penas e com os das Butiques de direito,[3] que, confrontados com a justiça cotidiana, sabiam que os "pobres" estarão perdidos se jogarem o jogo da conivência. No marasmo do pós-esquerdismo, um *front* judiciário se afirmava de novo contra a acusação cotidiana centrada nos "direitos comuns". Um bom número de processos mais ou menos importantes foi conduzido sob essa ótica, fosse para lutar contra uma expulsão, uma acusação de roubos em uma grande loja ou contra os QHS.[4]

Quais são os traços fundamentais dessa defesa? Em primeiro lugar, tudo se decide a partir da atitude do acusado. Não é de um advogado ou de um magistrado, mesmo que sejam de esquerda, que se deve esperar uma defesa de ruptura: os advogados e os magistrados militantes, nos quais se poderia repousar, não existem. Em seguida, todo processo encobre um afrontamento político, e a justiça está sempre armada para defender a ordem estabelecida. Por fim, a moral individual, a virtude de justiça, a inocência ou a culpa de um homem, seu justo direito têm apenas um afrontamento longínquo com um Judiciário no qual é questão somente de sociedade.

Defender-se em um terreno minado, referir-se a outra moral, a outra lei, não se reportar a esta, não se demitir: eis o que Vergès não cessava de nos dizer. Michel Foucault, Jean La-

---

2 Nome do coletivo de advogados que defendeu os militantes esquerdistas depois de maio de 1968.
3 Permanências jurídicas com frequência situadas nos fundos das livrarias, gratuitas ou a um preço módico, oferecendo uma defesa jurídica para os conflitos da vida cotidiana. O advogado Christian Revon contribuiu para sua instalação.
4 Setores de Segurança Reforçada nas prisões, ditos "Setores de Segurança Máxima", criados em 1975.

peyrie, comitês de ação Prisão-Justiça, responsável pelo jornal *Le Cap*,[5] Dominique Nocaudie, Butiques de direito, Christian Revon, da rede de Defesa Livre,[6] entre outros, retomam contato com Vergès e lhe formulam perguntas:

D. Nocaudie: Em sua opinião, quais as razões de os advogados e juristas, em geral, repudiarem a estratégia jurídica e a defesa de ruptura?

J. Vergès: Eles lá estão para ajudar a resolver os conflitos sociais, não para exacerbá-los. É apenas quando a máquina rateia que eles são levados a interrogar-se, por um instante, sobre o sentido e a finalidade da lei. Mas, como esses idólatras acreditam, ou fingem acreditar no caráter sagrado da justiça, a interrogação não tarda a ser bruscamente interrompida.

C. Revon: Para retomar o título de sua introdução, eu lhe perguntaria: quem é o senhor? Um iconoclasta?

J. Vergès: Com efeito, odeio as imagens prontas. É preciso ter assistido a um interrogatório de recapitulação, no final de uma instrução, quando o juiz ordena seu quebra-cabeça, tal como um montador de cinema diante de seus *rushes*, a fim de torná-la compreensível (quer dizer, assassina) para o tribunal (ou seja, a maioria silenciosa), e constrói sua acusação sobre clichês, para sentir até que ponto o lugar-comum é antropófago.

J. Lapeyrie: O senhor não acredita em um juiz justo?

J. Vergès: Os juízes justos, tal como os heróis de folhetim, não existem. A não ser que se diga juiz justo como dizemos que Napoleão foi um bom general. Desse ponto de vista, há, efetivamente, juízes eficazes, tanto mais por fazerem esquecer sua qualidade de juízes, isto é, guardiães da paz.

M. Foucault: Diante das novas formas de práticas jurídicas que a Lei Segurança e Liberdade quer impor, como, em sua opinião, se podem adaptar as estratégias de ruptura sugeridas pelo senhor em seu livro?

J. Vergès: No tempo da Guerra da Argélia, muitos magistrados que hoje protestam contra o projeto segurança-liberdade

---

5 Jornal do Comitê de Ação dos Prisioneiros, movimento que sucedeu ao GIP.
6 Nome de um movimento criado em 1980, notadamente sob a iniciativa de Christian Revon, em favor das pessoas excluídas econômica ou culturalmente de um acesso à justiça. Muitas reuniões preparatórias com os participantes desta entrevista aconteceram na casa de Michel Foucault, que redigiu amplamente a plataforma das sessões do movimento nos dias 23 a 26 de maio de 1980 em Sainte-Baume.

abafavam a tortura. O senhor conhece algum processo de tortura que tenha sido concluído? Muitos dos meus confrades levaram em cortejo ao ministro da Justiça da época uma petição para reclamar das sanções contra os advogados do FLN. O texto importa menos do que o olhar que lhe dirigimos ou a comunicação com a opinião pública, não petrificada com a sondagem, mas avaliada em seu movimento. Se Isorni[7] ficou mais fortemente chocado do que eu, não foi porque, dos processos do FLN aos da OAS, os textos tenham mudado, nem porque sua repercussão tenha sido mais grave do que as minhas. É que eu defendia os vencedores e ele, os vencidos.

J. Lapeyrie: O que tornou seu livro importante para nós, prisioneiros de direito comum, foi a maneira como o senhor rejeitou a distinção entre processos políticos e processos de direito comum, para substituí-la pela de conivência e ruptura. Essa continua sendo a sua posição?

J. Vergès: A distinção entre crimes de direito comum e crimes políticos é uma distinção da qual sempre desconfiei, mesmo quando as circunstâncias faziam de mim um advogado dedicando-se quase que exclusivamente aos *affaires* políticos. É que essa distinção não esclarece em nada o desenvolvimento do processo. Ela minora a importância política, social, moral, que pode ter um crime de direito comum; ela oculta o lado sacrilégio do crime político de alguma importância. Desde que haja sangue derramado, o crime político perde seu caráter político e fica referido à repressão de direito comum.

M. Foucault: O seu livro foi elaborado e escrito em uma conjuntura histórica determinada e, mesmo se em seu projeto ele ultrapassava amplamente o quadro da Guerra da Argélia, esse acontecimento ainda está nele muito presente e comanda, sem dúvida, uma parte de suas análises. O senhor não acha que o desenvolvimento prático de uma nova estratégia judiciária implicaria um trabalho de análise e de crítica globais do funcionamento judiciário atual? E como o senhor pensa que se poderia conduzir esse trabalho coletivamente?

J. Vergès: O que distingue a ruptura, hoje, é que ela não é mais o fato de um pequeno número em circunstâncias excepcio-

---

7 Advogado do marechal Pétain depois da guerra, em seguida dos militantes a favor da Argélia francesa e do movimento terrorista Organização Armada Secreta.

nais, mas um grande número através dos mil e um problemas da vida cotidiana. Isso implica uma crítica global do funcionamento da justiça, e não mais apenas de seu aspecto penal como há 20 anos. Isso implica, também, a substituição de um coletivo fundado sobre as regras do centralismo democrático por uma rede garantindo a circulação das experiências e o encontro dos grupos existentes, deixando-lhes sua autonomia e sua iniciativa. Essa é a tarefa que a rede Defesa Livre, fundada em Sainte-Baume, a 26 de maio de 1980, fixou para si mesma.

D. Nocaudie: O senhor tinha imaginado a técnica, a defesa de ruptura aplicada à defesa dos direitos da vida cotidiana?

J. Vergès: Não, isso me regozija. Prova que a estratégia judiciária não mais me pertence, que ela não é mais apenas um *affaire* da turma de toga, mas da turma de *jeans*.

C. Revon: O título de sua conclusão me leva a perguntar: "Qual é a sua lei?"

J. Vergès: Minha lei é ser contra as leis, porque elas pretendem parar a história. Minha moral é ser contra as morais, porque elas pretendem congelar a vida.

1981

O Dossiê "Pena de Morte". Eles Escreveram Contra

"Le dossier 'peine de mort'. Ils ont écrit contre", *Les Nouvelles Littéraires*, ano 59, n. 2.783, 16-23 de abril de 1981, p. 17.

Resposta a uma sondagem telefônica durante a campanha presidencial de François Mitterrand, que havia inscrito a abolição da pena de morte em seu programa.

Em minha opinião, há três problemas: o problema do funcionamento penal; o problema da relação psiquiatria-penalidade; o problema efetivo da pena de morte.

Não responder às duas primeiras questões é se condenar a não resolver o problema. Falar de cortar ou não a cabeça, quando a sua está escondida, é praticar a política do avestruz. Sou por certo favorável a uma reforma geral do sistema penitenciário, mas ele não é independente do próprio sistema social. Portanto, há de se mudar tudo.

1981

As Malhas do Poder (Conferência)

"As malhas do poder" ("Les mailles du pouvoir", 1ª parte; trad. P. W. Prado Jr.; conferência pronunciada na Faculdade de Filosofia da Universidade da Bahia, 1976), *Barbárie*, n. 4, verão de 1981, p. 23-27.
Esta conferência foi publicada em duas partes. Uma primeira, no n. 4 de *Barbárie*; uma segunda, no n. 5 de *Barbárie*, em 1982 (ver n. 315, v. IV da edição francesa desta obra). A conferência está reproduzida, aqui, em sua totalidade.

Tentaremos proceder a uma análise da noção de poder. Não sou o primeiro, longe disso, a tentar contornar o esquema freudiano que opõe o instinto à repressão, instinto e cultura. Há dezenas de anos, toda uma escola de psicanálise tentou modificar, elaborar esse esquema freudiano do instinto *versus* cultura e instinto *versus* repressão. Refiro-me aos psicanalistas de língua inglesa tanto quanto aos de língua francesa, como Melanie Klein, Winnicott e Lacan, que tentaram mostrar que a repressão, longe de ser um mecanismo secundário, ulterior, tardio, que tentaria controlar um jogo instintivo dado pela natureza, faz parte do mecanismo do instinto ou, pelo menos, do processo mediante o qual o instinto sexual se desenvolve, se desdobra, se constitui como pulsão.

A noção freudiana de *Trieb* não deve ser interpretada como um simples dado natural, um mecanismo biológico natural sobre o qual a repressão viria assentar sua lei de proibição, mas, segundo os psicanalistas, como alguma coisa que já está profundamente penetrada pela repressão. A necessidade, a castração, a falta, a proibição, a lei já são elementos por meio dos quais o desejo se constitui como sexual, o que implica, então, uma transformação da noção primitiva de instinto sexual, tal como Freud a concebera no final do século XIX. Assim, é preciso pensar o instinto não como um dado natural, mas como toda uma elaboração, todo um jogo complexo entre o corpo e a lei, entre o corpo e os mecanismos culturais que garantem controle do povo.

Creio, portanto, que os psicanalistas deslocaram o problema consideravelmente, ao fazerem surgir uma nova noção de instinto, de todo modo, uma nova concepção do instinto, da pulsão, do desejo. Contudo, o que me inquieta, ou pelo menos me parece insuficiente, é que, nessa elaboração proposta pelos psicanalistas, eles talvez mudem a concepção do desejo, mas, apesar disso, não mudam de modo algum a concepção do poder.

Entre eles, ainda continuam a considerar o significado do poder, o ponto central, aquilo em que consiste o poder, como a proibição, a lei, o fato de dizer não e uma vez mais a forma, a fórmula, "tu não deves". O poder é essencialmente aquele que diz: "tu não deves". Essa me parece uma concepção – falarei dela daqui a pouco – do poder totalmente insuficiente, uma concepção jurídica, uma concepção formal do poder. É preciso elaborar outra concepção do poder que permita, sem dúvida, compreender melhor as relações que se estabeleceram entre poder e sexualidade nas sociedades ocidentais.

Tentarei desenvolver melhor, mostrar em que direção se pode desenvolver uma análise do poder que não seja simplesmente uma concepção jurídica, negativa, mas uma concepção de uma tecnologia do poder.

Com frequência encontramos nos psicanalistas, psicólogos e sociólogos essa concepção segundo a qual o poder é essencialmente a regra, a lei, a proibição, o que marca o limite entre o permitido e o proibido. Penso que essa concepção do poder foi formulada incisivamente e desenvolvida de modo amplo pela etnologia no final do século XIX. A etnologia sempre tentou detectar sistemas de poder nas sociedades diferentes da nossa como sendo sistemas de regras. E nós mesmos, quando buscamos refletir sobre nossa sociedade, sobre a maneira como o poder se exerce nela, o fazemos essencialmente a partir de uma concepção jurídica; onde está o poder, quem detém o poder, quais são as regras que regem o poder, qual é o sistema de leis estabelecido pelo poder sobre o corpo social.

Portanto, no que concerne à nossa sociedade, fazemos sempre uma sociologia jurídica do poder, e, quando estudamos sociedades diferentes das nossas, fazemos uma etnologia que é, em essência, uma etnologia da regra, uma etnologia da proibição. Vejam, por exemplo, nos estudos etnológicos, de

Durkheim a Lévi-Strauss, qual foi o problema que reaparecia sempre, perpetuamente reelaborado: um problema de proibição, basicamente, de proibição do incesto. E, a partir dessa matriz, desse núcleo que seria a proibição do incesto, tentou-se compreender o funcionamento geral do sistema. Foi preciso esperar os anos mais recentes para ver aparecer novos pontos de vista sobre o poder, seja um ponto de vista estritamente marxista, seja um ponto de vista mais afastado do marxismo clássico. De todo modo, a partir daí, vemos aparecer, com os trabalhos de Clastres,[1] por exemplo, toda uma nova concepção do poder como tecnologia, que tenta emancipar do primado, do privilégio da regra e da proibição que, no fundo, reinara sobre a etnologia de Durkheim a Lévi-Strauss.

De todo modo, gostaria de formular a seguinte questão: como foi que nossa sociedade, a sociedade ocidental, em geral, concebeu o poder de uma forma tão restritiva, tão pobre, tão negativa? Por que concebemos sempre o poder como lei e como proibição, por que esse privilégio? Evidentemente, podemos dizer que isso se deve à influência de Kant, à ideia segundo a qual, em última instância, a lei moral, o "tu não deves", a oposição "tu deves/tu não deves" é, no fundo, a matriz de toda regulação da conduta humana. Mas, para dizer a verdade, essa explicação pela influência de Kant é evidentemente por completo insuficiente. O problema é saber se Kant teve tal influência e por que a teve tão forte. Por que Durkheim, filósofo de vagos tons socialistas do começo da III República francesa, pôde se apoiar dessa maneira em Kant, quando se tratava de fazer a análise do mecanismo do poder em uma sociedade?

Creio podermos fazer uma análise aproximada da razão disso nos seguintes termos: no fundo, no Ocidente, os grandes sistemas estabelecidos desde a Idade Média desenvolveram-se por intermédio do crescimento do poder monárquico, à custa do poder, ou melhor, dos poderes feudais. Ora, nessa luta entre os poderes feudais e o poder monárquico, o direito sempre foi o instrumento do poder monárquico contra as instituições, os costumes, os regulamentos, as formas de laço e de pertinência característicos da sociedade feudal. Vou lhes dar apenas dois

---

1 Referência aos trabalhos de Pierre Clastres compilados na obra *La Société contre l'État. Recherches d'anthropologie politique*, Paris, Éd. de Minuit, 1974, col. "Critique".

exemplos. De um lado, no Ocidente, o poder monárquico se desenvolveu apoiando-se em grande parte nas instituições judiciárias e ao desenvolver essas instituições. Mediante a guerra civil, ele conseguiu substituir a velha solução dos litígios privados por um sistema de tribunais, com leis que, de fato, davam ao poder monárquico a possibilidade de ele próprio resolver as disputas entre os indivíduos. Do mesmo modo, o direito romano, que reapareceu no Ocidente nos séculos XIII e XIV, foi um instrumento formidável nas mãos da monarquia para chegar a definir as formas e os mecanismos de seu próprio poder, à custa dos poderes feudais. Em outros temos, o crescimento do Estado na Europa foi parcialmente garantido ou, pelo menos, utilizou como instrumento o desenvolvimento de um pensamento jurídico. O poder monárquico, o poder do Estado são essencialmente representados no direito.

Ora, ocorre que a burguesia, que, a um só tempo, se beneficiava amplamente do desenvolvimento do poder real e da diminuição da regressão dos sistemas feudais, tinha todo interesse em desenvolver esse sistema de direito que lhe permitiria, por outro lado, dar forma às trocas econômicas que garantiam seu próprio desenvolvimento social. De sorte que o vocabulário, a forma do direito foi o sistema de representação do poder comum à burguesia e à monarquia. A burguesia e a monarquia conseguiram estabelecer, pouco a pouco, do final da Idade Média até o século XVIII, uma forma de poder que se representava, que se atribuía como discurso, como linguagem, o vocabulário do direito. E, quando a burguesia por fim desembaraçou-se do poder monárquico, ela o fez utilizando, precisamente, esse discurso jurídico – o qual, no entanto, fora da monarquia –, que ela, no entanto, voltou contra a própria monarquia.

Para lhes dar um exemplo. Quando Rousseau fez sua teoria do Estado, ele tentou mostrar como nasce um soberano, mas um soberano coletivo, um soberano como corpo social, ou melhor, um corpo social como soberano, a partir da cessão dos direitos individuais, de sua alienação e da formulação de leis de proibição que cada indivíduo é obrigado a reconhecer, pois foi ele próprio que se impôs a lei, uma vez que ele é membro do soberano, porquanto ele próprio é soberano. Por conseguinte, o mecanismo teórico mediante o qual se fez a crítica da instituição monárquica, esse instrumento teórico foi o instrumento do direito que fora estabelecido pela própria monarquia. Em outros termos, o Ocidente nunca teve outro sistema de representação, de formulação e de análise do poder senão o do direito: o sistema da lei. E, no fim das contas, acho que essa é a razão pela qual não tivemos, até recentemente, outras possibilidades de analisar o poder a não ser utilizando essas noções elementares, fundamentais etc., que são as da lei, da regra, do soberano, da delegação do poder etc. Penso que é dessa concepção jurídica do poder, dessa concepção do poder a partir da lei e do soberano, a partir da regra e da proibição, que é preciso agora se desembaraçar, se quisermos proceder a uma análise não mais da representação do poder, mas do funcionamento real do poder.

Como podemos tentar analisar o poder em seus mecanismos positivos? Penso que podemos encontrar, em certo número de textos, os elementos fundamentais para uma análise desse tipo. Podemos encontrá-los, talvez, em Bentham, um filósofo inglês do fim do século XVIII e começo do século XIX que, no fundo, foi o grande teórico do poder burguês. Podemos também encontrá-los, evidentemente, em Marx, em especial no livro II de *O capital*. Ali, penso eu, podemos encontrar alguns elementos dos quais me servirei para a análise do poder nesses mecanismos positivos.

Em suma, o que podemos encontrar no livro II de *O capital* é, em primeiro lugar: não existe *um* poder, mas muitos poderes.[2] Poder quer dizer formas de dominação, formas de sujeição, que funcionam localmente, por exemplo, no ateliê, no exército, em uma propriedade de tipo escravagista ou em uma propriedade onde há relações servis.

Tudo isso são formas locais, regionais, de poder, que têm seu próprio modo de funcionamento, seu procedimento e sua técnica. Todas essas formas de poder são heterogêneas. Não podemos, então, falar do poder se quisermos fazer uma análise do poder, mas devemos falar dos poderes e tentar localizá-los em sua especificidade histórica e geográfica.

---

2 Marx (K.), *Das Kapital. Kritik der politischen Ökonomie*. Buch II: "Der Zirkulationsprozess des Kapitals", Hamburgo, O. Meissner, 1987. (*Le Capital. Critique de l'économie politique*, livro II: "Le procès de circulation du capital", trad. E. Cognior, C. Cohen-Solal e G. Badia, Paris, Éditions Sociales, 1976, v. II)).

Uma sociedade não é um corpo unitário no qual se exerceria um poder e somente um, mas uma justaposição, uma ligação, uma coordenação, uma hierarquia, também, de diferentes poderes que, contudo, permanecem em sua especificidade. Marx insiste muito, por exemplo, no caráter ao mesmo tempo específico e relativamente autônomo, de algum modo impermeável, do poder de fato exercido pelo patrão em um ateliê, em relação ao poder de tipo jurídico que existia no resto da sociedade: portanto, existência de regiões de poder. A sociedade é um arquipélago de poderes diferentes.

Em segundo lugar, parece que esses poderes não podem e não devem ser compreendidos simplesmente como a derivação, a consequência de uma espécie de poder central que seria primordial. O esquema dos juristas, seja o de Grotius, de Pufendorf ou de Rousseau, consiste em dizer: "No começo, não havia sociedade. Depois, a sociedade apareceu a partir do momento em que apareceu um ponto central de soberania que organizou o corpo social e permitiu, em seguida, toda uma série de poderes locais e regionais." Marx, implicitamente, não reconhece esse esquema. Ele mostra, ao contrário, como, a partir da existência inicial e primitiva dessas pequenas regiões de poder – como a propriedade, a escravidão, o ateliê e também o exército –, puderam se formar, pouco a pouco, grandes aparelhos de Estado. A unidade estatal é, no fundo, secundária em relação a esses poderes regionais e específicos, os quais vêm em primeiro lugar.

Em terceiro lugar, esses poderes específicos, regionais não têm de modo algum por função primordial de proibir, impedir, dizer "tu não deves". A função primitiva, essencial e permanente desses poderes locais e regionais é, na realidade, serem produtores de uma eficiência, de uma aptidão, produtores de um produto. Marx, por exemplo, faz soberbas análises do problema da disciplina no exército e nos ateliês. A análise que farei da disciplina no exército não se encontra em Marx. Mas, que importa?

O que aconteceu no exército depois do final do século XVI, começo do século XVII, até praticamente o final do século XVIII? Toda uma enorme transformação que fez com que, no exército até então essencialmente constituído de pequenas unidades de indivíduos relativamente intercambiáveis, organizados em torno de um chefe, essas pequenas unidades fossem substituídas por uma grande unidade piramidal, com toda uma série de chefes intermediários, de suboficiais, de técnicos também, essencialmente porque se havia feito uma descoberta técnica: o fuzil a tiro relativamente rápido e ajustado.

A partir desse momento, não mais se podia tratar o exército – era perigoso fazê-lo funcionar – sob a forma de pequenas unidades isoladas, compostas de elementos intercambiáveis. Para que o exército fosse eficaz, para que se pudesse utilizar o fuzil da melhor maneira possível, era preciso que cada indivíduo fosse bem treinado para ocupar uma posição determinada em um *front* extenso, para colocar-se simultaneamente, de acordo com uma linha que não deve ser rompida etc. Todo um problema de disciplina implicava uma nova técnica de poder com suboficiais, toda uma hierarquia de suboficiais, oficiais inferiores e oficiais superiores. E foi assim que o exército pôde ser treinado como uma unidade hierárquica bem complexa, garantindo sua *performance* máxima com a unidade de conjunto segundo a especificidade da posição e do papel de cada um.

Houve uma *performance* militar muito superior graças a um novo procedimento do poder, cuja função não era absolutamente a de proibir alguma coisa. É claro que ele era levado a proibir isso ou aquilo, não obstante seu alvo não fosse de modo algum dizer "tu não deves", mas, essencialmente, obter uma melhor *performance*, uma melhor produção, uma melhor produtividade do exército. O exército com produção de mortos, eis o que foi aperfeiçoado, ou melhor, que foi garantido por essa nova técnica de poder. Não foi absolutamente a proibição. Podemos dizer a mesma coisa da disciplina nos ateliês, que começou a se formar nos séculos XVII e XVIII, nos quais, logo que os pequenos ateliês de tipo corporativo foram substituídos por grandes ateliês com toda uma série de operários – centenas de operários –, era preciso a um só tempo vigiar e coordenar os gestos uns com outros, com a divisão do trabalho. A divisão do trabalho foi ao mesmo tempo a razão pela qual foram obrigados a inventar essa nova disciplina de ateliê. Mas, inversamente, podemos dizer que a disciplina de ateliê foi a condição para que se pudesse obter a divisão do trabalho. Sem essa disciplina, isto é, sem a hierarquia, sem a vigilância, sem o aparecimento dos contramestres, sem o controle cronométrico dos gestos, não teria sido possível obter a divisão do trabalho.

Por fim, a quarta ideia importante: esses mecanismos de poder, esses procedimentos de poder, devem ser considerados como técnicas, ou seja, como procedimentos que foram inventados, aperfeiçoados, que se desenvolvem sem cessar. Existe uma verdadeira tecnologia do poder, ou melhor, dos poderes, que tem sua própria história. Aqui, uma vez mais, podemos encontrar facilmente, entre as linhas de O Capital, uma análise, ou, pelo menos, o esboço de uma análise, que seria a história da tecnologia do poder, tal como ele existia nos ateliês e nas usinas. Seguirei essas indicações essenciais e tentarei, no que concerne à sexualidade, não conjecturar o poder do ponto de vista jurídico, mas tecnológico.

Parece-me, com efeito, que, se analisarmos o poder privilegiando o aparelho de Estado, se analisarmos o poder considerando-o como um mecanismo de conservação, se considerarmos o poder como uma superestrutura jurídica, no fundo, não faremos mais do que retomar o tema clássico do pensamento burguês, quando ele imagina o poder essencialmente como um fato jurídico. Privilegiar o aparelho de Estado, a função de conservação, a superestrutura jurídica é, no fundo "rousseauizar" Marx. É reinscrevê-lo na teoria burguesa e jurídica do poder. Não é surpreendente que essa concepção suposta marxista do poder como aparelho de Estado, como instância de conservação, como superestrutura jurídica, se encontre essencialmente na social-democracia europeia do final do século XIX, quando o problema era justamente o de saber como fazer funcionar Marx no interior de um sistema jurídico que era o da burguesia.

O que eu gostaria de fazer, retomando o que está no livro II de O capital e afastando tudo o que foi acrescentado, reescrito em seguida sobre os privilégios do aparelho de Estado, a função de reprodução do poder, o caráter da superestrutura jurídica, é tentar ver como é possível fazer uma história dos poderes no Ocidente e, essencialmente, dos poderes tais como eles foram investidos na sexualidade.[3]

Assim, a partir desse princípio metodológico, como poderíamos fazer a história dos mecanismos de poder a propósito da sexualidade? Penso que, de uma maneira muito esquemática, poderemos dizer o seguinte: o sistema de poder que a monarquia conseguira organizar, a partir do final da Idade

---

3 Fim da parte publicada em 1981.

Média, apresentava dois grandes inconvenientes para o desenvolvimento do capitalismo. Primeiramente, o poder político, tal como ele se exercia no corpo social, era um poder muito descontínuo. As malhas da rede eram muito grandes, um número quase infinito de coisas, de elementos, de condutas, de processos escapava ao controle do poder. Se tomarmos, por exemplo, um ponto preciso: a importância do contrabando em toda a Europa até o final do século XVIII, observaremos um fluxo econômico muito importante, quase tão importante quanto o outro, um fluxo que escapava inteiramente ao poder. E, aliás, ele era uma das condições de existência das pessoas. Se não tivesse havido pirataria marítima, o comércio não teria podido funcionar e as pessoas não teriam podido viver. Em outros termos, o ilegalismo era uma das condições de vida, mas significava, ao mesmo tempo, haver ali alguma coisa que escapava ao poder e sobre as quais o poder não tinha controle. Por conseguinte, processos econômicos, mecanismos diversos que, de certa forma, permaneciam fora de controle, exigindo o estabelecimento de um poder contínuo, preciso, de certa forma atômico. Passar de um poder lacunar global para um poder contínuo, atômico e individualizante: que cada um, que cada indivíduo em si mesmo, em seu corpo, em seus gestos, possa ser controlado em vez dos controles globais e de massa.

O segundo grande inconveniente dos mecanismos de poder, tal como funcionavam na monarquia, é que eles eram excessivamente onerosos. E eram onerosos justamente porque a função do poder – aquilo em que consistia o poder – era essencialmente o poder de retirada, de ter o direito e a força de perceber alguma coisa – um imposto, um dízimo, quando se tratava do clero – sobre os recolhimentos feitos: o recebimento obrigatório de tal ou tal percentagem para o mestre, para o poder real, para o clero. O poder era, então, essencialmente perceptor e predador. Nessa medida, ele operava sempre uma subtração econômica e, por conseguinte, longe de favorecer e estimular o fluxo econômico, ele era perpetuamente seu obstáculo e seu freio. Disso decorre esta segunda preocupação, esta segunda necessidade: encontrar um mecanismo de poder tal que, ao mesmo tempo em que controle as coisas e as pessoas até o mínimo detalhe, não seja oneroso nem essencialmente predador para a sociedade, que se exerça no sentido do próprio processo econômico.

Com esses dois objetivos, acredito que poderemos compreender aproximadamente a grande mutação tecnológica do poder no Ocidente. Temos o hábito – uma vez mais em conformidade com o espírito de um marxismo um tanto primário – de dizer que a grande invenção, todo mundo sabe, foi a máquina a vapor, ou então invenções desse tipo. É verdade, isso foi muito importante, mas houve toda uma série de outras invenções tecnológicas, tão importantes quanto essa e que foram, em última instância, a condição de funcionamento de outras. Assim foi com a tecnologia política. Houve toda uma invenção no nível das formas de poder ao longo dos séculos XVII e XVIII. Por conseguinte, é preciso fazer não apenas a história das técnicas industriais, mas também a das técnicas políticas. Acho que poderíamos agrupar em dois grandes capítulos as invenções de tecnologia política, que devem ser creditadas, sobretudo, aos séculos XVII e XVIII. Eu as agruparia em dois capítulos, pois me parece que elas se desenvolveram em duas direções diferentes. De um lado, há a tecnologia que chamei de "disciplina", que, no fundo, é o mecanismo do poder mediante o qual chegamos a controlar no corpo social inclusive os elementos mais cuidados, por meio dos quais chegamos a alcançar os próprios átomos sociais, isto é, os indivíduos. Técnicas de individualização do poder. Como vigiar alguém, como controlar sua conduta, seu comportamento, suas atitudes, como intensificar sua *performance*, multiplicar suas capacidades, como colocá-lo em seu lugar, onde ele será mais útil: a meu ver, eis o que é a disciplina.

Há pouco, eu lhes citei o exemplo da disciplina no exército. É um exemplo importante, porque ele foi, de fato, o ponto no qual a grande descoberta da disciplina se fez e se desenvolveu quase em primeiro lugar, ligada a essa outra invenção de ordem técnico-industrial, que foi a invenção do fuzil de tiro relativamente rápido.

A partir desse momento, podemos dizer o seguinte: o soldado deixou de ser intercambiável, deixou de ser pura e simplesmente bucha de canhão e um simples indivíduo capaz de golpear. Para ser um bom soldado, era preciso saber atirar. Portanto, era preciso ter passado por um processo de aprendizagem. Era preciso que o soldado soubesse também se deslocar, coordenar seus gestos com os de outros soldados. Em suma: o soldado se tornava alguma coisa hábil, portanto, preciosa. E quanto mais ele fosse precioso, mais era preciso conservá-lo; mais era preciso conservá-lo, mais se tornava necessário ensinar-lhe técnicas capazes de lhe salvar a vida na batalha. E quanto mais lhe ensinavam técnicas, mais longa era a aprendizagem, mais eles eram preciosos. Bruscamente, houve uma espécie de elã dessas técnicas militares de adestramento que culminaram no famoso exército prussiano de Frederico II, que passava o essencial de seu tempo fazendo exercícios. O exército prussiano, o modelo de disciplina prussiano, foi precisamente a perfeição, a intensidade máxima dessa disciplina corporal do soldado, que foi, até certo ponto, modelo das outras disciplinas.

Outro ponto pelo qual vemos aparecer essa nova tecnologia disciplinar é a educação. Foi primeiro nos ginásios, depois nas escolas primárias, que vimos aparecer esses métodos disciplinares, nos quais os indivíduos são individualizados na multiplicidade. O ginásio reúne dezenas, centenas, por vezes milhares de colegiais. Trata-se, então, de exercer sobre eles um poder que seja, justamente, muito menos oneroso do que o poder do preceptor, que só podia existir entre aluno e mestre. Aqui, temos um mestre para dezenas de discípulos. Contudo, apesar dessa multiplicidade de alunos, é preciso obter uma individualização do poder, um controle permanente, uma vigilância de todos os instantes. Disso decorreu o aparecimento deste personagem bastante conhecido dos que estudaram nos ginásios: o vigia, que, na pirâmide, corresponde aos suboficiais do exército. Apareceram igualmente as notas quantitativas, os exames, os concursos, por conseguinte, a possibilidade de classificar os indivíduos de tal maneira que cada um esteja exatamente em seu lugar, sob os olhos do mestre, ou ainda na qualificação e no julgamento que formamos sobre cada um deles.

Vejam, por exemplo, como vocês estão sentados diante de mim, em fileiras. Essa é uma posição que pode lhes parecer natural, mas é bom lembrar-lhes de que ela é relativamente recente na história da civilização e que, ainda no começo do século XIX, era possível encontrar escolas nas quais os alunos se apresentavam em grupo, de pé e em torno de um professor que lhes dava aulas. E, é evidente, isso implicava o fato de que o professor não pudesse vigiar real e individualmente: havia o grupo de alunos e depois o professor. Hoje em dia, vocês são situados assim, em fileiras, o olhar do professor pode individualizar cada um, chamá-los para saber se estão presentes, o que fazem, se sonham, se bocejam... Essas são futilidades, todavia, futilidades muito importantes, pois, afinal, no nível de toda uma série de exercícios de poder, é bem nessas pequenas técnicas que esses novos mecanismos puderam se investir, funcionar. O que aconteceu no exército e nos colégios pode ser visto também nos ateliês, ao longo do século XIX. É o que eu chamaria de tecnologia individualizante do poder, uma tecnologia que visa aos indivíduos a fundo, até mesmo em seu corpo, em seu comportamento. É, *grosso modo*, uma espécie de anatomia política, de anatomopolítica, uma anatomia que visa aos indivíduos chegando até a anatomizá-los.

Essas são uma família de tecnologias do poder que surgiu nos séculos XVII e XVIII. Temos outra família de tecnologias de poder que surgiu um pouco mais tarde, na segunda metade do século XVIII, e que foi desenvolvida – cabe dizer que a primeira, para vergonha da França, foi desenvolvida principalmente na França e na Alemanha – sobretudo na Inglaterra. Tecnologias que não visam aos indivíduos como indivíduos, mas, ao contrário, visam à população. Em outros termos, o século XVIII descobriu esta coisa capital: o poder não se exerce simplesmente sobre os sujeitos, o que era a tese fundamental da monarquia, segundo a qual há o soberano e os sujeitos. Descobre-se que aquilo sobre o qual o poder se exerce é a população. E população quer dizer o quê? Quer dizer apenas um grupo humano numeroso, mas de seres vivos atravessados, comandados, regidos por processos, leis biológicas. Uma população tem uma taxa de natalidade, de mortalidade. Uma população tem uma curva de idade, uma pirâmide de idade, uma morbidez, um estado de saúde, uma população pode perecer, ou, ao contrário, se desenvolver.

Ora, tudo isso começou a ser descoberto no século XVIII. Por conseguinte, nos damos conta de que a relação de poder com o sujeito, ou melhor, com o indivíduo, não deve ser simplesmente essa forma de sujeição que permite ao poder tirar do sujeito os seus bens, riquezas e, eventualmente, seu corpo e seu sangue. O poder deve se exercer sobre indivíduos uma vez que eles constituem uma espécie de entidade biológica que deve ser levada em consideração, se quisermos utilizar essa população como máquina para produzir, produzir riquezas, bens, produzir outros indivíduos. A descoberta da população é, ao mesmo tempo que a descoberta do indivíduo e do corpo adestrável, o outro grande núcleo de tecnologia em torno do qual os procedimentos políticos do Ocidente se transformaram. Naquele momento, inventou-se o que eu chamaria de biopolítica, por oposição à anatomopolítica, que mencionei há pouco. Nesse momento, vemos aparecer problemas como os do *habitat*, o das condições de vida em uma cidade, a higiene pública, a modificação da relação entre natalidade e mortalidade. Nesse momento, apareceu o problema de saber como podemos levar as pessoas a fazerem mais filhos, ou, pelo menos, como podemos regular o fluxo da população, como podemos regular igualmente taxas de crescimento de uma população, as migrações. E, a partir daí, toda uma série de técnicas de observação, entre as quais a estatística, evidentemente, mas também todos os grandes organismos administrativos, econômicos e políticos encarregados dessa regulação da população.

Houve duas grandes revoluções na tecnologia do poder: a descoberta da disciplina e a descoberta da regulação, o aperfeiçoamento de uma anatomopolítica e o aperfeiçoamento de uma biopolítica.

A partir do século XVIII, a vida se tornou agora um objeto do poder. A vida e o corpo. Outrora, havia apenas sujeitos, sujeitos jurídicos dos quais se podiam retirar os bens, aliás, a vida também. Agora, há corpos e populações. O poder se tornou materialista. Ele cessa de ser essencialmente jurídico. Ele deve tratar com essas coisas reais que são o corpo, a vida. A vida entra no domínio do poder: mutação capital, uma das mais importantes, sem dúvida, na história das sociedades humanas. É evidente que se pode ver como o sexo pôde se tornar, a partir desse momento, quer dizer, a partir justamente do século XVIII, uma peça absolutamente capital, pois, no fundo, o sexo é muito exatamente situado no ponto de articulação entre as disciplinas individuais do corpo e as regulações da população. O sexo é aquilo a partir do que se pode garantir a vigilância dos indivíduos. Compreende-se, assim, porque, no século XVIII, justamente nos ginásios, a sexualidade dos adolescentes se tornou um problema médico, um problema moral, quase um problema político de primeira importância, pois, mediante – e sob o pretexto de – esse controle da sexualidade, se podiam vigiar os colegiais, os adolescentes, ao longo de suas vidas, a cada instante, mesmo durante o sono. O sexo se tornará um instrumento de "disciplinarização", ele será um dos elementos essenciais dessa anatomopolítica da qual lhes falei. Do outro lado, porém, o sexo é que garante a reprodução das populações. É com o sexo, com uma política do sexo que podemos mudar a relação entre natalidade e mortalidade. De todo modo, a política do sexo se integrará no interior de toda essa política da vida, que se tornou tão importante no século XIX. O sexo é o gonzo entre a anatomopolítica e a biopolítica, ele está na encruzilhada das disciplinas e das regulações. E é nessa função que ele se tornou, no final do século XIX, uma peça política de primeira importância para fazer da sociedade uma máquina de produção.

*

M. Foucault: Vocês querem fazer perguntas?
Um ouvinte: A que produtividade o poder visa nas prisões?
M. Foucault: É uma longa história. O sistema da prisão, quero dizer, da prisão repressiva, a prisão como castigo, foi estabelecido tardiamente, no final do século XVIII. Antes do final do século XVIII, a prisão não era uma punição legal: prendiam as pessoas apenas para detê-las antes de lhes instruírem um processo, não para puni-las, exceto em casos excepcionais. Pois bem, criaram-se prisões como sistema de repressão afirmando o seguinte: a prisão será um sistema de reeducação dos criminosos. Depois de uma temporada na prisão, graças a uma domesticação de tipo militar e escolar, poderemos transformar o delinquente em um indivíduo obediente às leis. Com sua passagem pela prisão, buscava-se, assim, a produção de indivíduos obedientes.

Ora, logo, logo, desde os primeiros tempos do sistema das prisões, perceberam que ele não conduzia de modo algum a esse resultado, mas, na verdade, dava o resultado exatamente oposto: quanto mais tempo o indivíduo ficava na prisão, menos ele era reeducado e mais ficava delinquente. Não apenas produtividade nula, mas produtividade negativa. Por conseguinte, o sistema das prisões deveria normalmente desaparecer. Ora, ele ficou e continua. E quando perguntamos às pessoas o que se poderia colocar no lugar das prisões, ninguém responde nada.

Por que as prisões continuaram, apesar dessa contraprodutividade? Eu diria: precisamente porque, de fato, ela produzia delinquentes e a delinquência tem certa utilidade econômico-política nas sociedades que conhecemos. A utilidade econômico-política da delinquência pode ser facilmente desvelada: primeiro, quanto mais houver delinquente, mais haverá crimes; quanto mais houver crimes, mais haverá medo na população; e, quanto mais houver medo na população, mais aceitável e mesmo almejável se tornará o sistema de controle policial. A existência desse perigo interno permanente é uma das condições de aceitabilidade desse sistema de controle. Isso explica por que, nos jornais, na rádio, na TV, em todos os países do mundo, sem nenhuma exceção, se dá tanto espaço à criminalidade, como se a cada novo dia se tratasse de uma novidade. A partir de 1830, em todos os países do mundo, desenvolveram-se campanhas sobre o tema do crescimento da delinquência, fato que nunca foi provado. Mas essa suposta presença, essa ameaça, esse crescimento da delinquência é um fator de aceitação dos controles.

Mas isso não é tudo. A delinquência é útil economicamente. Vejam a quantidade de tráficos, perfeitamente lucrativos e inscritos no lucro capitalista, que passam pela delinquência. É o caso da prostituição. Todo mundo sabe que o controle da prostituição, em todos os países da Europa (não sei se no Brasil também é assim), é feito por pessoas que têm como profissão o proxenetismo e que são todos ex-delinquentes, cuja função é canalizar os lucros percebidos do prazer sexual para circuitos econômicos, tais como a hotelaria e as contas bancárias. A prostituição permitiu que o prazer sexual das populações se tornasse oneroso, e seu enquadramento possibilitou derivar o lucro do prazer sexual para alguns circuitos. O tráfico de armas, o tráfico de drogas, em suma, toda uma série de tráficos que, por uma ou outra razão, não podem ser direta e legalmente efetuados na sociedade passa pela delinquência, que, de certa forma, os garante.

Se a isso acrescentarmos o fato de que no século XIX e ainda no século XX a delinquência serve maciçamente a toda uma série de operações políticas, tais como furar greves, infiltrar-se nos sindicatos de operários, servir de mão de obra e de guarda-costas para os chefes dos partidos políticos, inclusive os mais ou menos dignos. Falo, aqui, mais precisamente da

França, onde todos os partidos políticos têm uma mão de obra que vai desde os coladores de cartazes aos arruaceiros (brigões), mão de obra constituída por delinquentes. Assim, temos toda uma série de instituições econômicas e políticas que funcionam à base da delinquência, e, nessa medida, a prisão que fabrica um delinquente profissional tem uma utilidade e uma produtividade.

Um ouvinte: Em primeiro lugar, eu gostaria de expressar o grande prazer que tive em ouvi-lo, vê-lo e em reler seus livros. Todas as minhas questões se fundamentam na crítica que Dominique[4] lhe expressou: se o senhor der um passo à frente a mais, deixará de ser um arqueólogo, o arqueólogo do saber. Se o senhor fizer esse passo a mais, cairá no materialismo histórico. Esse é o fundo da questão. Em seguida, gostaria de saber por que o senhor afirma que aqueles que sustentam o materialismo histórico e a psicanálise não estão seguros de si mesmos, não estão seguros da cientificidade de suas posições. A primeira coisa, é que isso me surpreende, depois de tanto ter lido sobre a diferença entre recalque (*refoulement*) e repressão (*répression*).[5] Para mim, é uma surpresa. A segunda surpresa é que, na tentativa de traçar uma anatomia do social apoiando-se na disciplina no exército, o senhor utiliza a mesma terminologia que os advogados de hoje, no Brasil. No congresso da OAB,[6] recentemente acontecido em Salvador, os advogados utilizavam muito as palavras "compensar" e "disciplinar" para definir sua função jurídica. Curiosamente, o senhor emprega os mesmos termos para falar do poder, utiliza a mesma linguagem jurídica. Eu lhe pergunto se o senhor não está caindo no mesmo discurso de aparência da sociedade capitalista, na ilusão de poder, discurso que os juristas começam a utilizar. Assim, a nova Lei das Sociedades Anônimas se apresenta como um instrumento para disciplinar os monopólios, mas o que ela representa realmente é um precioso instrumento tecnológico muito avançado que obedece a determinações independentes

---

4 O ouvinte se refere ao artigo de Dominique Lecourt "Sur l'archéologie et le savoir", *La Pensée*, n. 152, agosto de 1970, p. 69-87, retomado em Lecourt (D.), *Pour une critique de l'épistémologie*, Paris, Maspero, 1972, p. 98-183, col. "Théories". (Nota do tradutor francês)
5 Em francês no texto. (Nota do tradutor francês)
6 Ordem dos Advogados do Brasil. (Nota do tradutor francês)

da vontade dos juristas, a saber: as necessidades da reprodução do capital. Nesse sentido, o uso da mesma terminologia me surpreende, para continuar, ao passo que o senhor estabelece uma dialética entre tecnologia e disciplina. E minha última surpresa é que o senhor toma como elemento de análise social a população, voltando, assim, a um período anterior àquele em que Marx critica Ricardo.

M. Foucault: Temos um problema de tempo. De todo modo, nos reuniremos amanhã à tarde, a partir das 15h30, e poderemos, então, discutir amplamente essas questões mais importantes melhor do que o faremos agora. Vou tentar responder rapidamente às duas questões e amanhã o senhor as formula de novo. Isso lhe incomoda? O senhor concorda? Vejamos o tema geral da questão. Sobre o problema Lecourt e sobre o materialismo histórico falaremos amanhã, mas, sobre os dois outros pontos, o senhor tem razão, pois eles referem ao que afirmei esta manhã. Em primeiro lugar, não falei de recalque (*refoulement*),[7] falei de repressão, de interdição e de lei. Isso se deve ao caráter necessariamente breve e alusivo do que posso dizer em tão pouco tempo. O pensamento de Freud é, com efeito, muito mais sutil do que a imagem que presentifiquei aqui. Em torno da noção de *refoulement* se situa o debate entre, digamos, *grosso modo*, Reich e os reichianos, Marcuse e, do outro lado, os psicanalistas, mais propriamente os psicanalistas como Melanie Klein e, sobretudo, Lacan. É que a noção de recalque pode ser utilizada por uma análise dos mecanismos sociais da repressão, sustentando que a instância determinadora do recalque é certa realidade social que se impõe como princípio de realidade e provoca imediatamente o recalque.

Em termos gerais, é uma análise reichiana modificada por Marcuse com a noção de sobrerrepressão.[8] Do outro lado, temos os lacanianos, que retomam a noção de recalque e afirmam: não é nada disso. Quando Freud fala de recalque, ele não está pensando na repressão, mas, antes, em um mecanis-

---

7 Em francês no texto. (Nota do tradutor francês)
8 Ou excesso de repressão, mais repressão, diz o texto em português (Nota do tradutor francês). Marcuse (H.), *Eros and civilization. A philosophical inquiry into Freud*, Londres, Routledge e Paul Keagan, 1956 (*Éros et civilisation. Contribution à Freud*, trad. J.-G. Nény e B. Fraenkel, Paris, Éd. de Minuit, 1963, col. "Arguments").

mo absolutamente constitutivo do desejo. Pois, para Freud, diz Lacan, não há desejo não recalcado: o desejo só existe como desejo porque é recalcado e porque o que constitui o desejo é a lei. Assim, ele tira da noção de lei a noção de recalque.

Por conseguinte, duas interpretações: a interpretação pela repressão e a interpretação pela lei, que descrevem, de fato, dois fenômenos ou dois processos absolutamente diferentes. É verdade que a noção de recalque, em Freud, pode ser utilizada, de acordo com o texto, seja em um sentido, seja no outro. Foi para evitar esse difícil problema da interpretação freudiana que só falei de repressão, uma vez que os historiadores da sexualidade nunca usaram outra noção senão a de repressão. E isso por uma razão muito simples: é que essa noção faz aparecer os contornos sociais que determinam o recalque. Podemos, assim, fazer a história do recalque a partir da noção de repressão, ao passo que a partir da noção de interdição – que, de certo modo, é mais ou menos isomorfa em todas as sociedades – não podemos fazer a história da sexualidade. Eis por que evitei a noção de recalque e falei apenas de repressão.

Em segundo lugar, muito me surpreende que os advogados empreguem a palavra "disciplina". Quanto à palavra "compensar", não a utilizei nem uma só vez. Nesse sentido, gostaria de dizer o seguinte: creio que, depois do aparecimento do que chamo biopoder ou anatomopolítica, vivemos em uma sociedade que está deixando de ser uma sociedade jurídica. A sociedade jurídica foi a sociedade monárquica. As sociedades europeias que vão do século XII ao século XVIII foram essencialmente sociedades jurídicas, nas quais o problema do direito era o problema fundamental: combatia-se para ele, faziam-se revoluções para ele. A partir do século XIX, nas sociedades que se apresentavam como sociedades de direito, com parlamentos, legislações, códigos, tribunais, havia de fato todo outro mecanismo de poder que se infiltrava, que não obedecia às formas jurídicas e que não tinha por princípio fundamental a lei, mas, antes, o princípio da norma. Seu instrumento tampouco eram os tribunais, a lei e o aparelho judiciário, mas a medicina, os controles sociais, a psiquiatria, a psicologia. Portanto, estamos em um mundo disciplinar, no mundo da regulação. Acreditamos estar ainda em um mundo da lei, mas, de fato, é outro poder que está em vias de constituição pelo intermédio de relés que não são mais relés jurídicos. Então, é perfeitamente normal que o senhor encontre a palavra "disciplina" na boca dos advogados, é inclusive interessante ver, no que concerne a um ponto preciso, como a sociedade de normalização (...)[9] para habitar e, ao mesmo tempo, fazer disfuncionar a sociedade de direito.

Veja o que acontece no sistema penal. Não sei como é no Brasil, mas, nos países da Europa, como na Alemanha, na França e na Grã-Bretanha, não há praticamente nenhum criminoso um pouco importante – e logo não haverá nenhuma pessoa – que, ao passar pelos tribunais penais, não passe também pelas mãos de um especialista em medicina, em psiquiatria ou em psicologia. Isso porque vivemos em uma sociedade na qual o crime não é mais simples e essencialmente a transgressão da lei, mas, antes, o desvio em relação à norma. No que concerne à penalidade, atualmente, só se fala em termos de neurose, desvio, agressividade, pulsão. E o senhor sabe muito bem disso. Portanto, quando falo de disciplina, de normalização, não torno a cair em um plano jurídico. Ao contrário, são os homens de direito, os homens da lei, os juristas que são obrigados e empregar o vocabulário da disciplina e da normalização. Que se fale de disciplina no congresso da OAB só confirma o que eu disse, e não que eu recaia em uma concepção jurídica. Foram eles que se deslocaram.

Um ouvinte: Como o senhor vê a relação entre saber e poder? É a tecnologia do poder que provoca a perversão sexual, ou ela é provocada pela anarquia natural biológica que existe no homem?

M. Foucault: Sobre esse último ponto, quer dizer, o que motiva, o que explica o desenvolvimento dessa tecnologia, não creio que possamos dizer que é o desenvolvimento biológico. Tentei mostrar o contrário, ou seja, como essa mutação da tecnologia do poder faz absolutamente parte do desenvolvimento do capitalismo. Ela faz parte desse desenvolvimento, uma vez que, de um lado, foi o desenvolvimento do capitalismo que tornou necessária essa mutação tecnológica, a qual, por sua vez, tornou possível o desenvolvimento do capitalismo. Em suma, uma implicação permanente dos dois movimentos que, de certa forma, estão engrenados um no outro.

---

9 Lacuna na transcrição da fita, indicada no texto brasileiro.

Agora, a outra questão que concerne ao fato de que as relações de poder têm (...)¹⁰ quando o prazer e o poder caminham de comum acordo. É um problema importante. Quero dizer brevemente que é justamente isso que parece caracterizar os mecanismos assentados em nossas sociedades. Isso também faz com que não possamos dizer simplesmente que o poder tem por função interditar, proibir. Se admitirmos que o poder só tem a função de proibir, seremos obrigados a inventar tipos de mecanismos – Lacan será obrigado a fazê-lo e os outros também – para poder dizer: "Vejam, nós nos identificamos com o poder", ou então diremos haver uma relação masoquista de poder que se estabelece e que faz com que amemos aquele que proíbe. Mas, em contrapartida, se admitirmos que a função do poder não é essencialmente a de proibir, mas produzir, produzir o prazer, nesse momento poderemos compreender a um só tempo como obedecer ao poder e encontrar nessa obediência um prazer que não é necessariamente masoquista. As crianças podem nos servir de exemplo: creio que a maneira com que se fez da sexualidade das crianças um problema fundamental para a família burguesa no século XIX provocou e tornou possível um grande número de controles sobre a família, sobre os pais, sobre as crianças e criou, ao mesmo tempo, toda uma série de prazeres novos: prazer dos pais em vigiar as crianças, prazer das crianças em jogar com sua própria sexualidade, contra seus pais e com seus pais, toda uma nova economia do prazer em torno do corpo da criança. Não precisamos dizer que os pais, por masoquismo, identificaram-se com a lei...

Uma ouvinte: O senhor respondeu à pergunta que lhe foi formulada sobre a relação entre saber e poder. E quanto ao poder que o senhor, Michel, exerce mediante o seu saber?

M. Foucault: Obrigado por me haver lembrado a pergunta. Com efeito, a pergunta deve ser formulada. Penso que – de todo modo, é o sentido das análises que faço, e a senhora pode ver a fonte de inspiração – as relações de poder não devem ser consideradas de uma maneira um tanto pouco esquemática como, de um lado, há os que têm o poder e, do outro, os que não o têm. Uma vez mais, aqui, certo marxismo acadêmico utiliza com frequência a oposição classe dominante *versus* classe dominada, discurso dominante *versus* discurso dominado. Ora,

---

10 Lacuna na transcrição da fita.

em primeiro lugar, esse dualismo nunca será encontrado em Marx. Porém, em compensação, ele pode ser encontrado nos pensadores reacionários e racistas como Gobineau, que admitem que, em uma sociedade, há sempre duas classes, uma dominada e a outra que domina. Vocês podem encontrar isso em muitos lugares, mas nunca em Marx, porque, com efeito, ele era muito astuto para poder admitir semelhante coisa. Ele sabia perfeitamente que o que faz a solidez das relações de poder é que elas não acabam nunca. Não há: de um lado alguns e, do outro, muitos. Elas passam por toda parte: a classe operária retransmite relações de poder, ela exerce relações de poder. Pelo fato de serem estudantes, vocês já estão inseridos em uma certa situação de poder. Eu, como professor, também estou em uma situação de poder. Estou em uma situação de poder porque sou um homem, e não uma mulher. E pelo fato de a senhora ser uma mulher, a senhora está igualmente em uma situação de poder, não a mesma, mas estamos todos nela também. De qualquer pessoa que saiba alguma coisa poderemos dizer: "Você exerce o poder." É uma crítica estúpida, uma vez que se limita a isso. Com efeito, o interessante é saber como, em um grupo, em uma classe, em uma sociedade, funcionam as malhas do poder, ou seja, qual é a localização de cada um na rede do poder, como ele o exerce de novo, como ele o conserva, como ele o repercute.

1981

Michel Foucault: É Preciso Repensar Tudo, a Lei e a Prisão

"Michel Foucault: il faut tout repenser, la loi et la prison", *Libération*, n. 45, 5 de julho de 1981, p. 2.

Na França, gosta-se muito de viver as transformações políticas como mudanças de regime. Contragolpe de uma atitude geral da classe política: para ela, exercer o poder é herdá-lo por uma necessidade da história e conservá-lo como um direito natural. Consequência também do caro, grande, velho modelo da revolução: a mudança, por excelência, aquela com a qual se sonha e a única que vale realmente a pena é a derrubada do Antigo Regime.

Ora, os novos regimes, nós o sabemos, abrem as prisões, Bastilhas dos soberanos precedentes. Não nos surpreendamos com o pico de febre que acontece atualmente nas prisões e em torno delas. Nem com os sonhos que, por um instante, se alumiaram: "Devemos, iremos libertar todo mundo." Eles são uma parte de nosso imaginário político comum. Mas, no movimento importante, sério, *refletido*, que se desenvolveu em Fresnes, em Fleury, em Bois-d'Arcy etc., estaríamos enganados ao ver apenas o eco fechado e utópico de uma realidade exterior mais mensurada. A prisão marginaliza? Sem dúvida. Mas isso não quer dizer que a penalidade seja uma instituição marginal na sociedade. O direito de punir, assim como o de fazer a guerra, é um dos mais importantes e mais discutíveis. Quero dizer pelo menos que, a cada instante, ele merece ser discutido. Ele apela com demasiada regularidade para o uso da força e repousa demasiado profundamente em uma moral implícita para não dever sê-lo, com atenção e austeridade.

Há medidas imediatas a serem tomadas. Elas seriam da ordem da conjectura, mas teriam um alcance geral e um valor de engajamento. Tratar-se-ia, em suma, de eliminar tudo o que é abuso de direito sobre a maneira como se aplica a lei. Abusos excepcionais, com certeza, mas também, e sobretudo, abusos usuais, ou melhor, instituídos. Abusos de direito, a prática corrente e a detenção preventiva (40% dos 42 mil detentos o são, atualmente, a título preventivo). Abusos de direito, os QHS e a maneira como funcionam como prisões de exceção. Abusos de direito, as punições decididas pela própria administração penitenciária, sem haver ali nem controle nem defesa. Abusos de direito, toda supressão de direito além da simples privação de liberdade pela lei.

Mas, em seguida – ou melhor, de imediato –, trata-se de retomar tudo, desde as bases. Não é que não tenhamos cogitado reformar, há muito tempo, ora o código, ora as instituições penitenciárias. Mas, em termos precisos, a insuficiência, portanto, o perigo, ali está, nessa política tipo faca de Jeannot: trocar ora o cabo, ora a lâmina.

De um lado, há o "idealismo" da lei ou sua pudicícia: ela conhece o que interdita e as sanções que prevê. Mas olha de longe e com um olho impávido as instituições e as práticas que a utilizam: afinal, o que a polícia faz ou o que acontece nas prisões não tem tanta importância, do momento em que isso permite respeitar a lei. Quando se reforma o código, pensa-se nos princípios da interdição, não na realidade do castigo.

Em frente, há o "pragmatismo" da instituição penitenciária: ela tem sua lógica, seus procedimentos e suas pretensões. Quando se empreendeu sua reforma, sempre se buscou saber como ela poderia corrigir o que há na lei de geral e de rígido, como ela poderia, sob a caução mais ou menos mítica da psicologia, da medicina ou da psiquiatria, gerir uma punição cuja competência ela reivindica somente para si.

Assim, nem bem nem mal, as reformas avançaram há mais de 150 anos: as da lei, que não quer saber como ela pune; as do regime penitenciário, que tenta se substituir o direito. Quanto aos juízes, quero dizer, os "bons juízes", basta apenas que eles assoviem e chupem cana ao mesmo tempo: tentar fazer valer a lei ali onde a aplicam, refletir sobre a punição que impõem quando pedem a aplicação da lei.

É preciso tentar, agora, repensar o conjunto: não mais esquivar o real, mas nunca aceitar nenhuma "evidência" como adquirida.

De nada serve definir ou redefinir os delitos, de nada serve fixar-lhe uma sanção, se não se leva em conta a realidade da punição: sua natureza, possibilidades e condições de aplicação, seus efeitos, a maneira como se pode manter o controle sobre ela. É preciso vislumbrar ao mesmo tempo, e como indissociáveis, a legislação penal e a instituição penitenciária.

Mas é preciso também interrogar-se sobre o que merece efetivamente ser punido. O que pensar das divisões hoje admitidas entre o que é sancionável pela lei e o que praticamente não o é? Tantas precauções para que os "costumes" não sejam "ultrajados" nem os "pudores" pervertidos, e tão poucas para que o emprego, a saúde, o meio de existência, a vida não sejam postos em perigo...

A ideia está agora admitida de maneira bastante comum, de que a prisão é um meio detestabilíssimo de sancionar. É preciso admitir também a ideia de que punir é sem dúvida uma maneira muito ruim de impedir um ato. Mas, sobretudo, é preciso não concluir que vale mais prevenir graças a sólidas medidas de segurança: porque isso não é muitas vezes senão uma maneira de multiplicar as ocasiões de punir e de designar previamente possíveis delinquentes.

Não multiplicar o número de delinquentes, reais ou virtuais, como se fez tantas vezes sobre o pretexto da reforma? Sim, seguramente. Desenvolver os meios de punir fora da prisão para substituí-la? Sim, talvez. Mas sobretudo repensar toda a economia do punível na nossa sociedade e as relações entre a potência pública com o direito de punir e o direito de colocá-lo em prática.

1981

As Respostas de Pierre Vidal-Naquet e de Michel Foucault

"Les réponses de Pierre Vidal-Naquet et de Michel Foucault", *Libération*, n. 185, 18 de dezembro de 1981, p. 12.

Em 13 de dezembro de 1981, o general Jaruzelski instaurava o estado de guerra na Polônia. Em 14 de dezembro, o ministro francês das Relações Exteriores, Claude Cheysson, declarava tratar-se de uma questão interna dos poloneses e que a França não interviria. Pierre Bourdieu e Michel Foucault tomaram a iniciativa de uma convocação ao protesto, na qual evocavam os encontros faltosos da esquerda, notadamente do *Front* Popular com a República espanhola. O governo francês inflectiu, então, sua análise e falou de um "*affaire* internacional grave". Mas, em 17 de dezembro, o primeiro secretário do Partido Socialista, Lionel Jospin, reagiu violentamente, em particular contra o muito popular Yves Montand, que lera a convocação, na rádio, junto a Michel Foucault. Quanto a Jacques Fauvet, diretor do *Monde*, denunciava, em seu jornal, os "intelectuais de esquerda' [sic] que não assumiam o 10 de maio de 1981". Aqui, os signatários da convocação foram convidados pelo jornal *Libération* a responder a essa série de ataques.

Desde domingo, tive muita dificuldade em poder exprimir na imprensa e na mídia uma indignação que não fui o único a sentir, para me contentar, esta noite, com uma resposta breve aos senhores Jospin e Fauvet. Se me derem a ocasião e o lugar para desenvolver o que quero dizer, terei muitas precisões a trazer e réplicas a dar.

1981

Notas sobre o que se Lê e se Ouve

"Notes sur ce qu'on lit et entend", *Le Nouvel Observateur*, n. 893, 19-25 de dezembro de 1981, p. 21.

A EVIDÊNCIA MAIS FALSA

— Isso não podia durar mais. Eles haviam chegado ao ponto de ruptura. De todo modo, era uma aventura sem futuro.
— E por quê? Porque os poloneses não são capazes de desenvolver essa experiência? Porque são inaptos para mudar suas instituições e estabelecer um regime novo?
— Não, mas porque os russos não podiam tolerá-los.
— Vocês bem veem que o golpe de Estado na Polônia não é um *affaire* interno.

A MAIOR RESPONSABILIDADE

— Vocês são responsáveis. Aí estão vocês, tranquilamente, em Paris, bem aquecidos, incitando os poloneses a se fazerem massacrar para dar uma prova de sangue ao anticomunismo de vocês.
— Os poloneses não têm o hábito de obedecer facilmente às incitações exteriores (nos dias atuais, eles inclusive o demonstram. Perguntem aos soviéticos). Não endereçamos nenhum conselho aos poloneses. Não podemos nem mesmo lhes falar, porque toda a comunicação está cortada. Se o governo quer fazer acreditar que dizemos aos poloneses coisas inconsideradas, é para não reconhecer que nos endereçamos a ele. O *affaire* polonês concerne à comunidade das nações. E os governos do mundo têm meios de ação sobre os governos polonês e soviético. Não é preciso que um dia o exercício da ditadura militar na Polônia se torne uma questão interna, cotidiana e silenciosa, tal como aconteceu na ditadura franquista durante

40 anos. Se isso, lamentavelmente, se produzisse, os governos do mundo seriam parcialmente responsáveis.

O CONTRATO MAIS IMPORTANTE

– Estamos negociando um tratado econômico de extrema importância com a URSS a respeito do gás da Sibéria, do gasoduto europeu e de seus equipamentos eletrônicos. Razão de refletir e de não se deixar levar sequer um instante por uma indignação que, de todo modo, logo arrefecerá.

– Razão a mais para ser exigente, a curto e a longo termos, sobre o direito das pessoas e a liberdade dos povos. Quanto mais ligamos nossa economia à Europa Oriental, mais nos tornamos economicamente dependentes, mais devemos ser política e moralmente intransigentes. Nós o devemos a nós mesmos: trata-se de nossa independência.

O ACORDO MAIS ESTÁVEL

– Vocês bem sabem que estamos fechados por Yalta há quase 40 anos e que os europeus não podem nada contra isso.

– Sei que esse acordo definia uma partilha de fato, e não era um tratado de paz. Os acordos de Helsinque o ratificaram (os russos muito se apegaram à questão) mediante algumas cláusulas de garantia quanto às liberdades e aos direitos. Vocês podem ver como essas cláusulas são respeitadas na Polônia. Quem fala de "questão interna" não diz simplesmente uma enormidade moral. Ele faz alguma coisa muito precisa. Ele subscreve a anulação de Helsinque e confirma Yalta. São atos como esses que contribuem para nos fazer de Yalta um destino.

A GEOGRAFIA MAIS TRANQUILIZADORA

– Ouvido recentemente da boca de um ministro: "O quê? Vocês vão tornar a questionar o conjunto do marxismo porque a coisa não anda bem em alguma parte de não sei qual país da Ásia?"

A ÚLTIMA CHANCE

– Todo manifestante é passível de penas, da prisão à morte.

O MAIS BELO AFORISMO

– "Excessiva magnanimidade do proletariado: em vez de aniquilar seus adversários, ele começou a exercer sobre eles uma influência moral" (Lenin).

1982

O Primeiro Passo da Colonização do Ocidente

"Rekishi heno kaiki" ("Le premier pas de la colonisation de l'Occident"; entrevista com T. Beaucé e C. Polak gravada em Paris, em 17 de janeiro de 1982), *Chûô-Kôron*, março de 1982, p. 45-60.

C. Polak: Como podemos cogitar o problema polonês em uma perspectiva geral e examinando o que está debaixo das cartas?
M. Foucault: Penso que é preciso falar primeiro da importância que o *affaire* polonês ganhou na mentalidade da Europa Ocidental e, em particular, dos franceses, quando se pensa na questão da Hungria, há 25 anos, e na da Tchecoslováquia há, atualmente, 13 anos. Penso que, com a questão da Polônia, apareceu uma dimensão nova: o *affaire* polonês se tornou imediatamente uma questão europeia, ao passo que o tcheco foi sentido como uma questão interior ao campo soviético. A questão polonesa foi, assim, percebida como um *affaire* europeu. O que, de todo modo, é curioso, pois a geografia não levava a tal percepção. Portanto, trata-se de outro tipo de relações que temos com a Polônia e de outro tipo de problema que se apresentou. Por quê? Penso haver muitas razões. Claro, em primeiro lugar, o fato de que o *affaire* tcheco, em 1968, era interno ao Partido Comunista tcheco. Foi dentro do partido, na cúpula do partido que houve conflito. Certa escolha feita por alguns dirigentes havia sido autoritariamente condenada por Moscou e a isso encadeou-se um expurgo. Agora, pela primeira vez, trata-se de um movimento exterior ao partido que atingiu o conjunto da população. Pode-se dizer que é uma dissidência da grande maioria dessa população no que concerne ao sistema comunista. Havia, então, um amadurecimento muito maior por parte do movimento do Solidariedade e, por conseguinte, punha-se novamente em questão, de modo muito mais nítido, o que poderia ser a ocupação, a dominação soviética na Europa do Leste.

Penso que o império soviético foi posto novamente em questão, mais pelo movimento da população do que pela dissidência no interior mesmo do partido. Tem-se ali um movimento que foi nitidamente percebido como alternativo ao socialismo burocrático e também – e este é um componente fundamental – um movimento de dissidência no que concerne ao imperialismo soviético. Essa é, sem dúvida, a primeira razão.

A segunda razão pela qual isso foi sentido na Europa como uma ameaça muito viva está referida ao que se passou entre a União Soviética e a Alemanha Ocidental. E, aqui, sem conhecer de fato a face inferior das cartas, é certo que o consentimento alemão desempenhou um grande papel no *affaire* polonês. É mais ou menos certo que os alemães sabiam, de antemão, o que se passava. É provável que tenham dado seu acordo a uma espécie de retomada militar a curto termo, que, apesar disso, não tinha ares nem de um golpe de Estado nem de uma repressão sangrenta. É provável, também, que os russos e os poloneses estivessem engajados, no que diz respeito aos alemães, em um processo como aquele no qual os alemães tinham todo interesse, por duas razões: de um lado, para salvaguardar seus interesses econômicos na Polônia; de outro, a Alemanha Ocidental, atualmente, está jogando senão a carta de sua reunificação, pelo menos a carta de uma certa aproximação com a Alemanha Oriental, o que permitiria modificar um pouco a divisão, tal como estabelecida. Assim, a Alemanha aceitou fechar os olhos. O golpe de Estado se fez certamente à custa de uma violência que era entendida, mas, sobretudo, esse golpe de Estado não foi tão bem-sucedido quanto previsto. Hoje em dia, a situação da Polônia está bloqueada e tão bem que a Alemanha se sente cada vez mais desconfortada com suas declarações extraordinariamente tímidas. Suas declarações atuais tornaram-se um pouco mais firmes, agressivas, mas continuam ainda muito moderadas. De certa forma, estamos, assim, diante de um novo Rapallo. Uma *entente* germano-soviética para remodelar a Europa ou para mantê-la no estado é certamente alguma coisa que não pode não inquietar a nós, franceses. Nessa situação há, com efeito, uma espécie de golpe Rapallo que não foi claramente analisado, me parece, na Europa, mas que, mesmo assim, foi perceptível. Sempre houve essa tradição histórica da aliança temível entre Europa Central e Europa do Leste, da qual a Polônia é sempre a vítima, ou seja, sempre sofre as consequências. Há aqui um destino histórico da Polônia. Foi certamente por isso que os franceses ficaram muito sensibilizados.

T. de Beaucé: Alguns chegaram até a sonhar, tem-se essa impressão notadamente na Alemanha, de ver acontecer um golpe de Estado ou uma tomada de poder pelos militares fora do Partido Comunista, como uma espécie de signo de evolução positiva.

M. Foucault: Sim, é isso. Foi provavelmente assim que isso se apresentou na Polônia. Era a garantia de uma ordem interna e a garantia de certa independência externa. Ora, não se sabe como a coisa está, já que não se têm notícias, mas não parece que a ordem interna esteja perfeitamente restabelecida. Quanto à independência exterior, é evidente que, nesse *affaire*, ela não existe. O problema é que os alemães debocham disso relativamente, sem dúvida, pois eles, é claro, não se deixaram ludibriar quando se disse que a Rússia não estava por trás dessa questão. Por fim, os alemães têm dois problemas: por um lado, querem saber se a Polônia vai reembolsá-los dos créditos e empréstimos feitos (aliás, esse problema se apresenta da mesma maneira para a França). Por outro, quando a Polônia estiver em um nível de agitação politicamente perigoso para a Rússia, ela paralisará a Rússia e esta nunca aceitará certo número de concessões à Alemanha Oriental e à Europa Oriental. E a Rússia nunca poderá forçar a Alemanha Oriental a ceder sobre certo número de pontos, por exemplo as comunicações, as trocas culturais. Ela nunca poderá obter essas concessões enquanto a Polônia estiver em um estado de agitação, e por tanto tempo quanto a Alemanha Oriental puder dizer à Rússia: "Você bem vê que suas vias de comunicação da Europa Central estão ameaçadas por uma agitação na Polônia."

T. de Beaucé: Prova de que a *détente*, em mãos absolutas, repousa no controle da estabilidade em cada bloco, seja o bloco socialista ou o bloco do mundo livre. Esse controle em cada bloco permite um equilíbrio da *détente*.

M. Foucault: O que aparece nessa questão polonesa é o balanço dessa famosa *détente*. Esse balanço, bem entendido, é a consolidação de Yalta, não exatamente dele, porque não é nele que a divisão é feita. A divisão se faz por uma série de processos, de acordos, de sequências de negociações que acompanharam Yalta. De todo modo, essa divisão foi confirmada pela *déten-*

te. Em segundo lugar, a *détente* permitiu também um curioso emaranhado econômico, muito perverso, uma vez que, por um lado, levou a um endividamento cada vez maior dos países do Leste, particularmente dos países satélites em relação ao Ocidente. Ora, todo mundo sabe que o endividamento tem, como primeira consequência, colocar os devedores na dependência dos credores. Depois, são os credores que ficam na dependência do devedor, ou seja, o devedor está tão endividado que não pode mais pagar. Por outro lado, a *détente* também levou a este outro resultado, a saber: a economia soviética não se desenvolveu, pelo menos não nas mesmas proporções que as economias ocidentais há uns 20 anos. Em comparação com a economia ocidental, ela é uma economia subdesenvolvida. Ora, ao mesmo tempo e por não ter desenvolvido sua economia, a União Soviética pôde pagar por forças militares absolutamente consideráveis. Então, em relação à Europa, ela se encontra em uma situação inteiramente dominante. Em primeiro lugar, a Europa é credora, não pode se fazer reembolsar; portanto, devido a isso, encontra-se dependente de seu próprio devedor. E, em segundo, ela está ameaçada por uma força militar bem considerável, de modo que, pela primeira vez depois de muito tempo, vemos que um país economicamente em posição inferior encontra-se em situação de dominação política mais ou menos absoluta. É o caso da União Soviética em relação à Europa. Uma economia subdesenvolvida domina uma economia desenvolvida graças a um duplo sistema de superioridade militar e endividamento financeiro. Essa imbricação é muito perversa e muito perigosa.

C. Polak: E agora a Europa está em estado de dependência energética em relação à União Soviética.

M. Foucault: Com efeito, esse caráter de economia subdesenvolvida na União Soviética é afirmado pela venda das matérias-primas. Uma economia subdesenvolvida é a que vive da venda de suas matérias-primas e importa tecnologia. Os russos importaram a tecnologia e agora vendem matérias-primas, a princípio em grande escala, já que 30% do gás na França dependerão da União Soviética. Esse sentimento de dependência e de ameaça ao mesmo tempo, dependência de uma economia não desenvolvida e ameaça por um exército infinitamente mais desenvolvido do que os outros, provoca um vivo sentimento de nervosidade e angústia na opinião pública.

T. de Beaucé: A crise polonesa serviu de revelador.

M. Foucault: Certamente, ela desvelou a situação catastrófica dos países do Leste, mas, sobretudo, a imbricação perversa e perigosa dos sistemas econômicos de Leste-Oeste com os efeitos de dominação da União Soviética.

T. de Beaucé: É uma forma muito sutil de colonialismo, o colonialismo ao inverso.

M. Foucault: Sim, é isso, é um colonialismo fundado sobre uma inferioridade econômica, o que deve ter sido o caso em alguns momentos da história. No Império Romano, Roma estava certamente em estado de inferioridade cultural ou política em relação aos países colonizados. Os turcos também dominaram alguns países mais bem desenvolvidos que eles, mas isso por certo é alguma coisa que havia desaparecido por completo da história.

T. de Beaucé: O neocolonialismo parece estranhamente antiquado. Retornamos a uma forma paleocolonial. Por fim, os soviéticos apostaram no útil ao se polarizarem sobre a força militar.

M. Foucault: Sim, é isso. Tem-se uma forma muito velha: uma dominação militar com uma economia rudimentar.

T. de Beaucé: É uma dominação militar sem o exercício das armas. O golpe de Estado polonês mesmo assim é chocante, é muito mais sofisticado do que a intervenção na Tchecoslováquia. E, em relação à Europa, não é tanto a ameaça da força que veria os cossacos ocuparem a Place de l'Étoile. É mais uma série de ameaças e chantagens para manter essa dependência econômica.

M. Foucault: Acho que se deve levar em conta certo número de fatos: em primeiro lugar, agora, em vista da implantação e do desenvolvimento considerável do Solidariedade antes do golpe de Estado polonês durante 18 meses. Em seguida, em vista do considerável eco que esse sindicato encontrou em toda a população, podemos dizer que o golpe de Estado não será bem-sucedido de um dia para o outro e que o Solidariedade não vai desaparecer imediatamente. Em segundo, sabemos que a tática do Solidariedade é se encolher, deixar passar a tempestade e não se defrontar diretamente com uma potência militar e policial que não hesitaria em escolher como solução o massacre, mas continuar um trabalho não muito aparente, embora bastante eficaz. Temos, então, um processo lento e de longo alcance, o qual não se sabe onde irá dar, o que dele sairá. O pior, o grave seria evidentemente que, pouco a pouco, tudo se apagasse. É preciso, ao contrário, esperar que tudo continue, ainda não de maneira aberta, mas sob formas mais ou menos aparentes, e que, mais tarde, isso seja mais concreto.

C. *Polak*: O senhor acha que a clandestinidade é organizada?

M. *Foucault*: Eu diria mais o trabalho não aparente. Não são resistentes clandestinos que se escondem como as pessoas da Ação Direta ou das Brigadas Vermelhas,[1] ou como alguns europeus durante a guerra. Não é nada disso. Não pode ser essa forma de resistência. Será uma certa forma de oposição que aparecerá nas usinas, nos escritórios, nas universidades, por toda parte. De todo modo, haverá esse processo. Então, quanto a isso, creio que, no estrangeiro, é importante poder levar, quando for preciso, uma ajuda sob a forma que será necessária e que não se pode prever, pois não sabemos a forma que a resistência poderá tomar. Suponho, que para muitos poloneses por lá, eles tampouco sabem como poderão resistir, mas estão muito decididos a fazê-lo. Portanto, é preciso estarmos prontos para ajudá-los da maneira como quiserem e sob a forma que for necessária. Penso que uma parte dessa ajuda passou por organismos privados. E é preciso que isso se dê dessa forma, pois confiarmos demasiado nos organismos públicos pode diminuir nossos esforços. Enquanto isso, nossa ajuda se concentra em uma ajuda alimentar, material, uma cooperação cultural e científica que, na medida do possível, tenta ter contatos diretos, dirigir-se diretamente às pessoas.[2] Foi o que se fez com alguns hospitais da Polônia, que algumas pessoas puderam frequentar regularmente, levar medicamentos, sem passar por organismos públicos. Isso é muito importante.

Segunda coisa também muito importante: como se pôde ver, uma das principais ferramentas empregadas pelo governo militar polonês foi a imposição do silêncio. É espantoso ver como temos poucas notícias que atravessam as fronteiras da Polônia. Desse ponto de vista, o governo militar teve um magnífico sucesso. Ora, é evidente que a publicidade e a informação

---

1 Movimentos terroristas na França e na Itália.
2 M. Foucault era o tesoureiro do movimento de suporte ao Solidariedade, chamado "Solidariedade Internacional", instaurado pelo CFDT.

foram um grande instrumento na própria existência do Solidariedade, sobretudo a comunicação interna, a publicidade e a comunicação com o exterior. As viagens dos representantes do Solidariedade no estrangeiro faziam parte dessa campanha de informação e publicidade. Isso não bastou para protegê-los, mas acho que esse trabalho de informação e de existência pela voz é importante também para o futuro, é uma das condições de existência... E, depois, o que é muito importante e novo nesse modo de ação é que se têm meios de pressionar o governo, ou melhor: o governo francês e os outros governos ocidentais têm meios de pressionar a União Soviética e o campo do Leste por meio da voz dos Estados Unidos, pela via das negociações políticas ou econômicas. Se esses governos têm meios de ação, nós temos meios de ação sobre nosso governo francês e, desse modo, há meios e possibilidade de pesar diretamente sobre a União Soviética. Na França, houve toda uma campanha, acreditem, organizada com a anuência do Partido Comunista, sob o tema: "Apoiar a Polônia é querer ir para a guerra". Ora, o urgente, em termos precisos, é que há certo número de coisas possíveis de serem feitas para a Polônia que não passam de modo algum por esse gênero de organizações que querem desmobilizar a opinião pública. Seria preciso, então, uma organização privada, independente. Isso é muito importante para a Polônia e também para a constituição, na França, de uma nova forma de ação política. A oposição frontal, obstinada, silenciosa, que os intelectuais haviam oposto ao governo precedente da direita não é mais conveniente. Agora, há outro tipo de oposição ao novo governo, que tenta manter, com o conjunto da população, relações diferentes e novas. O problema é saber como se pode, não obedecendo aos conselhos do governo, manter com ele um diálogo, iniciar um trabalho, fazer sobre ele uma pressão necessária para tentar obter que ele faça certo número de coisas. O importante e tranquilizador é que, há muito tempo na França, pela primeira vez, questões internacionais, como o *affaire* polonês, a situação na Europa, Yalta, tudo isso se torna objeto de debates públicos. Um dos grandes traços desses últimos 35 anos na França foi que nunca uma questão de política estrangeira havia sido objeto de debate interno. Sob a IV República, os debates eram mais absorvidos pelo problema colonial (Indochina e Argélia). Em seguida, no gaullismo, era de Gaulle quem fazia a política estrangeira da França. Não eram os franceses que queriam fazer sua política exterior, pois eles estavam satisfeitos com a política estrangeira de de Gaulle. Não digo que ela tenha sido ruim. De todo modo, a política estrangeira nunca esteve presente na opinião pública. Eis que agora, com a Polônia, todo mundo se envolve.

C. Polak: O que demonstra estarmos concernidos, mostra que todos nos sentimos concernidos. Portanto, é inquietante, pois prova a gravidade da situação.

M. Foucault: Exatamente, acho isso importante. E é muitíssimo útil e necessário que os franceses se ponham a falar desses problemas exteriores.

C. Polak: Será que o movimento Solidariedade Internacional desempenha um papel ativo verdadeiramente internacional, isto é, com ações concertadas entre países? O que se sabe sobre o Japão?

M. Foucault: Os japoneses desempenham um papel importante. No momento do golpe de Estado, havia na França certo número de responsáveis poloneses do Solidariedade. Eles lá ficaram com a organização da CFDT. Como o Solidariedade é um movimento sindical, foi inteiramente possível constituir, em torno de um sindicato como o CFDT, na França, um comitê de suporte ao Solidariedade fora de um partido político. Em torno do Solidariedade Internacional há certo número de pessoas, um sindicato japonês, o Sohyo, que faz muitas coisas para o Solidariedade, que, aliás, propôs ações comuns. Na França, criou-se uma comissão para coletar fundos a fim de dar suporte ao Solidariedade, e o representante japonês, Sr. Tanaka, faz parte dessa comissão. Temos aqui algo interessante, são os sindicalistas, uns franceses e outros japoneses, há também intelectuais. É uma forma de trabalho mista que ainda não se fez muito até o presente.

T. de Beaucé: Sobre o tema da Polônia, o senhor sentiu uma evolução nas discussões no seio do Partido Comunista francês? E no da CGT?

M. Foucault: Não que eu saiba, pois não participo desse gênero de discussão no seio desse partido, mas o único amigo comunista que conheço bem se opôs violentamente, estava muito indignado com a atitude de seu partido.

T. de Beaucé: Mas ele não saiu fora?

M. Foucault: Não, é claro.

C. Polak: Como o senhor interpreta o papel da Igreja? Qual é a significação? Que esperança?

M. Foucault: O senhor quer dizer na questão polonesa, no desenvolvimento do Solidariedade, ou seu papel em outra questão?

C. Polak: Os dois, seu papel de negociações temporizadoras.

M. Foucault: É difícil, para mim, responder sobre o primeiro ponto, não me sinto competente para isso. Que tenha sido capital é absolutamente certo. Durante o ano que passei na Polônia, com efeito guardei a lembrança de que os únicos núcleos de atividades culturais livres estavam do lado da Igreja. Haveria, já nesse momento, um movimento operário se delineando? Não sei, não tive essa impressão, mas, considerando que eu lá estava como professor, me era um pouco difícil saber o que acontecia em outros meios que não fosse o meio cultural. De todo modo, na região da Cracóvia ou de Gdansk, é certo que a Igreja desempenhou um papel absolutamente considerável e por duas razões: por um lado, devido à sua posição histórica, que a levava sempre a ter uma causa comum com a causa nacionalista; por outro, ela nunca se curvou diante dos alemães durante a guerra nem diante dos soviéticos e do Partido Comunista. Assim, sempre foi um interlocutor duro e, por conseguinte, válido, para o Partido Comunista. Ela desempenhou um grande papel. Em compensação, quanto ao seu papel atual, não sei se ele é capital, já que ela não negocia. Há intérpretes malévolos e céticos que dizem que a Igreja via o Solidariedade competindo com ela em seu papel de interlocutor privilegiado do Partido Comunista e que, em vez de ser o que ela era há três anos, o único interlocutor sério do Partido Comunista polonês, a única potência diante desse partido, ela, atualmente, estava em terceira posição, depois do governo e do Solidariedade. Agora, sua posição de árbitro entre o governo e o Solidariedade vai lhe permitir retomar seu lugar. Essa é uma interpretação da qual não sou muito adepto. Ela é demasiado negativa, uma vez que a Igreja com certeza sustentou o Solidariedade. O que me impressiona no papel da Igreja é o seguinte: não tenho informações precisas, mas, enfim, quando se pensa que 60 anos de socialismo na União Soviética, 35 na Polônia levam a essa situação paradoxal de haver uma revolta operária para obter e manter os direitos de um sindicato, que essa revolta desemboca, de um lado, na constituição de um governo militar e, de outro, na aparição da Igreja como sendo o único mediador possível entre um poder comunista e sua classe operária, isso, como retorno da história, é incrível. Que uma tão longa história socialista leve a um poder militar que solicita à Igreja aceitar de bom grado acalmar os operários não deixa de ser uma derrisão trágica do socialismo em uma altura nunca antes alcançada.

1982

Espaço, Saber e Poder

"Space, knowledge and power" ("Espace, savoir et pouvoir"; entrevista com P. Rabinow; trad. F. Durand-Bogaert), *Skyline*, março de 1982, p. 16-20.

– *Em uma entrevista que o senhor concedeu a geógrafos para Hérodote*,[1] *o senhor disse que a arquitetura se torna política no final do século XVIII. Política ela o foi, não há dúvidas, antes disso, por exemplo, sob o Império Romano. O que faz a particularidade do século XVIII?*

– Minha formulação foi canhestra. Não quis dizer, bem entendido, que a arquitetura não fora política antes do século XVIII e que ela assim se tornou apenas a partir dessa época. Quis dizer tão somente que, no século XVIII, vemos desenvolver-se uma reflexão sobre a arquitetura como função dos objetivos e das técnicas de governo das sociedades. Vemos aparecer uma forma de literatura política que se interroga sobre o que deve ser da ordem de uma sociedade, o que deve ser uma cidade, tendo em vista as exigências de manutenção da ordem, tendo em vista também que é preciso evitar as epidemias, as revoltas, promover uma vida familiar conveniente e conforme à moral. Em função desses objetivos, como se deve conceber a um só tempo a organização de uma cidade e a construção de uma infraestrutura coletiva? Como se devem construir as casas? Não pretendo que esse tipo de reflexão só tenha aparecido no século XVIII. Digo apenas que foi no século XVIII que surgiu uma reflexão profunda e geral sobre essas questões. Se consultarmos um relatório de polícia da época – os tratados consagrados às técnicas de governo –, contataremos que a arquitetura e o urbanismo ocupam ali um lugar muito importante. Foi isso o que eu quis dizer.

---

1 Ver n. 169, v. III da edição francesa desta obra.

– *Entre os antigos, em Roma ou na Grécia, qual era a diferença?*

– No que concerne a Roma, vemos que o problema gira em torno de Vitrúvio.[2] A partir do século XVI, Vitrúvio o torna o objeto de uma reinterpretação. Mas, no século XVI – e por certo também na Idade Média –, encontramos um bom número de considerações que se aproximam às de Vitrúvio, desde que as consideremos, pelo menos, como "reflexões sobre". Os tratados dedicados à política, à arte de governar, ao que é um bom governo em geral não comportavam capítulos ou análises incidindo sobre a organização das cidades ou sobre a arquitetura. A *République*, de Jean Bodin,[3] não contém comentários detalhados do papel da arquitetura. Em compensação, encontramos uma quantidade desses comentários nos tratados de polícia do século XVIII.

– *O senhor quer dizer que existiam técnicas e práticas, mas não discursos?*

– Não disse que os discursos sobre a arquitetura não existiam antes do século XVIII. Nem que os debates sobre a arquitetura antes do século XVIII eram desenlaçados da dimensão ou da significação política. O que quero enfatizar é que, a partir do século XVIII, todo tratado que cogita a política como a arte de governar os homens comporta necessariamente um ou mais capítulos sobre urbanismo, equipamentos coletivos, higiene e arquitetura privada. Não encontramos esses capítulos nas obras dedicadas à arte de governar produzidas no século XVI. Essa mudança talvez não esteja nas reflexões dos arquitetos sobre a arquitetura, mas ela é bastante perceptível nas reflexões dos homens políticos.

– *Isso não corresponderia necessariamente a uma mudança na teoria da própria arquitetura?*

– Não. Não era obrigatoriamente uma mudança no espírito dos arquitetos ou em suas técnicas – embora isso ainda reste a ser provado –, mas uma mudança no espírito dos homens

---

2 Vitruvius (M.), *De architectura libri decem*, Florença, 1522 (*Les Dix livres d'architecture de Vitruve*, trad. C. Perrault, Paris, J. B. Coignard, 1673, reed. e rev. por A. Dalmas, Paris, Balland, 1979).
3 Bodin (J.), *Les Six livres de la République*, Paris, J. du Puys, 1576 (reed. em "Le Corpus des oeuvres de philosophie en langue française", Paris, Fayard, 1986).

políticos, na escolha e na forma de atenção que dão aos objetos que começam a lhes concernir. Ao longo dos séculos XVII e XVIII, a arquitetura se torna um desses objetos.
– *O senhor poderia nos dizer por quê?*
– Penso que isso esteja ligado a certo número de fenômenos, por exemplo, o problema da cidade e a ideia, claramente formulada no começo do século XVII, de que o governo de um grande Estado como a França deve, em última instância, pensar seu território pautado no modelo da cidade. Cessa-se de perceber a cidade como um lugar privilegiado, como uma exceção em um território constituído de campos, florestas e estradas. Doravante, as cidades não eram mais ilhas que escapam ao direito comum. Doravante, as cidades, com os problemas que introduzem e as configurações particulares que tomam, servem de modelos para uma racionalidade governamental que se aplicará ao conjunto do território. Há toda uma série de utopias ou de projetos de governo do território que toma forma a partir da ideia de que o Estado é semelhante a uma grande cidade: a capital figura sua praça central e as estradas são suas ruas. Um Estado será bem organizado a partir do momento em que um sistema de polícia tão estrito e eficaz quanto o que se aplica às cidades se estender a todo o território. Inicialmente, a noção de polícia designava unicamente um conjunto de regulamentações destinadas a garantir a tranquilidade de uma cidade, mas, naquele momento, a polícia se tornou o próprio tipo de racionalidade para o governo de todo o território. O modelo da cidade se torna a matriz de onde são produzidas as regulamentações que se aplicam ao conjunto do Estado.

A noção de polícia, mesmo hoje, na França, é com frequência mal compreendida. Quando se fala com um francês sobre a polícia, isso só lhe evoca pessoas de uniforme ou os serviços secretos. Nos séculos XVII e XVIII, a "polícia" designava um programa de racionalidade governamental. Podemos defini--lo como o projeto de criar um sistema de regulamentação da conduta geral dos indivíduos, no qual tudo seria controlado a ponto de as coisas se manterem por si mesmas, sem que uma intervenção fosse necessária. Essa é a maneira bem tipicamente francesa de conceber o exercício da "polícia". Quanto aos ingleses, eles não elaboraram um sistema comparável devido a certo número de razões: devido, por um lado, à tradição parlamentar e, por outro, a uma tradição de autonomia local, comunal, para não dizer nada do sistema religioso.

Podemos situar Napoleão quase que exatamente no ponto de ruptura entre a velha organização do Estado de polícia do século XVIII (compreendida, naturalmente, no sentido que evocamos aqui e não no sentido de Estado policial, tal como conhecemos hoje) e as formas do Estado moderno, da qual ele foi o inventor. Seja como for, parece que, ao longo dos séculos XVIII e XIX, emergiu a ideia – bastante rapidamente no que concerne ao comércio e mais lentamente em todos os outros domínios – de uma polícia que conseguiria penetrar, estimular, regulamentar e tornar quase automáticos todos os mecanismos da sociedade.

É uma ideia que, desde então, foi abandonada. Revirou-se a questão, ela sofreu um giro. Não mais se pergunta qual a forma de racionalidade governamental que conseguiria penetrar no corpo político até seus elementos mais fundamentais. Pergunta-se, antes: como o governo é possível? Quer dizer: que princípio de limitação se deve aplicar às ações governamentais para que as coisas tenham um rumo mais favorável, para que sejam conformes à racionalidade do governo e não necessitem de intervenção?

É aqui que a questão do liberalismo intervém. Parece-me que, naquele momento, se tornou evidente que governar em demasia não era governar de modo algum, era induzir a resultados contrários aos resultados almejados. O que se descobriu, na época – e foi uma das grandes descobertas do pensamento político do final do século XVIII –, foi a ideia de sociedade, a saber: a ideia de que o governo deve não apenas administrar um território, um domínio e se ocupar de seus sujeitos, mas também tratar com uma realidade complexa e independente que possui suas próprias leis e mecanismos de reação, suas regulamentações, assim como suas possibilidades de desordem. Essa realidade nova é a sociedade. Desde o instante em que se deve manipular uma sociedade, não se pode considerá-la como completamente penetrável pela polícia. Torna-se necessário refletir sobre ela, sobre suas características próprias, suas constantes e suas variáveis.

– *Opera-se, então, uma mudança na importância do espaço. No século XVIII, há um território e o problema que se apresenta é o de governar os habitantes desse território: podemos citar o exemplo de* La Métropolitée *(1962), de Alexandre Le*

Maître[4] – *tratado utópico sobre a maneira de construir uma capital –, ou então podemos compreender a cidade como uma metáfora, ou um símbolo, do território e da maneira de administrar. Tudo isso é da ordem do espaço, malgrado, depois de Napoleão, a sociedade não fosse mais necessariamente tão espacializada...*

– Exato. De um lado, ela não é mais tão espacializada; do outro, no entanto, vemos aparecer certo número de problemas que são propriamente da ordem do espaço. O espaço urbano possui seus próprios perigos: a doença, por exemplo a epidemia de cólera que seviciou a Europa a partir de 1830; a revolução também, sob a forma das revoltas urbanas que agitam toda a Europa na mesma época. Esses problemas de espaço, que talvez não fossem novos, ganham, doravante, uma nova importância.

Segunda inovação: as estradas de ferro definem um novo aspecto das relações entre o espaço e o poder. Elas são supostas estabelecer uma rede de comunicação que não corresponde mais necessariamente à rede tradicional das estradas, mas devem também levar em conta a natureza da sociedade e de sua história. Ademais, há todos os fenômenos sociais engendrados pelas estradas de ferro, quer se trate de resistências produzidas por elas, de transformações na população ou de mudanças de atitude das pessoas. A Europa foi imediatamente sensível às mudanças de atitude acarretadas pelas estradas de ferro. O que aconteceria, por exemplo, se fosse possível se casar entre Bordeaux e Nantes? Antes, isso era algo impensável. O que aconteceria se os habitantes da França e da Alemanha pudessem se encontrar e aprender a se conhecer? A guerra ainda seria possível do momento em que houvesse estradas de ferro? Na França, uma teoria tomou forma. Segundo ela, as estradas de ferro favoreceriam a familiaridade entre os povos, e as novas formas de universalidade humana assim produzidas tornariam a guerra impossível. Todavia, o que as pessoas não previram – muito embora o comando militar alemão, muito mais velhaco do que seu homólogo francês, tivesse plena consciência disso – é que, ao contrário, a invenção da estrada de ferro tornava a guerra muito mais fácil. A terceira inovação foi a eletricidade, que chegou mais tarde.

---

4 Le Maître (A.), *La Métropolitée, ou De l'établissement des villes capitales*, Amsterdã, 1682.

Assim, havia problemas nas relações entre o exercício do poder político e o espaço territorial, ou espaço das cidades, relações inteiramente novas.

– Então, era menos uma questão de arquitetura do que antes. O que o senhor descreve são, de algum modo, técnicas de espaço.

– De fato, a partir do século XIX, os grandes problemas de espaço são de natureza muito diferente. Isso não quer dizer que os problemas de ordem arquitetural sejam esquecidos. No que concerne aos primeiros problemas aos quais me referi – a doença e os problemas políticos –, a arquitetura tem um papel muito importante a desempenhar. As reflexões sobre o urbanismo e sobre a concepção dos alojamentos operários, todas essas questões fazem parte da reflexão sobre a arquitetura.

– Mas a própria arquitetura, a Escola de Belas-Artes, trata de problemas de espaço completamente diferentes.

– É verdade. Com o nascimento dessas novas técnicas e desses novos processos econômicos, vemos aparecer uma concepção do espaço que não tem mais como modelo a urbanização do território, tal como cogitado pelo Estado de polícia; ela vai bem além dos limites do urbanismo e da arquitetura.

– E então, a Escola das Pontes e Pavimentos...

– Sim, a Escola das Pontes e Pavimentos e o papel capital que ela desempenhou na racionalidade política da França fazem parte disso. Os que pensavam o espaço não eram os arquitetos, mas os engenheiros, os construtores de pontes, de estradas, de viadutos, de estradas de ferro, assim como os politécnicos, que praticamente controlavam as estradas de ferro francesas.

– Essa situação ainda permanece hoje em dia ou estamos assistindo a uma transformação das relações entre os técnicos do espaço?

– Podemos, é claro, constatar algumas mudanças, mas penso que ainda hoje os principais técnicos do espaço são aqueles encarregados do desenvolvimento do território, os envolvidos com as pontes e pavimentos...

– Então, os arquitetos não são mais necessariamente os mestres do espaço, tal como eram antigamente ou acreditavam ser?

– Não, eles não são nem os técnicos nem os engenheiros das três grandes variáveis: território, comunicação e velocidade. São coisas que escapam ao domínio deles.

– *Alguns projetos arquitetônicos, passados ou atuais, lhe parecem representar forças de liberação ou de resistência?*

– Não creio ser possível dizer que uma coisa é da ordem da "liberação" e outra da ordem da "opressão". Há certo número de coisas das quais se pode dizer, com certeza, a respeito dos campos de concentração, no sentido de que isso não é um instrumento de liberação, mas é preciso levar em conta o fato – em geral ignorado – de que, se excetuarmos a tortura e a execução, que tornam toda resistência impossível, seja qual for o terror que um dado sistema possa inspirar, existe sempre possibilidades de resistência, de desobediência e de constituição de grupos de oposição.

Em compensação, não creio na existência de alguma coisa que seria funcional – por sua verdadeira natureza – e radicalmente libertadora. A liberdade é uma prática. Portanto, sempre pode existir, de fato, certo número de projetos que visem a modificar algumas coações, torná-las mais maleáveis, ou até mesmo quebrá-las, mas nenhum desses projetos pode, apenas por sua natureza, garantir que as pessoas serão automaticamente livres. A liberdade dos homens nunca é garantida pelas instituições e pelas leis que têm por função garanti-la. Essa é a razão pela qual podemos, de fato, fazer girar a maioria dessas leis e instituições. Não por elas serem ambíguas, mas porque a "liberdade" é o que deve ser exercido.

– *Há exemplos urbanos disso? Ou exemplos que mostrem o sucesso dos arquitetos?*

– Pois bem, até certo ponto há Le Corbusier, que se descreve, hoje – com certa crueldade que acho perfeitamente inútil –, como uma espécie de criptostaliniano. Le Corbusier era, tenho certeza disso, pleno de boas intenções, e o que ele fez era destinado a produzir efeitos liberadores. É possível que os meios que ele havia proposto fossem, no fim das contas, menos liberadores do que ele pensava; porém, uma vez mais, penso que nunca pertenceu à estrutura das coisas garantir o exercício da liberdade. A garantia da liberdade é a liberdade.

– *O senhor então não considera Le Corbusier como um exemplo de sucesso. O senhor diz apenas que sua intenção era liberadora. Poderia nos dar um exemplo de sucesso?*

– Não. Isso *não pode* ser bem-sucedido. Se encontrássemos um lugar – e talvez exista – onde a liberdade se exerce efetivamente, descobriríamos que não é graças à natureza dos objetos, porém, uma vez mais, graças à prática da liberdade. O que, afinal, não quer dizer que se possam deixar as pessoas em pardieiros, pensando que terão apenas de exercer seus direitos.

– *Significa dizer que a arquitetura, por si, não pode resolver os problemas sociais?*

– Penso que a arquitetura pode produzir, e produz, efeitos positivos quando suas intenções liberadoras coincidirem com a prática real das pessoas no exercício de sua liberdade.

– *Mas a mesma arquitetura pode servir a objetivos diferentes?*

– Absolutamente. Permita-me dar outro exemplo: o familistério de Jean-Baptiste Godin, em Guise (1859). A arquitetura de Godin era explicitamente dirigida para a liberdade. Temos aqui alguma coisa que manifestava a capacidade de trabalhadores comuns participarem do exercício de sua profissão. Era, ao mesmo tempo, um sinal e um instrumento muito importante de autonomia para um grupo de trabalhadores. No entanto, ninguém podia entrar no familistério nem dele sair sem ser visto por todos os outros. Esse é um aspecto da arquitetura que podia ser absolutamente opressor. Mas só podia ser opressor se as pessoas estivessem prontas a utilizar sua presença para vigiar a dos outros. Imaginemos que ali se instale uma comunidade de práticas sexuais ilimitadas: ele se tornaria um lugar de liberdade. Acho um pouco arbitrário tentar dissociar a prática efetiva da liberdade, a prática das relações sociais e as distribuições espaciais. A partir do instante em que separamos as coisas, elas se tornam incompreensíveis. Cada um só pode compreender por meio do outro.

– *No entanto, não faltam pessoas que quiseram inventar projetos utópicos a fim de liberar, ou de oprimir, os homens.*

– Os homens sonharam com máquinas liberadoras. Mas, por definição, não há máquinas de liberdade. O que não significa que o exercício da liberdade seja totalmente insensível à distribuição do espaço. Mas isso só pode funcionar ali onde há certa convergência. Quando há divergência ou distorção, o efeito produzido é imediatamente contrário ao efeito buscado. Com suas propriedades pan-ópticas, Guise bem poderia ter sido utilizado como prisão. Nada seria mais simples. É evidente que, de fato, o familistério pôde muito bem servir de instrumento de disciplina e de grupo de pressão bastante intolerável.

– *Então, uma vez mais, a intenção do arquiteto não é o fator determinante mais fundamental.*
– Nada é fundamental. Isso é o interessante na análise da sociedade. É a razão pela qual nada me irrita mais do que as questões – por definição, metafísicas – sobre os fundamentos do poder em uma sociedade ou sobre autoinstituição da sociedade. Não há fenômenos fundamentais. Não há senão relações recíprocas e decalagens perpétuas entre elas.

– *O senhor fez dos médicos, dos carcereiros, dos padres, dos juízes e dos psiquiatras as figuras-chave das configurações políticas que implicavam a dominação. O senhor acrescentaria os arquitetos a essa lista?*

– Sabe, na realidade, eu não estava buscando descrever figuras de dominação quando falei dos médicos e de outros personagens do mesmo tipo, e, sim, descrever pessoas pelas quais o poder passava ou que eram importantes no campo das relações de poder. O paciente de um hospital psiquiátrico se encontra colocado no interior de um campo de relações de poder bastante complexas e que foram muito bem analisadas por Erving Goffman.[5] O padre de uma igreja cristã ou católica (nas igrejas protestantes as coisas são um pouco diferentes) é um elo importante em um conjunto de relações de poder. O arquiteto não é um indivíduo desse tipo.

Afinal, o arquiteto não tem poder sobre mim. Se quero demolir ou transformar a casa que ele construiu para mim, instalar novas divisórias ou acrescentar uma chaminé, o arquiteto não tem nenhum controle. É preciso, então, situar o arquiteto em outra categoria, o que não quer dizer que ele nada tenha a ver com a organização, a efetuação do poder e com todas as técnicas mediante as quais o poder se exerce em uma sociedade. Diria que se deve considerá-lo – sua mentalidade, sua atitude – tanto quanto seus projetos, se quisermos compreender certo número de técnicas de poder que são implementadas na arquitetura, mas ele não é comparável a um médico, um padre, um psiquiatra ou um carcereiro.

– *Recentemente, nos meios da arquitetura, há muito interesse no "pós-modernismo". Do mesmo modo, isso esteve*

---

5 Goffman (E.), *Asylums*, Nova Iorque, Doubleday, 1961 (*Asiles. Études sur la condition des malades mentaux et des autres exclus*, trad. C. e L. Laîné, Paris, Éd de Minuit, 1968, col. "Le Sens Commun").

muito em questão na filosofia, penso notadamente em Jean-François Lyotard e em Jürgen Habermas. Com toda evidência, a referência histórica e a linguagem desempenham um papel importante na episteme *moderna. Como o senhor pensa o pós-modernismo, tanto do ponto de vista da arquitetura quanto no que concerne às questões históricas e filosóficas introduzidas por ele?*

– Penso haver uma tendência bastante geral e fácil, contra a qual se deveria lutar, de fazer daquilo que acaba de se produzir o inimigo número um, como se fosse sempre a principal forma de opressão da qual temos de nos libertar. Essa atitude simplista acarreta muitas consequências perigosas. Em primeiro lugar, uma inclinação a buscar formas baratas, arcaicas ou um tanto imaginárias de felicidade das quais, de fato, as pessoas não gozam de modo algum. Por exemplo, no domínio que me interessa, é muito divertido ver o modo com que a sexualidade contemporânea é descrita como algo absolutamente abominável. Pensem nisto: hoje em dia só é possível fazer amor quando a televisão está desligada! E nas camas produzidas em série! "Não é como na época maravilhosa em que..." O que dizer, então, dessa época fantástica em que as pessoas trabalham 18 horas por dia e são seis a partilhar uma cama, com a condição, é claro, de ter a chance de ter uma? Há nesse ódio ao presente ou ao passado imediato uma tendência perigosa de invocar um passado completamente mítico. Depois, há o problema levantado por Habermas: se abandonarmos a obra de Kant ou de Weber, por exemplo, correremos o risco de cair na irracionalidade.

Estou inteiramente de acordo com isso, mas, ao mesmo tempo, o problema com o qual estamos confrontados, hoje, é bastante diferente. Penso que, desde o século XVIII, o grande problema da filosofia e do pensamento crítico sempre foi – ainda o é e espero que continue sendo – responder à seguinte pergunta: qual é essa razão que utilizamos? Quais são seus efeitos históricos? Quais são seus limites e quais são seus perigos? De que modo podemos existir como seres racionais, felizmente votados a praticar uma racionalidade que, infelizmente, é atravessada por perigos intrínsecos? Devemos nos manter tão próximos quanto possível dessa questão, tendo presente no espírito que ela é a um só tempo central e extremamente difícil de resolver. Por outro lado, se é extremamente perigoso dizer que a razão é o inimigo que devemos eliminar, afirmar que todo questionamento crítico dessa racionalidade corre o risco de nos fazer desembocar na irracionalidade é tão perigoso quanto. Não se deve esquecer – e não o digo a fim de criticar a racionalidade, mas a fim de mostrar a que ponto as coisas são ambíguas – que o racismo foi formulado sobre a base da racionalidade cintilante do darwinismo social, que se tornou, assim, um dos ingredientes mais duráveis e persistentes do nazismo. Era uma irracionalidade, é claro, mas uma irracionalidade que, ao mesmo tempo, constituía certa forma de racionalidade...

Essa é a situação na qual nos encontramos e que devemos combater. Se os intelectuais em geral têm uma função, se o próprio pensamento crítico tem uma função e, mais precisamente ainda, se a filosofia tem uma função no interior do pensamento crítico, é precisamente a de aceitar essa espécie de espiral, essa espécie de porta giratória da racionalidade que nos remete à sua necessidade, ao que ela tem de indispensável e, ao mesmo tempo, aos perigos que ela contém.

– *Tendo dito tudo isso, seria justo precisar que o senhor teme menos o historicismo e o jogo de referências históricas do que alguém como Habermas os teme. E também que, no domínio da arquitetura, os defensores do modernismo formularam esse problema quase em termos de crise da civilização, afirmando que se nós abandonássemos a arquitetura moderna para fazer um retorno frívolo à decoração e aos motivos, nós abandonaríamos, de algum modo, a civilização. Alguns partidários do pós-modernismo pretenderam que as próprias referências históricas eram dotadas de significação e iriam nos proteger dos perigos de um mundo sobrerracionalizado.*

– Isso talvez não responda à sua questão, mas direi o seguinte: é preciso ter uma desconfiança absoluta e total acerca de tudo o que se apresenta como um retorno. Uma das razões dessa desconfiança é lógica: de fato, nunca há retorno. A história e o interesse meticuloso que a ela dedicamos são, sem dúvida, uma das melhores referências contra o tema do retorno. De minha parte, tratei a história da loucura ou o estudo da prisão tal como o fiz porque eu sabia muito bem – e, de fato, foi isto que deixou bastante gente exasperada – que eu conduzia uma análise histórica que tornava possível uma crítica do presente, mas que não permitia dizer: "Retornemos a essa maravilhosa época do século XVIII, quando os loucos...", ou então "retornemos ao tempo em que a prisão não era um dos principais instrumentos...". Não. Penso que a história nos preserve dessa espécie de ideologia do retorno.

– *Então, nesse sentido, a simples oposição entre razão e história é bastante ridícula... Tomar o partido de uma ou de outra...*

– Sim. De fato, o problema de Habermas é, enfim, encontrar um modo transcendental de pensamento que se oponha a toda forma de historicismo. Na realidade, sou muito mais historicista e nietzschiano. Não penso que exista um uso adequado da história, ou um uso adequado da análise intra-histórica – que, aliás, é bastante clarividente –, que possa precisamente funcionar contra essa ideologia do retorno. Um bom estudo da arquitetura campesina, na Europa, por exemplo, mostraria a que ponto é absurdo querer voltar às pequenas casas individuais com seus telhados de sapê. A história nos protege do historicismo que invoca o passado para resolver os problemas do presente.

– *Ela nos lembra, também, que há sempre uma história, que os modernistas desejosos de suprimir toda referência ao passado cometiam um erro.*

– É claro.

– *Seus próximos dois livros tratam da sexualidade nos gregos e nos primeiros cristãos. Os problemas que o senhor aborda têm uma dimensão arquitetural particular?*

– Absolutamente, não. Mas o interessante é que, na Roma imperial, existiam, de fato, bordéis, bairros de prazer, zonas criminais etc., assim como uma espécie de lugar de prazer quase público: os banhos, as termas. Estas eram um lugar de prazer e de encontro muito importante que, progressivamente, desapareceu na Europa. Na Idade Média, as termas eram ainda um lugar de encontro entre homens e mulheres, assim como um lugar de encontro dos homens entre si e das mulheres entre si, embora disso se fale raramente. O de que se falou e condenou, mas também se experimentou, foram os encontros entre homens e mulheres, os quais desapareceram ao longo dos séculos XVI e XVII.

– *Mas elas ainda existem no mundo árabe.*

– Sim, mas, na França, é uma prática que cessou em grande parte. Ela ainda existia no século XIX, como o testemunha *Les Enfants du Paradis*,[6] cujas referências históricas são exatas.

---

6 Filme de M. Carné, 1945.

Um dos personagens, Lacenaire, é – ninguém nunca o diz – um devasso e um proxeneta que utiliza rapazolas para atrair homens mais velhos e, em seguida, chantageá-los. Há uma cena que faz referência a isso. Era preciso toda a ingenuidade e a anti-homossexualidade dos surrealistas para que esse fato passasse em silêncio. Assim, os banhos continuaram existindo como lugares de encontros sexuais. Eles eram uma espécie de catedral de prazer no coração da cidade, onde se podia ir com a frequência que se queria, onde se flanava, se fazia uma escolha, onde as pessoas se encontravam, tinham seu prazer, comiam, bebiam, discutiam...

– *O sexo, então, não era separado dos outros prazeres. Ele estava inscrito no coração das cidades. Era público, servia para um fim...*

– Exatamente. Para os gregos e romanos, a sexualidade era evidentemente um prazer social. O interessante a propósito da homossexualidade masculina nos dias de hoje – e, desde algum tempo, parece ser também o caso da homossexualidade feminina – é que as relações sexuais se traduzem imediatamente em relações sociais, e as relações sociais são entendidas como sexuais. Para os gregos e romanos, de um modo diferente, as relações sexuais se inscreviam no interior das relações sociais, no sentido mais amplo. As termas eram um lugar de socialidade que incluía as relações sexuais.

Podemos comparar diretamente as termas e o bordel. O bordel é, de fato, um lugar e uma arquitetura de prazer. Ali se desenvolve uma forma muito interessante de socialidade, estudada por Alain Corbin em *Les Filles de noce*.[7] Os homens da cidade se encontravam no bordel. Eles estavam ligados uns aos outros pelo fato de que as mesmas mulheres passavam por suas mãos e as mesmas doenças e as mesmas infecções lhes eram comunicadas. Havia uma socialidade do bordel, mas a socialidade dos banhos, tal como existia entre os antigos – e da qual uma nova versão poderia talvez existir nos dias de hoje –, era inteiramente diferente da socialidade do bordel.

– *Sabemos, hoje, muitas coisas sobre a arquitetura disciplinar. O que se pode dizer da arquitetura concebida para a confissão, uma arquitetura que seria associada à confissão?*

---

7 Corbin (A.), *Les Filles de noce*, Paris, Aubier, 1978.

– O senhor quer dizer a arquitetura religiosa? Penso que ela foi estudada. Há todo o problema do caráter xenófobo do mosteiro. É um lugar onde se encontram regulamentos muito precisos concernentes à vida comum: ao sono, à alimentação, à oração, ao lugar de cada indivíduo na instituição, nas células. Tudo isso foi programado muito cedo.

– *Em uma tecnologia de poder, de confissão, por oposição a uma tecnologia disciplinar, o espaço parece desempenhar também um papel capital.*

– Sim. O espaço é fundamental em toda forma de vida comunitária. O espaço é fundamental em todo exercício do poder. Um parêntese: lembro-me de ter sido convidado por um grupo de arquitetos, em 1966, a fazer um estudo do espaço.[8] Trata-se do que chamei, na época, "as heterotopias", os espaços singulares que encontramos em alguns espaços sociais cujas funções são diferentes das de outros, até mesmo diretamente opostas. Os arquitetos trabalhavam nesse projeto e, no final do estudo, alguém pediu a palavra – um psicólogo sartriano – e me bombardeou dizendo que o espaço era reacionário e capitalista, mas que a história e o futuro eram revolucionários. Na época, esse discurso absurdo não era nada inabitual. Hoje, qualquer um se torceria de rir ao ouvi-lo, mas na época, não.

– Os arquitetos, em particular, se escolhem analisar um prédio institucional – um hospital ou uma escola, por exemplo – do ponto de vista de sua função disciplinar, tendem a se interessar, em primeiro lugar, por suas paredes. Afinal, são as paredes que eles concebem. No que lhe concerne, é o espaço, mais do que a arquitetura, que lhe interessa, uma vez que as próprias paredes não passam de um aspecto da instituição. Como o senhor definiria a diferença entre o prédio e o espaço?

– Penso haver uma diferença no método e na abordagem. É verdade que, para mim, a arquitetura, nas análises muito vagas que pude fazer dela, constitui unicamente um elemento de suporte que garante certa distribuição das pessoas no espaço, uma canalização de sua circulação, assim como a codificação das relações que entretêm entre si. A arquitetura não constitui, portanto, apenas um elemento do espaço: ela é precisamente

---

8 Trata-se da conferência feita no Centro de Estudos Arquiteturais, em 14 de março de 1967, e publicada na revista *Architecture, Mouvement, Continuité* (ver *O Intelectual e os Poderes*, v. IV da edição brasileira desta obra).

pensada como inscrita em um campo de relações sociais, no seio do qual introduz certo número de efeitos específicos.

Sei, por exemplo, de um historiador que faz um estudo interessante da arqueologia medieval e aborda a questão da arquitetura, da construção das casas na Idade Média, a partir do problema da chaminé. Creio que ele está prestes a mostrar que, a partir de certo momento, tornou-se possível construir uma chaminé no interior de uma casa, uma chaminé com uma lareira, e não uma simples peça a céu aberto ou uma chaminé exterior. E, nesse momento, todos os tipos de coisas mudaram e alguns tipos de relacionamentos entre os sujeitos se tornaram possíveis. Tudo isso me parece muito interessante, mas a conclusão à qual ele chega e que apresentou em um artigo é que a história das ideias e do pensamento é inútil.

O interessante, de fato, é que as duas coisas são rigorosamente inseparáveis. Por que as pessoas se industriaram a encontrar o meio de construir uma chaminé no interior de uma casa? Ou por que puseram sua técnica a serviço desse fim? A história das técnicas mostra que são necessários anos e por vezes séculos para torná-las efetivas. É certo, e de uma importância capital, que essa técnica influenciou a formação de novas relações humanas, mas é impossível pensar que ela seria desenvolvida e conformada a essa visada se não tivesse havido, no jogo e na estratégia das relações humanas, alguma coisa que fosse nessa direção. É isso o importante, e não a primazia disso sobre aquilo, que nunca quer dizer nada.

– *Em* As palavras e as coisas, *o senhor utilizou algumas metáforas espaciais muito impactantes para descrever as estruturas do pensamento. Por que o senhor pensa que as imagens espaciais estão aptas para evocar essas referências? Que relação há entre essas metáforas espaciais que descrevem as disciplinas e algumas descrições mais concretas de espaços institucionais?*

– É muito possível que, por haver me interessado pelo problema do espaço, eu tenha usado certo número de metáforas espaciais em *As palavras e as coisas*; porém, em geral, meu objetivo não era defendê-las, mas estudá-las como objetos. O impressionante nas mutações e transformações epistemológicas que se operaram no século XVII é ver como a espacialização do saber constituiu um dos fatores da elaboração desse saber na ciência. A história natural e as classificações de Lineu foram possíveis por certo número de razões: de um lado, houve literalmente uma espacialização do objeto mesmo das análises, cuja regra foi a de estudar e classificar as plantas unicamente embasado no que era visível. Não se tinha nem o recurso ao microscópio. Todos os elementos tradicionais do saber, como, por exemplo, as funções medicinais das plantas, foram abandonados. O objeto foi espacializado. Em seguida, o objeto foi espacializado porquanto os princípios de classificação deviam ser encontrados na própria estrutura das plantas: o número de seus elementos, sua disposição, seu tamanho e alguns outros elementos, tais como a altura da planta. Depois, houve a espacialização mediante as ilustrações contidas nos livros, que só foi possível graças a algumas técnicas de impressão. Mais tarde ainda, a espacialização da reprodução das próprias plantas que se começou a representar nos livros. Essas são técnicas de espaço, não metáforas.

– O plano de construção de um prédio – o desenho preciso a partir do qual serão realizadas paredes e janelas – constituiria uma forma de discurso idêntico, por exemplo, a uma pirâmide hierarquizada que descreve, de maneira bastante precisa, as relações entre os indivíduos, não apenas no espaço, mas também na vida social?

– Penso que existem alguns exemplos simples e bastante excepcionais, nos quais as técnicas arquiteturais reproduzem, com mais ou menos insistência, as hierarquias sociais. Há o modelo do campo militar, no qual a hierarquia militar se lê no próprio terreno, mediante o lugar ocupado pelas tendas e prédios reservados a cada um dos postos. O campo militar reproduz precisamente, por meio da arquitetura, uma pirâmide de poder. Mas esse é um exemplo excepcional, tal como tudo o que é militar, privilegiado na sociedade e de extrema simplicidade.

– Mas nem sempre o próprio plano descreve relações de poder.

– Não. Felizmente para a imaginação humana, as coisas são um pouco mais complicadas do que isso.

– A arquitetura, bem entendido, não é uma constante: ela possui uma longa tradição em meio à qual se pode ler a diversidade de suas preocupações, a transformação de seus sistemas e de suas regras. O saber da arquitetura é em parte a história da profissão, em parte a evolução de uma ciência

da construção e em parte uma reescritura das teorias estéticas. Em sua opinião, o que é próprio a essa forma de saber?

Ela se aproxima mais de uma ciência natural ou daquela que o senhor chama uma "ciência duvidosa"?

– Não posso exatamente dizer que essa distinção entre ciências certas e ciências duvidosas não seja de algum interesse – isso seria evitar a questão –, mas devo dizer que meu maior interesse é estudar o que os gregos chamavam a *technê*, ou seja, uma racionalidade prática governada por um objetivo consciente. Não tenho sequer a certeza de que valha a pena nos interrogarmos sem cessar para saber se o governo pode ser o objeto de uma ciência exata. Em compensação, se consideramos que a arquitetura, tal como a prática do governo e a prática de outras formas de organização social, é uma *technê* suscetível de utilizar alguns elementos provenientes de ciências como a física, por exemplo, ou a estatística, isso é interessante. Mas, se quisermos fazer uma história da arquitetura, penso que seria preferível vislumbrá-la no contexto da história geral da *technê*, mais do que naquele da história das ciências exatas ou inexatas. O inconveniente da palavra *technê*, eu me dou conta, é sua relação com a palavra "tecnologia", que tem um sentido bem específico. Dá-se um sentido bem estrito à palavra "tecnologia". Pensamos nas tecnologias duras, na tecnologia da madeira, do fogo, da eletricidade. Mas o governo é também função de tecnologias: o governo dos indivíduos, o governo das almas, o governo de si, por si, o governo das famílias, o governo das crianças. Penso que se substituíssemos a história da arquitetura no contexto da história geral da *technê*, no sentido amplo do termo, teríamos um conceito diretor mais interessante do que a oposição entre ciências exatas e ciências inexatas.

1982

O Terrorismo Aqui e Ali

"Le terrorisme ici et là" (entrevista com D. Éribon), *Libération*, n. 403, 3 de setembro de 1982, p. 12.

Em 28 de agosto de 1982, o GIGN, o grupo de intervenção antiterrorista dirigido pelo Élysée, prendia, em Vincennes, três nacionalistas irlandeses apresentados como importantes terroristas. O estardalhaço feito quando dessa prisão deveria permitir opor, na opinião pública, o atentado assassino de 9 de agosto de 1982 contra o célebre restaurante judeu, parisiense, Goldenberg. Em 17 de agosto, François Mitterrand declarara: "Este terrorismo irá me ver pela frente." As condições de prisão dos que se tornarão para a imprensa "os irlandeses de Vincennes", perseguidos por longo tempo por outro serviço de polícia (a DST), rapidamente apareceram manchadas de irregularidades. O advogado deles, então, contatou M. Foucault. Em maio de 1983, as irregularidades do procedimento foram plenamente reveladas. O *affaire* dos irlandeses de Vincennes se tornou o primeiro escândalo político-policial do novo governo socialista.

— *O problema do terrorismo e a política governamental nesse domínio não deixarão de assentar algumas questões em torno da prática judiciária.*

— As reformas e decisões tomadas no domínio jurídico, depois da chegada de Mitterrand ao poder, me pareceram boas.[1] Eu o disse e o repito de bom grado. Quanto à declaração recente de Mitterrand sobre o terrorismo, garantindo que ele não tomaria nenhuma medida especial e que não modificaria de modo algum a legislação e os regulamentos, tudo isso é excelente.

— *Mas qual foi sua reação depois das prisões de sábado passado e o fato de elas terem sido anunciadas pelo Élysée?*

---

1 30 de setembro de 1981: supressão da pena de morte; 26 de novembro de 1981: revogação da lei antiarruaceiros; 30 de junho de 1982: supressão dos tribunais permanentes das forças armadas; 30 de julho de 1982: supressão do delito de homossexualidade.

– Suprimiram-se as jurisdições de exceção, quer dizer que toda infração estará referida ao direito comum, aos procedimentos habituais e às jurisdições ordinárias. Isso é muito importante, mas não se deve retirar com uma das mãos o que se concordou com a outra. Ou seja: não se deve tornar um *affaire* "excepcional" envolvendo-o com todo o luxo de uma publicidade política. Como é que se quer instruir e julgar em condições "ordinárias" um *affaire* apresentado à opinião pública, sob a autoridade direta do chefe de Estado, como um *affaire* excepcionalmente importante? Aliás, os meios de informação fizeram ecoar amplamente esse anúncio, já que pudemos ouvir dizer que esses três irlandeses preparavam atentados assassinos para um dia depois de domingo, em Paris mesmo.

Tudo isso se revelou inexato e parece que estão tendo as maiores dificuldades para encontrar um país que tivesse a gentileza de pedir a extradição deles.

Mas esse é apenas um lado anedótico. Embora eles tivessem feito alguma coisa de importante, cabe à justiça decidir e o declarar. Não cabe a uma instância política decidir antecipadamente qual é a questão que se vai julgar. Os responsáveis políticos não têm de excepcionalizar um *affaire* depois de haver abolido os procedimentos excepcionais.

É preciso formular outra questão: quem, então, foi preso? Três irlandeses e um italiano. Sabemos bem não ser desse lado que se encontra o terrorismo, que corre o risco de ser ativo e virulento na França. E, enquanto se negocia com as organizações verdadeiramente perigosas em silêncio – o que todo mundo sabe e talvez seja inevitável –, não é preciso que se faça grande barulho em torno das detenções que têm muita chance de serem menores. Será preciso prender um rejeitado da autonomia italiana para preencher o quadro dos troféus de caça de uma ação antiterrorista que, de fato, utiliza todos os outros meios?

– *Não é indiferente que isso tenha "caído" sobre os irlandeses.*

– Mitterrand foi o único homem político europeu bastante corajoso para tomar posição no momento da morte de Bobby Sands. Não devemos nos esquecer disso. Mas também não devemos esquecer que, presidente da República, Mitterrand não disse nada sobre os irlandeses que morriam de greve de fome na prisão para terem reconhecido o seu *status* político. Um pouco do barulho feito sábado passado a propósito dessas detenções em Paris talvez não fosse inútil se tivesse sido utilizado a tempo por aqueles que lutavam contra adversários seculares. Afinal, se há lutas políticas que têm sua justificação histórica, são bem aquelas conduzidas pelos irlandeses há quatro séculos. Para o caso de a luta antiterrorista necessitar de exemplos, este talvez fosse o mais fácil: não era nem o melhor nem o mais justificado.

– *Vão lhe retorquir que por certo é preciso lutar contra o terrorismo na Europa.*

– A Europa deve lutar contra o terrorismo. É verdade. Porém, acabamos de ver as manifestações do mais perigoso terrorismo que a Europa conhece: os três mortos, as centenas de feridos e as milhares de detenções em Varsóvia, Gdansk, Lublin...

1982

Michel Foucault: "Não há neutralidade possível"

"Michel Foucault: 'Il n'y a pas de neutralité possible'" (entrevista com D. Éribon e A. Lévy-Willard), *Libération*, n. 434, 9-10 de outubro de 1982, p. 3.

– *Retornando de uma viagem à Polônia, em companhia de Bernard Kouchner e de Simone Signoret, o senhor ficou particularmente chocado com as "desculpas" de Maxime Gremetz, membro do bureau político do PC, esta manhã, no micro de Europa 1, justificando a declaração de que o Solidariedade estava sendo considerado fora da lei em nome "de um perigo de guerra civil na Polônia".*

– É pior do que um erro, é uma falsificação. A guerra civil são os homens do 13 de dezembro que a declararam ao povo polonês, que estava por inteiro atrás do Solidariedade. Foram eles, e só eles, que falaram da guerra e que a fizeram matando, emprisionando. Quem, então, cria as condições de uma guerra civil, senão os que matam, enquanto o Solidariedade era não violento? Quem, então, impele à guerra, senão os que, em um abrir e fechar de olhos, escamoteiam o futuro daqueles que têm 20 anos? O Solidariedade era a esperança. Maxime Gremetz e aqueles que, como ele, avaliam as medidas de Jaruzelski, são eles os agitadores de guerra. Mas a declaração de Gremetz nos concerne a nós. Portanto, no Partido Comunista ocidental, há um responsável para considerar que o exercício das liberdades sindicais, o direito de greve, a possibilidade para os operários designarem seus representantes e se organizarem livremente constituem um perigo de guerra civil. Assim, para um comunista francês, a atividade sindical em um país socialista é a guerra em estado endêmico.

Até onde eu saiba, Maxime Gremetz é o porta-voz de um partido que está no governo. Não acho que possamos nos dispensar de perguntar aos socialistas o seguinte: "O que é para vocês governar com pessoas que pensam dessa forma? Que política comum é possível nessas condições?"

O governo não deve imaginar que se trata de um mau momento a passar e que dentro de alguns meses tudo terá voltado à ordem. A questão polonesa está aberta e o permanecerá por muito tempo. E, regularmente, o governo se verá confrontado com a questão de definir sua política a favor ou contra as opressões na Polônia. Não haverá neutralidade possível.

– *A acreditarmos em Pierre Mauroy, no Senado, o governo deixa entender que a adoção da lei anti-Solidariedade "seria um entrave às relações franco-polonesas...".*

– É uma boa declaração. Veremos quais efeitos a ela se seguirão. Lionel Jospin solicitou do PC um certificado de balanço globalmente positivo do governo. Seria preciso que, da maneira mais clara, o governo – comunistas, inclusive – apresentasse um julgamento definitiva e totalmente negativo sobre as medidas tomadas na Polônia.

– *Os poloneses que o senhor encontrou ao longo dessa viagem lhe precisaram qual forma de apoio eles esperavam dos países ocidentais?*

– Nós lhes perguntamos isso com frequência. A ajuda humanitária – roupas, medicamentos, alimentos – certamente foi preciosa, mas não se deve imaginar que a Polônia é um país que bascula na fome. A situação ali não é "africana". O que eles nos pediram com maior frequência? "Falem da Polônia, falem sem cessar." A estratégia do governo polonês não é senão o primeiro pano de um díptico. O segundo, sem dúvida, será o levantamento do estado de sítio, levantamento que será tanto menos arriscado quanto a legislação sindical for mais rigorosa. Mediante o levantamento do estado de sítio, as autoridades polonesas esperam voltar a ganhar sua "honorabilidade" internacional. Se bem que as coisas poderão, em aparência, ser "como antes". Poderá muito bem haver ali "normalização", como se diz. Mas a normalização é o regime da opressão "normal" em um país socialista. Não é de modo algum a aceitação, a adesão, a passividade da população. A experiência dos anos passados é inapagável. Ela continuará a formar e a sustentar toda uma "moral" dos comportamentos individuais e coletivos. Desse ponto de vista, a multiplicação dos contatos entre os poloneses e o exterior é vital. Eles precisam que nós saibamos o que eles são, o que pensam, o que fazem.

– *Que apreciação os poloneses fazem sobre o papel da França?*

– Penso que eles apreciaram o fato de que a França, em dezembro, foi o país cujas reações foram as mais firmes, ao passo que alhures o perfil mediano das reações foi muito baixo. Mas muitos estavam chocados com a política ulterior no que concerne ao bloco do Leste: reescalonamento das dívidas, gasoduto, cooperação econômica e científica. Há poloneses que boicotam a embaixada da França e os institutos culturais por causa dessa política.

Na escala histórica, os poloneses já fizeram a experiência do abandono ocidental. Quando eu vivia na Polônia, há 20 anos, frequentemente eu ouvia essa queixa secular. Eu a ouvi novamente nesses últimos dias, mas sob outra forma: "Não apenas o Ocidente nos abandonou, mas abandonou a si mesmo." Um universitário me disse: "A primeira coisa que lhes pedimos é se preocuparem um pouco com vocês."

– *O que ele queria dizer?*

– Creio que ele pensava no fato de que, há 30 anos, a Europa Ocidental nunca aceitou olhar de frente o problema da Europa e da divisão que a dilacera. Muito se falou e muito se fez a respeito da unidade econômica da Europa Ocidental e sua independência política. Mas, enfim, a Europa é dividida por uma linha que não é nada imaginária. Boa metade da Europa vive em um estado de exceção, em uma opressão política, econômica, ideológica que raramente teve seu equivalente na história. E aceitamos isso como um destino. Chegam até a nos fazer crer que acordos intocáveis fixaram para sempre esse estado de coisas. O abandono do qual os poloneses nos censuram consiste em não mais poder pensar, em um futuro histórico, um estado de coisas políticas.

Não vivemos no mesmo tempo que eles. Eles só podem pensar nas transformações políticas na forma de uma história a longo prazo. Eles nos pedem para tentar pensar, nós também e com eles, essa história. Eu me lembro do meio sorriso triste de um polonês me dizendo: "Mas é claro, somos otimistas! Não há império que não desmorone depois de muitos séculos."

1982

"Ao abandonar os poloneses, renunciamos a uma parte de nós mesmos"

"En abandonnant les Polonais, nous renonçons à une partie de nous-mêmes", (entrevista com P. Blanchet, B. Kouchner e S. Signoret), *Le Nouvel Observateur*, n. 935, 9-15 de outubro de 1982, p. 52.

– *O senhor acaba de passar 10 dias na Polônia. A que título? Por que agora?*
B. *Kouchner*: Foi o décimo sexto comboio de médicos do mundo, depois do estado de sítio. Para esses comboios, nos beneficiamos da ajuda da CEE. Hoje, essa ajuda foi interrompida. Portanto, não haverá mais comboios. Quisemos ir até lá nessa última ocasião e nos perguntamos: para o que pôde servir toda essa ajuda? A Polônia não é um país do Terceiro Mundo e, no entanto, ajudaram-na como a um país do Terceiro Mundo. O que se financiou na Polônia? Nossa boa consciência. Ora, os poloneses pedem bem mais do que uma ajuda humanitária.
S. *Signoret*: Há nove meses, Montand e eu sempre andamos por aí com a insígnia Solidarnosc. Montand exibiu um panô do Solidariedade no dia 15 de dezembro no palco do Olympia. Quis levar mais longe um gesto que, até então, estava um tanto abstrato.
M. *Foucault*: Os poloneses precisam que lhes falemos, que se vá até lá. Eu fui por isso, mas também para, ao retornar, falar da Polônia aos franceses.
Atualmente, na França, não há debate sobre a Polônia, sobre a ajuda que lhes enviamos e sobre o financiamento de suas dívidas. O problema permanente da Polônia introduz o problema do bloco soviético, da Europa, da divisão da Europa. Ora, excetuando-se breves períodos – o das invasões ou dos golpes de Estado –, não se fala disso. Muitos poloneses me disseram que a política francesa, ao longo dessa primavera – em particular o

affaire gasoduto –, os deixou muito desconfortáveis. Houve um início de debate e, depois, o avestruz enfiou a cabeça na areia.
– *Sua primeira impressão ao chegar à Polônia.*
S. *Signoret*: Abominável, irreversível, horrível, insuportável. Tem-se a um só tempo vontade de chorar e de vomitar, sem parar. Primeiro, temos a impressão imediata de estarmos cercados de micros. Talvez a impressão seja falsa, mas os poloneses estão tão persuadidos disso que terminamos por pegar o vírus da paranoia. Depois, há essa espécie de deterioração moral que lhe salta na cara. Os grandes hotéis de Varsóvia estão cheios de putas, tal como vemos na Rua Saint-Dénis. As vizinhanças dos hotéis fervilham de traficantes de divisas e todo mundo sabe que são dedos-duros. Depois, ao lado disso, os outros, todos os outros. Filas como eu nunca vi, nem mesmo na ocupação. E há o desespero total após um ano maravilhoso.
– *O desespero? No entanto, há manifestações, uma resistência?*
M. *Foucault*: Houve manifestações em 70 cidades. Esse número é interessante, porque mostra ao mesmo tempo que as autoridades polonesas puderam conter uma explosão nas grandes cidades e que elas não podem controlar tudo.
De fato, podemos reproduzir imagens perfeitamente contraditórias da Polônia. Imagens de uma paz relativa ou então imagens mostrando a extrema vivacidade da resistência. Não podemos reproduzir essa impressão de equilíbrio frágil que pode haver entre a desgraça e a vida, entre a possibilidade de esperar, apesar de tudo, e o peso de uma ditadura onipresente. Esse impalpável equilíbrio é o que chamamos socialismo. Nada a ver com o Terceiro Mundo ou com uma ditadura latino-americana.
B. *Kouchner*: Equilíbrio até certo ponto. Os poloneses sabem até onde podem ir. Jaruzelski o sabia também. "O que podemos fazer a mais sem atrair a cólera dos soviéticos?", dizem as pessoas na Polônia. Nada. Jaruzelski não precisou dar um golpe de Estado sangrento. Havia ali a sombra do grande irmão.
M. *Foucault*: A sombra do grande irmão e nossa impotência, que nos é censurada sem cessar. Não apenas vocês nos abandonam, dizem os poloneses, mas "vocês abandonam a si mesmos", como se, ao abandoná-los, renunciássemos a uma parte de nós mesmos.
B. *Kouchner*: É retornando da Polônia que apreciamos a liberdade. Veja, por exemplo, a liberdade de telefonar sem uma

voz sonora, ao fundo, que lhe repete: "Atenção, sua conversa está sendo escutada... Atenção, sua conversa..." O telefone é formidável. A pouco mais de mil quilômetros daqui, não podemos nos servir dele normalmente.

S. *Signoret*: Na volta, em Orly, tudo isso se esboça no rosto. O simples fato de saber que pegamos um carrinho para as bagagens... isso não parece nada.

– *Vocês voltaram, então, com a ideia de que Jaruzelski ganhou, que o país está normalizado? Então, o que fazer?*

M. *Foucault*: Normalizado? Atenção. Um país socialista é normalizado quando uma situação excepcional se reabsorve suficientemente para que se retorne ao normal. Essa normalidade não quer dizer de modo algum aceitação, obediência ou adesão da população. Há sempre uma recusa constante pronta a se expressar. Há dois interstícios.

S. *Signoret*: Lá, eu pessoalmente fiquei muito orgulhosa de minha profissão. Conheci muitos atores, alhures, que foram boicotados por seu governo. Eu mesma o fui, na época da Guerra da Argélia e do manifesto dos 121. Mas nunca vi atores que, em sua grande massa, boicotam as mídias governamentais. É o que acontece na Polônia. E os artistas oficiais são amuados pelo público. Recentemente, uma grande pianista deveria dar um concerto em Cracóvia. Quando ela entrou, as pessoas a aplaudiram... e continuaram aplaudindo enquanto ela tocava. Ela teve de partir.

M. *Foucault*: É a mesma coisa em todos os domínios. Nunca vi uma inadequação tão grande entre um governo e seu povo.

S. *Signoret*: Podemos acossar os dirigentes poloneses a partir do exterior. De todo modo, eles ficam aborrecidos com o que pensamos deles. Saímos da França no dia em que as informações propagavam rumores alarmistas sobre a saúde de Walesa. Fomos ao Ministério da Saúde. Um representante do ministério nos agradeceu emocionado por toda a ajuda médica que havíamos levado. Pedimos notícias de Walesa. Foi um balde de água fria. Em seguida, fomos informados de que deveríamos ir ver um vice-ministro que queria nos receber para entregar a Médecins du Monde um troféu pelos serviços prestados. Haveria fotógrafos, canapés e seríamos pegos na armadilha. Enviamos uma carta seca e mantivemos nosso pedido de ir ver Walesa, mesmo que os rumores sobre sua saúde não tivessem fundamento. Um de nós foi a Gdansk encontrar a Sra. Walesa.

B. Kouchner: No Ministério da Saúde, nos propuseram receber Walesa na França para lhe fazer um *check-up*. Eles buscam visivelmente se desembaraçar dele.

S. Signoret: O que distingue os dissidentes poloneses dos de outros países comunistas é que eles não estão isolados. São bastante numerosos para não terem vontade de deixar seu país, para quererem ficar nele, resistir.

1980

Michel Foucault: "A experiência moral e social dos poloneses não pode mais ser apagada"

"Michel Foucault: 'L'expérience morale et sociale des Polonais ne peut plus être éffacée'" (entrevista com G. Anquetil), Les Nouvelles Littéraires, n. 2.857, 14-20 de outubro de 1982, p. 8-9.

— *O senhor está de retorno da Polônia. Qual pode ser o sentimento dos poloneses no dia seguinte à deslegalização do Solidariedade?*

— Suponho que todo francês – a não ser que seja um responsável pelo PCF – tenha ficado pasmo ao ler as disposições votadas outro dia pelo Parlamento. Antes dos acordos de Gdansk, em agosto de 1980, todo sindicato independente era proibido. Segundo a nova legislação, a atividade sindical "livre" está enquadrada de tal forma que ela será a ocasião permanente de condenação, de interdições, de aprisionamentos. Sim, tudo isso pode muito bem nos surpreender. Mas não surpreende os poloneses de modo algum, pois eles sabem, por experiência, o que é seu socialismo.

Semana passada a tensão era grande. Mas, o que há de notável em toda a história do movimento Solidariedade é que não apenas se lutou pela liberdade, pela democracia, pelo uso dos direitos fundamentais, mas pelo uso dos direitos, pela liberdade e pela democracia. A forma do movimento e seu objetivo coincidem. Observem ainda hoje: à lei antigreve os operários da construção em Gdansk respondem com a greve.

O problema, ou melhor, um dos problemas é saber se é possível, e até quando, manter, apesar da nova legislação, essa identidade de objetivo e de processo.

— *O senhor sentiu, no local, a realidade dessa esquizofrenia polonesa? De um lado, a nação, do outro, o Estado, que, é*

claro, há muito tempo não falam mais a mesma linguagem, mas estão condenados a viver juntos?
— Vivi mais de um ano na Polônia. Há 20 anos. Duas coisas muito me impressionaram. Primeira: o regime era, para os poloneses, alguma coisa de exterior que lhes fora imposta depois de uma guerra, de uma ocupação e como efeito de um estado de forças militares e diplomáticas na Europa. O Partido Comunista, o governo e os russos atrás deles constituíam um bloco estranho ao qual deviam se submeter. Não tenho certeza de que a análise em termos de Estado totalitário seja adaptada para compreender o que se passava, então, e o que se passa hoje na Polônia. Por outro lado, naquele momento, a situação ainda era percebida – embora 15 anos tivessem se passado entre o fim da guerra e os anos 1960 – como uma sequela da guerra, penosa e longa, a ser liquidada. Por causa disso, um ar de provisório envolvia todas as coisas. Em 1960, Varsóvia ainda estava em ruínas. Todos os rastros da guerra eram visíveis. O horizonte da guerra não chegava a se apagar. Isso dava aos poloneses uma percepção histórica bem diferente da nossa, pois, nessa época, nós havíamos saído das sequelas da guerra há mais ou menos 10 anos. Vinte anos depois, encontrei Varsóvia inteiramente reconstruída. As sequelas da guerra são esquecidas. As portas desse grande período histórico, selvagem, terrível, agora estão fechadas, e uma nova geração apareceu. Mas, de um mesmo golpe, a situação na qual eles estão (o regime comunista e a dominação soviética) aparece aos poloneses como destino histórico. Pior: como um futuro. Mesmo estado de coisas que, em 1958-1960, lhes lembrava o pavor do pior definia agora seu futuro. Por isso, na Polônia, há uma tristeza histórica.

— *Não haveria também o sentimento irreal de pertencer a um passado e a um campo políticos aos quais eles justamente não querem mais pertencer?*

— Os poloneses certamente têm, mais do que por seu passado, o sentimento de que seu destino está amarrado a uma situação geopolítica e estratégica que só é assim devido ao que aconteceu durante a guerra, mas que, agora, está completamente imobilizada. O fato de o Ocidente perceber sua própria história como se a partilha da Europa fosse agora uma aquisição totalmente definitiva – tão definitiva quanto o engolfamento da Atlântida ou a separação dos continentes – acentua sua angústia. Devemos levar em conta essa dor, pois nós mesmos estamos implicados nesse rancor legítimo.

– No entanto, depois de agosto de 1980, houve muitos meses euforizantes, quase miraculosos, nos quais os poloneses viram o poder recuar diante de sua revolta quase unânime.
– É verdade. Houve dois anos extraordinários, de esperança. Melhor, de alegria. Por uma vez, a política, mesmo sendo inquietante, podia ser alegre. Não há tantos países nos quais a política pode ser uma experiência positiva, viva e intensa, para todo mundo. Os poloneses se apercebiam do desbloqueio de sua história. Eles estavam, enfim, inventando um futuro, sem nunca perder de vista o caráter perigoso e frágil de sua experiência. Havia uma tal intensidade do movimento que ninguém podia pensar, em seu coração, seu corpo e sua vida cotidiana, que a um semelhante movimento se podia responder por meio de uma recusa total, um estado de guerra e uma legislação de exceção. Dito isso, o que acontece atualmente não pode, de nenhuma maneira, fazer submeter de 20 a 30 milhões de poloneses que recusam a ordem que lhes impõem.
– Trata-se hoje, na Polônia, de uma "normalização" à maneira de Pirro?
– Não se deve nem fazer ilusões, nem profetizar no vazio. Não se sabe muito bem o que vai acontecer. Mas certo número de coisas já foi adquirido. Quando falo de coisas adquiridas, não falo das liberdades e dos direitos que poderiam ter sido conquistados em um dado momento e dos quais se pode temer, no estado atual das coisas, que a maioria será anulada. Mas, no comportamento dos poloneses, houve uma experiência moral e social que não pode mais ser apagada. Do que se trata? Em primeiro lugar, da consciência que tiveram de estarem todos juntos. Isso é capital. Trinta e cinco anos do regime precedente fizeram-nos acreditar que, afinal, a invenção de novas relações sociais era impossível. Cada um, em um Estado como aquele, pode ser absorvido pelas dificuldades de sua própria existência. Estava-se, em todo o sentido da palavra, "ocupado". Essa ocupação é também a solidão, o deslocamento de uma sociedade... Os poloneses descobriram, então, alguma coisa que sabiam, mas que nunca puderam trazer à luz do dia. Era a detestação comum do regime. Essa detestação estava por certo em cada um deles, mas eis que agora ela aflorou e se formulou claramente em palavras, discursos e textos, virando a criação de alguma coisa de novo e de comum.

– *Tratou-se, então, da moralização de toda uma sociedade?*
– Sim, e isso é muito importante. Imaginamos com frequência que os países socialistas funcionam à base do medo, do terror e da repressão. Mas são também países que funcionam à base do ardil, do favor e da recompensa. Afinal, quando se vive em cinco em um duas peças, obter um de três é capital. Na Polônia, pode-se esperar por apartamento por 12 anos. No décimo terceiro ano, como resistir a uma pequena concessão, a uma pequena complacência, a um arranjo? Nesses regimes que funcionam tanto na recompensa quanto na punição, a recompensa humilha mais ainda do que a punição, uma vez que ela torna cúmplice. Ora, depois do Solidariedade, depois da formulação coletiva de todos os ódios individuais, creio que certo número de comportamentos de complacência ou de lassidão se tornarão muito mais difíceis. As pessoas ficarão muito mais fortes para resistir a todos esses pequenos mecanismos pelos quais lhes faziam senão aderir, pelo menos aceitar o pior. Com efeito, essa moralização me parece ser um processo que se inscreveu no comportamento das pessoas e que não se apagará tão cedo.

– *Os poloneses estão decepcionados pela morosidade das reações ocidentais depois do 13 de dezembro?*
– Os poloneses esperam muito de nós, pessoalmente. Que pessoas isoladas ou grupos como Médecins du Monde façam alguma coisa por eles, vão vê-los, discutam com eles, é efetivamente muito importante para eles. Isso pode e deve continuar, a não ser que o país se torne um lugar fechado onde não se possa entrar nem sair. Uma vez que se pode lá entrar, deve-se ir tão frequentemente quanto possível. É preciso impreterivelmente manter contato. Há um verdadeiro trabalho político e um trabalho de pensamento a ser feito com os poloneses. No que concerne aos problemas políticos de Estado a Estado, é preciso dizer que a posição da França foi uma das mais firmes para com o que aconteceu em 13 de dezembro. Em compensação, depois de janeiro, a cooperação cultural, científica, econômica e política entre o Leste e o Oeste foi duramente posta à prova pela opinião pública polonesa. O reescalonamento da dívida, o gasoduto, os cosmonautas franceses, tudo isso provocou raiva e um grande ressentimento.

– *No que diz respeito aos poloneses, o senhor consideraria que uma forma de trabalho político e intelectual prioritária consistiria, na França, em conduzir uma reflexão com profundidade sobre a divisão da Europa em dois decretada fatal?*

– Acho que é uma coisa ressentida pelos poloneses: a reflexão sobre a Europa foi proliferante nestes últimos 35 anos, quer se trate da criação de uma zona de livre troca, de aliança atlântica, de uma integração política mais ou menos assentada... mas, criou-se impasse sobre a divisão da Europa em dois, mediante uma linha que não é imaginária. É um estado de coisas conhecido por todos, mas é sempre um impensado político, uma vez que isso não causa mais problema. Tornou-se uma imagem familiar, relatos repetidos sem cessar, em suma, uma situação de fato. Nem os governantes, nem os partidos políticos, nem os teóricos, nem os próprios europeus apresentam como um problema presente, angustiante e intolerável o fato de que haja na Europa dois regimes existentes. Dois tempos históricos. Duas formas políticas não apenas incompatíveis, mas uma das quais é absolutamente intolerável. Há centenas de milhões de europeus separados de nós por uma linha a um só tempo arbitrária em sua razão de ser e intransponível em sua realidade. Eles vivem em um regime de liberdades totalmente restritas, em um estado de subdireito. Essa fratura histórica da Europa é alguma coisa da qual não se deve tomar partido.

– *O papel dos intelectuais é também o de se defrontar com esse problema?*

– Fiquei muito chocado em dezembro passado pela insistência de alguns em dizer que não era o momento de formular esse problema da Europa, porque na França há uma experiência socialista da qual os comunistas fazem parte, e isso arriscaria comprometê-la. Outros também disseram: de todo modo, não temos os meios de formular essa questão em termos estratégicos e diplomáticos, pois tudo hoje é comandado pelo equilíbrio dos dois blocos. À primeira objeção podemos responder facilmente dizendo: pelo contrário, é por haver uma experiência socialista na França que se deve formular essa questão. Afinal e tanto mais que a forma da colaboração entre socialistas e comunistas não é tão clara assim e, no que concerne a um problema tão importante quanto esse, a saber: a divisão da Europa, as liberdades sindicais nos países socialistas, é essencial saber até que ponto os socialistas e os comunistas que nos governam podem se entender. Trata-se de um excelente teste ao contrário. Seu pacto foi cercado de demasiada obscuridade, demasiados não ditos para que não nos demos conta de todas as ocasiões de formular claramente essas questões a fim de responder a elas com clareza. Quanto à objeção estratégica, ela tampouco se sustenta. Dizem-nos que a situação de tensão entre os dois blocos, o problema dos recursos energéticos interdizem que se formulem essas questões de modo realista. Isso não é o bastante. Sabemos muito bem que na história são os problemas não ditos que, um dia, explodem com maior violência. De todo modo, é preciso lembrar que a Europa está, atualmente, por causa de tudo isso, em um estado de desequilíbrio permanente. Sabemos também perfeitamente em que estado de fragilidade econômica, de inquietude política os países satélites da URSS estão mergulhados. A imobilidade desses últimos 35 anos não pode, portanto, de modo algum, ser confundida com a estabilidade. É por isso que não se pode mais esconder o problema global da Europa em um silêncio político que, um dia, provocará uma explosão histórica.

– *Mas, diante dessa questão europeia, muitos estão paralisados pelo sentimento de impotência e se dizem: os russos nunca deixarão um só pedaço de seu império...*

– O império russo, tal como todos os outros impérios, tem como destino não viver indefinidamente. Os sucessos políticos, econômicos e sociais do socialismo à moda soviética não são tantos a ponto de não podermos vislumbrar dificuldades importantes a médio e longo prazos. Por que, então, dar um *status* de destino histórico a um fracasso tão flagrante? Mesmo assim é extraordinário que alguns recomendem sempre não formular os problemas que decorrem desse ofuscante fracasso.

– *Mas há um real problema causado pelo interesse alternativo para os pontos candentes do planeta. Um dia, é o Irã; no outro, o Líbano, El Salvador, o Afeganistão ou a Polônia. Essa forma de vigilância abrupta e por eclipses não interditaria um acompanhamento na reflexão e no apoio a esses países sempre em crise ou em guerra?*

– A existência dessa frequente sucessão de paixões está ligada aos próprios acontecimentos. Não foram os intelectuais franceses que inventaram o cerco de Beirute ou a declaração de o Solidariedade estar fora da lei. No entanto, cria-se uma continuidade ligada aos interesses de cada um. Quanto ao aspecto passional, este, afinal, é o papel dos governados: zangar-se e pôr paixão em suas reações. Creio na importância do afeto político.

– *Mas como elaborar, a partir dessas indignações, desses afetos políticos, desses interesses pessoais, uma autêntica política dos direitos humanos?*

– Se os governos fazem dos direitos humanos a ossatura e o próprio enquadramento de sua ação política, tudo bem. Mas são sobretudo os direitos humanos que sempre são opostos aos governos. Eles são os limites que se colocam para todos os governos possíveis.

– *Não poderíamos imaginar toda a situação política submetida a uma grade definida pelos direitos humanos, a fim de que ninguém possa transigir com esses direitos?*

– Você tem aí uma perspectiva que é maravilhosamente do século XVIII, no qual o reconhecimento de uma forma de racionalidade jurídica permitiria definir o bem e o mal diante de todas as situações possíveis. É certo, por exemplo, que, em uma situação tão incrivelmente confusa quanto o *affaire* libanês, as pessoas não percebiam as coisas da mesma maneira. Mas, depois dos massacres de Sabra e Chatila, além de alguns discursos extremistas, todo o barulho do debate foi feito em torno do caráter absolutamente inaceitável do massacre dos palestinos. Acho que, desse ponto de vista, em seu conjunto, o debate foi extremamente interessante. Do lado dos amigos de Israel, mas também dos pró-palestinos, houve uma espécie de angústia e de inquietação simétrica. Não houve tentativa de esquiva. Deixemos de lado, é claro, os discursos dos oficiais, que não são os que nos interessam. Nem Begin nem Arafat são as pessoas às quais nos referimos para pensar. Houve, de um modo geral, diante desse núcleo intolerável que foram esses massacres, uma reflexão moral bastante extraordinária. Muitas dessas pessoas corajosas se lamentam porque hoje não há mais pensamento dominante. Graças aos céus! Há um trabalho de pensamento, um trabalho moral que se faz. Há certa moralização da política e uma politização da experiência que não mais se fazem mediante uma referência obrigada a uma ideologia ou à pertinência a um partido, mas que se fazem por um contato mais direto das pessoas com os acontecimentos e com suas próprias escolhas de existência.

– *Então, não seria preciso que o pensamento dos direitos humanos seja formulado em termos de pensamento dominante?*

– Precisamente. Sob o pretexto de apresentar uma teoria ou uma política dos direitos humanos, é preciso estar alerta para não reintroduzir um pensamento dominante. Afinal, o leninismo bem se apresentou como uma política dos direitos humanos...

– *Como o senhor reagiu às irritações manifestadas pelos socialistas franceses diante da aproximação feita entre a CFDT e numerosos intelectuais, dentre os quais o senhor mesmo, por ocasião da crise polonesa?*

– A inquietude de alguns responsáveis políticos diante dessa aproximação é, no fim das contas, muito reconfortante. Isso prova que os políticos estão sempre inquietos diante do que pode ser um trabalho político intelectual. Eles não gostam disso. E está bem assim. Somos feitos para isso. Se eu fosse um homem político, eu me faria prioritariamente esta pergunta que me parece essencial: qual é, então, o julgamento que a história fará sobre esses chefes das maiores nações que, há 35 anos, não puderam resolver nenhum dos grandes problemas políticos, diplomáticos, estratégicos que foram introduzidos pela própria guerra? Nem os problemas da Coreia, da Indochina, do Oriente Médio, nem os da Europa foram resolvidos. Há um julgamento definitivamente negativo a ser aplicado sobre essa incapacidade colossal. Os responsáveis pela política mundial não foram capazes de resolver um só dos grandes problemas introduzidos pela última guerra. É esmagador.

– *O que então se pode fazer diante de tais situações de bloqueios políticos e intelectuais?*

– É preciso reagir e evitar os mecanismos de obstrução que nos fazem esquecer uma realidade à qual, assim, damos o *status* de inexistência por não termos sabido pensá-la.

– *Não se deve, assim, "esquecer" a presença comunista no governo?*

– Quando ouvimos, por exemplo, M. Gremetz dizer que é preciso proibir um sindicato na Polônia para evitar a guerra civil, não vejo quem poderia não ouvi-lo! E não se sobressaltar!

– *Os parceiros socialistas podem estar sujeitos à distração...*

– Se eles são duros de ouvido, é preciso destampá-los, tirando-lhes os tampões.

– *Destampar os ouvidos é uma das tarefas dos intelectuais?*

– Mais do que dizer quais lições os intelectuais devem dar aos outros, preferia lhe dar aquela que tento dar a mim mesmo. Não sei muito bem o que eles entendem por "intelectuais". Todas as pessoas que os descrevem os denunciam ou os repreendem. Em compensação, sei ao que eu me obrigo para ser um intelectual, isto é, afinal, um indivíduo cerebro-espinhal: ter um cérebro tão maleável quanto possível e a coluna vertebral tão ereta quanto necessário.

1982

A Idade de Ouro da *Lettre de Cachet*[*]

"L'âge d'or de la lettre de cachet" (entrevista com Y. Hersant, do *L'Express*, e A. Farge), *L'Express*, n. 1.638, 26 de novembro-3 de dezembro de 1982, p. 83 e 85. (In *Le Désordre des familles. Lettres de cachet des archives de la Bastille*, apresentado por A. Farge e M. Foucault, Paris, Gallimard, 1982).

– *A primeira frase de seu livro é bastante incisiva: "A ideia de que a história é votada à 'exatidão do arquivo' e a filosofia, à 'arquitetura das ideias' nos parece uma tolice." Como o senhor trabalhou?*

A. Farge: Sem renunciar, é claro, à análise minuciosa dos arquivos, trata-se de inseri-los em um conjunto teórico. Articular um mundo de arquivos com um mundo de ideias, evitar recortar as práticas sociais em pedacinhos, aqui a família, ali a sexualidade, mais adiante o trabalho etc., foi o que me permitiu encontrar Michel Foucault. Assim, nesse livro dedicado às *lettres de cachet*, são também as noções de privado e de público que tentamos analisar.

M. Foucault: O que nos interessa é a história do pensamento. Não cremos que haja, de um lado, a análise dos comportamentos e, do outro, a história das ideias. Para nós, há pensamento por toda parte. Em um casamento do século XVIII, em que o marido bate em sua mulher, ou as crianças buscam sua liberdade como podem, há um sistema de representações, há todo um jogo de paixões com a cultura e com a ordem social. A história do pensamento que quero fazer tem outras exigências,

---

[*] (N.T.) na França, sob o Antigo Regime, lettre de cachet era uma carta selada com o sinete real, contendo uma ordem de mandar internar ou exilar um indivíduo (cf. Dictionnaire Le Petit Larousse, Paris, Larousse, 2009). Como se trata de uma expressão bastante conhecida e por não dispormos de um bom equivalente em português, optamos por deixá-la no original.

outros métodos, porque há outros objetos além da história das sociedades. Para dar um exemplo simples, é certo que alguém que se prendesse apenas à história das instituições penitenciárias não veria aparecer o mesmo tipo de fenômenos que eu, não se endereçaria ao mesmo tipo de objetos que eu, que busco estudar a forma de pensamento e o sistema de racionalidade em virtude dos quais se considerou a prisão como devendo ser o melhor modo de punição possível. Com isso, não pretendo de modo algum criticar os historiadores de tal ou tal escola, mas operar a difícil partilha entre dois objetos históricos.

– *O que é uma* lettre de cachet?

A. *Farge*: Segundo a ideia recebida, a *lettre de cachet* exprime o arbítrio real, visando, sobretudo, aos cortesãos culpados de uma falta política. Ora, desde a abertura dos maços de arquivos, percebemos que o nome dos tipos importantes que foram embastilhados assim é extremamente limitado e que, com mais frequência, as demandas de internação provêm de meios muito modestos. Apela-se ao rei – em Paris, na realidade, apela-se ao primeiro-tenente-geral de polícia – para regrar questões de ordem familiar.

M. *Foucault*: Os motivos são quase sempre os mesmos: entre cônjuges, é a devassidão e a bebedeira que se repreendem; a violência é mais a queixa das mulheres quanto ao marido; a vagabundagem é a condenação que os pais fazem contra seus filhos. A loucura é invocada em 10 a 15% das demandas de internação.

– *Esses textos revelam, por isso, um sistema de valores e de normas?*

A. *Farge*: Esse é o seu primeiro interesse para nós. Eles mostram aquilo que, aos olhos dos vizinhos, esperam uns dos outros esposos, pais e filhos. Aqui, algumas surpresas: contrariamente a uma ideia recebida sobre o século XVIII, as mulheres expressam com frequência o desejo de ver os homens mais presentes nos lares, mais preocupados com a educação de seus rebentos. Por outro lado, os arquivos da Bastilha mostram bem que a coisa pública e a coisa privada não se distinguiam, então, como hoje. A tranquilidade e a ordem públicas se identificavam com a ordem familiar. A família era uma questão pública. O procedimento das *lettres de cachet* testemunha assim...

– *...a força do laço que une o rei aos seus súditos?*

A. Farge: É preciso enfatizar que, com efeito, se as pessoas se endereçam à potência real, mais do que à máquina judiciária comum, é não apenas porque esta é pesada e lenta, mas também porque é infamante, ao passo que, ao apelar para o soberano e suscitar seu interesse, é, ao contrário, honorífico. Confiam-lhe um segredo que ele é o único capaz de manter secreto. Extraordinário trajeto da confissão: o segredo vai até o rei para estar garantido de se esconder nas trevas, assim como o acusado se esconde em sua prisão... Contudo, chega o tempo em que opinião pública se cansa das *lettres de cachet* e as considera abusivas. Por sua parte, comissários e inspetores de polícia, transbordando de trabalho, se põem a pensar que esses *affaires* de família não lhes concerne. Então, dissociam-se o público e o privado. Considera-se que o monarca deve se interessar apenas pelas questões de Estado, e este se torna outra coisa. De um mesmo golpe, emerge o "chefe de família", considerado como responsável das questões referidas a seu *entourage*, movimento que desembocará no Código Civil.

1983

Isso Não me Interessa

"Ça ne m'intéresse pas", *Le Matin*, n. 1.825, 10 de janeiro de 1983, p. 27. (Resposta às questões sobre a polêmica em torno do livro de J. Attali, *Histoire du temps*, Paris, Fayard, 1982.)

Jacques Attali, conselheiro pessoal de François Mitterrand, foi o autor de numerosos ensaios sobre a música, a medicina e a economia. Parece que algumas passagens de seu livro *Histoire du temps* foram retomadas de outros autores sem serem postas entre aspas.

    Não estou a par de nada. Não vejo isso de que vocês falam. Qual foi o nome que disseram? Attali. Mas quem é esse senhor? Ele escreveu um livro? Não sabia. Quem faz essas acusações? Attali é o conselheiro do presidente da República? Ah? Uma razão a mais para que eu não o conheça.

    Essas pessoas não são do meu mundo, do meu domínio de trabalho. Eu dou aulas todas as semanas em um estabelecimento público. É inevitável que elas circulem.

    É tudo o que eu tenho a dizer. Não pensem que minha maneira de responder seja a indiferença para com o jornal de vocês. É indiferença quanto a essas questões e às pessoas de quem vocês falam.

1983

A Polônia, e Depois?

"La Pologne, et après?" (entrevista com E. Maire), *Le Débat*, n. 25, maio de 1983, p. 3-34.

Simultaneamente, alguns intelectuais, por iniciativa de P. Bourdieu e de M. Foucault, e a Confederação Francesa Democrática do Trabalho (CFDT) protestaram contra as declarações do ministro francês das Relações Exteriores, Claude Cheysson, segundo as quais a instauração do estado de guerra na Polônia, em 13 de dezembro de 1981, não passaria de "um *affaire* interno" da Polônia. Em 22 de dezembro, eles estavam lado a lado para criar um comitê de apoio ao Solidarnosc, no qual M. Foucault se ocuparia da gestão dos fundos recolhidos.

M. Foucault leu numerosos documentos de e sobre a CFDT, analisou a crise da sindicalização voluntária simultânea à ascensão do desemprego. Para preparar esta entrevista, ele se encontrou com Pierre Rosanvallon, diretor da revista *C.F.D.T. Aujourd'hui* e Simon Nora, antigo colaborador de Pierre Mendès France. Organizada pela revista *Le Débat*, esta discussão foi o ponto de partida da obra *La C.F.D.T. en question* (Paris, Gallimard, 1984, col. "Témoins").

M. Foucault: Por medo de não ter mais razão para lhe formular esta questão no final, permita-me fazê-lo desde o começo: por que o senhor aceitou realizar comigo essa troca de pontos de vista?

E. Maire:[1] Há muito tempo a CFDT tentou enriquecer sua reflexão confrontando-a com aquelas realizadas, de modo inteiramente independente dela, por certo número de intelectuais.

A conclusão frequentemente tirada desses últimos anos foi: o meio intelectual que olhava do lado da CFDT era interessante, certo, mas limitado. No último período, tratava-se quase sempre de decepcionados com o comunismo. Comprimidos nesse estado de decepção, permaneceram por isso mesmo investidos

---

1 Na época, secretário-geral da CFDT.

em sua própria pesquisa, conscientes de certa utilidade social, mas sem entrar em contato ou em discussão conosco, sem relação direta com o que tentávamos fazer. Achamos isso lamentável. Eu o disse em uma ou outra entrevista. Nós aguardávamos esse contato, não íamos procurá-los.

O encontro decisivo, que cristalizou nossa espera, nossa esperança, se produziu em 13 de dezembro de 1981. Manifestou-se, então, um interesse convergente da CFDT, e também de alguns intelectuais, pelo que estava acontecendo na Polônia e que concernia, com toda evidência, a uma grande parte da humanidade.

Nós nos reencontramos muito naturalmente no momento do golpe de força de dezembro de 1981, também conscientes da importância internacional do que acontecia na Polônia e em desacordo, cabe dizer, com as primeiras reações dos Estados, inclusive do nosso Estado, salvo que a CFDT se recusava a fundar essa convergência somente quanto à crítica do governo.

Para nós, o nó da questão era a reflexão de fundo sobre o que acontecia na Polônia, sobre a ajuda que poderíamos levar aos poloneses, as pressões a exercer sobre os governos, mas velando para que o alvo não se tornasse a atitude do poder político francês nessa questão, porquanto isso teria sido um desvio no que tangia ao problema de fundo.

Essa discussão confirmou que um bom número de intelectuais reagia a esses acontecimentos de um modo tão próximo da discussão da CFDT que eles não podiam deixar de ter outras coisas a nos dizer, além do acontecimento polonês. Abriram-se domínios de pesquisas e reflexões comuns, permitindo vislumbrar uma convergência estratégica para o futuro.

Por outro lado, entrávamos em um período em que os problemas formulados ao sindicalismo eram extremamente difíceis de resolver. Não cessamos de pesquisar e de estudar as razões profundas da crise do sindicalismo ou de sua perda de influência relativa. Precisávamos de outros esclarecimentos, outros aportes diferentes dos nossos. Tivemos muita dificuldade para encontrar em nós mesmos o conjunto dos elementos de resposta. O divórcio "discursos-atos" que, em nossa opinião, vicia tantos regimes políticos, tantas correntes políticas ou sindicais era, para nós, inaceitável. Nós uníamos os meios e os fins, queríamos unir os atos e os discursos. Em vista de resolver os problemas do sindicalismo, sentimos a necessidade dessa entrada em contato, desse pôr em marcha uma reflexão mais ampla e mais diversa.

O senhor foi, Michel Foucault – embora antes dessa época o mundo sindical o ignorasse e eu não o tinha lido –, não apenas um dos intelectuais que vimos nesse tempo, que tomou a iniciativa de nosso encontro, mas também aquele com quem nos entrevistávamos com mais frequência, inclusive quando se tratou concretamente de fazer parte da instância de controle da utilização da ajuda ao Solidariedade.

Disso decorreu nosso almejo de ir mais longe...

M. *Foucault*: Por um lado, entre essa formação e esse saber universitários e, por outro, esse domínio "externo" ao qual nos referíamos, havia muitas mediações possíveis. Para uma parte importante e para muitos, a mediação teórica foi o marxismo. Houve também a mediação política e organizacional, PCF, ou movimentos trotskistas, por exemplo. Dessas duas famosas mediações, separadas ou associadas, sabemos o que adveio. A Guerra da Argélia chegou mostrando bem que não devíamos esperar intermediários, nem em uma doutrina, nem em um partido. Era preciso caminhar por si mesmo, e, eventualmente, construímos a ponte nós mesmos. Entre um pensamento, uma reflexão, um traço de conhecimento e a realidade política com a qual deviam se defrontar, o marxismo não devia ser um princípio, nem os partidos, uma necessidade. Não havia nem mais – e esta é a diferença com os existencialistas – o que interrogar para saber se podiam ou deviam ainda o ser. A evidência tem dessas desenvolturas. Numerosos curtos-circuitos se produziram, então, permitindo muitos questionamentos: o das instituições, das estruturas, das regras e dos hábitos por meio da análise e da reflexão; o das formas e dos conteúdos de saber por meio das práticas. Muitas maneiras de pensar, de fazer, de se conduzir e de ser mudaram. Enquanto isso, o campo político se solidificava: a esquerda política estava paralisada, a direita ocupava o poder e a cena.

O que se passou – e o que não se passou – entre esse movimento intelectual e social, por um lado, e a esquerda política se reorganizando, por outro, deveria ser olhado de perto. Havia muita interpenetração de fatos, de ideias que circularam, de pessoas que se deslocaram. Mas o chocante é que nunca houve nem grande debate aberto, nem verdadeiro trabalho comum. Na interface do PS e dos movimentos intelectuais e sociais que se desenvolveram "à esquerda", quase nada se passou. Se bem que, quando um dos primeiros grandes problemas surgiu, não havia nem lugar, nem possibilidade para falar com "eles".

O problema era, portanto, a Polônia. O que acontecia por lá dava o exemplo de um movimento que era, de parte a parte, um movimento sindical, mas cujos aspectos, todas as ações, todos os efeitos tinham dimensões políticas. O que acontecia por lá introduzia (introduzia novamente, mas pela primeira vez depois de longo tempo) o problema da Europa. E, aqui, era, ao mesmo tempo, um teste para saber o que poderia ser o peso da presença comunista no governo.

O encontro com a CFDT, nesse ponto, se fez muito naturalmente, vocês bem sabem disso. Nós não nos "procuramos", a "aliança" com um punhado de intelectuais não tinha valor estratégico para vocês e o peso de um sindicato de um milhão de aderentes não era forçosamente tranquilizador para nós. Nós nos reencontramos nesse mesmo ponto, surpresos, apenas, por não ter acontecido antes: desde o tempo em que alguns intelectuais carregavam o fardo desse tipo de problemas, desde o tempo em que a CFDT era um dos lugares onde a reflexão política, econômica e social era a mais ativa.

*

M. Foucault: Como o senhor define a ação sindical, tal como o senhor a conduz?

E. Maire: A partir de 1970, definimos nossa ação sindical como uma ação de classe e de massa, retomando um vocabulário que não era inicialmente o da CFTC,[2] o sindicato de referências confessionais de onde surgimos. A escolha desse vocabulário não foi suficientemente refletida para evitar toda ambiguidade com a concepção comunista da luta de classe. Ulteriormente, apuramos nossas definições. Duas abordagens permitem definir as classes sociais:

– uma partindo de uma análise atual das clivagens sociais;

– outra partindo de uma análise das possibilidades de reunião na ação em torno do projeto comum de construção de uma sociedade autogerida.

---

2 Confederação Francesa dos Trabalhadores Cristãos.

A primeira abordagem visa a definir critérios que permitam situar as principais clivagens sociais. Os critérios podem ser puramente econômicos. Para o PC, por exemplo, as classes se definem, primeiro, por seu lugar no processo de produção, entendido em um sentido muito estrito. Mas essa abordagem, para dar conta da realidade e ser útil à orientação da luta, deve igualmente fixar outros critérios.

A segunda abordagem parte de uma realidade histórica: a luta de classe é uma luta pelo poder. As clivagens se marcam, então, em função dos diferentes projetos de sociedade expressos ou implícitos, eles apenas refletem uma situação atual.

Toda abordagem que não faz o laço entre esses dois pontos fica puramente teórica e abstrata. Uma classe só pode existir de modo ideal na teoria. Ela deve corresponder a uma realidade vivida, conhecida, mesmo que esse sentimento não seja sempre muito claro. Ela deve corresponder a uma aspiração comum, mesmo que tome formas variadas. Uma classe social se define tanto a partir da consciência de classe e do projeto de classe quanto a partir de elementos sociológicos.

Nesse sentido, a *démarche* da CFDT, recusando todo bloqueio sobre esquemas abstratos prontos para uso, permite ter uma atitude mais ofensiva.

M. *Foucault*: Levando em conta essas definições, o que o senhor entende por "ação de classe"?

E. *Maire*: Para nós, a ação de classe é a ação de todos os que, por um lado, são dominados, explorados ou alienados, e, por outro, estão ligados entre eles por um projeto de mudança. Exploração, dominação e alienação, de um lado; projeto, dinâmica de mudança, do outro.

Desse ponto de vista, consideramos um sindicato de classe uma classe quase sempre em movimento, cujos contornos não são sempre nítidos, uma vez que, por estarem sempre em movimento por um mesmo projeto, esses contornos se modificam permanentemente.

M. *Foucault*: Qual é a relação entre o sindicato e a classe? É uma relação de representação (ele a representa)? De instrumentalidade (ela o utiliza como uma arma)? De dinamização (ele lhe dá consciência de si e forma de atividade)?

E. *Maire*: O sindicato é o instrumento que permite a essa classe definir seu projeto e agir com base em seu projeto. É o meio de reflexão, proposição e ação, tudo ao mesmo tempo, dessa classe.

M. Foucault: No que concerne aos outros elementos da sociedade, essa classe estaria automaticamente em uma relação de luta?

E. Maire: Ela está em uma relação de conflitos ou de luta, se quisermos retomar essa expressão.

M. Foucault: O senhor continua tendo como seu o conceito de luta das classes?

E. Maire: Não é um ponto de vista filosófico, é uma constatação que fazemos cotidianamente no que empreendemos, na vida de rotina!

No seio da CFDT, Paul Vignaux[3] sempre disse, de um lado, que a luta de classes era uma realidade incontornável, e, do outro, que não tínhamos por princípio sistemático impeli-la até o final, fossem quais fossem as suas consequências. Para nós, a democracia é uma exigência superior que impõe seus limites à luta de classe e recusa notadamente que essa luta desemboque em uma ditadura (dita "provisória") do proletariado. O que se impõe a nós como prioridade, o que nos situa claramente em relação ao marxismo e ao leninismo, não fosse apenas em sua ação prática, é a recusa total de toda ditadura, provisória ou não, de todos os problemas autoritários, mesmo em vista da mudança social.

M. Foucault: Em relação ao velho dogma da luta de classes, não é o próprio conflito que constitui para o senhor o motor mesmo da mudança. É a mudança que está em primeiro, é ela que implica certo número de conflitos.

E. Maire: É preciso sair de uma concepção de enfrentamento social única, mítica e redutora...

M. Foucault: ...de uma concepção frontal da luta de classe contra classe.

E. Maire: É uma concepção que se poderia quase chamar de "viril", no sentido próprio do termo. Assim como o cartaz de Maio de 1968, no qual vemos uma multidão formada por cabeças e, ao fundo, um punho levantado acima da usina. Esse punho levantado simboliza a batalha, a maneira guerreira de conduzir o combate contra um adversário.

M. Foucault: Esse adversário é um rosto?

---

3 Paul Vignaux (1904-1987), historiador da filosofia medieval e sindicalista, preparou a desconfessionalização da CFDT.

E. Maire: Um ou muitos... Questão interessante! De minha parte, prefiro empregar "luta de classe", no singular, porque é a luta da classe, de uma força em movimento para sua emancipação, que encontra diante de si as forças patronais, mas também burocráticas, tecnocráticas, estatais, culturais. A dominação se exerce de maneira polimorfa.

M. Foucault: Essa é também a impressão que se extraía das leituras que fiz. Mas o senhor acaba de me dizê-las de modo ainda mais claro. No fundo, para o senhor, há apenas uma concepção, de algum modo positiva, da classe "única", um agrupamento que luta contra certo estado de coisas: exploração, dominação, alienação. Mas, diante dela, não há outra classe, como na perspectiva marxista na qual, diante de outra classe dada como dominante, a primeira deve se constituir no sofrimento e na luta.

E. Maire: Eu hesito sobre o vocabulário. Há forças que representam as classes (ou conjuntos) dominantes, as culturas dominantes, as instituições... Será preciso resumir a natureza dessas forças dando-lhes uma significação única de classe? Isso não é evidente.

M. Foucault: De todo modo, é importante sabermos contra o que lutamos, contra quem?

E. Maire: Sim. Lutamos contra todas as forças de dominação.

M. Foucault: O senhor entende que minha questão não é de modo algum uma armadilha. O que me impressiona, quando comparamos suas análises à que é produzida pelo marxismo tradicional, é que se vê com clareza que o senhor luta contra tal forma de dominação ou de exploração. O senhor não parece nada preocupado em saber em que consiste a classe adversa, ou se ela sequer existe, e o que é essa força.

E. Maire: Acredito que seria um erro unificar o adversário. Seria artificial, pois o adversário não é único. A monarquia, embora hereditária, assenta sua autoridade em Deus. O capitalismo foi fundado sobre a primazia do dinheiro e da propriedade privada. O stalinismo consagra a onipotência do partido. A tecnocracia instaura a ciência como fonte de poder.

M. Foucault: A burguesia...

E. Maire:... a instituição, a tecnoestrutura... O adversário é tudo isso... Devemos chamar essas forças de dominação múltiplas de "classes adversas"? Estaria tentado a lhe dizer que sim, mas com a condição de manter em mente que, a todo momento, elas são múltiplas. Dizer que só há um adversário conduz a desilusões: quando este é eliminado, logo constatamos que atrás dele se manifestavam outras formas de dominação não menos coagentes.

M. Foucault: Em outras palavras, cabe ao sindicato operar a unidade, constituindo em torno dele, por seu próprio trabalho, a classe em via de emancipação.

E. Maire: É isso.

M. Foucault: Estou impressionado com a dimensão pedagógica de tudo o que o senhor está dizendo...

E. Maire: Na CFDT, temos uma grande ambição para o sindicalismo: estamos conscientes de sua responsabilidade no que concerne à vida social presente e futura, mas também da capacidade de cada um e de cada uma de tomar o seu futuro pela mão para resolver seus problemas, intervir em seu meio ambiente imediato.

A ação sindical é sempre alguém se pondo em movimento. É, primeiro, o despertar do interesse, a discussão com outros, a definição conjunta de certo número de objetivos. É um elemento de dinamismo que, a um só tempo, é um desenvolvimento da capacidade pessoal em vista de se associar com outros, socializar-se. Uma capacidade muito forte de autonomia individual e coletiva ali está enterrada, escondida por uma série de razões.

O papel primeiro dos militantes sindicais é trazer soluções? As que eles propõem traduzem sempre, de maneira imperfeita e insuficiente, os caminhos a serem feitos para mudar as estruturas e os comportamentos. A demanda primeira é de despertar, desenvolver a capacidade de autodeterminação de todos. Disso decorre o motor da pedagogia, que é a maneira de despertar, fazer emergir e expressar as possibilidades de cada um.

M. Foucault: Onde estão as fronteiras entre o sindical, o político, o econômico? Vocês bem sabem: quando Edmond Maire fala, como sindicalista, é claro, o que ele diz tem uma dimensão política e se torna um acontecimento político. O secretário--geral do Partido Socialista pode garantir – o que é doloroso – que um sindicalista não saberia falar de programa econômico, porque ele não é um especialista, mas sua intervenção é percebida como um acontecimento político.

E. *Maire*: As razões pelas quais o responsável Edmond Maire é mais escutado hoje do que há alguns anos podem ser devidas à experiência ou à notoriedade, se quisermos. Mas é um aspecto secundário. Na realidade, o que está em causa é toda a concepção que a CFDT, como organização, tem do sindicalismo.

A pergunta que o senhor me faz é atual. Jospin[4] não é o único a não admitir que o sindicato assuma tais responsabilidades; há também Bergeron,[5] para quem a CFDT é um "sindicato partido", portanto, um verdadeiro sindicato. Para não falar da CGT...[6] Assim, hoje, o que está em questão e que ainda impressiona é a concepção da CFDT da responsabilidade do sindicalismo, concepção ambiciosa, que não é majoritária nesse país.

Não confundimos de modo algum nosso papel com os dos partidos. Acreditamos, inclusive, que as funções dos partidos e dos sindicatos são radicalmente diferentes.

Os contornos da política são definidos em referência ao que são as forças políticas, ou seja, eles repousam, em primeiro lugar, no eleitorado. Ora, o eleitorado da maioria tem características que não são as mesmas que as do eleitorado sindical ou, mais exatamente, das forças que o sindicalismo pretende representar. Notadamente, o outro assalariado, o das pequenas empresas, os de salário mínimo,* o assalariado que não tem força contratual e que corre o risco muito forte de ser marginalizado quando da cristalização da decisão política.

Nosso projeto é o de solidarizar as duas partes do assalariado, organizar e preservar a consideração, na decisão política, dos elementos que essa decisão corre o risco de sacrificar. Não é uma função puramente sindical defender as pessoas que têm mais necessidade? A crispação política que provocamos não é apenas uma crispação teórica sobre o papel do sindicato. Ela se produz porque efetivamente trazemos problemas delicados...

---

4 Lionel Jospin, na época secretário-geral do Partido Socialista.
5 André Bergeron, na época secretário-geral da central sindical Força Operária (FO), nascida de uma cisão no seio da CGT, em 1946-1947.
6 CGT: Confederação Geral do Trabalho, criada em 1895, a mais influente central sindical até 1968, cujos quadros com frequência provinham do Partido Comunista.
* (N.T.): No original: ...*des smicards*. *Smicard* (fam.), pessoa cujo salário é igual ao SMIC (Salário Mínimo Interprofissional de Crescimento) (cf. *Dictionnaire Le Petit Larousse*, 2009).

Por isso, não quero de modo algum ironizar. Lembramos à maioria política o problema mais agudo: em uma economia de crescimento muito fraco, as novas aquisições de uns acarretam com frequência a perda das aquisições de outros, uma vez que a base – forte – que se exprime do lado da maioria é mais feita de categorias sociais que têm garantias, camadas médias. É preciso convocá-la a um esforço, ao rigor, em favor dos que não têm essas garantias. Nesse sentido, meti os pés pelas mãos, talvez de uma forma viva, mas com muito respeito por aqueles que se defrontam com as dificuldades da gestão pública, ao dizer que não se tratava de impactar, mas de chamar a atenção sobre esse tipo de problemas.[7]

Não ambicionamos de modo algum substituirmos os detentores da decisão pública. O sufrágio universal continua sendo a garantia última da democracia. Não buscamos outros modos de representação. Mas temos a esperança de que o poder político, em suas decisões últimas, levará em conta a corrente de opinião que podemos criar, porque ele próprio tem um projeto que não é antagônico ao nosso.

M. Foucault: Evidentemente, não se trata de substituir a função política pela função sindical, mas de abrandar as carências ou os silêncios do político pelo sindicato. O que aconteceu foi que o governo e os partidos no poder simplesmente omitiram dizer a verdade, apresentar o problema, dizer as dificuldades que nos esperam. Se eles o tivessem feito, vocês teriam se contentado em dizer: "Nós, de nosso ponto de vista de sindicalistas, almejamos tal coisa." Seu discurso teria permanecido, de algum modo, um discurso de sindicalista.

O senhor se encontra agora investido da função do homem verídico, muito importante na vida pública!

E. Maire: Sempre achei que a mensagem de Mendès France não era destinada exclusivamente à classe política. O método do mendesismo consistia em impressionar a opinião para que ela participasse diretamente da busca de soluções... De certa forma, era uma *démarche* sindical...

---

7 E. Maire, no congresso da CFDT de maio de 1982, em Merz, cujas palavras de ordem eram "verdade, rigor, ambição", havia denunciado as utopias do programa comum da esquerda convocando a um "socialismo de esforço e de solidariedade". A CFDT, em 23 de março de 1983, sustentara o plano de rigor adotado, então, pelo governo de Pierre Mauroy.

M. Foucault: Será que podemos ver nisso uma das funções permanentes da CFDT, o que eu chamava "recurso direto" da opinião pública em matéria de interesse geral? Que outra coisa poderia fazer o sindicato senão defender seus mandatos, embora ele possa operar esse recurso do ponto de vista de seus mandatos? Função de ordem política, pois é do interesse geral da verdade que a política não tenha nem a capacidade nem a coragem de dizer.

E. Maire: Um sindicalista que pertence a um movimento operário do qual uma parte está subordinada à política tem sempre algum incomodo em empregar a palavra "política" para definir o que ele faz. No fundo, por que a palavra "política" se imporia? Estamos decididamente em uma cultura na qual o político é considerado mais nobre do que o sindical.

Função política por destinação, ou função sindical por excelência? O sindicalismo tem uma visão global. Não admitimos haver função mais nobre que a nossa. Os outros são simplesmente diferentes...

M. Foucault: Aqui, estamos no coração de uma questão extremamente importante. Pois essa função que o senhor assume e que o distingue de FO tanto quanto da CGT é criadora de tensão com todo o aparelho político...

O senhor aceitaria dizer que, nas circunstâncias atuais, a tensão provocada pelo exercício dessa função sindical do "dizer verdadeiro" no interesse geral é votada a um crescimento constante?

E. Maire: Espero que não. Os militantes da CFDT almejam vivamente uma compreensão maior dos decisores políticos. É um interesse aumentado para a liberdade de expressão dos sindicalistas em vista de uma pesquisa permanente. É a aceitação de uma síntese positiva.

Penso que vivemos atualmente um período de reciclagem cuja saída ainda não me parece determinada. O reajustamento da *démarche* dos socialistas ainda está longe de terminar. Nossa vontade é tender para a convergência com os socialistas no poder, e não para entrar em um confronto direto e brutal com eles.

M. Foucault: A crise não provoca uma transformação no militantismo sindical? O sindicalista se distingue fortemente do homem político. A paixão pelo poder do segundo opõe-se a uma regra de comportamento pessoal, ético, no outro, essencial, diria mesmo constitutiva, ao militante sindical. Ele o foi, será ele sempre o mesmo?

E. Maire: Houve mudança no comportamento das pessoas, não na ética. O militante sindicalista, tal como o senhor o descreveu, ainda é, com muita frequência, o membro permanente sindical de hoje. Mas esse membro permanente sindical – e esta é uma das causas de nossa dificuldade interna – sente que seus jovens colegas já não vivem mais como ele e que talvez não seja pior! Falo dos membros permanentes, pois é mais nítido em alguém que passa sua vida no sindicalismo do que no militante. Mas, nos dois casos, constatamos, hoje, uma evolução do militantismo que não mais se dedica unicamente ao sindicalismo. Isso nada retira da exigência ética, mas modifica as formas de investimento pessoal.

Doravante, muitos jovens considerarão sua vida de casal, sua função educativa para com seus filhos, sua atividade cultural tão importantes quanto sua atividade sindical, uma não devendo ser sacrificada pela outra, uma enriquecendo a outra. Quando jovem membro permanente, eu me lembro de ter sido interrogado por um sociólogo que, tendo visto dezenas de militantes da CFDT, me perguntou, assim como a todos os outros: "Se você tivesse de escolher entre sua família e sua vida sindical, o que você escolheria?" Eu lhe respondi sem hesitar: "A vida sindical", o que fez meu pesquisador observar que, de todos os que ele havia interrogado, eu era o único que ousara lhe responder assim, mas que, na realidade, a maioria fazia a mesma escolha. Hoje, será que eu daria a mesma resposta? A vida mudou. Minha maneira de ver as coisas, também.

Ao longo desses últimos anos, aprendi ao menos isto: um investimento múltiplo, a um só tempo militante, cultural ou afetivo, é provavelmente mais enriquecedor para todo mundo do que um investimento total e único no sindicalismo, e também dá aos outros mais vontade de participar da atividade sindical.

M. Foucault: O senhor mudou de estratégia, mas mantém o mesmo objetivo... De todo modo, há essa grande questão da mutação da CFTC em CFDT. Para isso, o senhor constatou que aquilo que decorre da fé não era da mesma ordem daquilo que resulta da política, e que se podia desenvolver perfeitamente esse tipo de ação sindical sem nenhuma referência às encíclicas...

E. Maire: Na CFDT, não se sabe realmente quem tem fé e quem não a tem. Quem é crente e quem não é!

M. Foucault: Essa ética do militante evocada pelo senhor há pouco (a vida familiar como componente de um aperfeiçoamento do militantismo) não estaria impregnada de cristianismo? A qual valor pessoal o senhor se refere?

E. Maire: é uma questão muito difícil...

M. Foucault: Indiscreta?

E. Maire: De modo algum. Não tenho problemas metafísicos. Tenho a chance de ter tido uma formação católica muito aberta, de ter vivido minha jovem vida de adulto como católico e de ter encontrado em minha atividade sindical um interesse, um desabrochar, uma plenitude vital que suprimiu qualquer outra espécie de inquietude ou de angústia. Note que não descrevo, aqui, um caso excepcional. Meu caso é bastante geral, e não apenas em minha geração, mas na de muitos dos que são mais velhos do que eu.

Ao que remete a necessidade de agir? Há pessoas que têm consciência de ser dominadas, que sentem ser preciso lutar, ainda, mas que nem por isso se decidem a fazê-lo. Por que nos pomos a agir? Que prazer experimentamos? O prazer, afinal, é muito importante na vida.

M. Foucault: Há uma ética do prazer. E é preciso respeitá-la.

E. Maire: Tive muita dificuldade em aceitar ser membro permanente. Eu estava muito bem em meu empreendimento. Tinha um trabalho interessante. Eu era técnico químico e também militante sindical. Os dois faziam minha vida muito plena. Era perfeito.

Tornar-me membro permanente me fez temer transformar-me em um burocrata. Não iria eu me ocupar do meio assalariado? Seis meses depois, eu dizia aos meus antigos colegas que havia descoberto o que era a vida sindical em tempo integral, que era muitíssimo interessante e que não me arrependia de nada. E não mudei.

Minha motivação profunda? Para mim, é a de formador. Interesso-me sempre, permanentemente, pelo despertar das consciências, pela compreensão das realidades, pelo desvelamento da realidade mascarada, mesmo que sob formas um tanto provocadoras. Ver alguém avançar, progredir em sua ação, em sua capacidade, reunir-me com outros, discutir e agir. O motor principal de minha ação é, penso eu, a pedagogia.

M. Foucault: Consideremos uma situação duplamente paradoxal:

– de um lado, uma crise profunda, que não apenas não engendra reflexo de organização, mas contribui para a "dessindicalização";
– do outro, uma ascensão da esquerda ao poder que não é acompanhada de nenhum movimento social, contrariamente à nossa tradição histórica e contrariamente ao que o senhor esperava, penso eu.

Como o senhor interpretaria esses fenômenos?

E. Maire: A tendência à dessindicalização, ou, mais exatamente, o baixo interesse pelo sindicalismo que observamos hoje não é próprio à França. Ele afeta até mesmo países como a Alemanha Federal e a Bélgica, onde o pertencimento a um sindicato acarreta vantagens materiais.

Para nos restringirmos à sociedade francesa, constatamos uma espécie de decrescimento de todas as instituições, uma tendência ao enfraquecimento da influência de todos os grandes movimentos coletivos jovens, partidos ou sindicatos. Isso se deveria unicamente aos terríveis impasses nos quais se afundam os projetos revolucionários originais nos países do Leste? Por certo, mas é preciso guardar-se de reconduzir a uma só causa esse conjunto de fenômenos. O que é manifesto é que o grupo social próximo se torna o laço de referência principal, em detrimento da visão global de uma classe operária unida e solidária.

Por um lado, temos de lidar com um sindicalismo à base de trabalhadores qualificados da indústria, funcionários e homens. O desenvolvimento do setor terciário na sociedade torna agora abusiva a pretensão tradicional do sindicalismo francês de representar sozinho o conjunto dos assalariados e de determinar as orientações de ação para o conjunto dos assalariados, cuja componente industrial não representa mais do que uma minoria. Essa tradição perpétua das formas de ações, de expressões e de reuniões que correspondem mal às práticas dos jovens, menos ainda às das mulheres, e até mesmo às de setores assalariados inteiros que necessitam de outros modos de vida coletiva. Penso nos empregados dos hotéis, cafés e restaurantes, por exemplo, ou nos trabalhadores agrícolas.

Há uma dupla inadaptação, a um só tempo no plano coletivo e no plano individual. De um lado, em função da evolução social, as aspirações se modificaram, enriqueceram consideravelmente. Do outro, é claro que nosso sindicalismo está construído sobre as expectativas coletivas dos assalariados, muito menos sobre as expectativas individuais. Estamos em um período em que nos apercebemos de que as preocupações individuais dos homens e das mulheres tomam um lugar cada vez mais importante. Por essa razão, o sindicalismo construído em torno apenas das garantias coletivas responde mal a essas expectativas novas.

Há um debate permanente – atualmente, inclusive na CFDT – entre a reivindicação dita "unificante", com frequência redutora e inadaptada à diversidade das situações, e a reivindicação diversificada, que pode produzir uma atomização da ação e até mesmo sua perda. Na minha opinião, reivindicações adaptadas só podem ser diversificadas. Mas é indispensável que elas sejam orientadas para um projeto comum, sobre eixos comuns. É projeto social que unifica. As aspirações expressadas sob formas individualizadas não são facilmente unificáveis na escala de uma coletividade inteira e adquirem hoje uma importância tal que a ação sindical, caso a elas não responda, parece pálida, para usar uma expressão ouvida em um dos nossos escritórios nacionais...

Tome, por exemplo, o problema da distribuição do tempo, que sempre foi formulado pelo sindicalismo como apelando para soluções coletivas, um mesmo horário para todos, mesmo quando há, no caso dos empregos noturnos, do trabalho em equipe, arranjos a serem feitos. Hoje, jovens e mulheres, mas também menos jovens e homens, almejam cada vez mais ter um horário mais maleável, variável, abrindo perspectivas de reciclagem, de formação contínua ou de lazeres diversificados, diferentes de um indivíduo ao outro, segundo suas idades, sua religião, sua tradição. Aspirações que o sindicalismo está mal preparado para satisfazer.

O grande problema que se apresenta para a ação sindical, por fim, é que a troca de nível de vida (aumento do poder de compra direto) contra produtividade, esse combinado que, nos dizem os economistas CFDT, deu todo dinamismo ao período pós-guerra, não mais atua por causa da crise. Embora sejam anticapitalistas por princípio, os sindicatos admitiram, há longo tempo, que o aumento do salário direto compensava o aumento da produtividade e que aceitar o desenvolvimento da sociedade dessa maneira não era abandonar a missão do sindicalismo. Mas esse sindicalismo não funciona mais devido ao bloqueio do crescimento.

Assim se decompõe a crise de nosso sindicalismo, inadaptado sociologicamente, exposto a uma institucionalização crescente, pouco capaz de abalar a passividade social, ainda movido por modelos de ação nos quais os fortes arrastam os fracos, ao passo que os progressos de uns, em crescimento nulo, acarretam recuos para os outros, marcado pelo esgotamento de uma dinâmica social fundada sobre a troca entre o aumento do poder de compra e o da produtividade. Busca-se uma nova dinâmica que deverá ultrapassar uma prática quase exclusivamente centrada nas expectativas coletivas, e não nas aspirações individuais.

M. Foucault: Essa crise aumenta o seu interesse pelos novos movimentos sociais, femininos, autonomistas, jovens?

E. Maire: Os novos movimentos sociais tiveram para nós o grande interesse de nos obrigar a abrir os olhos sobre aspirações que, por mais forte que sejam, não são espontaneamente retomadas por uma coletividade sindical. Não será de modo espontâneo que um sindicato majoritariamente masculino retomará a reivindicação feminina. Não será de modo espontâneo que um sindicato majoritariamente industrial retomará a reivindicação ecológica, quando ela põe em questão algumas formas de indústria. Também não será de modo espontâneo que um sindicalismo inscrito em uma tradição francesa centralizada integrará as aspirações à descentralização. Não será de modo espontâneo que o sindicalismo se unirá para levar mais longe a regionalização e a descentralização. Sempre há resistências.

Mas os novos movimentos sociais mostraram a possibilidade de tipos de reagrupamento, de mobilização social sobre temas que ainda são mal considerados por nós. Assim estimulados, temos a ambição de participar desses combates sem pretender substituirmos os movimentos que devem prosseguir sua ação própria.

Não há nenhuma razão para considerar a igualdade das mulheres e dos homens como não sendo uma consideração central do movimento sindical. Na realidade, ela é mais importante que o aumento dos salários do conjunto dos trabalhadores.

A defesa dos espaços naturais, do ordenamento do território, de uma segurança econômica ligada à diversificação das fontes de energia levou a CFDT a ter proposições alternativas em matéria de política energética. Reconhecendo o caráter indispensável de certa proporção de eletricidade de origem nuclear, devemos, ao mesmo tempo, prever um futuro que não passa pelo desenvolvimento indefinido apenas da energia com as consequências negativas que ela não pode deixar de ter, não somente sobre a economia, mas também sobre nosso tipo de sociedade (obsessão da segurança, coações exercidas pelos grandes aparelhos). Assim, nossa ambição é chegar a soldar tudo o que há de positivo na tradição sindical com tudo o que aparece de positivo, hoje, nas novas formas de aspirações e de ação.

M. Foucault: A crise não obrigaria a uma revisão dos objetivos e dos modos de ação?

Se, há 30 anos, em um período de crescimento contínuo e relativamente rápido a preço de uma taxa inflacionária bastante elevada, mas aceitável, houve uma elevação geral do poder de compra devido ao dinamismo de alguns setores particularmente produtivos, e se o conjunto do corpo social beneficiou-se disso, foi graças à ação de algum modo universalizante do sindicalismo.

No contexto atual de crescimento lento ou nulo e de coação internacional, esse mesmo mecanismo que faz os sindicatos intervirem – por somação, de algum modo – corre o risco de produzir uma inflação cada vez mais forte, um desequilíbrio cada vez mais irreversível com os equilíbrios exteriores e, por conseguinte, um agravamento do desemprego. Em outras palavras, o tipo de ação que os sindicatos puderam ter para conduzir pelos últimos 30 anos, cujos efeitos sociais e econômicos foram positivos, não correria o risco, agora, de ter efeitos econômicos e até mesmo sociais negativos? Vocês são, assim, produtores de desemprego? Porém, de modo mais profundo, o sindicalismo preserva sua razão de ser tradicional?

Os sindicatos não têm como efeito aprofundar, em uma sociedade em que a evolução econômica tende a separar duas camadas da população – uma de trabalho estável, integrado, e outra de trabalho flutuante e incerto –, uma cesura entre os que são protegidos e os que não o são?

E. Maire: Justamente, essa explosão salarial levou a CFDT a ter a grande ambição de construir novas solidariedades: entre ativos e desempregados pela divisão do trabalho; entre trabalhadores garantidos e não garantidos, dando prioridade à luta contra a precariedade, à revalorização e à generalização das convenções coletivas de setor; entre homens e mulheres pela igualdade profissional nas qualificações e salários; entre países desenvolvidos e países pobres no sentido do codesenvolvimento. Mas nossos próprios modos de ação devem ser modificados. É uma das razões pelas quais, quando hoje falamos de mobilização social, consideramos que o mais importante é modificar a imagem que os militantes têm dela, ou a prática, ou os reflexos automáticos criados junto aos militantes.

Na situação em que estamos, acreditamos que as três grandes reformas de estrutura votadas depois da vitória[8] de maio de 1981 – a descentralização, as nacionalizações e os direitos novos dos trabalhadores[9] – correm o risco de ficar letra morta se não houver uma mobilização social. Por exemplo, tendo em vista socializar as nacionalizações em vez de deixá-las estatizar, é preciso fazer de modo que os assalariados, a partir do serviço, do ateliê ou do *bureau*, tenham a capacidade de intervir nas relações contratuais com a direção de seu estabelecimento, a fim de socializar o desenvolvimento da empresa nacionalizada.

Para a descentralização, a ação sindical deve fazer de sorte que não se assista apenas a uma transferência de poder do plano nacional a notáveis regiões ou locais, mas que seja encorajada a intervenção das forças sociais e econômicas sobre o plano regional local. Caso contrário, manter-se-á o corte entre a vida econômica e a vida da coletividade pública local. Para os direitos novos dos trabalhadores, mobilização, para nós, é fazer de modo que, no máximo de empresas, os assalariados possam se expressar diretamente sem estar nem coagidos pela hierarquia, nem dependentes dos responsáveis sindicais.

Por outro lado, acreditamos que os setores protegidos devem ser submetidos a exigências de eficácia econômica e de produtividade, de rentabilidade dos investimentos públicos que os aproximam da situação feita para o conjunto dos outros setores da economia.

Não é admissível que, pelo fato de haver no setor industrial clientes que não podemos fazer com que paguem além de certo preço, se chegue às 35 horas sem poder manter o poder de

---

8 A de F. Mitterrand.
9 Notadamente as leis Auroux, relativas às liberdades dos trabalhadores e desenvolvendo as instituições representativas do pessoal nas empresas.

compra de certo número de assalariados, quando, no setor público sustentado pelos contribuintes, se chegue às 35 horas sem nenhuma consequência sobre a situação salarial. Essa harmonização das coações coletivas e econômicas nos parece dever ser, hoje, um tema essencial do debate coletivo.

M. Foucault: Concretamente, como fazer sair a ação sindical das velhas formas de reivindicação e adaptá-la às exigências da situação? Como voltar a colocá-la em condições de agir sobre o movimento coletivo, tal como o senhor o delineia?

E. Maire: As formas de ação sindical também estão em questão. Quando os militantes falam de mobilização, na maioria das vezes eles ainda pensam na greve, na manifestação de rua, ou seja, nos tipos de ação excepcionais que só se produzem em alguns setores de atividade e algumas empresas. A mobilização social a ser inventada deve expressar toda outra ambição. Não apenas a recusa, mas a proposição e, melhor ainda, a experimentação.

Nosso esforço cotidiano tende a unir a reivindicação mais imediata ao projeto global. Há más condições de trabalho em algum lugar? Não se trata de pedir uma bonificação, mas de ver com aqueles que tiveram conhecimento de condições de trabalho idênticas – ergonomistas, sociólogos, médicos do trabalho – o que se pode fazer para modificar esse trabalho. Quer dizer: construir uma reivindicação que responda à demanda específica e ao projeto geral. Essa ligação permanente – reivindicação e objetivo de transformação – é o melhor meio de fazer progredir o projeto da CFDT. Se esta progride ao longo dos anos, é devido a essa ambição e a essa abordagem. Foi a qualidade da ação, do tipo de discussão, do tipo de reivindicação, seu enlace a certa visão coletiva do futuro, essa capacidade autônoma de assumir suas responsabilidades para ajustar suas reivindicações que provocaram a decolagem da CFDT em relação à CGT, na qual as mais-valias salariais continuam sendo o ápice de toda reivindicação.

M. Foucault: Por meio de tudo isso, o senhor foi levado a ampliar sua ação ao conjunto da sociedade. O senhor se orienta para um sindicalismo de sociedade. Será que isso não contribui para lhe criar um grave problema? O senhor representa interesses particulares, os de uma fração dos assalariados, e raciocina em termos de sociedade global. O senhor avançou em um terreno que normalmente é o de um partido político, sem estar submetido, como ele, ao controle do sufrágio popular. Para uma força que se quer democrática e autogestionária, isso não é uma questão? Não é uma maneira antidemocrática de fazer progredir um projeto ultrademocrático?

E. Maire: Se é verdade que nosso projeto de redução das distâncias entre os grupos sociais e os cidadãos é fundamentalmente democrático, nós, porém, não esquecemos que os meios a empregar devem sempre considerar as oposições que encontramos.

Assim, o mercado é indispensável. Sem liberdade de expressão da demanda social por meio do mercado – mesmo se essa expressão for imperfeita –, todo movimento social corre o risco de arrastar a coletividade ali onde ela não tem nenhuma vontade de ir.

Tomemos o exemplo de um grande debate atual. Doravante, está claro que nosso sistema de proteção social entrou em um impasse estrutural permanente, desde que o ritmo das despesas aumenta mais depressa do que a riqueza nacional. A partir dessa constatação, nosso último congresso confirmou que a prioridade para a CFDT não é o aumento do poder de compra direto, mas o crescimento dos consumos coletivos e, portanto, da retirada indireta incidindo sobre o poder de compra. Essa opção de nossa mais alta instância corresponde com toda evidência ao sentimento dos militantes. No entanto, é importante que a todo momento não seja o ponto de vista majoritário da CFDT que tome a decisão, mas que os indivíduos em questão possam também exprimir sua própria opinião.

M. Foucault: Isso não manifesta uma evolução da função sindical? Não se poderia dizer que o sindicato, primordialmente um instrumento de reivindicação ou de unificação das reivindicações, poderia, agora, se tornar um instrumento de comunicação, de arbitragem, entre as diferentes vontades de autodeterminação dos indivíduos e dos grupos?

E. Maire: Quanto à comunicação, estou inteiramente de acordo. Mas precisamos nos entender sobre a significação da palavra "arbitragem".

M. Foucault: Arbitragem no interior dele mesmo para, em seguida, se integrar a uma negociação na qual haverá outra arbitragem.

E. Maire: Uma vez que a evolução de todos esses últimos anos, na França, multiplicou as negociações nacionais interprofissionais e, agora, com a nova maioria, as negociações entre sindicatos e governo de esquerda, a negociação descentralizada perdeu terreno, o sindicalismo se institucionaliza, se especializa nas arbitragens em nível nacional que não permitem mais os indispensáveis ajustamentos de setor ou de empresa, de grupo ou de categoria. Nós o sentimos cada vez mais.

Em se tratando do setor público, se insistimos para modificar a prática da função pública de modo a não haver uma negociação única sobre todos os problemas para os alguns milhões de funcionários, mas uma diversificação das negociações especificando bem que se deve negociar tudo o que puder ser negociado no plano local e no plano das administrações, e que nesse nível é simplesmente o mínimo comum à função pública que deve ser negociado, se insistimos é porque o fato de se reconduzir tudo a um lugar único de discussão e de contrato provoca um empobrecimento da vida social, da consideração das necessidades e das aspirações das pessoas. É um enfraquecimento do sindicalismo tal como o entendemos, e é uma armadilha.

*

M. Foucault: Não nos detivemos na desagregação da ideologia marxista e das formas de ação que ela induz. Mas o senhor também não está chocado com o declínio do Estado-providência?

E. Maire: Pergunta difícil de fazer no meio sindical! Não gostamos de ali levar em conta as injustiças, as desigualdades, os limites do sistema da Seguridade Social. A quase unanimidade da reação militante é de extrema rigidez quanto às formas atuais do sistema de proteção social, as formas atuais da "providência".

Como sair dessa rigidez? É preciso atacar os impasses estruturais. É preciso adaptar, modificar, muito certamente diversificar, aproximar as pessoas, encontrar outras formas... Mas a expectativa – e a necessidade – de um sistema redistributivo continuará grande. Eu continuo a pensar que a proteção social passa por formas de organizações sociais solidárias. De todo modo, o que se deve repensar é sua relação com o Estado, que não deve mais determiná-las e administrá-las totalmente.

M. Foucault: O que lhes reconduz à clivagem observada em nossa sociedade entre o setor protegido e o setor não protegido, clivagem cuja denúncia é um dos grandes eixos de pensamento da CFDT.

Uma das novas tarefas da ação sindical não é reduzir essa cesura entre os dois setores? Falar de setor não protegido é enfatizar a condição dos trabalhadores imigrantes, sua especificidade e as contradições acarretadas por ela...

E. Maire: Não é de hoje que sabemos que o fato de implicar trabalhadores imigrantes no trabalho em cadeia industrial provoca neles uma frustração ainda mais forte do que nos trabalhadores franceses. Como explicar isso?

Tendo em vista o que é a reprodução social, o operário europeu do trabalho em cadeia quase sempre teve um pai ou um avô que também foi um operário não qualificado, um servente. Disso decorrem reflexões à primeira vista surpreendentes. Ao longo de minha vida sindical, já me ocorreu dizer a militantes de tal ou tal indústria química obrigados a uma atividade árdua no plano da higiene e da saúde: "Você faz um trabalho sujo." E desencadear, então, uma reação indignada: "Não há trabalho sujo! Há trabalho." O que significa: "Tenho meu lugar na sociedade. Não desdenhe o que eu faço, o que meu pai fez antes de mim..." Aliás, conhecemos o orgulho dos mineiros. Tendo interiorizado o fato de ser obrigado a esse trabalho e de que nele passará sua vida, esse operário encontra nele a dignidade, atribui-lhe um valor certo.

O trabalhador imigrante não vem de uma cultura industrial. Ele não sabe se continuará obrigado por pouco tempo, ou não, a esse trabalho árduo, ou até mesmo se continuará na França. Destinado de um dia para o outro a um trabalho em cadeia, e embora essa dureza seja mais ou menos compensada por um salário mais importante do que aquele encontrado em seu país e que lhe permite viver e enviar um pouco de dinheiro para sua família, ele tem uma reação extremamente negativa. Como se podem aceitar semelhantes condições de trabalho? Não será pelo fato de ele não ser francês que lhe infligem essa prova?

O imenso serviço que os imigrantes trabalhadores na montagem de automóvel acabam de nos prestar é ter lembrado à sociedade francesa e, em primeiro lugar, aos operários franceses especializados que o trabalho em cadeia é mutilante. Se a esquerda tem um projeto de mudança, na França, este deveria incidir primeiro sobre esse ponto.

Mas, por que essa reação negativa dos imigrantes trabalhadores em cadeia vem acontecendo há um ano? Primeiro por haver uma tendência, da parte deles, a ficar por mais tempo na França, quer eles o desejem ou não. Sentem-se, então, encadeados por longo tempo a esse trabalho inaceitável. Por outro lado, a chapa de chumbo que pesava em seus ombros tornou--se mais leve há 18 meses, sem ter sido suprimida por completo. As regularizações de situações das quais se beneficiam, importantes do ponto de vista psicológico e coletivo, verdadeira aprendizagem da liberdade, permitem uma expressão mais forte de sua frustração como trabalhadores em cadeia.

Não direi que a esses elementos de amargura social se juntam fatores religiosos. A ampliação do espaço de liberdade onde vivem os imigrantes faz com que hoje eles almejem expressar-se em todos os planos, inclusive no da consciência religiosa. Mas, de um mesmo golpe, desta vez no meio operário francês, introduz-se um problema de difícil aceitação de uma cultura muito diferente da deles. Decorre daí certo choque cultural cujos efeitos vemos atualmente. Todos os responsáveis, nós, inclusive, devem ajudar para que esses riscos de conflito evoluam em direção a uma confrontação positiva, a um enriquecimento cultural. A marginalização e o isolamento do meio imigrante seriam perigosos para todo mundo, para os próprios imigrantes, mas também para os trabalhadores franceses.

M. Foucault: O senhor não sente a falta, e portanto a necessidade, de alguma coisa que seria, *grosso modo*, um quadro de referência teórica?

Houve um tempo em que a CFTC se referia obrigatoriamente às encíclicas. Vocês percorreram um longo caminho. Depois, travaram outro longo combate para se desprenderem de certo esquema marxista que impregnava ou tingia um pouco sua ação de classe. Por fim, vocês se fizeram referidos, com coragem, por volta dos anos 1950, a noções mais ou menos diretamente derivadas do trabalhismo segundo Bevan. E, hoje, como estão as coisas?

E. Maire: A história de nossa construção, do estado atual de nossas teorias, de nossas ideias, é uma história feita de confrontos com aportes externos, que não cessaram e que espero que não estejam perto de cessar.

O confronto com o marxismo era necessário em um momento ou em outro. Se alguns dos nossos cederam à vertigem da segurança e do economicismo marxista durante alguns anos, isso faz parte da experiência. É assim que se acumula uma experiência, que se constrói uma história. Em um dado momento, nos confrontamos com a biologia. Os aportes de Laborit foram úteis na CFDT.[10] Discutimos esse como outros aportes filosóficos, sociológicos ou científicos.

Um sindicato precisa de uma doutrina? A palavra "doutrina" não me parece conveniente. Ela remete demasiadamente a rigidez, evoca o risco de dogmatismo. Prefiro falar de uma ideologia, ou seja, de um pensamento sintético em relação com nossa ação, nossa análise do terreno, o enriquecimento nascido de nossa vontade de confrontação com os aportes externos, os movimentos das ideias, os aportes dos intelectuais e de outros atores sociais, franceses e estrangeiros. Temos, assim, nossos elementos de referência teórica, sabendo que eles são permanentemente perfectíveis.

Mas, se é importante apresentar um "corpo teórico", pensamos que nos cabe criar nossos próprios conceitos. Esse trabalho de elaboração autônoma, recusando todo empréstimo a *prêts-à-pensar* externos sem serem submetidos antes à nossa crítica, à nossa reinterpretação, tem, contudo, um limite: o do respeito às convicções íntimas de nossos aderentes quanto ao sentido pessoal que eles pretendem dar à sua vida.

Nosso corpo teórico é nossa identidade com três grandes polos: uma cultura política, uma concepção da mudança das relações sociais, uma ambição de mudar o tipo de desenvolvimento, ou seja, o tipo de produção, de consumo e de trocas. Tudo isso não pautado em uma visão normativa das necessidades, mas permitindo a cada um expressar-se, criticar, ponderar sobre o futuro do trabalho e da sociedade.

Nosso corpo teórico é nossa análise, a da luta contra a exploração, contra a dominação e a alienação, reconhecendo para cada um desses três termos uma margem de autonomia em relação aos outros dois e considerando, à luz das revolu-

---

10 Henri Laborit, cirurgião e neurologista conhecido por seus trabalhos sobre a cloropromazina, o primeiro tranquilizante comercializado sob o nome de Largactyl. Para ele, toda patologia depende da inibição da ação por todos os automatismos "adquiridos e inscritos em nossa história nervosa": "Os dementes não têm câncer." Seus trabalhos inspiraram o filme de Alain Resnais *Mon Oncle d'Amérique* (1980).

ções anticapitalistas, que o conceito de dominação foi de forma ultrajante negligenciado por toda uma corrente do movimento operário.

Nosso investimento intelectual mais urgente concerne às relações entre o movimento social e o Estado, a emergência das forças sociais em uma ação consciente para a mudança econômica, social e política, as chances e os riscos, as vias abertas e os impasses de um projeto sindical, unindo, com base na ação coletiva, a reivindicação e os objetivos de transformação da sociedade.

M. Foucault: O que vocês fazem, por exemplo, para a formação dos militantes?

E. Maire: O que fazemos não se parece com o que, na origem da CFDT, *Reconstruction*[11] realizou. Mas subsiste uma tradição que se deve conservar e revivificar inteiramente. Nossa revista, *C.F.D.T. Aujourd'hui*, desempenha um papel que se torna importante para alimentar a reflexão interna e algumas vezes externa.

Depois, há o que chamamos escolas normais operárias, organizadas, em geral, por nossas uniões regionais, durante uma semana, uma vez por ano, que reúnem os responsáveis com palestrantes externos sobre um tema preparado pela confederação, mas com muita liberdade para cada um quanto à organização. É a metodologia que é apurada em comum. Em seguida, apelamos para o exterior.

Prosseguindo, há uma quantidade de iniciativas diversas: seja de organizações da CFDT que apelam diretamente a aportes externos conhecidos por elas, a fim de montar um encontro de ideias, de debates; seja dos militantes da CFDT que vão participar, mais do que antes, de locais de encontros, locais de reflexão, universidades, cursos exteriores, propiciando, depois, que sua organização se beneficie disso.

M. Foucault: Em busca de perspectivas de trabalho comum, tais como evocamos no começo da entrevista, há mais de um ano venho pensando em certo número de terrenos sobre os quais uma convergência de esforços é possível. Por exemplo: a Polônia ou os problemas do financiamento da Seguridade

---

11 Revista das minorias da CFDT que preparou a CFDT.

Social.[12] Houve alguns delineamentos, discussões que me pareceram muito interessantes. Mas confesso não ter tido a impressão de isso ter sido levado muito longe!

E. Maire: O senhor tem toda razão. Há dois ou três anos temos feito muitas tentativas tendo em vista trabalhar de maneira sistemática com os intelectuais. Nossa conclusão, provisória, é que não se devem criar lugares permanentes nos quais se encontraria um grande número de intelectuais, de interesses diferentes, tendo em comum apenas o fato de quererem cooperar com a CFDT. Mas, sobre temas específicos como a Seguridade Social, poderíamos, com pessoas dedicadas ao estudo do assunto, ir mais a fundo, ter um tempo de trabalhar verdadeiramente em comum.

M. Foucault: A situação atual parece favorável, mas também apresenta seus perigos devido ao que se poderia chamar a falência na ordem da cultura política, da esquerda. Ao longo dos anos 1960, o eletroencefalograma da esquerda política era mais ou menos plano. A partir de 1972,[13] o renascimento não apenas de um Partido Socialista, mas de toda uma corrente à sua volta, pôde servir de ponto de cristalização de um trabalho político, tal como foi possível ter em torno do Partido Socialista antes da guerra de 1914 ou na véspera do *Front* Popular. Ora, não foi nada disso que aconteceu. Tem-se a impressão de que o PS ficou preocupado, sobretudo, com sua relação com o Partido Comunista, ou seja, não era o momento de formular problemas de pensamento. Depois, houve as questões internas de estratégia entre as diferentes correntes do PS. O trabalho da reflexão política não foi favorecido.

Agora, parece que as pessoas que poderiam estar interessadas nesse tipo de pesquisa se voltam espontaneamente para a CFDT. Não se pode negar que o trabalho de reflexão, de análise, de saber, que se poderia registrar a propósito da Polônia não foi nada feito. Por quê?

E. Maire: Há muitas explicações. Por um lado, a dificuldade de reunir intelectuais diferentes em vista de um trabalho comum. As querelas de escola, a competição intelectual pesam. E de que forma reuni-los? Por outro lado, e este talvez seja o

---

12 Ver *Um Sistema Finito Diante de um Questionamento Infinito*, v. V da edição brasileira desta obra.
13 Assinatura do Programa Comum do Governo PS-PCF, em junho de 1972.

fenômeno mais importante, um lugar um tanto excessivamente limitado dado, no espírito de muitos responsáveis da CFDT, às relações com os intelectuais. Não é um descaso, não é uma rejeição, mas a atribuição de um lugar secundário.

Se há uma atualidade sindical cotidiana, ela quase sempre estará à frente do tempo passado com os intelectuais. Esse é o aspecto ruim de certa tradição de desconfiança que ainda resta e é forte, alimentada pelo papel desempenhado pelos intelectuais leninistas, que subjugaram uma parte do movimento operário. Não nos esqueçamos de que a CFDT continua uma organização operária no verdadeiro sentido do termo. É verdade que há um bom número de técnicos, funcionários e outros, mas o ambiente cultural é marcado pela tradição operária.

Nessa distância para com os intelectuais – distância histórica –, o Partido Comunista nada ajeitou, no sentido de que a utilização dos operários por intelectuais comunistas continua a criar – nós o sentimos claramente em nossos debates internos – um mal-estar. A ideia é: "Eles não devem nos levar ali onde nós mesmos não decidimos ir..."

M. Foucault: Há certo número de textos da CFDT – acho que até do senhor mesmo – falando da hegemonia cultural, a dos mandarins, contra a qual se deve lutar. Não valeria a pena dissipar esse tipo de mal-entendido? Concordo inteiramente com o fato de que o que ensinamos nas universidades, que é produzido no âmbito de um instituto de filosofia e de sociologia, é, sem dúvida, muito diferente da forma de saber que a prática sindical pode dar. Mas não haveria uma relação entre as duas? Essa não seria uma das coisas sobre as quais poderíamos trabalhar?

E. Maire: Sem falsa modéstia de minha parte, diria que sempre me faltará alguma coisa – como para a maioria dos sindicalistas – para de fato estar no mesmo plano em uma discussão com os intelectuais. Vão me faltar a linguagem, as citações, certa aprendizagem da formulação, do vocabulário. Com frequência isso põe os militantes operários em alerta, dizendo: "Cuidado com os intelectuais!", mesmo quando lhes explicamos que eles próprios são intelectuais a partir do momento em que pensam sobre sua prática.

É normal haver diferenças. O senhor tem razão em dizer que entre um pensamento nascido do trabalho intelectual e um pensamento nascido da prática social há lugar para uma confrontação que pode ser fecunda.

M. Foucault: No interior de um campo cultural comum, o senhor vê uma espécie de cesura?
E. Maire: Não, não há nenhuma cesura. Há um campo cultural único. Mas, em um dado momento, houve uma coisa que muito me irritou. Certo número de jovens universitários foram à CFDT para organizar sessões de militantes de base a fim de lhes ensinar o marxismo em três dias! Três dias! Assim, conhecemos uma fase: a dos vendedores de marxismo...
M. Foucault: Ela se situa após 1968...
É bastante curioso quando vemos em seus textos as sedimentações que se depositam, se acumulam, a dominante de uma velha herança do sindicalismo revolucionário. A CFDT não o renega?
E. Maire: Absolutamente, não. A tradição do sindicalismo de ação direta, do sindicalismo revolucionário, continua sendo uma de nossas forças.
M. Foucault: Atualmente, o senhor não tem a impressão de que essas diferentes paisagens, esses diferentes vocabulários, essas diferentes crises de análise estão um tanto obsoletos, enferrujados, e que se necessitaria de uma bela vassourada de cultura política?
E. Maire: Enquanto isso, eis aqui alguns temas possíveis sobre os quais precisamos de abordagens intelectuais complementares às nossas:
– refletir sobre as alternativas tecnológicas ou as utilizações alternativas das tecnologias, tendo em vista consolidar concretamente a recusa do cientificismo, do tecnologismo, do *one best way*;
– esclarecer as relações entre organização do trabalho e produto (automóvel, por exemplo); aprofundar o que poderia ser uma intervenção dos trabalhadores sobre o conteúdo de seu trabalho (organização e produto);
– ajudar a concretizar as orientações a favor do codesenvolvimento e aproximá-las das possibilidades imediatas da ação sindical;
– estudar as relações entre mídia e democracia não apenas no plano geral, mas quanto às modificações, riscos, chances da mídia para o funcionamento democrático de uma organização de massa;
– diversificar as abordagens da defesa nacional. A dissuasão nuclear não tem alternativa (a CFDT continua contra a força

de dissuasão). É possível inventar um pacifismo que não seja a submissão a um ou outro dos grandes?

– Por fim, o mais importante, talvez: discutir a problemática da CFDT, mais precisamente sua ambição por uma responsabilidade igual à dos partidos, sendo as funções respectivas radicalmente diferentes, o que reconduz às relações movimento social/Estado, mudança social/mudança política etc.

Poderíamos nos propor também estes outros temas de debate:

– aprofundar os estudos (históricos, sociológicos, políticos ou outras abordagens) do movimento operário francês em todos os componentes, em particular seus componentes não comunistas, os menos estudados (penso primeiro, é claro, na CFDT);

– refletir nas consequências possíveis para o funcionamento social de uma repartição menos desigual dos salários, rendas e patrimônios (impacto sobre a saúde, a escola, a participação na vida cultural, associativa, mas também política, os tipos de consumo);

– estudar os patronatos, sua estrutura, sua organização, seu funcionamento, mas também sua cultura (valores, comportamentos, práticas econômicas sociais e políticas, modos de vida, origens sociais, projetos profissionais...);

– fazer enquetes sobre o meio estudantil atual;

– reexaminar o futuro do assalariado. É preciso obstinar-se em defender essa forma particular e historicamente determinada do trabalho? Em que ponto estamos quanto às perspectivas da Carta de Amiens[14] sobre a abolição do trabalho assalariado vivido como trabalho dominado e implicando uma sujeição dos trabalhadores? Em que ponto estamos quanto ao projeto de construção de uma sociedade de produtores, na qual o trabalho é concebido como enriquecimento pessoal, como uma relação dos homens entre eles e como transformação da matéria pelo homem?

M. Foucault: De minha parte, eu sugeriria um estudo em comum com os militantes do Solidariedade sobre o que pode-

---

14 Carta do congresso da Confederação Geral do Trabalho, elaborada em 1906 que, reafirmando a transformação da sociedade pelos trabalhadores, define as relações entre os partidos políticos e as organizações sindicais dissociando os dois modos de ação.

riam ser sansões ou pressões sérias contra ou sobre o regime militar de Varsóvia. E também uma pesquisa sistemática a respeito da subinformação em que vivemos...

E. Maire: E um exame convergente do que é a nova pobreza. Haveria um assunto mais digno de nossa atenção comum?

1983

"O senhor é perigoso"

"Vous êtes dangereux", *Libération*, n. 639, 10 de junho de 1983, p. 20.

Aprisionado por um roubo de 800 francos, que negava, Roger Knobelspiess se beneficia de uma liberdade condicional. Preso novamente por roubo, é colocado em um setor de segurança máxima do qual realiza a denúncia. Seu combate o torna popular junto aos jornalistas, intelectuais e artistas. Constitui-se um comitê, do qual M. Foucault não faz parte, a fim de que seu processo seja revisado, e se pede a M. Foucault para prefaciar seu livro, *Q.H.S.: quartier de haute sécurité* (Paris, Stock, 1980; ver *Prefácio*, neste volume). Quando a esquerda chegou ao poder, R. Knobelspiess foi rejulgado e libertado. Preso pouco depois por ocasião de um *hold-up*, aquele que havia sido o símbolo da iniquidade da justiça se tornava agora a representação do laxismo da esquerda e da irresponsabilidade dos intelectuais. M. Foucault responde, aqui, a essa campanha.

Por estar surpreso, fui surpreendido. Não pelo que aconteceu, mas pelas reações e pela fisionomia que elas deram ao acontecimento.

O que aconteceu? Um homem foi condenado a 15 anos de prisão por um *hold-up*. Nove anos depois, o tribunal de Rouen declara que a condenação de Knobelspiess foi manifestamente exagerada. Libertado, ele acaba de ser acusado novamente por outros fatos. E eis que toda a imprensa grita pelo erro, pela trapaça, pela intoxicação. E ela grita contra quem? Contra os que haviam pedido uma justiça mais bem comedida, contra os que afirmaram que a prisão não era suscetível de transformar um condenado.

Façamos algumas perguntas simples:

1. Onde está o erro? Os que tentaram formular seriamente o problema da prisão o dizem há anos: a prisão foi instaurada para punir e emendar. Ela pune? Talvez. Ela emenda? Certamente, não. Nem reinserção, nem formação, mas constituição e reforço de um "meio delinquente". Quem entra na prisão pelo roubo de alguns milhões de francos tem muito mais chances de sair gângster do que homem honesto. O livro de Knobels-

piess bem o mostrava: prisão no interior da prisão, os setores de segurança máxima corriam o risco de fazer enraivecidos. Knobelspiess o disse, nós o dissemos e era preciso que fosse conhecido. Os fatos, até onde pudemos saber, correm o risco de confirmar isso.

2. Quem foi feito de tolo? Evidentemente, aqueles aos quais se quis fazer acreditar que uma boa temporada na prisão poderia sempre ser útil para endireitar um rapaz perigoso ou impedir a recidiva de um delinquente primário. Aqueles, igualmente, aos quais se fez acreditar que 15 anos de prisão infligidos a Knobelspiess por um fato mal-estabelecido poderiam ser de maior proveito para ele e para os outros. As pessoas não foram feitas de tolas por aqueles que querem uma justiça tão escrupulosa quanto possível, mas pelos que prometem que punições malpensadas garantirão a segurança.

3. Onde está a intoxicação? Soljenitsyne tem uma frase excelente e dura: "Deveríamos desconfiar desses líderes políticos que têm o hábito de heroizar suas prisões." Há toda uma literatura de pacotilha e um jornalismo insípido que praticam a um só tempo o amor aos delinquentes e o medo pânico dos delinquentes. O vigarista herói, o inimigo público, o rebelde indomável, os anjos negros... Publicam-se, sob o nome de grandes assassinos ou de gângsteres célebres, livros reescritos – ou melhor, escritos – pelos editores: e a mídia se encanta com isso. A realidade é completamente diferente. O universo da delinquência e da prisão é duro, mesquinho, aviltante. A intoxicação não consiste em dizê-lo. Ela consiste em drapear essa realidade sob ouropéis derrisórios. Essas heroizações ambíguas são perigosas, pois uma sociedade necessita não de amar ou de odiar seus criminosos, porém de saber o mais exatamente possível quem ela pune, por que ela pune, como ela pune e com quais efeitos. Elas também são perigosas, pois nada é mais fácil do que alimentar, por meio dessas exaltações obscuras, um clima de medo e de insegurança no qual as violências se exasperam de um lado tanto quanto do outro.

4. Onde está a coragem? É por levar a sério que trazemos estes problemas a serem formulados e reformulados incessantemente, e que estão entre os mais velhos do mundo: os da justiça e da punição. Uma justiça não deve nunca esquecer o quanto é difícil ser justo e fácil ser injusto, que trabalho é requerido pela descoberta de um átomo de verdade e o quanto

seria perigoso o abuso de seu poder. Esta foi a grandeza de sociedades como as nossas: há séculos, por meio de discussões, polêmicas, erros, também elas se interrogaram sobre a maneira como a justiça deve ser dita, isto é, praticada. A justiça – falo da instituição – acaba servindo ao despotismo se aqueles que a exercem e os mesmos que ela protege não tiverem a coragem de problematizar. O trabalho do atual ministro da Justiça[1] para repensar o sistema penal mais amplamente do que ele foi pensado até os dias de hoje é, desse ponto de vista, importante. De todo modo, os magistrados e os jurados de Rouen foram fiéis a essa tradição e a essa necessidade, quando declararam desmedida a pena infligida a Knobelspiess. Desmesurada, portanto, ruim para todo mundo.

5. Onde estão os perigos? Os perigos estão na delinquência. Os perigos estão nos abusos de poder. E estão na espiral que os ata entre eles. É preciso atacar tudo o que pode reforçar a delinquência. Atacar também tudo aquilo que, na maneira de punir, arrisca-se a reforçá-la.

Quanto a vocês, para quem um crime de hoje justificaria a punição de ontem, vocês não sabem raciocinar. Mas, pior ainda, vocês são perigosos para nós e para si mesmos, se pelo menos, tal como nós, não querem se ver um dia sob o golpe de uma justiça adormecida sob suas arbitrariedades. Vocês são, também, um perigo histórico. Pois uma justiça deve sempre questionar a si própria, assim como uma sociedade só pode viver do trabalho que exerce sobre si mesma e sobre suas instituições.

---

1 Robert Badinter.

1983

...eles declararam... sobre o pacifismo: sua natureza, seus perigos, suas ilusões

"...ils ont déclaré... sur le pacifisme: sa nature, ses dangers, ses illusions", *Géopolotique. Revue de l'Institut International de Géopolitique*, n. 4: *Un colloque international de l'I.I.G. Guerre et paix: quelle guerre? quelle paix?*, outono de 1983, p. 76.

O Instituto Internacional de Geopolítica (IIG) foi criado por Marie-France Garaud, conselheira de Georges Pompidou de 1967 a 1974, candidata à Presidência da República em 1981. Filha de notáveis de Poitiers, como M. Foucault, seu antissovietismo a aproximara, nos anos 1980, de André Gluksmann, de Bernard Kouchner e de Yves Montand, com os quais o filósofo a encontrou.
Embora suspeitando de que os movimentos pacifistas fossem sustentados pela URSS, tal como os movimentos terroristas na Europa, M. Foucault se recusou a participar do colóquio sobre "As vulnerabilidades das democracias diante do totalitarismo", organizado pelo IIG em Paris, nos dias 3 e 4 de junho de 1983. No entanto, ele lá esteve por alguns instantes e suas proposições foram rapidamente pegas por um jornalista.

Assim como a noção de paz, no singular, me parece uma noção duvidosa, parece-me que a própria noção de pacifismo deve ser reexaminada desse ponto de vista. O pacifismo para qual paz? O pacifismo em relação a qual paz ou em relação a qual guerra escondida pela paz que foi decretada?
Essas são reflexões que me vêm ao espírito, e me parece que, do ponto de vista da exploração do que há sob esse singular tirânico, despótico e cego da paz, dever-se-ia fazer certo número de investigações.

1984

O que Chamamos Punir?

"Qu'appelle-t-on punir?" (entrevista com R. Ringelheim gravada em dezembro de 1983, revista e corrigida por M. Foucault em 16 de fevereiro de 1984), *Revue de l'Université de Bruxelles*, n. 1-3: *Punir, mon beau souci. Pour une raison pénale*, 1984, p. 35-46.

– *Seu livro,* Vigiar e punir, *publicado em 1974, caiu como um meteorito no terreno dos penalistas e dos criminólogos. Propondo uma análise do sistema penal na perspectiva da tática política e da tecnologia do poder, essa obra abalou as concepções tradicionais sobre a delinquência e sobre a função social da pena. Ela perturbou os juízes repressivos, pelo menos aqueles que se interrogam sobre o sentido de seu trabalho. Ela fez tremer um grande número de criminólogos que, de resto, só sentiram o gosto de seu discurso ser qualificado de tagarelice. Hoje, são cada vez mais raros os livros de criminologia que não se referem a* Vigiar e punir *como uma obra propriamente incontornável. No entanto, o sistema penal não muda, e a "tagarelice" criminológica prossegue, sem qualquer variação. Exatamente como se prestassem homenagem ao teórico de epistemologia jurídico-penal, sem poder extrair seus ensinamentos, como se existisse uma impermeabilidade total entre teoria e prática. Sua proposta, sem dúvida, não foi a de fazer uma obra de reformador, mas não se poderia imaginar uma política criminal que se apoiaria em suas análises e tentaria extrair delas algumas lições?*

– Talvez seja preciso, primeiro, especificar melhor o que me propus nesse livro. Não quis fazer diretamente uma obra de crítica, se entendermos por crítica a denúncia dos inconvenientes do sistema penal atual. Tampouco quis fazer uma obra de historiador das instituições, no sentido de que não quis contar como funcionou a instituição penal e carcerária ao longo do século XIX. Tentei formular outro problema: descobrir o sistema de pensamento, a forma de racionalidade que, a partir do final do século XVIII, era subjacente à ideia segundo a qual a prisão é, em suma, o melhor meio, um dos mais eficazes e mais racionais para punir os infratores em uma sociedade. É bem evidente que, assim fazendo, eu tinha certa preocupação concernente ao que se poderia fazer agora. Com efeito, frequentemente me pareceu que, opondo reformismo e revolução, tal como se faz de modo tradicional, não nos dávamos os meios de pensar o que poderia dar lugar a uma real, profunda e radical transformação. Parece-me que quase sempre, nas reformas do sistema penal, admitia-se implicitamente, e por vezes mesmo de modo explícito, o sistema de racionalidade que fora definido e instaurado há muito tempo, e que se buscava saber apenas quais seriam as instituições e as práticas que permitiriam realizar seu projeto e alcançar seus fins. Ao liberar o sistema de racionalidade subjacente às práticas punitivas, quis indicar quais eram os postulados de pensamento que se deveriam examinar, caso quiséssemos transformar o sistema penal. Não digo que teríamos forçosamente de nos livrar deles, mas creio ser importante, quando se quer fazer uma obra de transformação e renovamento, saber não somente o que são as instituições e quais são seus efeitos reais, mas também qual é o tipo de pensamento que as sustenta: o que se pode ainda admitir desse sistema de racionalidade? Qual a parte que, pelo contrário, merece ser posta de lado, abandonada transformada etc.? Foi a mesma coisa que tentei fazer a propósito das instituições psiquiátricas. É verdade que fiquei um tanto surpreso, e passavelmente decepcionado, ao ver que de tudo isso não derivava nenhum empreendimento de reflexão e de pensamento que pudesse ter reunido, em torno do mesmo problema, pessoas muito diferentes, magistrados, teóricos do direito penal, praticantes da instituição penitenciária, advogados, trabalhadores sociais e pessoas tendo a experiência da prisão. Nesse sentido, por razões que são sem dúvida de ordem cultural ou social, é verdade que os anos 1970 foram extremamente decepcionantes. Muitas críticas foram lançadas um pouco em todas as direções. Com frequência, essas ideias tiveram certa difusão, por vezes exerceram alguma influência, mas raramente houve cristalização das questões formuladas em um empreendimento coletivo, a fim de determinar pelo menos quais seriam as transformações a fazer. De todo modo, de minha parte e apesar de meu desejo, nunca tive a possibilidade de ter qualquer contato de trabalho com qualquer professor de direito penal, qualquer magistrado, qualquer partido político, claro. Assim, o Partido Socialista, fundado em 1972, que durante nove anos pôde preparar sua chegada ao poder, que fez ecoar, até certo ponto, seus discursos sobre muitos temas que puderam ser desenvolvidos ao longo dos anos 1960-1970, nunca fez qualquer tentativa séria para definir, de antemão, qual poderia ser sua prática real quando ele chegasse ao poder. Parece que as instituições, os grupos, os partidos políticos que poderiam ter permitido um trabalho de reflexão nada fizeram...

– *Tem-se justamente a impressão de que o sistema conceitual em nada evoluiu. Embora os juristas, os psiquiatras reconheçam a pertinência e a novidade de suas análises, eles vão de encontro, parece, a uma impossibilidade de fazê--las passar para a prática, na busca do que designamos com um termo ambíguo: uma política criminal.*

– Com efeito, o senhor introduz aqui um problema muito importante e difícil. O senhor sabe, pertenço a uma geração de pessoas que viram desmoronar, umas após as outras, a maioria das utopias construídas no século XVII e no começo do século XIX, e que viram também quais efeitos perversos, por vezes desastrosos, poderiam advir dos projetos mais generosos em suas intenções. Sempre insisti em não desempenhar o papel do intelectual profeta que diz antecipadamente às pessoas o que elas devem fazer e lhes prescreve quadros de pensamentos, de objetivos e de meios retirados de seu próprio cérebro, ao trabalhar fechado em seu escritório entre seus livros. Pareceu-me que o trabalho de um intelectual, o que chamo um "intelectual específico", é tentar evidenciar, em seu poder de coação e também na contingência de sua formação histórica, os sistemas de pensamento que se tornaram, agora, familiares para nós, que nos parecem evidentes e que se aderem a nossas percepções, nossas atitudes, nossos comportamentos. Em seguida, é preciso trabalhar em comum com os praticantes, não apenas para modificar as instituições e as práticas, mas para reelaborar as formas de pensamento.

– *O que o senhor chamou "tagarelice criminológica", e que por certo foi mal compreendido, é precisamente o fato de não se pôr de novo em questão esse sistema de pensamento no qual todas essas análises foram levadas durante um século e meio?*

— É isso. Talvez tenha sido uma palavra um pouco desenvolta. Portanto, retiremo-la. Mas tenho a impressão de que as dificuldades e contradições encontradas pela prática penal ao longo dos dois últimos séculos nunca foram reexaminadas a fundo. E, passados agora 150 anos, repetem-se as mesmas repreensões, as mesmas críticas, as mesmas exigências, como se nada tivesse mudado e, em certo sentido, com efeito, nada mudou. A partir do momento em que uma instituição que apresenta tantos inconvenientes, que suscita tantas críticas só ocasiona a repetição indefinida dos mesmos discursos, a "tagarelice" é um sintoma sério.

— Em Vigiar e punir, *o senhor analisa esta "estratégia" que consiste em transformar alguns ilegalismos em delinquência, ao fazer do aparente fracasso da prisão um sucesso. Tudo se passa como se certo "grupo" utilizasse mais ou menos conscientemente esse meio para chegar a efeitos que não seriam proclamados. Tem-se a impressão, talvez falsa, de haver aqui uma astúcia do poder que subverte os projetos, ludibria os discursos dos reformadores humanistas. Desse ponto de vista, haveria alguma similitude entre sua análise e o modelo de interpretação marxista da história (penso nas páginas nas quais o senhor mostra que certo tipo de ilegalismo encontra-se especialmente reprimido, ao passo que outros são tolerados)? Mas não se vê com clareza, à diferença do marxismo, qual "grupo" ou qual "classe", quais interesses estão operando nessa estratégia.*

— Na análise de uma instituição, é preciso distinguir diferentes coisas. Em primeiro lugar, o que se poderia chamar sua *racionalidade* ou seu *fim*, isto é, os objetivos que ela se propõe e os meios dos quais dispõe para alcançá-los. Em suma, é o programa da instituição tal como foi definido. Por exemplo, as concepções de Bentham concernentes à prisão. Em segundo, há a questão dos *efeitos*. Evidentemente, os efeitos só coincidem muito raramente com o fim. Assim, o objetivo da prisão-correção, da prisão como meio de emendar o indivíduo, não foi alcançado: o efeito foi mais o inverso e a prisão, antes, reconduziu os comportamentos de delinquência. Ora, quando o efeito não coincide com o fim, há muitas possibilidades: ou a reforma, ou então se utilizam esses efeitos para alguma coisa que não estava prevista no começo, mas que pode perfeitamente ter um sentido e uma utilidade. É o que poderíamos chamar uso. Assim, a prisão que não tinha o efeito de emendar serviu mais como um mecanismo de eliminação. O terceiro nível da análise é o que poderíamos designar como as "configurações estratégicas", ou seja, a partir desses usos de algum modo imprevistos, novos, mas que, apesar de tudo e até certo ponto, são voluntários, é possível construir novas condutas racionais, diferentes do programa inicial, que respondem também a seus objetivos e nos quais os jogos entre os diferentes grupos sociais podem encontrar seu lugar.

– *Efeitos que se transformam em fins...*
– É isso. São efeitos que são retomados em diferentes usos, os quais são racionalizados, organizados em função de novos fins.

– *Mas isso, é claro, não é premeditado. Não há, na base disso, um projeto maquiavélico oculto...?*
– De modo algum. Não há alguém ou um grupo que seja titular dessa estratégia, mas, a partir de efeitos diferentes dos fins primeiros, e da possibilidade de utilização desses efeitos, constrói-se certo número de estratégias.

– *Estratégias cuja finalidade, por sua vez, escapa, em parte, dos que as concebem.*
– Sim. Por vezes, essas estratégias são inteiramente conscientes. Pode-se dizer que a maneira como a polícia utiliza a prisão é mais ou menos consciente. Apenas, em geral elas não são formuladas. Diferentemente do programa. O programa primeiro da instituição, a finalidade inicial é, pelo contrário, anunciada e serve de justificativa, ao passo que as configurações estratégicas com frequência não são claras aos olhos daqueles que nela ocupam um lugar e desempenham um papel. Mas esse jogo pode perfeitamente solidificar uma instituição. Penso que a prisão foi solidificada, apesar de todas as críticas que se faziam, porque muitas estratégias de diferentes grupos vieram ali se cruzar nesse lugar particular.

– *O senhor explica com muita clareza como a pena de aprisionamento foi, desde o começo do século XX, denunciada como o grande fracasso da justiça penal, e isso nos mesmos termos que hoje. Não há um especialista em direito penal que não esteja convencido de que a prisão não alcançou os objetivos que lhe foram atribuídos: as taxas de criminalidade não diminuem. Longe de "ressocializar", a prisão fabrica delinquentes. Ela aumenta a recidiva, não garante a segurança. Ora, os estabelecimentos penitenciários não esvaziam, e, a esse respeito, não se percebe o começo de uma mudança sob o governo socialista na França. Mas, ao mesmo tempo, o senhor revirou a questão. Mais do que buscar as razões de um fracasso sempiternamente reconduzido, o senhor se pergunta para que serve, quem se beneficia desse fracasso problemático. O senhor descobriu que a prisão é um instrumento de gestão e de controle diferenciais dos ilegalismos. Nesse sentido, longe de constituir um fracasso, a prisão, pelo contrário, foi bem-sucedida em especificar uma certa delinquência, a das camadas populares, em produzir uma categoria determinada de delinquentes, em circunscrevê-los para melhor dissociá-los de outras categorias de infratores provenientes notadamente da burguesia. Por fim, o senhor observa que o sistema carcerário consegue tornar natural e legítimo o poder legal de punir que ele "naturaliza". Essa ideia está ligada à velha questão da legitimidade e do fundamento da punição, pois o exercício do poder disciplinar não esgota o poder de punir, mesmo que essa seja, como o senhor o mostrou, sua função mais importante.*

— Afastemos, se você permitir, alguns mal-entendidos. Primeiro, nesse livro sobre a prisão é evidente que eu não quis formular a questão do fundamento do direito de punir. Eu quis mostrar o fato de que, a partir de certa concepção do fundamento do direito de punir que podemos encontrar junto aos especialistas de direito penal ou junto aos filósofos do século XVIII, seria perfeitamente possível conceber diferentes meios de punir. Com efeito, nesse movimento de reformas da segunda metade do século XVIII, encontramos todo um leque de meios de punir que foram sugeridos, mas vemos que a prisão foi, de algum modo, privilegiada. Ela não foi o único modo de punir, mas, mesmo assim, se tornou um dos principais. Meu problema era saber por que se escolheu esse meio e como ele inflectira não só a prática judiciária, mas inclusive um número de problemas bastante fundamentais no direito penal. Assim, a importância dada aos aspectos psicológicos ou psicopatológicos da personalidade criminosa, que se afirma ao longo do século XIX, foi, até certo ponto, induzida por uma prática punitiva que tinha a emenda como fim e só encontrava a impossibilidade de emendar. Então, deixei de lado o problema do fundamento do direito de punir para fazer aparecer outro problema que era, penso eu, mais frequentemente negligenciado pelos historiadores: os meios de punir e sua racionalidade. Isso não quer dizer que a questão do fundamento da punição não seja importante. A esse respeito, penso que é necessário ser modesto e radical, a um só tempo, radicalmente modesto, e lembrar do que Nietzsche dizia há, agora, mais de um século, a saber: em nossas sociedades contemporâneas, não sabemos mais exatamente o que se faz quando se pune e o que pode, no fundo, a princípio, justificar a punição. Tudo se passa como se praticássemos uma punição deixando valer, sedimentadas umas sobre as outras, certo número de ideias heterogêneas que decorrem de histórias diferentes, de momentos distintos, de racionalidades divergentes.

Portanto, se não falei desse direito de punir, não foi por não considerá-lo importante. Penso que uma das tarefas mais fundamentais seria, com certeza, repensar o sentido que se pode dar à punição legal, na articulação entre o direito, a moral e a instituição.

– *O problema da definição da punição é muito mais complexo, porque não apenas não sabemos ao certo o que é punir, como também parece que repugnamos punir. Com efeito, os juízes cada vez mais se defendem de punir. Eles pretendem tratar, reeducar, curar, como se buscassem, de certa forma, desculpar a si mesmos por exercer a repressão. Aliás, em* Vigiar e punir, *o senhor escreve: "O discurso penal e o discurso psiquiátrico misturam suas fronteiras" (p. 256). E: "Enlaça-se, então, com a multiplicidade dos discursos científicos, uma relação difícil e infinita, que a justiça penal não está pronta, hoje, para controlar. O mestre de justiça não é mais o mestre de sua verdade" (p. 100).*[1] *Hoje, o recurso ao psiquiatra, ao psicólogo, ao assistente social é um fato de rotina judiciária, tanto penal quanto civil. O senhor analisou esse fenômeno indicativo, sem dúvida, de uma mudança epistemológica na esfera jurídico-penal. A justiça penal parece ter mudado de sentido. O juiz aplica cada vez menos o Código Penal ao autor de uma infração. Cada vez mais ele trata das patologias e dos distúrbios da personalidade.*

– Acho que o senhor tem inteira razão. Por que a justiça penal enlaçou esses relacionamentos com a psiquiatria que

---
1 Paris, Gallimard, 1975.

deveriam embaraçá-la tanto? Pois, evidentemente, entre a problemática da psiquiatria e o que é exigido pela própria prática do direito penal, concernente à responsabilidade, não diria haver uma contradição: há heterogeneidade. São duas formas de pensamento que não estão no mesmo plano e não vemos, por conseguinte, segundo qual regra uma poderia utilizar a outra. Ora, é certo, e isto é surpreendente a partir do século XIX, que a justiça penal, da qual se poderia supor que desconfiaria muitíssimo do pensamento psiquiátrico, psicológico ou médico, parece, ao contrário, ter sido fascinada por ele.

Houve resistências, é claro, houve conflitos, óbvio, não se trata de subestimá-los. Mas, enfim, se considerarmos um período de tempo mais longo, um século e meio, parece que a justiça penal foi muito acolhedora para essas formas de pensamento. É provável que a problemática psiquiátrica tenha, por vezes, incomodado a prática penal. Parece que hoje ela facilita, permitindo deixar no equívoco a questão de saber o que se faz quando se pune.

– *Nas últimas páginas de* Vigiar e punir, *o senhor observa que a técnica disciplinar se tornou uma das funções maiores de nossa sociedade, poder que alcança sua mais alta intensidade na instituição penitenciária. Por outro lado, o senhor diz que a prisão não continua necessariamente indispensável a uma sociedade como a nossa, pois ela perde muito de sua razão de ser no meio dos dispositivos de normalização cada vez mais numerosos. Poderíamos então conceber uma sociedade sem prisão? Essa utopia começa a ser levada a sério por alguns criminologistas. Por exemplo, Louk Hulsman, professor de direito penal na Universidade de Roterdã, experto junto às Nações Unidas, defende a teoria da abolição do sistema penal.*[2] *O arrazoado que fundamenta essa teoria vai ao encontro de algumas de suas análises: o sistema penal cria o delinquente, ele se mostra fundamentalmente incapaz de realizar as finalidades sociais que supostamente persegue; toda reforma é ilusória, a única solução coerente é sua abolição. Louk Hulsman constata que uma maioria dos delitos escapa ao sistema penal sem pôr a sociedade em perigo. Ele propõe, desde então, descriminalizar sistematicamente a maior parte dos atos e dos comportamentos*

---

2 Hulsman (L), *Le Système penal en question*, Paris, Le Centurion, 1982.

que a lei erige em crime ou delitos e substituir o conceito de crime pelo de "situação-problema". Em lugar de punir e de estigmatizar, tentar regular os conflitos mediante processos de arbitragem, de conciliação não judiciária. Vislumbrar as infrações como riscos sociais, sendo o essencial a indenização das vítimas. A intervenção do aparelho judiciário seria reservada aos affaires graves ou, em última instância, aos casos de fracasso das tentativas de conciliação ou das soluções de direito civil. A teoria de Louk Hulsman é daquelas que supõem uma revolução cultural.

O que o senhor pensa sobre essa ideia abolicionista esquematicamente resumida? Podem-se ver nela prolongamentos possíveis de Vigiar e punir?

– Penso haver um número enorme de coisas interessantes na tese de Louk Hulsman, inclusive pelo desafio que ele propõe à questão do fundamento do direito de punir, dizendo não haver mais a punir.

Também acho muito interessante o fato de ele apresentar a questão do fundamento de punir considerando ao mesmo tempo os meios pelos quais se responde a alguma coisa que é tida como infração. Quer dizer que a questão dos meios não é mais apenas uma consequência do que se poderia ter formulado no que concerne ao fundamento do direito de punir, mas, para ele, a reflexão sobre o direito de punir e a maneira de reagir a uma infração devem se aderir. Tudo isso me parece muito estimulante, muito importante. Talvez eu não esteja suficientemente familiarizado com sua obra, mas me pergunto pelos seguintes pontos: será que a noção de situação-problema não levaria a psicologizar a questão e a reação? Será que uma prática como aquela não corre o risco, mesmo não sendo o que ele almeja, de levar a uma espécie de dissociação entre, de um lado, as reações sociais, coletivas, institucionais do crime, que será considerado como um acidente, mas devendo, no entanto, ser regulado da mesma maneira, e, do outro, se não haveria, em torno do próprio criminoso, um hiperpsicologizar de modo a constituí-lo como objeto de intervenções psiquiátricas ou médicas com fins terapêuticos?

– Mas essa concepção do crime não conduz, de resto, à abolição das noções de responsabilidade e de culpa? Uma vez que o mal existe em nossas sociedades, a consciência de culpa, que de acordo com Ricoeur nasceu na Grécia, não *preenche uma função social necessária? É possível conceber uma sociedade exonerada de todo sentimento de culpa?*

– Não acho que a questão seja saber se uma sociedade pode funcionar sem culpa, mas se a sociedade pode fazer funcionar a culpa como um princípio organizador e fundador de um direito. É nesse ponto que a questão se torna difícil.

Paul Ricoeur tem toda razão de formular o problema da consciência moral, ele o faz como filósofo e como historiador da filosofia. É completamente legítimo dizer que a culpa existe a partir de certo tempo. Podemos discutir para saber se o sentimento de culpa vem dos gregos ou se tem outra origem. De todo modo, ela existe, e não vemos como nossa sociedade, ainda fortemente enraizada em uma tradição que é também a dos gregos, poderia se dispensar da culpa. Durante muito tempo se pôde considerar ser possível articular diretamente um sistema de direito e uma instituição judiciária com uma noção como a de culpa. Para nós, ao contrário, a questão está aberta.

– *Atualmente, quando um indivíduo comparece diante de uma ou outra instância da justiça penal, ele deve dar conta não apenas do ato proibido que cometeu, mas de sua própria vida.*

– É verdade. Nos Estados Unidos, por exemplo, muito se discutiu sobre penas indeterminadas. Penso que quase por toda parte se abandonou a prática, mas ela implicava certa tendência, certa tentativa que me parece ter desaparecido: tendência de fazer o julgamento penal incidir muito mais sobre um conjunto de algum modo qualificativo caracterizando uma experiência e uma maneira de ser do que sobre um ato preciso. Há, também, a medida recentemente tomada na França a respeito dos juízes de aplicação das penas.

Quis-se reforçar – e a intenção é boa – o poder e o controle do aparelho judiciário sobre o desenvolvimento da punição. Isso é bom para diminuir a independência, de fato, da instituição penitenciária. Só que: agora haverá um tribunal com três juízes, penso eu, que decidirá se sim ou não a liberdade condicional pode ser concedida a um detento. E essa decisão será tomada considerando elementos nos quais haverá, inicialmente, a infração primeira, que será reatualizada de algum modo, já que a parte civil e os representantes da vítima estarão presentes e poderão intervir. Depois, a isso se integrarão os elementos de conduta do indivíduo em sua prisão, tais como terão sido observados, interpretados, julgados pelos carcereiros, pelos administradores, pelos psicólogos, pelos médicos. É esse magma de elementos heterogêneos uns dos outros que fornecerá o material para uma decisão de tipo judiciário. Mesmo que seja juridicamente aceitável, é preciso saber quais consequências, de fato, isso poderá acarretar e, ao mesmo tempo, qual modelo perigoso isso corre o risco de apresentar para a justiça penal em seu uso corrente se, efetivamente, tomarmos o hábito de formar uma decisão penal em função de uma conduta boa ou má.

– *A medicalização da justiça conduz pouco a pouco à evicção do direito penal das práticas judiciárias. O sujeito de direito cede o lugar ao neurótico ou ao psicopata, mais ou menos irresponsável, cuja conduta seria determinada por fatores psicobiológicos. Em uma reação contra essa concepção, alguns especialistas em direito penal cogitam um retorno ao conceito de punição suscetível de melhor se conciliar com o respeito à liberdade e à dignidade do indivíduo. Não se trata de retornar a um sistema de punição brutal e mecânico que faria abstração do regime socioeconômico no qual ele funciona, ignoraria a dimensão social e política da justiça, mas de encontrar uma coerência conceitual e distinguir com clareza o que decorre do direito e o que decorre da medicina. Pensamos em uma palavra de Hegel: "Considerando nesse sentido que a pena contém seu direito, honra-se o criminoso como um ser racional."*

– De fato, acho que o direito penal faz parte do jogo social em uma sociedade como a nossa e que não há razão de mascará-lo. Isso quer dizer que os indivíduos que dela fazem parte devem reconhecer-se como sujeitos de direito que, como tais, são suscetíveis de ser punidos e castigados se infringirem tal ou tal regra. Não há nada de escandaloso nisso, penso eu. Mas é dever da sociedade fazer de modo que os indivíduos concretos possam efetivamente se reconhecer como sujeitos de direito. Isso é difícil quando o sistema penal utilizado é arcaico, arbitrário, inadequado aos problemas reais que se apresentam a uma sociedade. Tome, por exemplo, apenas o domínio da delinquência econômica. O verdadeiro trabalho, *a priori*, não é injetar cada vez mais medicina, psiquiatria, a fim de modular esse sistema e torná-lo mais aceitável; é preciso pensar o sistema penal nele próprio. Não quero dizer: retornemos à severidade do Código Penal de 1810. Quero dizer: retornemos à ideia séria de um direito penal que defina claramente o que em uma sociedade como a nossa pode ser considerado como devendo ser punido ou não, retornemos ao pensamento de um sistema definindo as regras do jogo social. Sou desconfiado daqueles que querem retornar a 1810 sob o pretexto de que a medicina e a psiquiatria fazem perder o sentido do que é a justiça penal, mas também sou desconfiado das pessoas que, no fundo, aceitam o sistema de 1810 simplesmente ajustando-o, melhorando-o, atenuando-o por meio de modulações psiquiátricas e psicológicas.

Índice de Obras

Arqueologia do Saber (M. Foucault), 55
As Palavras e as coisas (M. Foucault), 55
Asylums (E. Gofman), 214
Critique de l'économie politique (K. Marx), 172
De Architecture Liber Decem (J. Vitruvius), 207
Du traitement moral de la folie (F. Leuret), 93
En Attendant le Grand Soir (Wiaz), 49-53
Ennemis de l'Étals: à l'index (P. Brückner et. A. Krovoza), 126
Eros et Civilisation (H. Marcuse), 184.
Fabriquer la folie (T. Szasz), 107
História da Loucura (M. Foucault), 36, 55, 104, 216
Histoire du Temps (J. Attali), 245
Journal de Prison (Bernard Rémi), 62.
L'Affaire Mirval ou Comment Le Récit Abolit Le Crime, (B. Cural). 46-48
L'Enfer des Pompiers (J. L. Lubrina), 24-28.
L'Ére des Ruptures (Jean Daniel), 159-161
L'Execution (R. Badinter), 73
L'Instinct de Mort (J. Mesrine), 63-66
L'Ordre psychiatrique (R. Castel), 93

La Cuisiniére et le mangeur d'hommes (A Glucksmann), 69
Le Désordre de familles (A. Farge, M. Foucault), 105, 242
La Révolution Française (F. Furet, D. Richet), 70
La Stratégie Judiciaire (J. Vergès), 162
Le Systeme Penal en Question (L. Hulsman), 287
Le Filles de noce (A. Corbin), 218
Les Juges Kaki (M. Debard e J. L. Henning), 59-62
Les Maitres Penseurs (A Glucksmann), 67, 69, 72
Les Six Livres de La Republique (J. Bodon), 207.
Le Métropolitée (A Le Maître), 209
Le Nouveau désordre amou-reux (P. Brucknet et A. Finkielkraut), 124
Les Prisons Aussi (R. Lefort), 143
Les Pull-over rouge (G. Perrault), 77, 115
O Nascimento da Clínica (M. Foucault), 55
O Capital (K. Marx), 172, 175
Pour Une Critique De L'Epistemologie (D. Lecourt), 183
Q. H. S. Quarttiers de Haute Securité, (R. Knobelspiess), 151-153, 276.
Transformation de La démocratie (P. Brünkner), 126
Vigiar e Punir (M. Foucault), 20, 32, 280, 283, 286-288

Índice Onomástico

Alain Landau, 12
Amini (A.), 122
Apolo, 72
Appert (L.), 137, 138, 140, 142, 143, 149
Arafat, 239
Aragon (L.), 43
Aristóteles, 109

Bachelard (G.). 1,
Badinter (R.), 73, 74-77, 79-86, 88, 89, 278
Barre (R.), 102,
Barthes (R.), 37, 55
Basedow, 110
Beaucé (T. de), 196, 198, 200, 203
Beauvoir (S. de.), 10, 12
Bernard (C.), 62
Bismarck, 70
Blanchot (M.), 37, 55
Bodin (J.), 207
Brückner (P.), 124, 126, 127

Campanella (T.), 108
Campe, 110
Castel (R.), 5, 93
Clastres (P.), 170
Colcombet (F.), 137, 138, 142, 145, 147, 148
Corbin (A.), 218
Croissant (K.), 101, 102, 127

Deleuze (G.), 5
Dionísio, 72
Domenach (J. M.), 141, 154, 156, 157

Dreyfus (H.), 59
Dumas (R.), 100
Durkheim (E.), 170

Farge (A.), 105, 242-244
Fauvet (J.), 192
Felice (J.- J.), 100
Ferray-Martin (A.), 13
Finkielkraut (A.), 124
Fontana (A.), 5
Fourquet (F.), 15, 16, 17, 18
François (J.), 43, 215
Freud (S.), 8, 21, 85, 108, 110
Furet (F.), 70

Gaulle (C. de), 160, 202, 203,
Giscard D´Estaing (V.), 21, 38, 52, 102, 145, 146
Glucksmann (A.), 67, 68, 69, 70, 71, 72, 124
Gobineau (J. – A.), 188
Godin (J. B.), 213
Goffman (E.), 214
Goldman (P.), 48
Gremetz (M.), 226, 240
Guattari (F.), 15, 17, 18

Habermas, 215, 216, 217
Hegel (G. W. F.), 36, 68, 72, 81, 103, 108, 290,
Henry (P.), 73, 74, 77, 78, 79, 83
Hitler (A.), 68, 70, 126
Hugo (V.), 106
Hulsman (L.), 287, 288

Índice Onomástico

Jospin (L.), 192, 227, 254
Jaruzelski, 192, 226, 230, 231

Kant (E.), 170, 215, 68
Klein (M.), 168
Knobelspiess (R.), 151, 152, 153, 276, 277, 278
Kouchner (B.), 226, 279

Lacan (J.), 168, 184
Lapeyrie (J.), 164, 165
Laplanche (J.), 73, 75-89
Lazarus (A.), 137, 139, 141, 142-149
Le Maitre (A.), 210
Lecourt (D.), 183, 184
Lefort (R.), 143
Lenin, 68, 69, 195,
Leuret (F.), 93
Lévi-Strauss, 39, 170
Lévy-Willard, 226
Lowry (M.), 52
Lubrina (J. J.), 24, 25

Malraux (A.), 43
Mao Tsé-Tung, 111
Marcuse, 184
Marx (K.), 172, 173, 175, 184, 188
Mauriac (C.), 43
Maurice (A.), 48
Mendès France (P.), 43, 160, 246, 255
Mitterrand (F.), 102, 159, 160, 167, 223, 224, 245
Montand (Y.), 43, 44, 192, 229, 279
Montesquieu (C. de), 84, 128

Napoleão III, 34, 41, 164, 209, 210

Nietzsche (F.), 72, 106, 286
Nocaudie (D.), 164, 166
Nordman (J.), 100

Peter (J. P.), 5
Petit (J. - Y.), 12
Piaget (J.), 56
Platão, 108, 109, 110
Polak (C.), 196, 199, 201, 203, 204
Pompidou (G.), 52, 279
Poniatowski, 102
Pufendorf, 173

Rabinow (P.), 206
Ranucci (C.), 77, 115, 116, 117, 118, 128
Revon (C.), 163, 164, 166
Richet (D.), 70, 159
Rivière (P.), 5, 6, 55
Rosanvallon (P.), 91, 246
Rousseau (J. J.), 116, 175, 171, 173
Roussel (R.), 12

Saison (Mille), 5
Sartre (J.-P.), 10, 43, 70
Signoret (S.), 226, 229, 230, 231, 232
Socrátes, 71
Soljenitsyne, 69, 277
Stalin, 68, 69

Thibaud (P.), 137, 154, 155, 156, 158
Thomas More (Saint), 108

Vergès (J.), 164
Vidal-Naquet (P.), 46, 48, 141, 192

Wagner (R.), 72
Weber, 215

Wiaz, 49, 50, 51, 52
Winnicott, 168

Índice de Lugares

Afeganistão, 238
Alemanha, 20, 70, 95, 97, 100, 102, 103, 110, 118, 179, 186, 197, 198, 210, 250
Argélia, 165, 202
Brasil, 182, 183, 186
Camboja, 111
China, 111, 112
Coréia, 240
Cuba, 111
Espanha, 44, 97
Estados unidos, 7, 35, 124, 202, 289
Europa, 1, 97, 102, 103, 125, 142, 159, 171, 182, 186, 194, 196-202, 210, 217, 225, 226, 228, 229, 234, 237, 238, 240, 249, 279
França, 1, 25, 20, 29, 32, 44, 70, 73, 74, 83, 95, 96, 108, 142, 149, 151, 158, 179, 183, 186, 189, 192, 198, 199, 201-203, 207, 208, 211, 217, 224, 228, 229, 242, 231, 232, 259, 236, 237, 265, 267, 268, 285, 289

Grã-Bretanha, 186

Indochina, 202, 240
Itália, 44, 97, 135, 145, 201, 224
Líbano, 238

Oeste, 99, 10, 236,
Oriente-médio, 121, 240

Polônia, 20, 192-194, 196-198, 201-204, 226-231, 233-236, 238, 240, 246, 247, 249, 251, 253, 255, 257, 259, 261, 263, 265, 267, 269-271, 273, 275

Suécia, 20

Tchecoslováquia, 196, 200

URSS, 83, 97, 113, 121, 194, 238, 279

Vietnã, 111, 124

Índice de Períodos Históricos

1. Séculos

XII, 181, 185
XIII, 171
XIV, 4, 5, 171
XVI, 31, 110, 173, 217
XVII, 22, 31, 40, 69, 105, 173, 174, 177, 179, 207, 208, 217, 220, 282,
XVIII, 1, 22, 33, 57, 105, 106, 110, 111, 171, 172, 173, 176, 179, 180, 181, 185, 206, 207, 209, 215, 216, 239, 242, 243, 281, 285
XIX, 2, 5, 21, 23, 33, 34, 39, 41, 57, 70, 71, 79, 88, 93, 96, 97, 105, 106, 110, 137, 146, 147, 152, 168, 169, 172, 175, 178, 179, 181, 182, 185, 187, 211, 217, 280, 282, 285, 287
XX, 67, 97, 182, 284

2. Eras, períodos

Guerra, 99, 104, 105, 113, 126, 142, 162, 163, 164, 165, 171, 189, 192, 201, 202, 204, 210, 226, 231, 264, 238, 240, 246, 248, 260, 271
Idade clássica, 33, 68
Idade média, 3, 16, 18, 19, 21, 25, 68, 107, 170, 171, 176, 207, 217, 220
Renascimento, 271
Revolução, 32, 49, 69, 70, 72, 92, 97, 103, 111, 112, 142, 189, 210, 281, 288
Revolução francesa, 65, 69, 112
Revolução inglesa, 69, 70, 98, 112, 145, 168
Revolução iraniana, 124
Revolução palestina, 111
Revolução russa, 111
Segundo império, 34

Organização da Obra
Ditos e Escritos

Volume I

1954 – Introdução (*in* Binswanger)
1957 – A Psicologia de 1850 a 1950
1961 – Prefácio (*Folie et déraison*)
       A Loucura Só Existe em uma Sociedade
1962 – Introdução (*in* Rousseau)
       O "Não" do Pai
       O Ciclo das Rãs
1963 – A Água e a Loucura
1964 – A Loucura, a Ausência da Obra
1965 – Filosofia e Psicologia
1970 – Loucura, Literatura, Sociedade
       A Loucura e a Sociedade
1972 – Resposta a Derrida
       O Grande Internamento
1974 – Mesa-redonda sobre a *Expertise* Psiquiátrica
1975 – A Casa dos Loucos
       Bancar os Loucos
1976 – Bruxaria e Loucura
1977 – O Asilo Ilimitado
1981 – Lacan, o "Libertador" da Psicanálise
1984 – Entrevista com Michel Foucault

Volume II

1961 – "Alexandre Koyré: a Revolução Astronômica, Copérnico, Kepler, Borelli"
1964 – Informe Histórico
1966 – A Prosa do Mundo
       Michel Foucault e Gilles Deleuze Querem Devolver a Nietzsche Sua Verdadeira Cara
       O que É um Filósofo?
1967 – Introdução Geral (às Obras Filosóficas Completas de Nietzsche)
       Nietzsche, Freud, Marx
       A Filosofia Estruturalista Permite Diagnosticar o que É "a Atualidade"

Sobre as Maneiras de Escrever a História
As Palavras e as Imagens
1968 – Sobre a Arqueologia das Ciências. Resposta ao Círculo de Epistemologia
1969 – Introdução (*in* Arnauld e Lancelot)
Ariadne Enforcou-se
Michel Foucault Explica Seu Último Livro
Jean Hyppolite. 1907-1968
Linguística e Ciências Sociais
1970 – Prefácio à Edição Inglesa
(Discussão)
A Posição de Cuvier na História da Biologia
Theatrum Philosophicum
Crescer e Multiplicar
1971 – Nietzsche, a Genealogia, a História
1972 – Retornar à História
1975 – Com o que Sonham os Filósofos?
1980 – O Filósofo Mascarado
1983 – Estruturalismo e Pós-estruturalismo
1984 – O que São as Luzes?
1985 – A Vida: a Experiência e a Ciência

Volume III

1962 – Dizer e Ver em Raymond Roussel
Um Saber Tão Cruel
1963 – Prefácio à Transgressão
A Linguagem ao Infinito
Distância, Aspecto, Origem
1964 – Posfácio a Flaubert (*A Tentação de Santo Antão*)
A Prosa de Acteão
Debate sobre o Romance
Por que se Reedita a Obra de Raymond Roussel?
Um Precursor de Nossa Literatura Moderna
O *Mallarmé* de J.-P. Richard
1965 – "As Damas de Companhia"
1966 – Por Trás da Fábula
O Pensamento do Exterior
Um Nadador entre Duas Palavras
1968 – Isto Não É um Cachimbo
1969 – O que É um Autor?
1970 – Sete Proposições sobre o Sétimo Anjo
Haverá Escândalo, Mas...

1971 – As Monstruosidades da Crítica
1974 – (Sobre D. Byzantios)
Antirretro
1975 – A Pintura Fotogênica
Sobre Marguerite Duras
Sade, Sargento do Sexo
1977 – As Manhãs Cinzentas da Tolerância
1978 – Eugène Sue que Eu Amo
1980 – Os Quatro Cavaleiros do Apocalipse e os Vermes Cotidianos
A Imaginação do Século XIX
1982 – Pierre Boulez, a Tela Atravessada
1983 – Michel Foucault/Pierre Boulez – a Música Contemporânea e o Público
1984 – Arqueologia de uma Paixão
Outros Espaços

Volume IV

1971 – (Manifesto do GIP)
(Sobre as Prisões)
Inquirição sobre as Prisões: Quebremos a Barreira do Silêncio
Conversação com Michel Foucault
A Prisão em Toda Parte
Prefácio a *Enquête dans Vingt Prisons*
Um Problema que me Interessa Há Muito Tempo É o do Sistema Penal
1972 – Os Intelectuais e o Poder
1973 – Da Arqueologia à Dinástica
Prisões e Revoltas nas Prisões
Sobre o Internamento Penitenciário
Arrancados por Intervenções Enérgicas de Nossa Permanência Eufórica na História, Pomos as "Categorias Lógicas" a Trabalhar
1974 – Da Natureza Humana: Justiça contra Poder
Sobre a Prisão de Attica
1975 – Prefácio (*in* Jackson)
A Prisão Vista por um Filósofo Francês
Entrevista sobre a Prisão: o Livro e o Seu Método
1976 – Perguntas a Michel Foucault sobre Geografia

Michel Foucault: Crimes e Castigos na URSS e em Outros
Lugares...
1977 – A Vida dos Homens Infames
Poder e Saber
Poderes e Estratégias
1978 – Diálogo sobre o Poder
A Sociedade Disciplinar em Crise
Precisões sobre o Poder. Resposta a Certas Críticas
A "Governamentalidade"
M. Foucault. Conversação sem Complexos com um Filósofo
que Analisa as "Estruturas do Poder"
1979 – Foucault Estuda a Razão de Estado
1980 – A Poeira e a Nuvem
Mesa-redonda em 20 de Maio de 1978
Posfácio de *L'impossible Prison*
1981 – "*Omnes et Singulatim*": uma Crítica da Razão Política

Volume V

1978 – A Evolução do Conceito de "Indivíduo Perigoso"
na Psiquiatria Legal do Século XIX
Sexualidade e Política
A Filosofia Analítica da Política
Sexualidade e Poder
1979 – É Inútil Revoltar-se?
1980 – O Verdadeiro Sexo
1981 – Sexualidade e Solidão
1982 – O Combate da Castidade
O Triunfo Social do Prazer Sexual: uma Conversação
com Michel Foucault
1983 – Um Sistema Finito Diante de um Questionamento Infinito
A Escrita de Si
Sonhar com Seus Prazeres. Sobre a "Onirocrítica" de
Artemidoro
O Uso dos Prazeres e as Técnicas de Si
1984 – Política e Ética: uma Entrevista
Polêmica, Política e Problematizações
Foucault
O Cuidado com a Verdade
O Retorno da Moral
A Ética do Cuidado de Si como Prática da Liberdade
Uma Estética da Existência

1988 – Verdade, Poder e Si Mesmo
A Tecnologia Política dos Indivíduos

Volume VI

1968 – Resposta a uma Questão
1971 – O Artigo 15
Relatórios da Comissão de Informação sobre o Caso Jaubert
Eu Capto o Intolerável
1972 – Sobre a Justiça Popular. Debate com os Maoístas
Encontro Verdade-Justiça. 1.500 Grenoblenses Acusam
Um Esguicho de Sangue ou um Incêndio
Os Dois Mortos de Pompidou
1973 – Prefácio (*De la prison à la revolte*)
Por uma Crônica da Memória Operária
A Força de Fugir
O Intelectual Serve para Reunir as Ideias, Mas Seu Saber
É Parcial em Relação ao Saber Operário
1974 – Sobre a "A Segunda Revolução Chinesa"
"A Segunda Revolução Chinesa"
1975 – A Morte do Pai
1977 – Prefácio (*Anti-Édipo*)
O Olho do Poder
Confinamento, Psiquiatria, Prisão
O Poder, uma Besta Magnífica
Michel Foucault: a Segurança e o Estado
Carta a Alguns Líderes da Esquerda
"Nós nos Sentimos como uma Espécie Suja"
1978 – Alain Peyrefitte se Explica... e Michel Foucault lhe Responde
A grande Política Tradicional
Metodologia para o Conhecimento do Mundo: como se
Desembaraçar do Marxismo
O Exército, Quando a Terra Treme
O Xá Tem Cem Anos de Atraso
Teerã: a Fé contra o Xá
Com o que Sonham os Iranianos?
O Limão e o Leite
Uma Revolta a Mãos Nuas
A Revolta Iraniana se Propaga em Fitas Cassetes
O Chefe Mítico da Revolta do Irã
Carta de Foucault à "Unità"

1979 – O Espírito de um Mundo sem Espírito
  Um Paiol de Pólvora Chamado Islã
  Michel Foucault e o Irã
  Carta Aberta a Mehdi Bazargan
  Para uma Moral do Desconforto
  "O problema dos refugiados é um presságio da grande migração do século XXI"
1980 – Conversa com Michel Foucault
1981 – Da Amizade como Modo de Vida
  É Importante Pensar?
  Contra as Penas de Substituição
  Punir É a Coisa Mais Difícil que Há
1983 – A Propósito Daqueles que Fazem a História
1984 – Os Direitos do Homem em Face dos Governos
  O Intelectual e os Poderes

Volume VII

1 – Estética da existência
1963 – Vigia da Noite dos Homens
  Espreitar o Dia que Chega
  Um "Novo Romance" de Terror
1964 – Debate sobre a Poesia
  A Linguagem do Espaço
  Palavras que Sangram
  Obrigação de Escrever
1969 – Maxime Defert
1973 – Foucault, o Filósofo, Está Falando. Pense
1975 – A Festa da Escritura
1976 – Sobre "História de Paul"
  O Saber como Crime
  Entrevista com Michel Foucault
  Por que o Crime de Pierre Rivière?
  Eles Disseram sobre Malraux
  O Retorno de Pierre Rivière
1977 – Apresentação
1978 – Uma Enorme Surpresa
1982 – O Pensamento, a Emoção
  Conversa com Werner Schroeter

2 – Epistemologia, genealogia
1957 – A Pesquisa Científica e a Psicologia

1966 – Michel Foucault, *As palavras e as coisas*
       Entrevista com Madeleine Chapsal
       O Homem Está Morto?
1968 – Entrevista com Michel Foucault
       Foucault Responde a Sartre
       Uma Precisão de Michel Foucault
       Carta de Michel Foucault a Jacques Proust
1970 – Apresentação
       A Armadilha de Vincennes
1971 – Entrevista com Michel Foucault
1975 – Carta
1976 – A Função Política do Intelectual
       O Discurso Não Deve Ser Considerado Como...
1978 – A Cena da Filosofia
1981 – A Roger Caillois
1983 – Trabalhos
1984 – O Estilo da História
       O que São as Luzes?

3 – Filosofia e história da medicina

1968 – Os Desvios Religiosos e o Saber Médico
1969 – Médicos, Juízes e Bruxos no Século XVII
       Títulos e Trabalhos
1972 – As Grandes Funções da Medicina em Nossa Sociedade
1973 – O Mundo É um Grande Hospício
1975 – Hospícios. Sexualidade. Prisões
       Radioscopia de Michel Foucault
       Michel Foucault, as Respostas do Filósofo
1976 – A Política da Saúde no Século XVIII
       Crise da Medicina ou Crise da Antimedicina?
       A Extensão Social da Norma
       Bio-história e Biopolítica
1977 – O Nascimento da Medicina Social
1978 – Introdução por Michel Foucault
       Uma Erudição Estonteante
       A Incorporação do Hospital na Tecnologia Moderna
1979 – Nascimento da Biopolítica
1983 – Troca de Cartas com Michel Foucault
1984 – A Preocupação com a Verdade

Volume VIII

1972 – Armadilhar Sua Própria Cultura
   Teorias e Instituições Penais
1973 – À Guisa de Conclusão
   Um Novo Jornal?
   Convocados à PJ
   Primeiras Discussões, Primeiros Balbucios: a Cidade É uma Força Produtiva ou de Antiprodução?
1974 – Loucura, uma Questão de Poder
1975 – Um Bombeiro Abre o Jogo
   A Política É a Continuação da Guerra por Outros Meios
   Dos Suplícios às Celas
   Na Berlinda
   Ir a Madri
1976 – Uma Morte Inaceitável
   As Cabeças da Política
   Michel Foucault, o Ilegalismo e a Arte de Punir
   Pontos de Vista
1977 – Prefácio
   O Pôster do Inimigo Público n. 1
   A Grande Cólera dos Fatos
   A Angústia de Julgar
   Uma Mobilização Cultural
   O Suplício da Verdade
   Vão Extraditar Klaus Croissant?
   Michel Foucault: "Doravante a segurança está acima das leis"
   A Tortura É a Razão
1978 – Atenção: Perigo
   Do Bom Uso do Criminoso
   Desafio à Oposição
   As "Reportagens" de Ideias
1979 – Prefácio de Michel Foucault
   Maneiras de Justiça
   A Estratégia do Contorno
   Lutas em Torno das Prisões
1980 – Prefácio
   Sempre as Prisões
   Le Nouvel Observateur e a União da Esquerda (Entrevista)
1981 – Prefácio à Segunda Edição
   O Dossiê "Pena de Morte". Eles Escreveram Contra

As Malhas do Poder (Conferência)
Michel Foucault: É Preciso Repensar Tudo, a Lei e a Prisão
As Respostas de PierreVidal-Naquet e de Michel Foucault
Notas sobre o que se Lê e se Ouve
1982 – O Primeiro Passo da Colonização do Ocidente
Espaço, Saber e Poder
O Terrorismo Aqui e Ali
Michel Foucault: "Não há neutralidade possível"
"Ao abandonar os poloneses, renunciamos a uma parte de nós mesmos"
Michel Foucault: "A experiência moral e social dos poloneses não pode mais ser apagada"
A Idade de Ouro da *Lettre de Cachet*
1983 – Isso Não me Interessa
A Polônia, e Depois?
"O senhor é perigoso"
...eles declararam... sobre o pacifismo: sua natureza, seus perigos, suas ilusões
1984 – O que Chamamos Punir?